应用创新型营销学系列精品教材　丛书主编：吴健安

组织间营销

BUSINESS TO BUSINESS MARKETING

李桂华◎主　编
卢宏亮◎副主编

清华大学出版社
北京

内容简介

本书在借鉴国内外现有文献和作者多年的研究成果基础上,紧密结合中国市场的特殊环境,致力于呈现一本框架完整、内容齐全、观点新颖并具有更高实用价值的《组织间营销》著作。全书共四篇十二章,各章顺序以价值视角为主线展开,每章就组织间营销各环节的概念、理论、方法和策略进行阐述,并在开篇和结尾加入案例讨论,力争做到使读者既能轻松把握本书的整体框架,又能快速定位和查找所需了解的营销环节。组织类客户是一个利润丰厚但错综复杂的市场,通过本书对组织间营销内容和特点的分析和讨论,希望能为工商管理和市场营销专业学生了解和跨入组织市场提供一个理想的平台,为从事组织间营销工作的管理人员提供一个理论工具。

本书封面贴有清华大学出版社防伪标签,无标签者不得销售。
版权所有,侵权必究。举报: 010-62782989,beiqinquan@tup.tsinghua.edu.cn。

图书在版编目(CIP)数据

组织间营销/李桂华主编.--北京:清华大学出版社,2013(2024.7重印)
(应用创新型营销学系列精品教材)
ISBN 978-7-302-33534-4

Ⅰ.①组… Ⅱ.①李… Ⅲ.①市场营销学-教材 Ⅳ.①F713.50

中国版本图书馆 CIP 数据核字(2013)第 199604 号

责任编辑:杜　星
封面设计:汉风唐韵
责任校对:宋玉莲
责任印制:丛怀宇

出版发行:清华大学出版社
网　　址:https://www.tup.com.cn,https://www.wqxuetang.com
地　　址:北京清华大学学研大厦A座　　　邮　编:100084
社 总 机:010-83470000　　　邮　购:010-62786544
投稿与读者服务:010-62776969,c-service@tup.tsinghua.edu.cn
质量反馈:010-62772015,zhiliang@tup.tsinghua.edu.cn
课件下载:https://www.tup.com.cn,010-83470236

印 装 者:北京建宏印刷有限公司
经　　销:全国新华书店
开　　本:185mm×260mm　　印　张:20.75　　字　数:475千字
版　　次:2013年11月第1版　　印　次:2024年7月第6次印刷
定　　价:59.00元

产品编号:050369-03

前言

组织间营销(marketing,B2B marketing),又称组织营销(business marketing)、工业品营销或产业营销(industrial marketing),无论怎么称呼,它都是相对于企业对消费者营销(business to customer marketing,B2C marketing)而言,以满足组织需求而非个人或家庭需求为目的的营销活动。在组织市场中,购买者数量十分有限,买卖之间信息更加对称,所购商品价值更高,在购买决策上更加理性,因此其关注的焦点与B2C营销有着较大差异,需要在知识、原理及方法方面建立独特体系。

从实践上看,组织市场的规模要远大于消费者市场,而现有的营销管理理论大多建立在B2C市场基础上,因此国内外组织市场营销理论无论与营销实践相比,还是与消费品现有研究相比,都显得相形见绌,亟待发展和补足。

20世纪90年代末,我利用出国访学的机会,在美国系统地接触了企业间营销的相关理论,回国后我将从美国带回来的资料和自己的研究成果加以归纳总结,在国内率先出版了《企业间营销理论与实务》一书,作为营销学研究的前沿领域介绍给国内的学生、学者。之后的十几年里,我们团队在这个领域的理论研究也取得了较多的成果,并曾获得国家自然科学基金和教育部社科规划项目的资助,对推动该领域的教学与研究做出了贡献。十几年过去了,国内对于组织间营销的关注度越来越高,从事这方面研究的学者也越来越多,B2B营销理论也得到了极大丰富和发展。为了与时俱进,也为了将团队近几年的研究成果继续与国内同行分享,我们决定整理思路,从价值视角重新理顺本书脉络,将关系营销与交易营销理论"完美"结合。在吸收借鉴国内外组织间营销研究的前沿理论成果和实践经验的基础上,本书介绍了组织营销的基本概念、市场特征以及购买模式等,除此以外,还以"价值"的生成过程为主线,从价值创造、价值传递、价值维系等三个方面系统阐释了组织间营销的理论框架及内容。

本书内容涵盖了国内外权威教材中的核心内容,又涉猎了本学科前沿的研究领域。书中穿插着精巧的实践案例,有助于读者对相应内容的理解和掌握;各章后面还有综合性案例和思考与讨论题,以便教材使用者对学习效果进行测试。

本书可以作为高等院校本科生、研究生和 MBA 学员的教材，也可以为广大经理人及从事组织间营销实践的从业者提供理论与实践指导。本书能与读者见面得益于清华大学出版社的大力支持，得益于国内外同行的鼓励和无私帮助，得益于团队的精诚合作。本书第一～三章由李桂华（南开大学）编写，第四～六章由黄磊（南开大学）编写，第八～十章由刘铁（南开大学）编写，第七、十一和十二章由卢宏亮（东北林业大学经济管理学院）编写。本书在初稿基础上，由李桂华和卢宏亮负责统一审核校对。

由于水平有限，加之该类教材参考文献不多，难免出现不当之处，敬请读者加以指正。

李桂华

于南开大学

2013 年 4 月

Ⅰ 基础观念

第一章 组织间营销概述 ………………………………………… 3
 第一节 什么是组织间营销 ……………………………………… 3
 第二节 组织市场的需求 ………………………………………… 10
 第三节 组织间营销的客户 ……………………………………… 17
 第四节 组织市场的产品 ………………………………………… 20
 第五节 我国组织间营销的回顾与展望 ………………………… 22
 本章小结 …………………………………………………………… 28
 关键词 ……………………………………………………………… 28
 思考与讨论 ………………………………………………………… 29
 综合案例分析 ……………………………………………………… 29

第二章 组织间营销调查 …………………………………………… 30
 第一节 为什么需要组织间营销调查 …………………………… 31
 第二节 组织间营销情报与信息 ………………………………… 32
 第三节 组织间营销调查实践 …………………………………… 35
 第四节 组织间营销调查的现存问题与展望 …………………… 46
 本章小结 …………………………………………………………… 49
 关键词 ……………………………………………………………… 49
 思考与讨论 ………………………………………………………… 49
 综合案例分析 ……………………………………………………… 50

Ⅱ 机会分析

第三章 组织市场的细分与定位 ………………………………… 53
 第一节 组织市场细分的意义和依据 …………………………… 53
 第二节 组织市场细分方法 ……………………………………… 60

第三节　组织细分市场的评估 …………………………………………… 67
　　第四节　组织市场定位 …………………………………………………… 73
　　本章小结 …………………………………………………………………… 77
　　关键词 ……………………………………………………………………… 77
　　思考与讨论 ………………………………………………………………… 78
　　综合案例分析 ……………………………………………………………… 78

第四章　组织购买行为分析 …………………………………………………… 79
　　第一节　组织购买过程 …………………………………………………… 79
　　第二节　影响组织购买行为的因素 ……………………………………… 83
　　第三节　组织购买中心与购买行为模型 ………………………………… 92
　　第四节　组织购买类型与营销对策 ……………………………………… 99
　　第五节　中国组织购买行为分析 ………………………………………… 104
　　本章小结 …………………………………………………………………… 107
　　关键词 ……………………………………………………………………… 108
　　思考与讨论 ………………………………………………………………… 108
　　综合案例分析 ……………………………………………………………… 108

Ⅲ　创造价值

第五章　组织间营销的产品战略 ……………………………………………… 113
　　第一节　组织市场产品战略：以产品质量和客户价值为基础 ………… 114
　　第二节　组织市场中的产品计划和管理 ………………………………… 118
　　第三节　组织市场产品的定价策略 ……………………………………… 125
　　第四节　我国组织营销的产品战略分析 ………………………………… 138
　　本章小结 …………………………………………………………………… 142
　　关键词 ……………………………………………………………………… 143
　　思考与讨论 ………………………………………………………………… 143
　　综合案例分析 ……………………………………………………………… 144

第六章　组织间营销的服务战略 ……………………………………………… 145
　　第一节　组织市场服务概述 ……………………………………………… 145
　　第二节　组织市场的服务质量 …………………………………………… 151
　　第三节　组织市场服务的营销策略 ……………………………………… 157
　　本章小结 …………………………………………………………………… 159
　　关键词 ……………………………………………………………………… 160
　　思考与讨论 ………………………………………………………………… 160
　　综合案例分析 ……………………………………………………………… 160

第七章　组织市场的品牌战略 …… 162

- 第一节　组织市场的品牌化 …… 162
- 第二节　品牌经营 …… 170
- 第三节　供应商品牌在产业链中的绩效 …… 179
- 本章小结 …… 181
- 关键词 …… 182
- 思考与讨论 …… 183
- 综合案例分析 …… 183

Ⅳ　传递价值

第八章　组织间营销的渠道战略 …… 187

- 第一节　组织营销的分销战略 …… 187
- 第二节　组织直复营销战略 …… 203
- 第三节　电子商务时代的组织市场渠道 …… 213
- 第四节　组织市场的多渠道战略 …… 221
- 第五节　组织营销的物流与后勤管理 …… 223
- 本章小结 …… 227
- 关键词 …… 228
- 思考与讨论 …… 228
- 综合案例分析 …… 228

第九章　组织间营销的人员促销战略 …… 230

- 第一节　组织促销与组织人员促销概述 …… 231
- 第二节　组织人员促销的程序 …… 236
- 第三节　组织人员促销管理 …… 238
- 第四节　我国组织营销的人员促销情况 …… 245
- 本章小结 …… 247
- 关键词 …… 247
- 思考与讨论 …… 248
- 综合案例分析 …… 248

第十章　组织间营销的其他促销战略 …… 250

- 第一节　组织营销的广告促销战略 …… 250
- 第二节　组织营销的销售促进战略 …… 262
- 第三节　组织营销的公共关系战略 …… 267
- 第四节　中国组织营销的促销战略 …… 269

本章小结 …………………………………………………………………… 274
　　关键词 ……………………………………………………………………… 275
　　思考与讨论 ………………………………………………………………… 275
　　综合案例分析 ……………………………………………………………… 275

第十一章　组织间营销控制与绩效测量 …………………………………… 277
　　第一节　控制与绩效测量的内容 ………………………………………… 277
　　第二节　组织间营销控制的层次 ………………………………………… 281
　　第三节　组织市场控制与绩效测量的方法 ……………………………… 282
　　本章小结 …………………………………………………………………… 292
　　关键词 ……………………………………………………………………… 292
　　思考与讨论 ………………………………………………………………… 292
　　综合案例分析 ……………………………………………………………… 293

第十二章　组织间营销关系管理 ……………………………………………… 294
　　第一节　识别组织市场中有价值的客户 ………………………………… 295
　　第二节　组织市场客户关系管理 ………………………………………… 301
　　第三节　合作伙伴关系管理：营销战略联盟 …………………………… 309
　　第四节　组织营销与社会可持续发展 …………………………………… 314
　　本章小结 …………………………………………………………………… 317
　　关键词 ……………………………………………………………………… 318
　　思考与讨论 ………………………………………………………………… 318
　　综合案例分析 ……………………………………………………………… 319

参考文献 ………………………………………………………………………… 320

基础观念

第一章 组织间营销概述

 开篇案例

　　天津波音复合材料有限公司位于海洋高新区,是美国波音公司在中国内地投资设立的唯一一家生产性企业,主要生产和销售用于国际商用飞机高质量的复合材料次结构件和内装饰件。目前,天津波音的客户包括波音、赫氏、古德里奇、奥地利 FACC 公司、大韩航空航天工业、美国 Triumph 集团、波音航空结构澳大利亚公司、上海航空工业公司和西安航空工业公司。波音每年在中国采购价值超过 2 亿美元的航空硬件和服务,目前全球现役的 9 600 架波音飞机中,近 6 000 架飞机拥有中国制造的零部件。预计到 2015 年,波音在华采购额将至少翻一番。

　　资料来源:李海霞. 天津波音将为所有"波音"生产零部件[OL]. http://mnc. people. com. cn/GB/14428467. html,2012-08-12.

 本章学习目标

1. 组织间营销与消费者市场营销的区别;
2. 组织市场需求的特征;
3. 组织顾客的类型;
4. 组织市场产品的种类;
5. 基于我国现状的组织间营销框架。

第一节　什么是组织间营销

一、组织间营销的概念

　　市场营销理论产生于 20 世纪初的美国,其关注的重点是企业如何通过交换,使自己创造的价值得到社会的承认,进而满足自身的需求。在营销理论发展初期,交换双方基本局限于生产者与最终消费者,因此分析的对象以消费者市场为主,这也使得营销思想作为针对消费者市场的分析方法被大众所了解。随着专业分工的深化和市场经济的发展,人们逐渐认识到市场营销实际上可以分为企业对最终消费者的消费品营销和企业对企业的组织间营销,前者被称为 B2C(business to customer)模式,后者被称为 B2B(business to business)模式。事实上,所有社会组织,包括为最终消费者提供产品和服务的企业,都参与了组织产品与服务的交换,这样就构成了组织市场。

(一)组织市场

组织市场(business market)是组织间交易实现的场所和环境,由于在组织市场中买卖双方都是社会组织,我们可以这样理解组织市场:一家企业将产品和服务销售给另一家企业,供其自行使用或者转售给其他企业的市场。对组织市场的理解不能将其局限于字面含义,组织市场既包括国内市场,也包括国际市场。由于个人消费者所购买的产品和服务都必须经历原材料供应商、加工制造商、生产厂商、服务提供商之间在供应链上游进行多次交易之后才能获得(见图 1-1),因此组织市场的交易额远远超过最终消费者市场。面对日益增大的组织市场规模,现在大学专业课程和企业管理培训中越来越强调组织间营销。

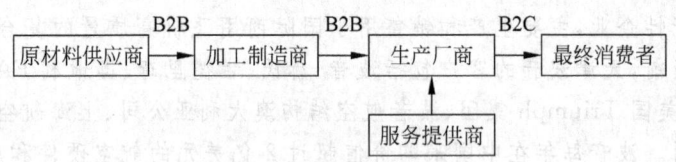

图 1-1 供应链上的交易

(二)组织间营销

组织间营销(inter-organizational marketing)又被称为产业营销(industrial marketing)、组织营销(business marketing)或者企业对企业营销(business to business marketing)。虽然名称不同,但其内涵都是指那些在组织市场中发生、不直接涉及最终个人消费者的社会组织之间的营销活动。正确认识组织市场营销的关键在于分辨市场中购买者的性质和购买者使用产品的方式。在组织市场中,购买者为社会组织而不是个人消费者,比如日本喜玛诺公司生产的专业自行车车把,既可以销售给自行车制造商作为部件安装到自行车上,也可以直接销售给自行车发烧友用于改装自己的自行车,前者属于组织间营销活动,后者属于消费者营销活动。购买者使用产品的具体方式包括生产、消耗、使用或转售,其目的是辅助生产过程或用作其他商品或服务的原材料,例如海尔将其所生产的电视售予国美电器时,虽然买卖双方都是企业,但国美电器只是作为海尔的销售渠道参与交易,不属于典型的组织间市场营销,但海尔若将电视售予一家五星级酒店,该酒店将海尔电视安装在客房内,作为为入住客户提供的服务设施,这就属于组织间营销的范畴。

根据上述分析,组织间市场营销是指为满足企业及各种机构客户的需求,对有关观念、商品和服务等进行策划、定价、促销和分销等,进而成功地实现企业或组织机构间的交易过程。

二、组织间营销的模式

我们所说的组织间营销模式,也就是组织营销系统,它是指在整个宏观和微观市场环境下,影响企业进行产品和服务营销的各个要素的有机组合及其运行机制。从其基本原理来看,组织营销模式和消费者营销模式应是一样的,但从具体内容看却有很大差别。

组织间营销模式一般是由下述几部分构成的一个有机系统（见图1-2）。

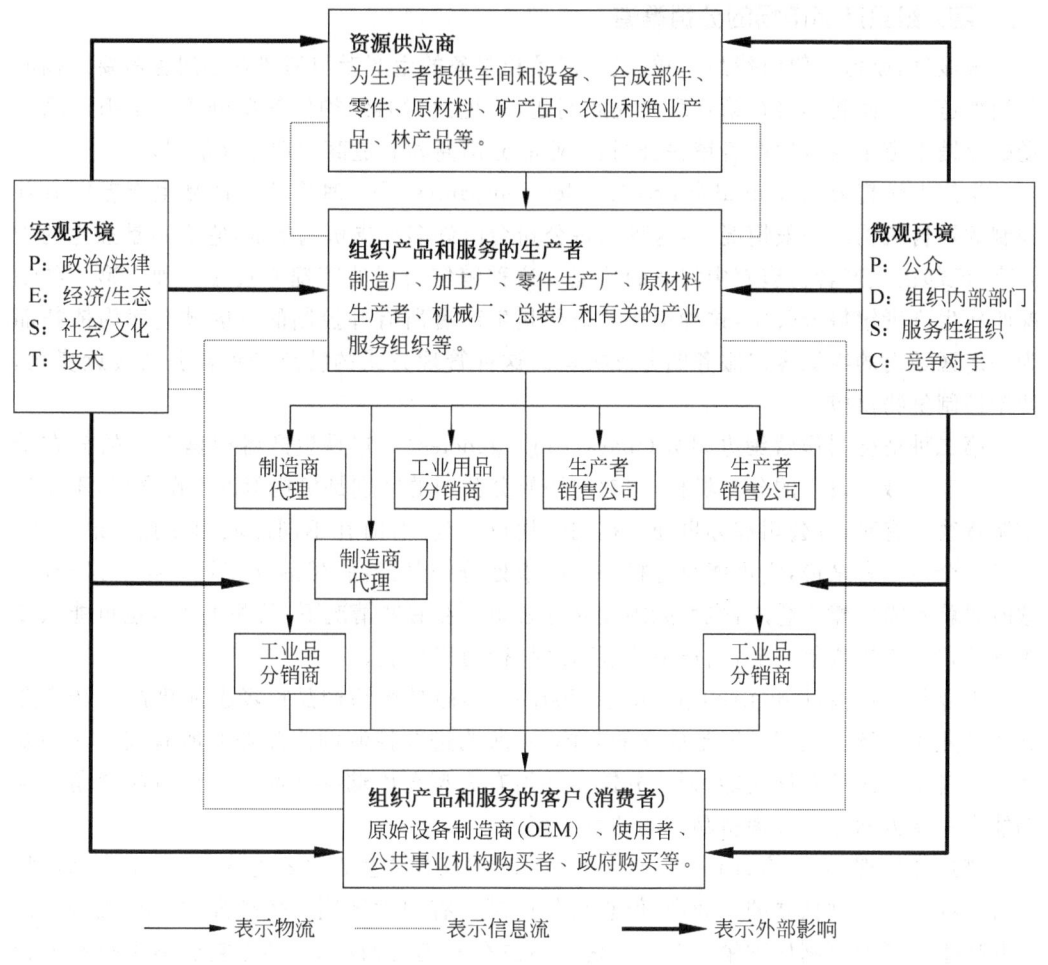

图1-2 组织间营销模型

（一）组织产品和服务的生产者

组织产品和服务的生产者一般有如下企业组织：①制造厂，如机械工具制造厂、钢铁厂和造纸厂等；②加工厂，如食品加工厂、石油炼油厂等；③零部件或原材料生产厂，如汽车、卡车配件厂；④机械厂；⑤总装厂，如购买组合部件并组装成最终产品的电子制造商、汽车总装厂等；⑥专门服务于组织产品市场的服务组织等。

（二）资源供应者

组织产品和服务的生产者经常要从其他组织购买原材料以保证生产顺利进行，后者也就是资源供应者。具体来说这些资源包括：从其他制造商购进的生产设备、各种物资和各种材料等，以及各种矿物资源、农业资源、水资源和森林资源等。

（三）组织产品和服务的消费者

组织产品和服务的消费者主要是各种营利性企业、机构组织和政府部门等，该部分内容将在本章第三节中详细论述。

（四）组织产品市场的分销渠道

很显然，就像一般消费品一样，组织产品和服务的生产者与消费者之间也需要通畅的分销渠道。后面我们将在第八章研究此问题，这里只对其结构做简单分析。组织产品市场的分销渠道主要有生产者销售公司、工业品分销商和制造商代理三种形式。

生产者销售公司（manufacturer's sales companies）是一种由组织产品生产者所有并控制的销售机构。一般情况下，这种销售公司会由许多分支机构组成，它们不是独立的中间商，但却由生产者扮演着中间商的功能。这种销售公司的管理方式有两种。第一种情况叫作生产者销售分公司，这种销售分公司是生产者所有并控制的以区域仓库为依托而为一定区域内的组织客户服务的分支机构。这种管理方式的特点是销售公司接近货物，便于控制货物供应。

第二种情况叫作营销办事处（marketing agencies）。它是生产者根据客户的分布情况在一定区域内设立的分支机构，但它与销售分公司的区别是机构附近不设仓库，不就近控制货物。有时，分公司和办事处设在同一地点办公，有时在不同区域相互独立地工作。对于一个生产者来说，它可能只选择一个办事处分销其产品，然后从工厂直接运送产品，这时候就不需要建立仓库，也就无须设立分公司。在有些情况下，某些生产者也可能只使用分公司来控制货物物流，而选用代理商来执行销售功能。

工业品分销商（industrial products distributors）是组织产品市场上从事产品转卖业务的专业中间商。它们一般是独立的实体，对所购进并控制的产品拥有所有权。它们要替生产者执行区域仓储功能，因此分销商必须有大型仓库储存产品。它们扮演的角色和功能在一些方面非常像消费品市场的批发商。

制造商代理（manufacturer's representatives）又叫作生产者经纪人，它是工业品市场较普遍存在的一种独立的中间商，但它与分销商又有很大区别。代理商往往是代表生产者并按生产者的原则代理销售产品；它们不占有所销售的产品，甚至它们不用查看或控制所售产品；代理商的收益来自佣金而不是利润。在这种情况下，它们实际上是代替了生产者的销售人员的职能，即除了它们是独立的组织并可能要为多个生产者做代理以外，它们完全类似于销售人员。因此有了合适的代理商，生产者就会减少雇用所需的销售人员。

在组织间营销结构中，作为中间商的分销商和代理商的基本功能就是销售。但是在近些年出现了一种叫作"存货代理商"的新形式，而且有发展的趋势。实际上它是分销商和代理商的一种混合体，是指那种同时也控制一些现场存货的代理商。

（五）环境因素

无论是消费者市场还是组织市场，所有购买和营销行为都会受到环境因素的影响。同时，组织间营销系统实际上只是一个大的经济系统的子系统之一。因此外部环境因素必然是整个组织间营销系统的组成部分。不考虑这些因素，营销就不可能成功。

这些环境因素大体可划分为两大类，即宏观环境和微观环境。宏观环境因素主要是指影响一切行业和企业的各种外部力量。不同行业和组织根据自身特点和经营需要，对宏观环境理解和分析的侧重点不一样，但一般都包含：政治/法律（political/law）、经济/生态（economic/ecology）、社会/文化（social/culture）和技术（technological）这四大类，简称 PEST。这四类环境因素的变化必然会影响工业品的生产、资源供应、消费和分销渠道的变化。如通货膨胀、经济危机及原材料短缺等现象出现时，就很难实现有效的营销；又如环保机构对由生产过程造成的环境污染所实施的压力和限制，也会影响组织产品营销过程。

微观环境因素是指直接制约和影响组织营销活动的力量和因素，分析微观营销环境的目的在于更好地协调企业与这些相关群体的关系，促进企业营销目标的实现。这些因素主要有公众（public）、组织内部部门（organizational departments）、服务性组织（service organizations）、竞争对手（competitors），简称 PDSC。其中服务性组织是指为组织营销提供直接服务的，并且提供服务的同时也直接影响组织营销效率的组织。服务性组织一般包括广告代理、仓储、货运、财务与金融、营销调研和咨询等机构。这些机构都是为组织间营销提供直接服务的，但提供服务同时它们也直接影响着营销的效率。例如，多家生产者可能使用同一个运输商或其产品都储藏在同一公共仓库内，产品储存和运输一旦出现问题就直接影响到物流的通畅。

综上所述，生产者从处于上游的资源供应商购进原材料生产组织产品和服务，然后将产品或服务向处于下游的企业、使用者、政府或公共机构等组织进行销售，将两端连接起来的就是发挥分销功能的各种渠道组合，而所有这些都必须服从和适应宏观环境和微观环境的变化。这一运行过程既表现为物流过程，又表现为信息流过程，同时这个运行还要受到环境的影响。所有上述因素的有机结合和运行机制，就构成了一个完整的组织间营销模式，即 B2B 模式。

[例 1-1] **芬兰罗奇：关注环境保护，实现持续发展**

罗奇是一家专注于生产工程机械特种钢的跨国公司，其生产的特种钢分为高强钢和耐磨钢，均为热轧钢，产地位于芬兰的拉赫小镇。罗奇年产钢 220 多万吨，钢产量在芬兰位居第一，经营活动遍及 30 个国家，员工人数近 12 000 人。罗奇的特种钢材在国际巨头如卡特彼勒、美卓以及中国知名企业徐工集团、三一重工等都有大量应用。该公司的愿景是提供高能效的钢材解决方案，与客户共同建设更加美好的环境。

"高能效，包括节能、提高材料的利用效率、利用可再生能源、燃油的节省、更高的承载能力，这些都是吸引客户，在工业品领域的立足之本。"罗奇应用经理哈努表示。不仅帮助客户节能，罗奇自身也尝试在节能方面做到最佳。该公司的拉赫工厂是世界上能效最高的钢厂之一。托马斯表示："罗奇采用先进科技，使生产中的焦炭消耗降到最低。与欧洲平均水平相比，罗奇每年生产钢材所产生的二氧化碳要少 30 万吨左右。"在 2011 年全球道琼斯可持续发展指数中，罗奇在钢铁行业名列前茅。

资料来源：杨晓海. 罗奇：好钢用在刀刃上 专注工程机械特种钢[OL]. http://news.machine365.com/content/2012/0922/382112.html，2012-09-22.

三、组织间营销与消费者营销的比较

组织间营销理论并不是消费者营销理论在组织市场的简单套用，而是一种相对独立的营销模式,因此有必要对组织间营销的特征进行清晰界定,使读者能认识到组织间营销与消费者营销的差别,从而采取不同的营销战略和策略。下面将从市场特征和营销组合工具两个方面对组织间营销与消费者营销的区别进行详细讨论。

(一) 市场特征

组织间营销和消费者营销在知识、原理和理论方面有着共同的体系,但两者关注的焦点有很大差异,这种差异首先来自于各自的市场和购买者存在的差异。

1. 组织市场本身的特征

对组织市场本身的特征分析是理解组织间营销的基础,也是其他特征的分析基础。一般来说,组织市场特征主要表现在以下几个方面。

(1) 客户数量较少。与消费者市场由成千上万的消费者构成不同,组织市场常常只包括相对较少数量的组织客户。比如英特尔处理器面对的组织客户主要集中于戴尔、联想、惠普等电脑品牌商,在电脑市场竞争加剧和品牌商的并购、破产背景下,英特尔在组织市场上的客户只有十余家。但是当英特尔通过零售商渠道进入消费者市场时,则要面对数量众多的个体消费者。

(2) 需求的派生性。组织客户购买产品或服务往往是为了满足最终个体消费者的需求。因此,组织客户对产品或服务的需求,归根结底是由消费者对消费品的需求拉动产生的,这种需求被称为派生需求(derived demand)。派生需求具体体现在,当最终消费者对制造商所生产的产品或服务需求产生变动,那么制造商作为客户在组织市场上对相关原材料、零部件或是生产设备的需求会同向变动。

(3) 需求的相关性。需求具有相关性是组织市场区别于消费者市场的另一个显著特征。需求相关性(demand correlations)是指组织客户对于某种产品的需求完全依赖于其正在使用的其他相关产品的需求,前者只是组织客户总的需求或一组需求的一部分。相关需求在工业用品市场上是较普遍的,尤其是对于原始设备制造商(OEM)来说更是如此。例如,美国的艾奥史密斯公司和斯拉顿公司是为通用公司和克莱斯勒汽车公司生产供应主要汽车部件的公司,1974 年 8 月由于前两个公司同时发生了罢工,导致后两个公司汽车出产减少。由于相关需求的影响,汽车产品减少又反过来引起通用公司和克莱斯勒公司削减了其他零部件供应商的产品需求。

2. 购买者方面的特征

组织客户与个体消费者有明显区别,认清这一点有利于组织营销的管理与决策,因此有必要将组织客户不同于个体消费者的方面进行详细解释,这些方面主要有:

(1) 购买量大。在组织市场中,购买力相对集中,这意味着单个组织客户就可能购买大量产品。比如苹果公司仅在 2011 年向三星公司采购产品的金额就达 78 亿美元,采购产品种类包括液晶显示器、行动应用处理器、NAND 型快闪记忆体和行动记忆体等零件。

(2) 供需双方关系密切。一般而言,组织市场中的关系更为紧密持久。一方面组织客户较少,但购买能力巨大;另一方面,组织客户希望通过与信誉可靠、价格合理的供应商建立稳定关系而降低采购成本。因此,买卖双方都更注重长期稳定的互惠互利合作关系。

(3) 购买过程专业化。组织客户对原材料、零部件、生产设备和商务服务等组织购买品的选择,直接影响到它们的产品质量、生产效率、销售业绩等方面,关系到企业的经济利益。因此组织客户的采购人员一般都受过专门训练,具备相当水平的专业知识和经验。

(4) 采购决策多元化。组织市场的所有采购都要受多重购买因素影响,购买决策不是由某一个人做出的,而往往是由所谓的采购中心来执行,组织内的营销部门、生产部门、研究与开发部门、高层管理部门及采购中心的成员都不同程度地参与购买决策。

(二) 营销组合工具

组织间营销和消费者营销的第二个方面的区别体现在营销策略和营销工具上。在营销实践中,运用消费者营销理论对组织间营销进行指导无法收到良好效果,原因就在于组织间营销的产品、定价、分销和促销等营销工具与消费者营销有重要差别。下面就从营销组合工具的四个方面对组织间营销与消费者营销的不同进行阐述。

(1) 产品。大部分组织产品或服务的定制化程度要高于个人消费品或服务,因为组织客户之间的要求可能不尽相同,这就意味着组织营销中提供的产品或服务应按照用户的特殊要求单独设计,而消费品市场中可根据消费偏好的相似性为细分市场提供标准产品或服务;组织购买者购买的产品一般是为了存货、再生产或转售,其目的是通过购买转而在消费者市场上获取利润,而不是像个人消费品那样立即投入使用;在组织营销过程中有相当大的精力要放在售前、售后服务和技术指导等环节上,必要时要安排专人到购买单位进行安装、调试或试产,而个人消费品在售前、售后服务环节上的重视程度远不如前者。

(2) 定价。与消费者营销中价格是影响客户购买意向的重要因素不同,组织产品或服务营销过程中的价格因素一般排在产品的质量和规格、按时交货、服务品质以及技术咨询等因素之后;另外一些组织受限于法律约束或是为了能够获得在质量、价格、规格、交货速度等方面更满意的产品,往往通过竞争投标的方式来确定交易价格,同时由于组织产品销售额一般较大,组织产品生产商经常要为其客户提供财务方面的支持,比如分期付款或租赁,而在消费者营销中,竞标和财务支持都较为少见;最后,组织产品市场的派生需求的特点决定了组织产品需求对价格变化的反应要小于个人消费品,即组织产品的需求弹性不明显。

(3) 分销。组织营销采用的分销渠道总地来说较短且结构简单,这是由于组织市场的购买者数量较少、购买规模较大或者地理位置相对集中,另外由于组织产品具有技术复杂、服务要求较高、价格较高等特点,因此组织营销不适合采用过于复杂的分销渠道。一般组织营销采用直接渠道开展产品和服务营销,即使采用间接渠道,一般也只以代理商、厂商销售代表或经销商等形式的一级中间商为主。相比而言,消费者营销面对的客户数量众多且分散,为了扩大产品和服务的知名度和接触面,消费者营销往往采用长且宽的分销渠道。

(4) 促销。与个人消费品营销相比,组织产品的特点决定了其促销方式更多地采用人员推销方式,而且对促销人员的技术要求较高,从事组织产品营销的促销人员通常要有一定的技术素质和背景,因为组织产品的营销人员不仅需要对其客户进行大量咨询工作,还应该是技术问题的解决者。另外,在组织营销过程中,电话电子促销手段日益重要,虽然个人消费品也是用这种促销手段,但从适用性和占总销售额的比重来看都远不如前者。

由中国电子商务研究中心发布的《2010年度中国电子商务市场数据监测报告》显示,2010年中国电子商务市场交易额已经达到4.5万亿元,其中组织市场交易额达到3.8万亿元,占到总交易额的77.8%。

第二节 组织市场的需求

在第一节中我们提到组织产品市场与消费品市场有很大区别,而这些区别实际上可以说是源于两个市场的需求具有不同特点。要对组织间营销有正确的理解,就必须全面了解组织产品市场的需求机制。对此,我们将从组织市场需求的特征和影响组织市场需求的因素两个方面进行阐述。

一、组织市场需求的特征

B2B组织应当了解和掌握各个企业、行业以及全国和国际市场的需求状况,以便能够采取适当的战略和策略行动,而了解需求状况的前提是要认识组织间营销中的需求特征。

(一)派生需求

我们在第一节中阐述组织市场特征时讨论过"派生需求"这个术语。在组织营销的需求管理中,派生需求仍然是营销人员首先要明确的一点,如果不能很好地把握派生需求的含义和特征,就不能从根本上把握组织营销的特征,从而影响营销效果。

1. 派生需求的概念和意义

所谓派生需求,是指组织客户并非由于它们本身的需求和欲望,而是由于要为它们的消费者生产其他产品或提供服务才出现的需求。"派生"这个术语,是与"原生"相对的,所谓原生需求是指最终个人消费者对消费品的直接需求。

图1-3表示了苹果公司派生需求和原生需求之间的关系。苹果公司增加了对夏普公司生产的平板电脑显示屏的需求,这种需求表面上来自于苹果公司,但实际上是来自于最终消费者对苹果公司生产的平板电脑的直接需求,即消费者对苹果平板电脑的直接需求拉动了苹果公司对夏普平板电脑显示屏的需求。如果消费者对苹果平板电脑的需求下降,那么苹果公司对夏普平板电脑显示屏的需求也要相应地减少。因此,最终个人消费者

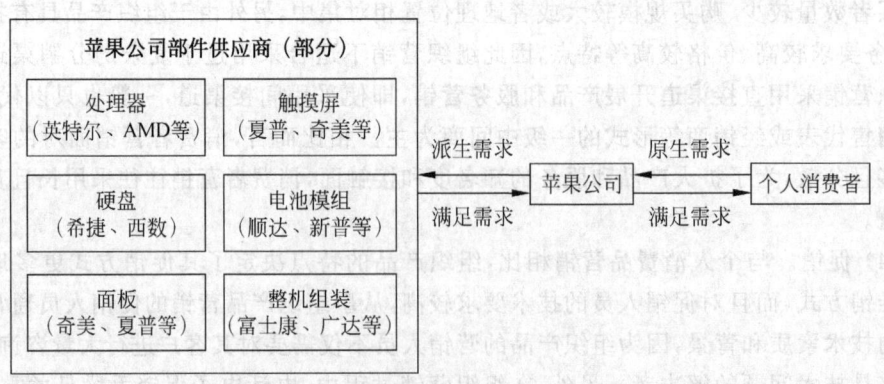

图1-3 派生需求与原生需求之间的关系

是否购买苹果平板电脑就会间接地影响触摸屏的需求。换句话说,触摸屏的需求是源于最终个人消费者对平板电脑的需求派生而来的。

再比如,美国PPG公司研发出来的CR39树脂具有耐冲击、耐腐蚀、不易碎、质量轻巧等特点,是全球市场上的主流镜片材料,主要供应给太阳眼镜生产商。当这些太阳眼镜生产商购买CR39树脂材料时,并不是为了自己消费,而是为了满足它们的客户需求才购买这些产品。因此,当太阳眼镜销量会下降时,供应与生产镜片的CR39树脂材料销量也就会下降。图1-4非常清楚地表现了这种关系:太阳眼镜在每年1—3月份销量较低,其影响的结果是CR39树脂需求显著下滑。对CR39树脂的需求表面上是依赖于太阳眼镜生产商,而实际上它是最终消费者对太阳眼镜需求的一种派生需求。

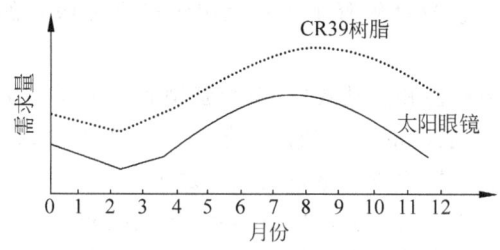

图1-4 CR39树脂需求量与太阳眼镜销售量的关系

派生需求的特性在组织营销管理中有三方面的意义。

第一,上游供应商应密切关注下游市场的变化趋势,不仅要关心自己顾客的需求,而且要关心组织客户的用户需求。例如钢铁制造商不仅要关注谁需要钢材钢板,也应该关心市场对钢铁制品的需求状态,了解市场对钢铁制品、铝合金制品、塑料制品和玻璃制品的偏好,这样才能客观准确地估计市场对钢铁的需求。

第二,了解派生需求可以指导开展组织营销的企业进行市场"拉动"。即企业可以通过引导最终消费者的消费偏好,提高其产品的市场需求量,例如钢铁制造商可以通过宣传铁制的饮料包装优于塑料、玻璃和铝合金的饮料包装,从而拉动市场对钢铁的需求。

第三,下游产品需求的波动容易造成上游供应商的波动,上游供应商要密切关注下游动向,及时调整战略,以免造成产品的积压或产品供应不及时。

2. 派生需求管理

通过以上对派生需求的含义和意义进行阐释,我们了解到虽然B2B组织是为组织客户提供产品和服务,但组织市场最终受到的影响还是沿着供应链下行,来自终端消费者。因此组织市场供应商如果能通过了解派生需求,对其进行有效管理和预测,对其经营将大有益处。

要对组织营销中的派生需求进行有效管理,首先就要清晰地认识派生需求的层次性。在实际营销当中,并非所有派生需求都直接来自于终端消费者,派生需求可以沿着供应链方向在许多环节中出现。作为B2B组织,不仅要监测派生需求的级别,还应开发出营销方案,力图推动和提升这一需求的水平。例如,对棉花的需求依赖于纺织工业的需求;而对纺织品的需求又依赖于服装产业的需求;对服装的需求最终决定于个人消费者对服装和棉制品的总需求。这里的纺织品需求和棉花需求即为不同层次的派生需求,它们都是由最终消费者需求派生的。因此棉花生产商虽然知道最终个人消费者本身不购买棉花，但他们却是棉花生产经营的背后驱动因素，通过营销手段提高个人消费者对棉纤维制品需求偏好，也就可以导致棉花需求量的增加。

其次，由于组织市场的需求具有派生性，组织营销人员还必须经常留意消费者市场上存在的各种需求模式以及不断变化的购买偏好。在组织市场中，产品和服务的需求往往比消费品需求波动更大，一方面因为制造商或零售商通常以增加库存的方式应对消费品需求的可能增长，这就使组织供应商经历一次销量剧增，但是当消费品需求下降时，制造商或零售商会首先把存货用完或售出，这就意味着短期内组织供应商的销量会急剧下降；另一方面，组织市场上客户数量不多，其中一家甚至几家因为某种原因停止购买就会立即给B2B组织带来巨大损失。这就解释了为什么组织产品和服务的需求比消费品需求波动得更厉害。

认识到派生需求的层次性和波动效用，组织营销管理人员还需要对派生需求进行有效监测与控制，以避免需求层次的变动或波动效用带来负面效果。对于B2B组织而言，运用营销信息系统不间断地探测位于整条供应链之上的产品需求，能够有助于组织在消费者市场需求变化发生之前有所准备，并采取各种形式的防范措施。营销信息系统中的主要经济指标能反映出消费者需求发生的细微变化，而消费者购买行为的辅助数据能够揭示需求方式的变化。例如，美国在1929年至1932年间，消费品需求下降了20个百分点，即从100%降到80%；但是，同期B2B组织的产品需求却下降了65个百分点，即从100%降到35%。如果B2B组织能通过数据收集预测到经济环境的恶化和消费者需求的下降，采取相应的措施就能尽可能地降低损失。

[例1-2]   "莱卡"的派生需求管理

"莱卡"是美国杜邦公司1958年推向市场的氨纶的一个品牌。在中国，"莱卡"通过举办一系列的比赛，如"莱卡加油好男儿"、"莱卡风尚颁奖大典"、"莱卡我型我秀"成功引起大家的关注，推广"莱卡"这一品牌，使其成为中国时尚精神的一种象征。1995年起，"莱卡"在我国国内首先与内衣品牌开展合作，六年后中国市场上几乎所有的内衣品牌均推出了含莱卡的产品，其中除了黛安芬等世界名牌，也有三枪、豪门、猫人、铜牛等中国内衣品牌，莱卡在内衣领域一统天下的脚步当当作响。设在上海青浦的杜邦莱卡生产厂的产量也在逐年提高，年生产量已经从1997年设厂之初的2 500吨，增加到了2001年的1万吨。在上海等大城市，"莱卡"的市场知名度更是达到了70%。在很多消费者心中似乎"莱卡"就是氨纶，氨纶就是"莱卡"。一个品牌的名称变成了一个品类的名称，"莱卡"在氨纶原料供应商中的优势地位是显而易见的。"莱卡"将氨纶原料品牌化，将一个复杂不容易表述的工业产品演化成为一个时尚、流行、能够带来美好生活可以感知的品牌。

资料来源：菲利普·科特勒.要素品牌战略[M].李茂，译.上海：复旦大学出版社，2010.

（二）其他需求种类

1. 相关需求

通过组织市场特征的学习我们知道相关需求在组织营销中是普遍存在的，只是其所表现的形式不尽相同。最为常见的就是当两种或两种以上的产品被用于成品制造时，就会出现相关需求。比如要生产生铁,生产者就需要焦炭和铁矿石。如果由于某种原因生产者不能购进焦炭,那么它就必须减少购进同等数量的铁矿石,焦炭和铁矿石两者间的关系就互为相关需求。

其次,对于现有使用者客户来说也存在相关需求的问题。例如,某一制造商在生产过程中使用某种生产线进行生产,这时它要保证该生产线顺利运行就必须使其他辅助设备与生产线相配套。如果制造商用更新型生产线替代了原生产线或转而使用其他品牌的生产线,那么原有的相关关系被破坏,企业不得不购买与新生产线相关配套的新型辅助设备,构建一种全新的相关需求。

在组织间营销中,与产品线有关的相关需求还表现为另外一种形式,即客户愿意从组织供应商那里购进一套完整生产线,而不愿从不同供应商那里分别购进单个产品组成生产线。比如加拿大的莫尔森酿造集团开展了一次全公司范围的包装生产线升级,公司将该项目称作"生产线现代化项目",此项目的供应商是克朗斯公司。克朗斯公司为莫尔森集团安装了一条完整的生产线,需要安装的设备囊括了所有的标准机械、生产流程所需设备和配套设施,莫尔森集团购入生产线后可以立即投产。在这种情况下,实际上对一套生产线产品的需求就是一组相关需求。其中的单一产品不会有单一需求,单一产品只能在一套生产线中与其他相关产品构成总需求,这是组织营销人员必须注意的。

精明的营销人员特别是营销经理必须清楚地了解本单位经营的产品与购买者所需全部产品的相关关系。只有这样才能在观察相关产品需求变化中把握本单位产品市场的发展趋势,避免或降低相关需求对自己的负面影响。

2. 刺激性需求

B2B企业虽然面对的直接客户是组织,但一些组织营销者发展出一套直接接触最终消费者的营销流程,刺激性需求通常通过拉式营销手段体现出来。拉式营销是组织生产者越过组织客户直接向最终消费者营销其产品,其目的在于在零售层面上创造消费者对该要素的需求,这样它们就能迫使处于中间环节的组织客户采用它们的产品和服务。比如金属铝的生产者在电视和杂志上发布广告,指出铝制包装能向消费者提供的便捷和回收计划,于是最终消费者舍弃了塑料包装的软饮料,转而增大了对铝制包装软饮料的需求,从而拉动软饮料生产商和包装制造商对铝的需求。计算机处理器制造商英特尔公司在刺激性需求方面实践较为成功。英特尔通过对终端消费者市场进行深入研究,发现市场上存在对通过装配名牌部件提供附加值的计算机产品的强烈需求,于是通过开展拉式营销手段,向终端消费者宣传购买装配英特尔品牌部件的计算机绝对物有所值,增大了消费者对英特尔处理器的需求,从而使计算机品牌商和整机制造商增加了对其的需求。

3. 非弹性需求

组织营销者应该认识到并不是所有的组织产品和服务都具有很强的派生需求效应,有些组织产品通常是某个品种的零部件,其需求是具有相对非弹性的,组织营销者应该对这类需求进行区分、识别并合理利用。所谓非弹性需求,是指产品或服务的价格不会在很大程度上左右短期内的产品需求,原因往往是这种产品属于特殊零部件,并且其价格可能只占其供应链下游的产品整体价格的很小比例,因此受到价格变动的影响较小。比如油漆价格上涨时,汽车制造商对油漆的需求量不会相应减小,一方面油漆成本对汽车成品价格而言简直微不足道;另一方面,汽车市场竞争激烈,汽车制造商不会把油漆价格成本转移到客户身上而进行提价。组织营销者认识到产品的非弹性需求后,可以以固定价格合同的形式出售产品和服务,保证企业获得较为稳定的收入。

4. 改良、研发的需求

组织市场与消费者市场一样,客户总是会有对新型或改良的产品和服务的需求。无论是对现有产品和服务进行改良,或是研发出新型的、不同于以往的产品和服务,组织客户都会要求这两类产品能够物有所值。改良后的产品和服务,其价值体现在从速度和时机方面改善生产效率;新型产品和服务则可以为组织客户提供比原有商品更优越的价值。那些无法坚持改良产品和服务流程,或是开发新产品的B2B组织,很容易在行业竞争和技术更替中丧失优势。其中一个典型例子就是计算机软盘驱动器(disk drive)产业的变化。这些公司当时主要是为计算机公司生产软盘驱动器,其主要作用是使资料在计算机硬盘与软盘之间转存。在20世纪80年代,由于个人电脑需求迅速扩张,全世界的软盘驱动器生产者从少数几家一下猛增到上百家。但是随着计算机行业的发展,软驱的技术缺陷逐渐显现:容量太小、读写速度慢、寿命较短、数据易丢失等,因此到了21世纪以后,软驱被USB接口硬件代替,新造的电脑和个人装机用户都不再安装软驱。由于软驱生产的技术相对落后,一些不重视新产品研发或技术升级的企业无法及时推出替代品,其结果是许多软驱生产厂家倒闭或合并。

二、组织市场需求的影响因素

在对需求进行预测和管理时,组织营销人员必须清晰地了解与需求相关的因素,这些因素会对组织所在的行业及其紧密相关的行业需求造成影响。

(一)组织市场的性质

在考虑组织市场的性质对需求的影响时,组织营销管理者要考虑产品销售给一个横向市场还是一个纵向市场,该市场处于生命周期的哪一个阶段,该市场上的集中化程度如何以及B2C市场需求变动的影响。

横向市场(horizontal market)是指企业将产品或服务销售给不同行业、不同类型或跨产品类别的市场;纵向市场(vertical market)是指企业将产品或服务销售给相同行业、相同类型和同类产品的具体产业。比如,车载空调市场是一个纵向市场,因为制造商只能将车载空调卖给汽车制造这样一个具体的产业;而中央空调市场就是一个横向市场,因为制造商可将其中央空调卖给很多不同的产业领域,比如商场、写字楼、酒店或政府部门。纵向市场或横向市场可能存在于组织市场中的所有类型的产品和服务中,只是有时存在着范围程度上的差异,但横向市场和纵向市场的差异,无疑使得它们的需求表现出不同的特点。

市场和行业的生命周期与产品生命周期理论有关。这一理论认为,所有行业和市场都会在一定的时间范围内走过出现、成长、成熟和衰退的完整过程。行业竞争加剧、技术更迭交替、变化的客户需求、国家政策法规以及整个世界的经济形势发生变化都会导致一个行业和市场出现兴盛或是衰退,我们上面提到的计算机软驱产业正是在各种因素的影响下走完了这个过程。组织营销人员在确定一个行业的生命周期阶段时,要结合本国具体实情和当地市场状况进行分析,因为一个行业可能在不同的国家和不同的市场分别处于生命周期的不同阶段。认识到辨别行业生命周期,对于有效管理组织客户的需求至关重要,对于一个处于成长期的行业来说,意味着对该产品和服务的需求量会不断增大;而在处于衰退期的行业当中,产品和服务的需求量逐渐减小,企业要缩减营销经费,并及时实施新产品开发或进行新领域的投资。

市场集中化程度(concentration)是指在一个市场上的企业数量多少和实力强大的大型企业的采购比率。作为目标市场的企业成员,其购买力和市场潜力很难完全相同。市场集中化的现象实际上存在于所有的制造业,只是集中化的程度可能因不同产业而有所差异。例如,美国汽车产业有322家企业或组织机构,其中最大的4家就占所有产业货物总值的93%;相反,组合合成钢产业有2 462家制造企业,但其中最大的4家只占全部产业货物总值的10%(见表1-1)。由于产业集中化程度存在极大差异,因此这两类产业中的需求必然会有很大区别。了解了不同产业需求集中化程度的差异,组织营销人员应该根据不同产业的需求集中程度,有针对性地实施营销活动:在需求集中化程度高的产业中,采购总值占比较高的大型企业无疑是组织的重要营销对象;而在集中化程度较低的产业中,客户购买力相对分散,组织则需要以各个企业的具体需求为依据,进一步细分该产业的市场,以便有效地开展营销活动。

表1-1 可选择的目标市场的产业需求集中化情况

产业类别	标准产业分类(SIC)	该产业企业总数量/家	最大4家企业占该产业货物总值的百分比/%
汽车产业	3 711	322	93
原铜产业	3 331	27	87
碱和氯化工	2 812	49	66
圆珠/滚珠轴承	3 562	149	56
玻璃器皿业	3 221	126	54
空气压缩机	3 563	175	45
计算设备	3 573	932	44
采掘机械	3 532	344	37
磷肥	2 874	91	35
柴油机械	3 533	478	30
工业保温设备	3 567	327	26
工程科学仪器	3 811	786	25
金属削切器械工具	3 541	919	22
组合合成钢产业	3 441	2 462	10

最后,消费者市场需求变动的影响也不容忽视。消费者需求的变动会直接体现在消费品的销量上,这个指标在消费者市场上的反应速度明显要快于组织市场上产品和服务需求的变动速度,原因在于消费者需求更加直接地与消费市场的产品和服务建立联系。然而,消费者需求的变动会最终反映到组织产品和服务需求上,但要花费更长的时间经过

层层过滤转移到购买过程。比如汽车产品需求的下降并不会直接影响油漆产品的短期需求,因为汽车制造商不可能迅速降低汽车产量,而是选择将生产出来的产品放入库存,这才是更有效的处理方式。对于组织营销人员而言,既要正确认识消费者市场需求变动可能给组织市场需求带来的影响,又要意识到这种影响不是立竿见影,而是有一个时滞效应,进而合理利用这个时滞效应避免需求变动带来的不良后果。

(二)组织客户的特征

由于组织市场的产品和服务的购买要受多重购买因素影响,并且最终由采购中心来执行,因此很难概括企业购买者的性质或特征。但是,有些基本的认识能帮助我们理解影响组织购买者购买的因素,对需求有哪些惯性作用(subsequent effect)。

从广义上讲,组织市场的购买者常常以下列方式影响市场需求的变化。

(1)需求受多种因素影响。如果组织产品和服务供应商在供货、产品质量、服务、技术援助等方面都有保障的话,购买者往往就愿意购买,且可能愿意付出较高的溢价;相反,如果在这些方面没有十分把握,购买者就会敬而远之,或只能给出低价报盘,企业由此可能导致巨大损失甚至生产停滞。因此,组织供应商应在营销沟通中传递产品所具备的质量、服务、交货和技术等方面的特征。

(2)多个供应商并存。企业购买者经常会分散它们的购买方向,即同时从多家供应商购进所需产品或服务,而尽量避免只有一家供应商供货的情况。它们这样做的原因在于,保证产品和服务供应的稳定性,又期待在供应商的竞争中获利。对于组织供应商而言,应对这种局面的方法应该是从核心技术、品牌价值等方面实现与竞争对手的差异化,以此提高组织客户的转移成本。比如施华洛世奇水晶,正是通过成功树立品牌形象,传递出其产品具有比竞争对手更大的附加价值——创新、产品和服务质量,从而成为很多服装、饰品生产商的唯一水晶供应商。

(3)技术成为主导要素。许多企业购买者的需求导向开始向科技领先的产品和服务转移,即它们喜欢从那些在本行业处于技术领先地位的企业购进产品,因为这样可以使购进企业的产品跟上技术发展的潮流而不落伍,这也迫使供应商要经常不断地进行技术革新。当然,反过来看,持续进行创新和技术研发的企业,其产品和服务具有更高的附加值,只要这些附加值是组织购买者所看重和需要的,那么这些产品和服务不仅能使企业占据有利竞争地位,客户为其支付的溢价也能补偿产品研发的投入成本。

从上述讨论,我们可以得出基本结论:组织市场的性质和组织客户的行为特征影响着组织市场的产品或服务的需求,正确理解两者的影响是营销人员管理和预测组织市场需求的前提条件。

[例1-3]　　　　　　　工程机械制造商的发展短板

在国家实施房地产调控的背景下,自2008年国际金融危机之后,2012年是工程机械行业生存形势最为严峻的一年,行业产销增速在2011年明显回落的基础上连续走低。相关数据显示,2012年1月至6月份工程机械行业利润总额同比下降19.85%。

中国工程机械工业协会会长祁俊表示,相对于国内企业普遍打价格战,外企产品的售价非但没有降低,反而还在涨价。"这表明,国内企业的内功还练得不好。"此外,我国工程

机械产品可靠性缺乏竞争力,自主知识产权的核心技术不多,也成为制约我国工程机械产品价格的主要因素。一位不愿透露姓名的业内专家告诉记者:"目前我国工程机械行业基本采用'引进—测绘—制图—装配—改进—成型'的克隆模式,这个过程将国外百年发展进程浓缩至30年,甚至10年之内,中国制造迅速崛起的背后却分外单薄。"

资料来源:王静宇.遭遇十年困境 工程机械海外并购寻求突围[OL].http://finance.eastday.com/stock/m3/20120905/u1a6838121.html,2012-09-06.

第三节 组织间营销的客户

组织市场中的客户通常称为组织购买者(organizational buyer),组织客户分布在各行各业当中,按照组织购买动机及购买决策特点的不同,各行业的组织客户大致可分为商业企业顾客(commercial enterprises)、政府单位(government organization)和机构类客户(institutions)。对组织营销者而言,识别组织客户的不同分类和购买特点及需求,有助于他们采取相应的营销,比竞争对手更有效、更迅速地提供产品和服务,从而提高在组织市场中的竞争力。

一、商业企业顾客

商业企业顾客是指那些购买工业用品为自用而不是直接转卖给最终消费者的所有企业消费者。按照购买产品和服务的需求进行划分,这些商业企业客户主要有三种基本类型。

(一)原始设备制造商

原始设备制造商是指那些购买工业用品或服务用以安装或附加在自己的产品上,进而继续生产并转卖到其他企业或最终消费者市场的组织客户。比如通用汽车公司从固特异公司购买轮胎安装到汽车上,然后将汽车成品出售给消费者,这时固特异公司的轮胎组成了通用汽车产品上的一部分,因此固特异公司是要素供应商,而通用汽车公司就是原始设备制造商或称为成品制造商。

(二)使用者客户

企业客户的第二种类型被称作使用者。在组织市场上,这一术语是指那些购买产品和服务用于生产其他产品和服务,然后转卖给组织市场或消费者市场的组织客户。这类客户的例子很多,如购买车床、钻孔机、切齿机、冲床、剪切机、弯曲成形机等机械设备的制造公司都属于使用者客户。它与原始设备制造商的区别在于,使用者客户购买这些设备的目的是在其生产过程中使用,而不是附加或安装在其产品上,因此它们所购买的产品也不会融入其最终产品上。

使用者客户在购买贵重产品时,比较关注产品的质量、价格、配送、设计等是否能够满足生产的需要。而且,使用者客户采购产品的目的是为了有助于生产能更好地进行,一旦所采购的产品出现故障和问题,将有可能影响到使用者客户的利益。所以使用者客户对于供应商的售后服务比较关注。此外,使用者客户有时也会购买易耗物品或服务,因为这些易耗物品或服务对于它们自己的产品或服务的生产是非常必要的,比如电、水或其他能源。使用者客户在购买易耗品时,比较关注价格和交货速度。

(三) 组织产品分销商

企业客户的第三种类型是组织产品分销商,分销商主要负责组织产品的分销活动。严格地说,分销商并不是组织市场上的消费者,它们只是一种中间商。它们从制造商或其他分销商那里购进产品,然后再将其转卖给其他分销商、原始设备制造商或使用者客户,通过买进卖出之间的差价来获取利润。从形式来看,分销商类似于组织产品批发商,只是分销商更专业化,订购的产品更为大众化。

但是,由于分销商对购进的产品拥有所有权,因此实际上许多营销经理往往把它们看作工业用品消费者,例如管件分销商、钢铁服务中心和电子分销机构等就属于这种情况。组织分销商在购进产品时,比较关注供应商所能提供的交易折扣、交货能力、品牌形象以及提供的市场支持,比如广告等促销手段。

上述是我们对企业客户的主要类别分析,而实际上企业客户不只限于原始设备制造商、使用者和分销商三类。一方面,除此以外,还有一些以提供服务为主的企业,如广告公司、运输仓储企业、信息咨询服务公司等,为了维持企业运行或是为了有效提供服务,它们同样需要从组织市场采购组织产品;另一方面,这种分类也是相对的。例如,一个组装厂从某些供应商那里购买组合部件时它是原始设备制造商;而当它购买机械设备用于生产线的生产时,组装厂又成为使用者客户。同时,制造商有时也可能会扮演为另一制造商的分销商角色。

因此,由于购买目的的不同,同一公司对产品的采购标准也不一样。营销实践中,企业间营销人员特别是营销经理能了解其购买者是属于哪一类客户是非常重要的。如果不清楚这点,他们就不可能进行有效的营销,因为他们完全忽视了不同类型客户购买动机的差别。

二、政府单位

所谓政府采购(government procurement),是指各级国家机关、事业单位和团体组织,使用财政性资金采购依法制定的集中采购目录以内的或者采购限额标准以上的货物、工程和服务的行为。

(一) 政府采购现状

在当今国际市场上,大多数国家的政府和其代理人一起,是各种货物(从基本商品到高技术产品)的最大买主。我国财政部 2012 年公布的数据显示,我国政府采购规模由 2002 年的 1 009 亿元增加到 2011 年 1.13 万亿元,10 年间增长了 10 倍。2011 年我国政府采购规模为 1.13 万亿元,占全国财政支出的 10%,占当年 GDP 的 2.4%,其中工程类采购规模为 6 613.3 亿元,较上年同比增长 45.8%,是政府采购中比重最大、增长最快的。而在欧美一些发达国家,政府采购范围更为宽泛,采购规模一般占 GDP 的 15%~20%,比如美国早在 2009 年各级政府的采购总额就已超过 3 万亿美元,超过 GDP 的 15%。

政府采购的实质与商业企业采购有所区别,它是市场竞争机制与财政支出管理的有机结合，主要特点是对政府采购行为进行法制化的管理。2002年，全国人大常委会审议通过了《中华人民共和国政府采购法》，标志着我国政府采购制度由此步入了法制化轨道。我国政府采购主要以招标采购、有限竞争性采购和竞争性谈判为主，其中公开招标已成为我国政府最主要的采购方式。2002年我国公开招标的规模为485亿元，占采购总规模的48%；2011年公开招标的规模为9 147.3亿元，占到采购总规模的80.7%。

一般来说，政府需要其他组织客户所需要的所有产品和服务，同时还有其他组织不具备的需要，比如与国家安全防卫、太空科技等有关的产品和服务。因此政府市场对很多企业来说，充满了吸引力，企业一旦进入政府市场，就意味着拥有了稳定的、具有保障性的、较高收益的回报。而且，进入政府市场往往也有助于树立良好形象，因为能为政府提供产品和服务的企业都是经过严格竞标产生的，具有较强的竞争力。

（二）政府采购的特点

（1）政府采购的稳定性。政府采购一般是按照年度预算进行，年度预算具有法律效应，不会轻易变动，所以政府在一个年度内的采购规模基本上是固定不变的。对于企业而言，政府市场比其他形式的组织市场稳定得多，因此能成为政府客户的供应商，成为很多企业的竞争目标。

（2）政府采购的公开性。人们将政府采购称为"阳光采购"，就是说政府采购的各个环节、各套程序都应该是透明的。因此，相关部门都将采购信息的公开当作一项基础性工作来抓，建立起政府采购信息公告制度；在选择供应商上，政府往往采取公开招标、竞争性谈判、询价等方式来选择供应商。招标和谈判的过程中会涉及很多影响因素，如供应商的执行情况、产品性能都会与价格一样成为竞争因素。对于企业供应商而言，谈判技巧、合理的价格以及为获得订单的适当投资都是在争取政府客户时要注意的。

（3）政府采购的标准性。政府采购的标准性体现在两个方面：一是相关法律法规对政府采购过程的约束，凡属于政府采购范围的项目采购计划方案、程序、方式及其资金使用等，必须严格按照有关法律法规组织实施和规范管理；二是对于采购的产品，其技术规范、运送货物的时间要求、包装要求及其他采购要求等，政府部门都会制定出详细的标准和细则，企业供应商必须能够提供完全符合这些标准和细则的产品和服务才有资格被政府列为采购供应商或进入下一阶段的竞标或谈判。

（4）政府采购的调节性。政府采购有责任维护国家和社会公共利益，促进社会经济协调平衡发展，体现社会责任感。政府采购由于范围广、规模大，它在一定程度上能直接影响经济活动效益，弥补市场对资源配置的不足，实现对经济总量和结构调整的要求，尤其是在调节经济结构和产业结构方面更能发挥出杠杆作用。当政府鼓励某产业发展时，政府通过扩大对这些产业产品或服务的采购量，扶持产业的发展，促进产业的兴盛；当政府限制某产业发展时，则可以收缩采购规模，抑制这一产业的发展，从而实现经济结构或产业结构的优化。组织营销人员应该对政府短期和长期的采购趋势有一个宏观把握，以便有针对性地利用政策优势成为有竞争性的供应商。

三、机构类客户

机构类客户市场包括企业单位和政府单位以外的所有类型的组织客户。例如，中小学校、各类学院和大学、医院、私人诊所、疗养院、监狱、教堂、非营利性基金组织及各类社会团体组织等。

机构类组织可以分为营利性和非营利性两类。营利性机构的采购特征类似于工商企业类企业客户,它们在采购过程中比较重视成本和利润的控制;非营利性机构的采购特征类似于政府部门,其支出受到公众的关注和有关法律及财政预算的制约。从采购产品方面来看,各类学校主要购买课桌椅、书柜、计算机、投影仪、实验室设备和材料等;医院和诊所主要购买药品、医疗设备和仪器、实验设备仪器和材料等。

机构类客户的购买决策往往是在建立新机构或更换设备和其他用品时集体做出的,常常是由管理者、专业人员甚至外部咨询人员一起参与供应商的评估。这些特点将影响着供应商的营销决策,他们通常要了解和区分在决策中扮演不同角色的人物,用不同的策略来影响他们的决策。

第四节 组织市场的产品

对构成组织市场的客户进行分类后,我们必须进而思考一个问题:组织客户需要何种类型的产品?理解这个问题有助于营销者明确组织购买过程中的影响因素,制定有针对性的组织间营销战略。划分组织产品种类的一种有效方式是按照组织产品和服务进入生产流程,或进入企业成本结构的方式来进行分类。根据这个思路,组织产品可以划分为三大类,即投入产品、基础产品和辅助产品。

一、投入产品

投入产品是指能构成最终产品的原材料、加工材料和零部件。

原材料(raw materials)的特点是不经任何加工或只经稍微加工后直接卖给组织客户,即以天然状态进入购买组织的生产流程。这类产品包括农产品,如小麦、大米、土豆等,麦当劳公司每年都要采购 30 万吨的土豆来加工成薯条,出售给最终消费者;原材料还包括天然产品,如煤、铁矿、铜矿、铅矿、锌矿、石油、天然气、木材及其他同类性质的产品。在原材料市场中,有些厂商为了保证及时得到原材料、控制生产成本、降低经营风险,往往直接掌管重要的原材料,如有些钢铁厂可能拥有自己的煤矿,化工公司拥有自己的石油天然气公司。另外有些原材料往往是垄断经营的,如我国的石油、天然气、黄金矿等就是由国家垄断经营的。

加工材料(manufactured materials)在投入成品生产前就已经经历过加工程序,比如炼油厂对原油进行了一系列的物理分离和化学反应得到石蜡和沥青,再将石蜡和沥青送到工业企业作为最终成品的构成部分或材料,这个过程中石蜡和沥青就属于加工材料。

加工材料有两个明显的特点:一是同质性,即加工材料在不同的竞争对手之间的区别微乎其微,如比较两个钢铁公司的同型号的钢材,看起来它们几乎完全相同;二是品牌易失性,即加工材料被客户购买后加工成其他产品时,其品牌便很难在组合部件或制成品中识别出来。加工材料的这两个特点往往会影响买卖双方的决策导向。例如,买方会倾向集中于少数供应商,以便获得由于大量采购而得到的数量折扣;卖方则采用生产特制品,或者提供更具竞争力的产品线,或者利用业界影响者及采购方产品设计者对产品的认可,来增加产品的异质性的方法,提高自己的竞争力。

零部件(parts)是指组织客户或企业所购买的可直接安装在最终产品上使用的所有最小单位的成品。这类产品与加工材料的相同之处在于投入生产前也经历过加工环节,但与加工材料不同的是零部件在配送到成品生产商时甚至不需再加工即可直接安装在产品上,这类产品包括汽车轮胎、计算机处理器、印刷书籍所用的纸张等。

零部件的成本和技术等差异较大,有些比较昂贵,且技术复杂,如计算机芯片、手机主板等;有些则相对简单,如螺丝、螺母等。对于高成本的组合部件,购买者更注意其品牌、技术、产品的可信度及供应商的服务支持等;而对于成本低的产品及其服务,一般只向购买者承诺基本用途即可。

二、基础产品

基础产品的显著特征是它们属于资本项目,即当使用或消耗这类产品时,它们的部分原始成本作为折旧费进入生产过程。基础产品包括设施和辅助设备。

设施(installations)是指用于生产流程的长期重大投资项目,如厂房、生产线、起重机或大型计算机等。购买设施的需求通常会受到宏观政策、经济环境、产业规模的影响,同时也由企业产品的市场前景决定。比如随着计算机微处理器在全球范围的需求增加,英特尔日本分公司在2010年对设备的总投资就达到48亿美元;与此相反,受到中国劳动力成本、生产成本不断上涨等因素的影响,全球著名运动品牌阿迪达斯在2012年宣布关闭在中国的最后一家直属工厂,这意味着阿迪达斯不仅会停止在中国工厂的生产线投入,同时还会将现有设施迁移至劳动力成本较低的国家进行生产。

辅助设备(accessory equipment)通常价格更低,使用年限更短,而且不属于固定设备,比如个人计算机、打印机等。辅助设备客户市场通常也是由使用者客户所组成,其业务总量也低于设施。而且,这类产品的购买不像设施那样,总是大批地按计划购进。另外辅助设备也可能被完全购买或被组织客户租赁使用。对于购进后的辅助设备,消费者也会将其按财产对待并加速折旧以减少税额。

三、辅助产品

辅助产品是指协助组织运作的供给品与服务,由于这类产品没有进入生产流程,没有构成产成品,因此其成本一般被企业视为费用项目。辅助产品一般包括日常用品和服务。

日常用品是指那些可消耗掉的或购买单位在日常业务经营中使用的所有辅助产品,具体又可划分为运营型日常用品(润滑油、研磨剂、计算机U盘、企业办公用品、焊条等)和维修保养项目(工业用清洁剂、涂料、清洁用具材料等)。这类产品的特点是,组织消费者将其购买后一定在其日常业务经营中被直接或间接地消耗掉,这也是与上述几类产品的区别。这些产品被看作较贵重的用品,但不能为了减税而提取折旧。对于日常用品,购买者往往主要关心其价格、折扣等级、产品使用的方便性及供应商提供的无库存购买服务等;而销售方则主要关注是否采用长期供货协议、提供数量累计折扣,他们希望并鼓励采购方长期购买。

不是所有组织市场上的企业都经营那些有形的产品,还有许多服务类企业为组织客户提供专项服务,而且这些服务营销的企业规模越来越大,业务范围变得更加庞杂。这种产业服务主要有:清洁服务、保卫服务、安装服务、运输和仓储服务、咨询服务、工程项目服务、计算机服务、财务会计服务、保险服务、广告服务、租赁服务等。比如联邦快递公司,除了向个人消费者提供物流运输服务,还通过相互竞争和协调管理的运营模式,为企业客户提供一套综合的商务应用解决方案,使其年收入高达320亿美元。另一个例子是奥美广告公司,该公司在全球159个城市拥有497个办公室,为众多世界知名品牌提供全方位传播服务,业务涉及广告、媒体投资管理、一对一传播、顾客关系管理、数码传播、公共关系与公共事务、品牌形象与标识、医药营销与专业传播等。其现有客户包括福特、壳牌、麦斯威尔、IBM、柯达、摩托罗拉等全球知名品牌。

组织营销决策者和营销人员必须了解上述组织产品的分类,因为对不同类别的产品来说,其购买动机和购买方式是不同的。确切地划分产品类别以适应不同的顾客需求,是开展有效的组织营销的前提。

第五节 我国组织间营销的回顾与展望

一、我国组织间营销的历史与现状

(一) 我国组织间营销的历史回顾

我国组织间营销的发展与我国的经济发展是相伴相生的。由于历史的原因,我国的组织间营销曾在很长一段时期内没有得到科学合理的发展,在每一个经济发展阶段,我国的组织间营销都在苦苦探索与当前时代相符合的发展模式。我国组织间营销从产生到发展经历了以下四个阶段。

1. 萌芽阶段(1842—1949年)

这一阶段始于西方列强发动鸦片战争打破中国农业社会格局,到新中国宣布成立结束。在这个阶段,中国社会开始出现资本主义工业企业和服务企业。一方面由于当时我国属于半殖民地半封建社会,并且战争频繁、政局不稳,无法形成完整的产业链;另一方面虽然当时的企业家朦胧地接受了一些西方的管理思想,但是当时西方企业也没有系统科学的营销意识和概念。因此,受制于当时的社会环境和发展条件,企业不成规模,行业的工商企业的组织营销只有一个雏形,还未完全形成。

2. 导入阶段(1949年—20世纪80年代初)

在这一段时期内,我国的工业体系模仿苏联的结构,建立了以重工业为主体的工业体系,同时在后期建立了适当的轻工业体系和商业体系。但是由于过于模仿苏联的计划经济体制,组织市场上的销售自然是采用政府统一计划、调拨的方式进行,脱离了世界发展的主流,因此虽然形成了一定的组织市场,为组织间营销的出现提供了空间,但是与西方发达国家相比,我国这个阶段的组织营销还处于初步形成期。

3. 应用阶段(20世纪80年代初—90年代末)

直到改革开放以后相当长一段时间,我国的组织间营销才步入学习新思想、学习新经验的阶段。回顾这近二十年时间,中国不少市场化的企业随着市场需求的扩大和顾客满意度的提高快速成长,而成长的动力是这些企业市场观念的进步和营销能力的提高。这种进步和能力的提高可以归结为以下几个方面的原因:一是市场需求的扩大和消费者要求的提高;二是市场竞争的压力,尤其是国际领先企业的示范作用;三是法律和政府管制的约束;四是技术进步(包括技术引进)的推动;五是市场营销教育和培训的普及;六是企业自身主动的努力。

在这个从计划经济到市场经济的过渡阶段,我国经济管理体制和运行方式发生了很大的改变,市场对资源配置所发挥的调节作用越来越明显,企业经营自主性得到增强,市场竞争的压力也逐渐增大。特别是大量外资合资企业开始进入中国,它们的市场营销观念和营销活动所产生的效应不仅给国内的企业形成了压力,也引起了国内企业对营销理论和实践的进一步重视。不少国内企业纷纷仿效,开始采用各种营销策略在组织市场上增强自己的竞争实力,并很快显示出明显的效应。即使如此,我们组织间营销所处的水平与国际上的一些知名企业或国家仍然有着一定的差距的。概括来说,按西方市场和市场营销发展史来对照这个阶段,我国的营销水平总体上还处于销售观念和能力阶段,但部分领先的行业和企业已进入市场营销观念和能力阶段,甚至极少数企业的部分表现已进入社会营销观念阶段,当然也有一些行业和企业尚处于产品观念和能力阶段,甚至处于生产观念阶段。

4. 成长阶段(21世纪初至今)

这个阶段是我国组织间营销发展的方向和希望所在。在这段时期内,随着中国经济逐步融入世界,我国的营销,包括组织间营销的社会化营销观念、国际化营销观念越来越强。各行业、各地区和各企业市场观念和营销能力的进步也随着企业内外部环境的变化而变化,大部分行业和企业会随着竞争压力的升级进步得更快。如果说我们用二十多年时间实现了从生产观念到销售观念的进步,那么未来我们可能只需要十多年就可以实现销售观念向营销观念的进步。其原因显而易见:一是所处的时代不同,中国已经成为世界第二大经济体,我们已经站在时代的前沿推行市场经济,而不是简单地、低水平地重复历史;二是中国的对外开放使我们迅速与全球经济融为一体,我们不得不面对经济强国的竞争,促使中国更好地学习国外先进技术和管理经验;三是中国人均自然资源和机会资源较少,市场竞争相比大部分国家更加激烈,而激烈的竞争必然促进我们快速成长;四是IT技术在中国的迅猛发展,与传统的营销相结合,催生了电子商务在中国的大力推广,虽然我们在传统的营销时代落后于世界先进水平,但是在信息时代电子商务(B2B、B2C、C2C和B2B交易场等)使我国的组织间营销引导世界潮流有了一个机会。

(二)中国组织间营销的现状与问题

从纵向来看,我国的组织间营销在现阶段处在以传统的营销理念、手段为主,以新兴的营销方式为辅的阶段,或者说处在一个转换思想、新旧交替的过渡阶段。从横向比较来看,我国的组织间营销在不同的行业、不同层次的组织市场处在不同的发展水平。如上所述,我国的组织间营销处在成长阶段,所以存在诸多问题。

1. 总体水平较低

我国组织间营销的总体水平较市场经济初期有了一定提高,但相对于市场经济发达的国家而言还比较落后。具体来看，我国的组织间营销观念还属于销售观念向营销观念的过渡期，而西方发达国家部分企业已经达到社会营销观念阶段。在我国，即便是国内的知名企业，例如中石化，主要还是依赖于产品、技术、销售人员等，而没有形成一套整体的社会营销理念和方法。例如某一城市的中石化下属各分公司或加油站有着自己的销售队伍，它们以人员销售方式为主独立开展营销工作，同时各个分公司之间没有划定相应的经营区域，彼此之间存在竞争，同时加入竞争的还有其指定的代理商，营销活动缺乏针对市场需求的了解。虽然中石化这样的企业具有垄断性质，不具有普遍性，但是作为《财富》世界500强前十位中的一员，应该说很能代表中国大型企业集团的现状。相比较而言，同是《财富》世界500强排名前十的埃克森美孚石油公司，在营销手段上就颇具领先意识。首先该公司把自己塑造为一个社会公众公司，具有良好的社会责任感和亲和力，不论是对大众消费市场还是组织客户，不论是生产还是服务，都突出绿色、环保的理念，以符合社会的发展潮流。从这些发达国家或先进企业的经验来看，社会营销不论是对消费品营销还是组织间营销来说都是发展方向。

2. 不平衡性

不平衡性是我国组织间营销发展过程中另一个显著特点。这种不平衡性的主要根源是：区域经济发展不平衡，我国东部沿海地区和西部地区的经济发展不平衡是很明显的，由经济发展不平衡带来的组织间营销方法、理念的区别显而易见；行业发展不平衡，由于历史的原因，我国的重工业和轻工业的发展水平曾经极不平衡，经过长时间的调整，这种状况也逐渐得到了改善，但是行业之间发展不平衡的状况依然存在；市场发展不平衡，我国的企业众多，既有拥有先进管理思想和丰富营销经验的海尔、联想、中国移动等知名的大企业，也有尚处转型期的国营企业，这些企业由于经营机制、管理、营销等环节的落伍，营销水平相对较低，另外我国还有数以万计的民营企业，这些企业的营销管理水平更是良莠不齐。

3. 国际化程度较低

虽然我国加入了WTO，但国际市场化的程度还很低，尤其表现在我国的组织间营销的国际化水平。随着全球经济一体化进程，市场发达国家的企业已经把全球作为一个市场来分割管理。例如全球领先的化学公司巴斯夫（BASF）公司，总部设在德国，它在全球拥有400多家工厂，分布在世界各地，它除了以国际化的营销策略指导其全球销售外，还在不同的地区采取不同的营销策略。例如在欧洲这个成熟的市场，它的传统市场势力范围，它采取了一种垄断式的竞争营销方式来占领市场；在市场处于上升阶段，不是很成熟的亚洲市场（例如中国），它采取了一种合资经营、输出技术、共同营利、逐步占领市场的策略。这种着眼于全球市场的营销战略具有系统化、规模化、国际化的特点。我国有些企业虽然在消费品领域也积累了一些走国际化道路的经验，例如电器行业的海尔、格兰仕等，但是在组织间营销上，我们还没有具有规模化、系统化、国际化特点的企业。我国的企业在向国外的顾客（或企业）销售产品时，很多是通过国内外的一些中间商销售，有的甚至只是为国外的企业承担代工（OEM）。这种局限性的原因在于一方面没有顺畅的销售渠道，另一方面由于受限于技术和企业规模，只能处于整条利润链的底端，这样导致很多利润空间没有被企业得到，并且失去了在国外宣传我们品牌和服务的机会。我们可以从一个现象中了解到：很多国外企业在销售产品时输出的是品牌和经营理念、营销观念，考虑到对未来市场的影响力和社会影响力；我国每年也向国际市场输出很多产品和服务，但是很少能给国外的顾客留下深刻的营销理念、品牌印象等。

4. 营销手段和方法比较落后

我国的组织营销还有一个重要的问题就是营销手段和方法的不成熟。我国处在市场经济发展的初级阶段，市场法律法规的完善程度不够，同时营销的发展水平也相对滞后。上文列举了众多的营销手段，虽然这些方法融合在企业的日常销售之中，但是即便是同一种营销手段，在不同的文化、地域和经济环境中，应用起来也是不同的，同时这种应用的方式和水平代表了这种营销手段的成熟水平。例如营销中的宣传手册的制作，不同背景的企业有着不同的侧重点和风格，如我国很多私营企业在制作宣传手册时，有很多侧重的是企业家个人的魅力和风格，而不是向客户或潜在客户传递一种企业的理念和文化，同时也削弱了对企业产品和服务的介绍。相比较而言，很多组织营销成熟的企业，在制作这种宣传品时，弱化了企业领导人的介绍，突出了企业的特点和优势所在，或者着重介绍企业产品和服务的特点、优势，以及这个企业和其他企业的差别优势等。再例如，依赖人员的销售，在国内有很多企业营销过于依赖某个人的能力、关系来维持一些客户，而不是结合公司的产品、服务等整体营销素质取胜，导致的结果是假如这个销售人员离开了，随之而来的是客户的离开。成熟的人员销售应该是使公司或企业和客户之间建立一种默契的关系，销售人员只是作为一个纽带，起到一个连接的作用，而不是起决定性作用。

虽然中国组织间营销存在上述几方面问题，但是我国的组织间营销的发展主流正朝着国际化、系统化、结合中国国情进行有效变通的方向发展，总体水平在进步。同时面临信息化时代的机遇，我国的组织间营销也有了新的发展方向。

二、我国组织间营销在全球化环境中的未来

我国的组织营销虽然处在发展的初期阶段，但是随着世界经济一体化加快和我国市场经济的成熟，其发展的空间越来越大，潜力也很大，社会的信息化也使我国的组织营销面临诸多的发展机遇。

（一）经济全球化带来的机遇和挑战

我国在2001年加入了世界贸易组织（WTO），使我们在诸多的经济发展机会处于一个全球竞争的环境下。一方面，中国经济快速增长（近二十年我国GDP平均增长率达到10%），相应带来的是消费市场的需求增加；另一方面，中国作为快速发展经济体，同时还拥有低劳动力成本的优势。因此发达国家的企业逐步将采购、制造、研发、服务运营等环节从本国向中国转移，这样既可以占领中国市场，又有利于实现成本结构的国际化。发达国家企业向中国的转移，在短期内确实产生了一些不利的因素，例如在组织营销方面，我们还不能和众多的先进企业相提并论，在这方面的竞争处于劣势。但是我们应该看到，正像改革开放政策给我们带来的是先进的管理经验一样，在这个竞争过程中，我们的企业可以像国际上的先进企业学习营销的经验，逐渐成长。如果没有这种全球的竞争环境，我们的企业只能闭门造车，毫无先进的营销经验可以借鉴，结果只能是差距越来越大。

（二）我国企业国际化带动营销观念发展

随着现代企业制度的建立和资本积累的增加，我国企业的规模越来越大，企业的管理也逐渐正规化和市场化。在发展的过程中，我国企业向国外市场输出产品和服务、在国外设立分销机构、在海外市场投资建厂甚至直接收购国外企业以建立制造基地和分销渠道，通过这样的几步走策略，我国企业逐渐树立起积极的营销态度和观念，学习了国外的先进经验，同时针对具体的国内、国际市场，采取有针对性的市场营销方法。例如我国著名的汽车万向节制造商——浙江万向集团，由创业初期只生产一些汽车的小配件，到今天把目光放向全球市场，成为全球最大的万向节制造企业，赢得了国内外市场的尊重；而我国的家电品牌格兰仕，是一个通过代工生产（OEM）战略实现全球化的典型例子，在坚持通过高质量、低成本维系客户的同时，格兰仕也将自己融入客户网络，坚持自主创新和开拓自主品牌营销渠道。目前格兰仕在中国各地设立了60多家销售分公司和营销中心，在我国香港、韩国、北美、欧洲等国家和地区都设有分支机构，已发展成为家电行业里的国际知名品牌。

（三）我国B2B品牌在国际市场发展空间较大

在2011年揭晓的中国最有价值品牌榜单上，海尔、联想、五粮液、国美等企业纷纷上榜，但是榜单上大部分都是个体消费者耳熟能详的品牌，B2B企业品牌极为少见。这从侧面反映出我国的组织营销的水平处在较低的阶段，但这也决定了其向上发展的空间很大，同时具有一定的自由度，不会受到诸多限定。从之前"全球制造中心"地位的确立，到现在提出的"创建自主品牌"，我国的企业发展势头可见一斑，同时随着对国际市场环境的进一步了解，对竞争对手营销策略的进一步熟悉，我国的组织营销从战略层到战术层，到基本的营销技巧都会有一个飞跃。我国企业在国际市场上与对手相比，市场调研、市场营销信息系统和市场营销战略都处在起步阶段，但整个国际产业市场呈现出快速增长的品牌意识和消费者偏好，迫使我国企业不得不投入大量资金用于营销渠道拓展和产品技术创新，而停止纠缠于简单的价格战，或是仅仅为国际企业客户提供简单廉价的产品，这正是中国现代组织营销管理科学形成的必经之路。

（四）科技进步为组织营销发展提供了机遇

新兴的组织营销技术层出不穷，从融资销售、企业呼叫中心（call centre）到B2B电子商务，再到B2B交易场，新兴的营销手段和方法是现代营销理论的革新和现代信息技术推动的产物。我国的营销理论研究在近几年有了长足的进步，针对我国的国情，众多的学者和营销界人士提出了很多适合我国实际情况的理论方法供企业应用。现代信息通信技术进步的推动使我们的感受很深，对整个营销的变革就更加不言而喻了。

三、我国组织间营销管理框架

图1-5展示出完整的组织间营销框架。从中可以看出，组织营销目标的确定源于企业使命和目标，并且要明确组织市场客户与消费者客户的区别——组织市场客户通常包括商业企业顾客、政府单位和机构类客户三类。确定组织营销目标的最后一步就是通过分析组织客户的购买行为和对组织市场进行划分，选择可以开展营销活动的细分市场；

制定出组织营销目标后,组织需要从产品、服务和品牌等方面开展相应的组织战略,以支持营销目标的实现;选择合适的销售渠道,是决定营销战略能否顺利开展的关键;最后,运用营销绩效测量的手段,对营销目标实现程度进行评估。需要注意的是,在整个营销流程当中,制定计划并获取营销信息、根据营销战略选择正确的促销手段和对营销过程中的各种关系进行有效管理,也是决定营销目标能否实现的重要影响因素。

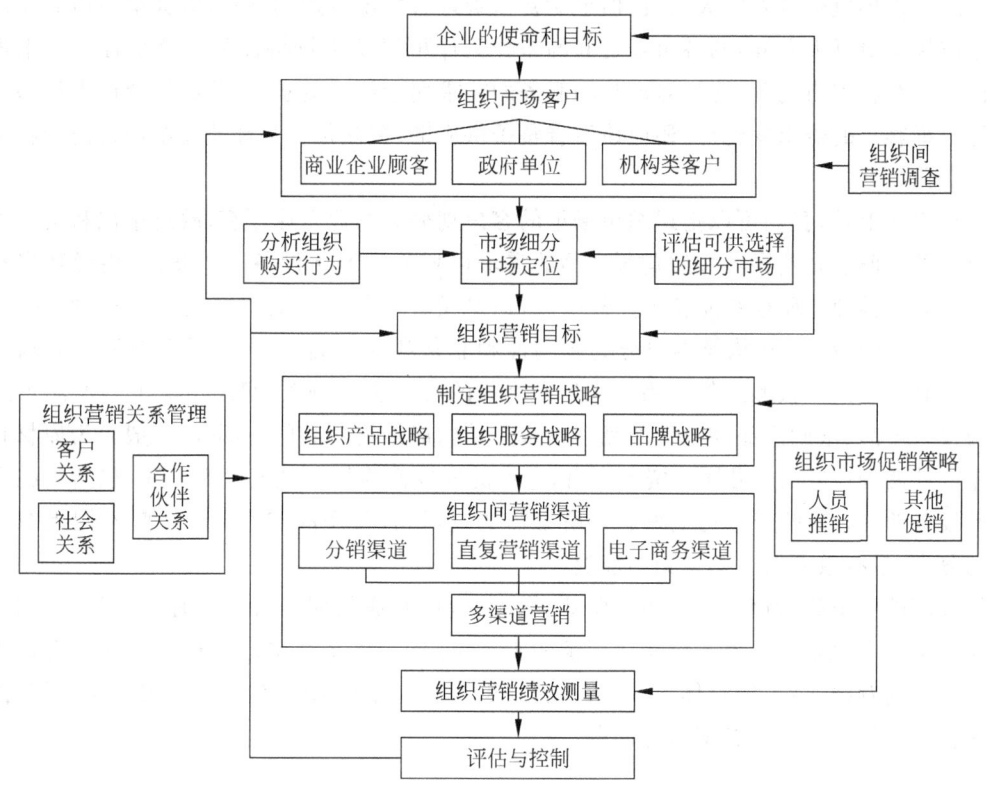

图1-5 组织间营销管理框架

该框架涵盖了本书的4篇内容,这4篇的顺序为基础观念、机会分析、创造价值、传递价值。第Ⅰ篇从组织营销与消费者营销的区别出发,重点介绍了组织间营销的特征,按照组织营销特有的活动流程绘制了组织营销模型,并进一步就组织市场的需求特征、客户类别、产品种类进行阐述。第Ⅱ篇对组织市场的机会进行分析,具体包括如何开展组织间营销调查、如何选择目标细分市场以及分析组织客户的购买行为。第Ⅲ篇围绕客户设计的影响战略,介绍如何为客户提供价值最大化的产品和服务,还特别强调从客户的角度定义价值。第Ⅳ篇探讨如何采用科学合理的手段,将组织产品和服务的价值传递给客户(或与客户进行有效沟通),实现组织的价值主张。

贯穿在本书4篇当中的,还有本书对互联网、全球化、社会责任和本土化几个营销热点问题的关注,尤其是如何借鉴西方发达国家成熟的组织营销理论的同时,又能将其与我国具体国情相结合,真正实现我国组织间营销系统的建立和发展,这就涉及一个组织间营销理论本土化的问题。对此,本书在每章单独采用一节就本土组织营销问题进行阐释,以此对我国组织营销实践起到一定的指导作用。

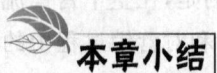

本章小结

组织市场里蕴藏着巨大商机,但也对营销管理者提出特殊的挑战,因为组织市场与消费者市场有着巨大差异,两种市场之间的差异具体可以从市场特征和营销组合工具来进行区别。在组织市场里,客户对产品和服务的需求属于派生需求,因此组织营销人员除了关注组织客户的需求变化外,还应该沿着整条供应链,关注每一个环节直至最终消费者需求的变化。

从广义上看,我们可以把组织市场里的客户划分为商业企业顾客、政府单位和机构类客户三种。商业企业顾客按照购买产品的需求可划分为原始设备制造商、使用者客户和组织产品分销商;政府单位采购金额巨大,但这类客户的采购具有稳定性、公开性、标准性和调节性的特点;机构类客户分为营利性和非营利性两类,不同的类型在采购需求和方式也有所区别。按照组织产品进入生产流程的特点进行分析,组织市场上的产品可划分为投入产品、基础产品和辅助产品。投入产品构成最终产品的一部分,一般分为原材料和零部件两种;基础产品属于资本项目,它们的成本作为折旧进入生产流程,包括设施和辅助设备两种;辅助产品是组织运营所必需的,包括日常用品和服务。了解不同组织产品的分类,是有效开展组织营销的前提。

我国的组织间营销发展经历了萌芽、导入、应用和成长四个阶段。时至今日,我国的组织营销已经探索出一条适合具体国情的发展思路,一些企业也已显现出先进的营销观念和成功的营销实践,但总体上来说,我国组织营销还存在总体水平较低、发展不平衡、国际化程度低和手段方法较落后等问题。

关键词

组织市场(business market)

组织间营销(business to business marketing)

派生需求(derived demand)

需求相关性(demand correlations)

商业企业顾客(commercial enterprises)

政府单位(government organization)

机构类客户(institutions)

加工材料(manufactured materials)

零部件(parts)

设施(installations)

辅助设备(accessory equipment)

思考与讨论

1. 杜邦公司是知名化学药品与合成纤维工业制造商。该公司每年花费在最终消费品上的广告费用高达数百万美元。例如,杜邦公司在一则电视广告短片中的投资达100多万美元,广告强调穿上用杜邦公司面料(指延展性聚酯棉)做成的牛仔裤感觉会非常舒适。杜邦公司既不生产牛仔裤,又不向最终消费者销售牛仔裤,为什么要在面向消费者的广告中大做文章呢?

2. 21世纪的第二个十年中,我国组织间营销将会受到哪些宏观因素的影响?

3. 在组织市场上,长安汽车公司这样的客户是属于使用者,还是原始设备制造商?请解释。

4. 请以你手边的任何一样产品为例,列举出生产出这样一件产品需要哪些组织供应商参与。

5. 请谈谈中国组织间营销发展的机遇与挑战。

 综合案例分析

随着2011年房地产调控的深入,特别是限购政策的普遍性实行,使得2011年下半年开始楼市成交量低迷状态一直延续到现在,成交量急剧下滑。其中2012年春节期间好多一线城市出现了零成交的现象。

国家统计局数据显示,2011年前11个月,全国商品房累计销售面积8.9亿平方米,较去年同期增加9%。从表面上来看,2011年楼市与2010年基本持平,但一线城市交易量继续下滑却是不争的事实。据统计,北京前11个月新房成交7.54万套,比去年同期减少20.9%。根据公布的数据,截至2011年12月26日,上海商品住宅累计成交量为626万平方米,较2010年的840万平方米还有不小的距离。

同时,房地产市场全面低迷,部分开发商2012年首月销售额状况持续低迷。在销售放缓、融资收紧等多种因素的影响下,包括多家巨头在内的房企纷纷换挡减速,下调2012年销售目标计划,部分开发商提出销售零增长。

资料来源:张国锋.仕一邦:房地产成交量是否会有改善?[OL]. http://gz.house.163.com/12/0212/17/7Q3361AR00873C6D.html,2012-02-12.

问题与讨论

1. 根据以上数据,你认为我国房地产调控的深入,除了会对房地产成交量有影响外,还会影响其他什么产业?

2. 对于房地产行业而言,这些被影响到的其他产业提供的是什么类型的产品?

第二章 组织间营销调查

 开篇案例

大连供电公司隶属辽宁省电力有限公司,是国家大型Ⅰ类供电企业。大连供电公司电力营销的信息化建设一直处于国内同行业领先地位,但限于系统建设时的信息技术和网络条件,加之近年来国家电力体制的重大转变对电力营销工作提出了新的要求,大连供电公司迫切希望以较高的起点,重新构建新电力市场化运作模式下的电力营销管理信息系统。

在建设新系统之前,大连供电公司对全国各地的典型供电企业进行了详细考察,并与国内主要的电力营销管理信息系统解决方案提供商进行了多次技术交流,经过公开招标,选定沈阳东软软件股份有限公司作为合作伙伴。大连供电公司选定东软,看重的是东软作为专业的应用软件开发商,在面向电力行业提供的解决方案中,有先进的技术平台和成熟的业务模型,可以保证新的电力营销管理系统有一个较高的技术起点;有系统整体结构,在未来3年至5年内,能充分利用信息技术的进步为大连供电公司提供更好的服务。

资料来源:李兴村.大连供电公司电力营销管理信息系统[OL].http://www.docin.com/p-392084345.html,2012-09-24.

 本章学习目标

1. 组织间营销调查的必要性;
2. 组织间营销信息系统的构成;
3. 组织间营销调查的内容与特点;
4. 组织间营销调查的流程;
5. 组织间营销调查在我国的现状及展望。

无论是消费者营销还是组织间营销,都离不开对营销各项活动中信息的把握。更何况在组织市场中,组织供应商往往需要沿着整条价值链了解各个环节的需求状况,其间的最终消费者、分销商、各种类型的组织客户之间的交易关系错综复杂,这对组织供应商搜集营销信息提出巨大挑战。然而,详细周密的营销信息是制定营销战略、进行市场细分、确定营销目标、执行营销组合等活动的基础,缺少了这些营销信息,市场营销人员只能依靠经验和直觉做出判断和决策。

第一节 为什么需要组织间营销调查

一、信息与竞争优势

从传统营销学观点看,企业营销各个环节的活动,包括营销组合(4Ps)都是建立在企业营销理念基础上,并由营销部门控制并执行,对于企业而言,以营销组合为核心的营销活动属于可控制的因素。然而,正如第一章中组织间营销模型所显示的,企业的营销活动还受到宏观环境和微观环境的影响,市场这种千变万化的特征决定了营销组合如果与不可控制的外部环境不相适应,则不可能获得理想的营销效果,而要将外部环境与企业内部营销组合有效结合,就缺少不了对营销信息的搜集和使用。

从系统论观点看,市场营销活动是物流、现金流及信息流三大要素统一的过程,并且在营销过程中信息流往往先于物流和现金流发生而晚于二者的结束而结束,贯穿整个企业的运作过程,甚至辐射到整个价值链中。所以在营销过程中,信息在营销活动流程中的纽带作用越强,传递和反馈的机制越健全,获得的市场机会就会越多,营销战略的实施就越容易实现,整个营销管理的功能越能得到体现。另一方面,信息作用还体现在,营销组合决策中的关键信息可以协调营销资源的使用,为营销组合的优化提供保障。

因此,任何组织供应商都应该足够重视信息在营销决策中的作用:发挥信息的触发作用以提高营销的敏感性和主动性,以帮助组织将营销组合与转瞬即逝的外部机遇有机结合起来;发挥信息的纽带作用以强化并协调价值链各环节之间的有效联系,实现对营销功能的有效管理;发挥信息的资源配置作用以保证营销策略的优化,以最少的投入成本实现价值的最大化。如果营销人员能充分发挥营销信息在这三个方面的作用,将有利于组织构建自己的核心竞争力。

二、环境的快速变化需要详细信息

现代市场环境下,竞争加剧,技术发展加速,信息容量爆炸,市场动荡加快,原有市场中的单一、确定、稳定、连续性分别被复杂、不确定、不稳定、不连续性所取代。在组织市场上,一些传统保守的组织依然依靠直觉或经验进行营销决策,这种方式在原有市场环境中往往能取得较好的效果,但是在现代市场环境中,这类组织往往在面对营销机会和营销威胁时敏感性降低,导致生存和发展空间萎缩。过去虽然对市场和环境信息也有需求,但是不如现在要求得详细和具体,在现代竞争背景下,组织间营销要求参与者掌握环境和行业知识并对行业的文化和需求有深入的了解,这种对信息的需求在全球化背景下将会被进一步放大,比如中国要将货物出口到美国或者欧盟这些西方发达国家去,就必须对当地市场细分、客户性质、政治环境、社会文化有充分的了解。

环境的快速变化还体现为当今市场已经由卖方市场转变为买方市场,随之而来的是供应商在组织客户不断提高和变化的需求压力下,不得不采取诸如大量定制、一对一营销、客户关系管理、营销关系管理等营销活动。组织供应商采取这些活动的具体体现就是在购买过程的每个阶段,包括销售前、销售中和销售后,都需要各种能了解市场需求、客户满意度和竞争对手情况的信息。尤其是中国、印度等国家逐渐成为快速发展经济体（rapidly development economics），快速发展的经济势头也拉动了工业产业、基础设施建设的巨大需求，成为发达国家眼中兵家必争之地，而要在发展中国家获得市场，就必须详细掌握各个国家的政治、经济、文化等详细信息。曾任宝洁公司（P&G）董事长兼首席执行官的John E. Pepper指出："我想不出一个比现在更合适的时间来讨论竞争情报，因为我想与历史上其他任何时候相比，今天人们从事竞争信息（或商业情报）工作的能力、技术和知识，更加与企业制定并实施求胜的战略密切相关。"

21世纪是信息经济的时代，信息与人才、资金、技术一样，对于组织的生存与发展起到了决定性的作用。要在组织市场中获取竞争优势，企业应该越来越重视营销情报的搜集工作，而信息是形成营销情报产品的基础原料，是营销情报活动的重要前提。

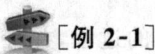[例 2-1] 　　　　　　　一张照片带来的订单

1964年《中国画报》封面刊出了一张照片，照片上"铁人"王进喜头戴皮帽，身穿厚棉袄，顶着鹅毛大雪，握着钻机手柄眺望远方，在他身后散布着星星点点的高大井架。日本情报专家根据照片上王进喜的衣着判断，只有在北纬46度至48度的区域内的冬季才有可能穿这样的衣服，因此推断大庆油田位于齐齐哈尔与哈尔滨之间；通过照片中王进喜所握钻机手柄的架势，推断出油井的直径；从王进喜所站的钻井与背后油田间的距离和井架密度，推断出油田的大致储量和产量。日本初步获得了当时大庆油田的年炼油量，并发现其探明储量与炼油量之间存在很大差距。这意味着中国急需大量炼油设备来弥补生产力的空缺。于是日本人提前设计制造适合大庆油田的设备，并在中国人进行意料之中的全球招标的时候，以高质廉价的产品一举中标，获得大量订单。

资料来源：胡雪蓉.一张照片算出大庆油田产量[OL]. http://scitech.people.com.cn,2012-10-05.

第二节　组织间营销情报与信息

以营销战略的观点来看，我们以上谈到的信息又可以称为"营销情报"，它们在营销计划和营销战略体系中所起的作用是至关重要的。

一、组织营销情报

营销情报（marketing intelligence）是指能被营销人员使用的、能提高企业竞争力的有关信息。需要注意的是，并不是所有营销信息都是营销情报，而只有那些经过收集、整理、分析并能解释现象的，能使营销经理做出更有效的决策的信息，才能称为营销情报。从发挥的作用来看，营销情报包括能帮助管理人员制定总体营销框架、市场细分、营销计划以及营销组合等战略的情报；从来源渠道来看，营销情报包括从企业内部获得的内部情报以及从企业外部获得的外部情报。组织营销情报分类及具体内容如表2-1所示。

明确了营销情报系统的具体内容，还要了解营销情报的来源和途径，以下就内外两部分营销情报的来源做一个简单的陈列。

表 2-1 组织营销情报分类及具体内容

内部营销情报	生产情报	生产、生产控制、质量控制、研究与开发
	会计情报	信贷、会计
	人事情报	人员安排、员工效率
	物流情报	物流输入、物流输出
外部营销情报	市场情报	产业发展趋势、市场动态、市场潜力、经营环境
	技术情报	技术水平、技术革新动向、新技术应用情况
	竞争者情报	战略意图、扩张动向、核心竞争力、营销手段
	顾客情报	组织规模、购买倾向、产品用途、采购中心组成、采购标准
	渠道情报	分销商规模与经营实力、分销商满意度、分销业绩

（1）内部营销情报来源：组织内部生产部门、财会部门、人事部门和其他服务部门（包括物流、法律、营销、后勤等）。

（2）外部营销情报来源：企业的销售人员、生产商的代表、分销商、正式的营销研究项目、直接的或者派生的客户、对竞争者的分析、行业展会、行业出版物、行业协会、政府出版物、企业从外部聘请的顾问和专家等。

由此可见，信息来源和信息的类型一样都是多种多样的。组织产品营销管理人员可能会面对很多的情报来源，他们不可能简简单单地将所有的信息都收集起来，并且认为这些信息迟早会被派上用场。其实盲目的信息收集活动对于决策效率的提高并没有多大的帮助，因为这些零碎的信息之间可能是毫无关联的。因此，营销情报的收集应当是有选择、有目的的，这种选择必须是针对营销计划中的具体目标的。换言之，营销经理必须参照营销计划的具体目标来确定有助于实现目标的信息类型。因此，营销经理就必须分析各种情报来源，全部或部分地从中选择能提供最好的材料和信息的那些情报来源，进而据此建立一个营销信息系统（MIS），并以此保证所需要的有效信息的正常流动。

从基础的角度来看，营销情报在组织营销和消费品营销中扮演着同样的角色。营销情报同为两种营销决策的依据，但任何企业的信息都是不完整的，只是不完整的程度不同。拥有更及时、更准确的信息和情报就等于在与其他企业的竞争中掌握了更多机会。二者之间的区别在于两种营销的所需信息是不同的，信息的来源也是不同的。

二、组织营销信息系统

（一）组织营销信息系统的运行流程

从形式上看，企业间营销信息系统在一个连续的基础上为企业提供了可靠的市场数据。这些数据能够应用于营销决策之中。如果企业间营销信息系统能够应用得当，就可以保证营销经理在总体营销战略和子营销战略中做出更有效的决策。组织营销信息系统的逻辑原理如下：如果市场有权力最终决定接受或者拒绝某种产品或服务，那么就有必要对市场中各种态度、意见、印象、感觉事先进行考虑。如果一项组织产品营销决策没有考虑到来自市场的各种因素，那么这项决策极有可能是失败的。组织营销信息系统能够在危机到来之前向企业提供有关顾客的问题和不满、中间商所关心的问题、竞争者的动向等信息。如果组织营销信息系统是有效合理地工作的，则它对营销工作不仅具有防范性作用，还具有弥补性作用。

组织间营销信息系统模型如图2-1所示，其中虚线表示营销信息的流动，实线表示营销决策制定的程序。企业不断地收集与所在市场相关的各种信息，这些信息随后就会被直接运用到企业的营销计划中，成为企业营销策略中的一个组成部分。最后，收集到的数据和信息会再次运用到各个子营销战略中去。一旦这种决策完成之后，企业的顾客和竞争者会随之做出反应，这种反应中会有新的信息出现，那么新一轮的信息收集、整理、应用过程就又开始了。

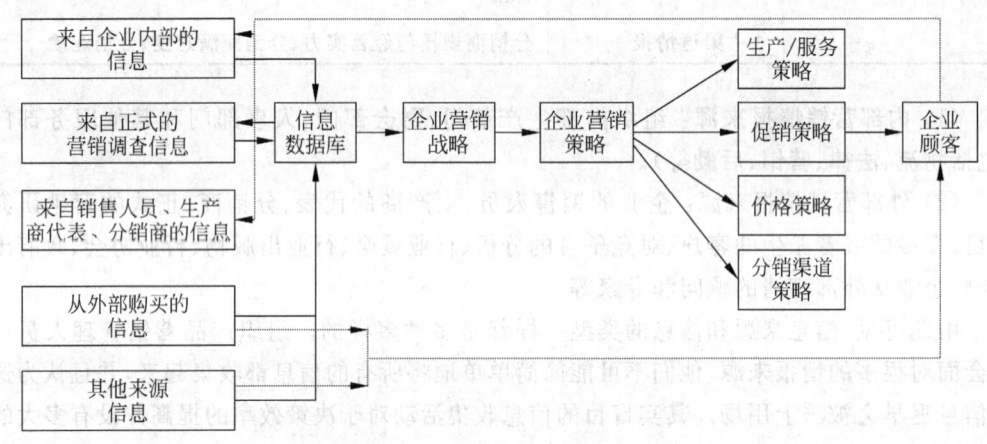

图 2-1　组织间营销信息系统模型

（二）组织营销信息系统组成

作为组织市场正式的信息收集过程，营销信息系统可以分解为以下四个部分。

1. 内部信息

关于组织内部信息的类型和来源，我们在第二章第二节的"一、组织营销情报"中做了相关探讨。一个组织在它的不同功能部门都应该有一系列内部定量和定性的业绩指标，考虑到信息来源的复杂性，营销部门需要在组织内部建立一个可以从所有不同的内部领域收集和分析报告的系统，并需要得到组织内部其他部门的支持。反过来，通过该系统，组织内每个部门也能得到经过营销部门整理分析的营销信息，用以指导本部门工作。

2. 营销智能系统

营销智能系统已经构成营销信息系统的一部分，该系统可以一年365天，每天24小时地连续监测环境，从而可以获得关于组织宪章或将来销售表现的有意义的信息。营销智能系统的建立一般有两种形式，一种是在组织内部成立相应的单位，单位大小根据信息收集的规模和组织的规模来决定；另一种是寻找外部信息收集代理，有些商业公司可以向大多数B2B市场行业和业务以收费的形式，提供特定的智能收集服务。

3. 营销研究

营销研究和智能收集只是在一定程度上存在差别，这种具体差异在于，营销研究是为某一特定目的而开展的,而智能收集是始终发生的事情。当某一特定种类的信息不能从营销智能收集的资料中得到时,应使用营销研究。营销研究同样可以由组织内部执行,或外包给大型营销研究公司完成,具体选择哪一种形式取决于营销研究的规模和目的。

4. 信息存储和分析

组织营销信息系统的职能除了收集和整理以外,还需要对所有获得的信息进行存储和分析,如果有必要的话要交叉引用。随着信息技术和计算机的使用,这项工作已经可以被任何一个 B2B 企业轻易完成。比如当组织市场客户需要的时候,这些信息可以通过直接的或者个人的方式精确地用于组织市场的产品和服务。

[例 2-2]　　　　　　　　世界著名的营销调研公司

- 美国 AC 尼尔森公司(ACNielsen Worldwide),监督主要媒体领域的广告支出,在世界各地设有分部,现在拥有多媒体服务公司。公司网址:www.acnielsen.com。
- 英国 Kantar 集团(Kantar Group),拥有 Research International 公司、定性分析机构 Millward Brown 公司、英国市场研究公司、Goldfarb 市场研究公司、Kantar 媒体公司等。公司网址:www.kantar.com。
- 英国泰勒-尼尔森-索福瑞公司(TNSofres),与 BARB 有定量的研究合同。公司网址:www.tnsofres.com。
- NFO 公司(NFO Wordwide),引特帕希里克集团的一部分。公司网址:www.nfow.com。

参考文献:雷·赖特,胡左浩.组织间营销[M].杨志林,等,译.北京:中国人民大学出版社,2006.

第三节　组织间营销调查实践

营销调查系统的作用主要是就企业营销面临的明确且具体的问题,收集有关的信息,做出系统分析和评价,提出并报告研究的结果,以便用来解决这些特定的具体问题。有时也被一些企业用作扫描市场环境、跟踪市场变化、评估经营风险、监督决策实施的日常营销工具。与组织间营销系统相比,营销调查在范围上更加明确,一般被认为是营销信息系统中最为重要的一个子系统。其主要活动是以解决特定问题和发现机会的具体项目为基础展开的,而且所涉及的项目或问题都是单一的,非重复的。

一、组织营销调查的特点

在营销调查理论与实践中,根据调查的对象和范围,可划分为消费者营销调查和组织营销调查。尽管两者的基本目标是一致的,运用的基本方法、原理也相同,但在组织市场中,调研对象数量不太多但关系却更为复杂、人员有经验且更加专业化、产品常常昂贵且技术含量更高,如此大环境决定了其调研与一般消费者市场调研有所差异,主要表现通过表 2-2 进行了简单陈列。

表 2-2　组织营销调查与消费品市场营销调查的区别

项　目	组织营销调查	消费品营销调查
内容/范围	调研内容较多关注产品和服务本身,调查数量有限,一般限定在某些具体的行业中	更倾向于关注产品和服务的外在属性,调查范围取决于调查的内容,一般来说是没有限制的
调查数据来源	相对集中,但影响者较多,情况较为复杂	非常分散,但可以通过简单方式接触
调查人员	要求较高,需要掌握被调查研究的产品/服务的基本技术知识	培训方法简单,要求相对较低
调查方式	通常采用个人面谈,要求调查精度较高	采用抽样调查为主,统计工具使用频繁
调查的合作性	合作程度较低,一方面处于商业机密的顾虑,另一方面由于调查对象的有限性	合作程度较高
调查成本	单一调查访问的成本相当高。因为确定合适的调查对象和寻求合作的难度较大	成本大小取决于样本规模和调查的项目

(一) 调研的内容/范围

组织市场调研较多关注产品、服务和使用等方面。组织市场中产品和服务的主要用途是为生产产品服务的,因而产品的性能、质量、技术要求和可靠性等指标将直接影响到组织客户的运作和经济效益,因而它们往往很在乎产品的使用和服务,相应的调研当然需要更多考虑专业和技术取向。加之买卖双方大多是相关领域内理性的技术行家,产品技术信息透明度要求较高。在调查范围方面,可供组织市场调研的对象总量较少,尤其在某些限定的行业里,可调查数量十分有限。

在消费者市场中,营销调查更加倾向于对消费者生活方式、广告效果、商品外观、品牌等外在属性的调研,较多地研究影响购买决策的属性偏好、随意性和心理因素。调查范围取决于调查的内容,一般来说没有限制,可能包括全国所有对该类产品有需求的家庭和人口。

(二) 调查数据来源

在组织市场中,企业间营销调查人员只有较少的客户需要进行调查,所以被调研的数据和信息源相对集中,信息多已集中在那些熟悉组织市场的购买者手中。但是由于每个企业中通常有多个采购影响者,而且不同企业中的采购影响者的情况又各不相同,信息的获取也更多地依赖二手资料和经验性的判断。另一方面,由于组织市场中顾客的数量相对比较少,因此普查的调查方法更为普遍。如果在组织营销调查中运用了抽样的方法,则更多的是带有主观判断的抽样,而不是纯粹的随机抽样。在其他一些情况下,如果企业产品的销售面很广,则必然存在较大的顾客群体,那么就有可能进行抽样调查。另外一种情况,如果组织营销调查人员对获取派生需求,即顾客需求的相关数据感兴趣,那么他们也许会使用消费品营销调查人员所采用的抽样方法。例如,随着石油资源的日渐短缺,对汽车生产企业将会产生什么影响?燃料电池的市场前景和可行性如何?这类问题就需要石油公司或相关衍生品产业对购买汽车的最终消费者进行抽样调查。

消费品市场的调查则更依赖于对消费者的直接调查,信息源较散乱,调查对象的非理性成分也较多。但相比组织营销调查而言,消费品市场的调查则更容易接触调查对象,具体的调查方式可以通过访问调查、电话调查,也可以通过邮寄调查来进行。

(三) 对调查人员的要求

组织营销调查人员相比消费品营销调查人员,要求技术水平要高很多。因为在调查时,组织营销调查人员要接触专业人士,要提出专业问题,收集专业数据;调查之后,有关调查报告也要送交到专业人士手中。另一方面,组织市场的产品和服务往往具有较高的技术含量,并且这种技术含量的复杂性日益增加,所以,对于组织营销调查人员最理想的要求是既具有营销调查沟通的能力,同时还具备工程或生产方面的知识背景。这就要求组织营销调查人员经常要从专业人员那里获取相关的专业数据,如果不掌握相关专业的技术和原理,则收集到的数据必然是肤浅或不相关的。而对于消费品营销调查人员来说,培训方法往往比较简单,只需要对普通消费者有一定了解,并且能进行有效沟通,对调查的大部分产品比较熟悉,即可代表企业开展调查工作。

(四) 营销调查的方式

在营销人员采用的调查方式方面,组织市场调查经常依靠个人面谈方式,比如访问产品的技术专家、采购人员、销售人员和主管工程师,进行深入细致的访谈,特别对寿命周期长、推介更具风险的产品,需要较高精度的调研,又由于相关企业的数量一般不会特别多,通常可以考虑进行普查。而对于消费者市场主要采用抽样调查,且经常应用观察、商业街拦截法进行,或利用多媒体技术刺激被访问对象。这是因为普通消费者群体人数众多,相互之间偏好差异大,购买决策过程短,购买过程中不大可能对商品的各种属性都从专业角度了解,统计工具的使用率较高。

(五) 调查的合作性

组织营销调查过程中的合作程度较低,一方面因为市场竞争压力迫使各家企业非常注重保守商业机密,谨慎对待外来人员;另一方面,由于组织营销调查对象数量有限,被调查组织是被反复调查研究的,往往少数企业就占有较大的市场份额,更使得非行业内研究人员难以获取市场信息。这就要求组织营销调查需要各方面的协作,才能使调研得以顺利展开并获得尽可能多的资料和数据。如果没有时间上的考虑,消费者市场调研就相对简单得多,产品链的终端消费者大多有倾诉欲望,合作性强。

(六) 调查成本

组织市场中的购买决策往往与许多人和许多环节相关,决策过程较为复杂,而且调研的对象主要是专业人士,因此调研替代性差。筛选出合适的对象,例如要确定有购买决策权或能影响购买决策的对象也不容易,他们的意向和评价有时还会相左。预约访谈时间、实际进行访谈都可能由于对方工作安排上的变动或深层次的技术问题,而使单位访谈时间和成本大大增加。另外,如前所述,没有一定相关技术、知识和经验的调研人员也无法面对专业人士了解到真正有价值的信息,调查人员培训成本高。

对消费者市场进行调查,对象的可选性和替代性都很强,对研究人员的培训也容易得多,因此调查成本的大小更多取决于样本规模和调查的项目。

二、组织营销调查的内容

美国营销协会大约每五年都对美国的企业进行一次营销调查活动,具体内容与消费品研究内容对比见表 2-3。此项研究清楚地表明了在组织市场中企业经常采取的营销调查活动。我们注意到企业间营销调查活动的主要内容包括:预测、销售量(额)分析、竞争产品分析、测评潜在的市场和市场占有率、明确市场特征、确定销售定额和区域及价格体系。有数据显示,超过 90% 的调查活动与上述内容有关。

表 2-3 对工业用品和消费品营销企业所进行的营销研究活动比较

	调查活动的类型	消费品市场中的企业(143家)所占比率/%	工业用品市场中的企业(124家)所占比率/%
广告研究	动因研究	61	29
	媒介研究	72	57
	广告效果研究	86	67
产业经济和企业研究	短期预测	97	98
	长期预测	96	94
	行业发展趋势	90	99
	价格研究	91	90
	工厂、仓库选址研究	71	78
	出口与国际化研究	69	82
	管理信息系统	89	90
	运营研究	71	68
	企业内部员工研究	73	80
企业责任研究	广告、促销等法律约束研究	58	46
	社会价值和政策研究	47	29
产品研究	新产品的可接受性和潜力	89	73
	竞争产品研究	97	92
	现有产品研究	98	86
	产品包装研究	91	61
销售和市场研究	市场潜力测评	99	99
	市场占有率分析	99	98
	确定市场特征	99	99
	销售量分析	98	99
	确定销售定额和区域	93	95
	分销渠道研究	89	83
	市场存量研究	88	36
	销售报酬率研究	83	73
	促销研究(奖品、赠品、样品等)	82	36

依据表中数据还可以得出如下结论:与消费品营销调查相比,组织营销调查在某些方面的投入并不多,如广告、企业责任、市场测试等。组织营销调查的内容主要集中于那些与制定有效的战略计划息息相关的领域,主要包括产品/市场组合以及规模、竞争分析、分销渠道以及采购因素。

通过以上对组织间营销调查的特点进行分析,我们知道组织产品和消费品在调查的内容方面都要考虑宏观环境的影响,也都同样面临竞争对手的威胁,但它们的调查重心——客户调查方面存在非常大的差异。总地来说,一个好的组织营销战略,需要市场容量、市场占有率、主要竞争对手的生产能力、上下游发展变动趋势、影响市场波动等主要信息的支持,概括起来可以定义为以下四个方面的内容。

(一)宏观环境的调查

1. 政治环境和经济环境

政治环境和经济环境不仅对某一个具体的组织产生影响,也会对整个行业甚至整个国家产生影响。因此,对政治、经济环境随时保持监控和警惕,在环境变化时及时做出调整,或利用环境变化将组织利益最大化,或提前采取措施将损失减少到最小,这样的企业往往能比那些在宏观环境变化中反应较慢的企业获得更多竞争优势。比如2010年以来,随着央行8次上调金融机构存款准备金率,地方银行可用于贷款的金额急剧减少,我国沿海地区以代工为主的中小型企业贷款融资越来越困难,加上沿海地区劳动力成本提高、欧美国家受金融危机影响市场萎缩等因素的多重挤压下,这些类型的企业倒闭数量不断增加。但另外一些企业,在2008年受到美国次贷危机引发的金融风暴重创后,就开始调整产业结构,及时采取技术升级、业务转型、管理创新和拓展营销渠道等措施,避免了央行调整货币政策带来的负面影响。

2. 市场环境的调查

市场环境调查的内容包括行业市场前景、市场总供给和总需求、供需结构、行业设备闲置率、赢利企业的比率、整体的赢利率或者亏损率、行业销售费用比率等。其中行业总体供需状况是指社会总供给与社会总需求对比的状况,对于特定的行业来说,其供需状况反映了该行业的竞争程度,是企业新品上市、产业介入的重要依据;产品的供需结构对企业生存具有重要意义,特别对于一些小型企业来讲,如何及时有效地调整产品供需结构,集中资源,以小胜大,市场调查的作用就显得尤为重要;影响行业供需变化的因素也是企业在进行宏观市场环境调查时要着重注意的一种变动趋势,它是反映整个行业发展变动趋势,正确进行市场预测的重要基础。比如中国贷款在金融危机期间的同比增幅一度超过30%,而到了2012年由于经济环境的好转,贷款增幅已经回落至16%左右。在信贷需求疲弱的情况下,银行被迫向借款方提供更优惠的贷款条件。另一方面,由于中国央行在2012年连续在6、7月进行两次降息,导致银行存、贷款利润大幅下滑。

(二)竞争状况调查

竞争状况调查分为三个方面。首先,需要进行宏观竞争状况的调查。宏观竞争状况主要指现阶段的竞争格局,是自由竞争还是垄断?是多头垄断还是群雄逐鹿?在这个行业坐标系中,组织的坐标点在哪里?在这个位置,组织应该选定什么样竞争目标和竞争策略?是目标集中、差异化还是低成本领先?比如中国的电信产业就属于垄断行业,电信、联通和移动三大运营商共同分享中国通信市场的份额,那么对于其中任何一家运营商而言,如何定位自己、选择何种竞争策略,与自由竞争市场上的战略就有一定区别。其次,要进行主要竞争对手的调查,包括主要竞争对手的产品状况、技术状况、价格状况、赢利状况等。在这些方面的调查中,可以设置一些能够量化的指标,确定指标权重,然后根据各指标比较结果描绘出自己相对于竞争对手的优势和劣势,从而选择正确的市场策略。最后,要开展潜在竞争对手和替代品的调查。通过对潜在竞争对手的数量、规模、发展变动方向等方面的调查,对替代品的现状和发展趋势的调查,明确自己当前所面临的威胁和挑战,从而在营销战略、产品开发、行业介入等方面避重就轻,准确决策。

[例 2-3]　　　　　　　　没有硝烟的战场——商业情报战

根据有关机构报告,《财富》1 000 家大公司每年因商业机密被窃而导致的损失高达 450 亿美元,每家平均每年发生 2.45 次。美国可口可乐公司有一个经营信条:保住秘密,即保住了市场。肯德基为保护其核心商业机密——1940 年由肯德基创始人哈兰·桑德斯上校发明的炸鸡配方而进行的硬体保护设施堪称一绝。日本人认为,既然可以花 100 万美元的贿赂收买工程技术人员便能快捷地解决问题,为何要花 10 年时间和 10 亿美元来进行研究呢?因此很早就提出"情报立国"的思路。第二次世界大战后,日本约有一万多人被派到美国学习新工艺和管理技术。美国人后来经调查研究做出结论:这些日本人仅仅花费了 25 亿美元,就几乎把西方所有技术都搞到手,而这笔花费仅占美国每年研究经费的 1/10。日本大企业集团每年将其营业额的 1.5% 用于商业情报搜集,触角伸向全世界。

资料来源:江涌.没有硝烟的战场——商业情报战[OL]. http://www.people.com.cn/GB/guoji/23/91/20020520/732733.html,2012-08-13.

(三) 客户调查

对于组织产品和服务来说,客户相对较少,购买金额较大,合作时间较长,对于客户的把握和维护显得尤为重要。按照组织市场的"二八法则",企业 80% 的利润来源于 20% 的客户。因此,如何找出这 20% 的客户,并予以重点服务,就成为客户调查的一项重要内容。

首先,进行客户基本情况调查,如客户地址、名称、负责人、企业规模、年销售收入等。可根据国际营销大师科特勒的客户升级模型对客户分类调查,建立客户档案。现代信息技术的发展和数据库营销的流行,也为组织供应商提供了诸如客户关系管理(CRM)等对客户进行动态管理和维护的软件。

其次,组织还应重点做以下几方面的调查:资信调查,根据合作历史对客户做出信用等级评估;赢利能力调查,主要调查客户最近三年的利税额、销售利润率等一些财务指标;抵抗风险能力调查,主要调查客户抵御风险的能力,比如对速动比率、资产负债率等指标的调查;发展趋势调查,主要是了解客户近期是否会扩大生产规模,是否会上新的设备,是否会转产等。这些都是我们降低合作风险和扩大合作范围和深度的重要依据。

再次,进行客户满意度调查。调查客户对产品质量、服务等方面的意见,是规范服务管理、提高产品质量和改进生产工艺的重要根据。有时,我们甚至可以派出专门的技术人员进驻客户,进行生产指导,如上海宝钢就经常派出专门的技术人员到小鸭、小天鹅等厂家指导生产。

客户调查的目的非常简单,就是提高客户满意度,了解客户需求变化,从而维护老客户、开发新客户。比如福特公司和英国工程防御集团公司经常保持联系,联系的信息和内容为新的或现有产品、特殊的出价或者可能发生的问题,通过这种形式的联系,福特公司不仅在第一时间了解客户变化的需求,还因此赢得客户的满意并将这种满意持续下去。

(四)产品交易场所的调查

对于组织产品而言,交易的渠道比较简单,基本上都是直销。但是对于一些存在特定交易场所的产品,如钢材、纺织品等,必须对这个交易场所有一个较为全面的把握,调查厂家情况、经销商情况、购买者情况、产品情况等。如在纺织业,全国主要有柯桥、西樵、荷花池等几大纺织品市场,通过对这些市场适时地调查跟踪,使我们更贴近市场、更能把握市场脉搏,及时地调整产品、市场、价格等经营战略。

三、组织营销调查的程序

营销调查结果的价值取决于调查步骤的设计和方法的运用,但是营销环境千变万化,所关注的营销问题每次也并不相同,这导致每一次营销调查设计都具有不可复制性。就一般情况而言,为了获取可靠而且有效的数据,组织市场从开始调查到最后结束的整个过程,可以遵循五个阶段(见图2-2),即一个从定义问题到提出调查报告的过程。

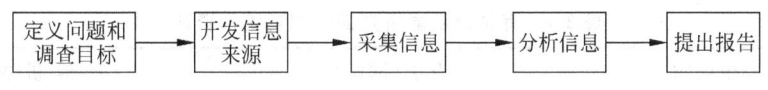

图2-2 组织营销调查步骤

(一)定义问题和调查目标

1. 定义问题

只有当营销问题本身被合理界定之后,才可能确定清晰的调查主题,明确调查目标。有些决策者经常用自己的所谓术语去定义问题,这就常常会发生误导的情况,使时间被浪费在无关的,或者有一些关系但并不是真正问题所在的事情上。因此,进行实际调查的相关人员应该多花一些时间,力求将问题描述得更加清楚、准确。另外,尽可能地把问题限定在一个范围内,也能有效地提高营销调查的可行性。做好这一步,需要对企业市场熟悉,需要具有想象力、创造力、洞察力、营销经验和技巧。没有营销问题,就不大可能有具体的情报或信息诉求,为商业目的而展开的企业市场调研当然就没多大意义。

2. 定义调查目标

使描述问题更清楚、准确的另一个标准就是确定调查的目标。调查目标是对调查的多个目的的陈述,是从问题的定义和描述中派生出来的,描述和限制了调查的范围。无论调查目标是决策者还是营销调查人员制定的,都必须经过大家的共同重审。这种重审意义十分重大,这样使每个人重新考虑问题的描述和定义是否准确。这时经常会发现大家对问题理解上的分歧,也就会产生对问题的重新定义,这种作用是不可以低估的,而且是有效调查的基本要求。要做好这一点,需要调查人员与决策人员保持良好的沟通。另外,这种重审常常涉及更具体的内容,经常注重一些在调查之前必要的细节。由于重审作用重大,因此调查目标在重审时应用书面形式准备好。

(二) 开发信息来源

企业间营销调查的第二个步骤就是确定所需信息的类型。信息的来源包括二手资料和一手资料。

1. 二手资料

二手资料是指已经存在的,但不是为现有的某个具体问题而准备的信息。在组织营销调查中,二手资料的来源很多,主要包括:网上信息来源,随着信息时代的发展,网上数据库越来越多,并且使用成本较低,所以网上信息的发展有着广阔的前景;公开发表的统计资料,比如在美国,很多的商业杂志、期刊、报纸、商业咨询服务机构,以及联邦银行都可以提供这类信息;政府部门公开的资料,各级政府都会收集和公布一些经济数据,这些数据可能是全国范围的,也可能是针对某种行业、某种产品,这类信息的权威性高,比较可靠。在中国,有关组织营销方面的统计资料可以从表 2-4 中列举的资料获得。

利用大量二手资料进行组织市场调查所拥有的优势主要体现在三个方面:方便、快捷、经济。但可能存在的问题也不容忽视:二手数据的准确性、针对性和时效性都较差。组织市场中,有时出于竞争的需要,甚至会出现误导性的二手资料。

表 2-4　有关组织营销方面的国内统计资料

政府出版物	杂志(网站)	其他机构
综合类: 《中国统计年鉴》、《中国工业统计年鉴》、《全国第三产业普查数据公告》、《中国发展报告》等。 专业性统计年鉴: 《中国机械工业年鉴》、《中国化学工业年鉴》等	综合类: 《管理世界》、《中国财经网》、《华尔街日报(中文版)》等。 专业类: 《中国工业经济》等	投资银行、证券公司的内部研究报告、民间研究机构

2. 一手资料

在数据收集过程中,企业还需要收集一手资料。

一手资料指专门为某个问题准备的,帮助有关问题做决策的信息。尽管组织营销调查主要依靠二手资料来源,但是有时二手资料并不能满足调查目标的要求,这时收集一手资料就是必需的活动。但一般来说,只有在搜索完全部的二手资料之后,或者问题与变量都确认清楚之后,才有可能开展一手资料的收集活动。

(三) 分析数据

在很多情况下,数据和资料并不能直接回答组织营销中所需要解决的问题,这时数据和资料本身是没有价值的。要通过这些数据实现预先设定的调查目的,就需要围绕目的对调查所取得的数据进行整理和分析,使之转变为营销信息。随着计算机应用的日益广泛,各种用于数据分析的软件也层出不穷。数据分析软件能使分析的结果更加形象化,更直观,速度也很快。数据分析的类型大致分为两类:一类是描述性的,其作用主要是对现有的数据总结、展示、评价;另一类是预测性的,能够根据现有的数据做"如果……那么……"的预测。其方法更多的是数学和统计学的方法,如指数平滑法、趋势分析法、移动平均法等。

(四) 提出报告

近年来,计算机系统在提供调查报告中的作用越来越大。这种高级的计算机系统称为决策支持系统(decision support system,DSS),它能够帮助管理者做出决策。在实际操作中,决策支持系统不仅做出各种分析,而且通过计算机终端直接传输到决策人员的办公桌前。决策人员通过提出各种假设性问题要求决策支持系统做出分析,通过计算机终端接收分析结果。在得出的分析结果的基础上,决策人员进一步调整提出的问题,再进行新一轮的计算机分析。这种迅速地分析和提供分析报告使决策活动变得非常灵活,因此计算机分析在营销调查实践中有很大的应用潜力。

需要注意的是,在调查报告中罗列数据分析结果时,应该尽可能采用表格或图形的方式呈现。由于表格和图形更直观,因而具有很强的表达力和说服力,加上现有的计算机软件大多能使我们方便地获取高质量的表格、图形和图像,所以利用表格和图形表达组织市场调查结果是常见方法之一。

四、组织营销调查的方法

在组织间营销调查中,可以采取的方法包括调查法、观察法和实验法三种。根据组织营销调查的目的、环境、被调查者的合作意向等方面的区别,营销人员应选择适合的调查方法。表2-5列举出三种调查方法的适用情况。

表2-5 不同调查方法的适用情况

调 查 法	观 察 法	实 验 法
① 调查目标为有关组织购买者的行为特征、态度、动机和倾向等类型的信息; ② 对单个企业的购买潜力的预测; ③ 新产品的市场潜力预测; ④ 研究产品对企业的使用价值	① 被调查组织的合作率很低; ② 调研人员对调研对象尚未有明确的了解; ③ 在新市场收集信息遇到各种沟通障碍	① 测试新商业广告的效果; ② 按照产品、服务及其组织制定不同销售价格的效果测试; ③ 购买者对试用期的新产品接受程度以及重复购买水平测试; ④ 产品不同包装设计的测试效果

资料来源:菲利普·科特勒,等.市场营销管理(亚洲版)[M].郭国庆,等,译.北京:中国人民大学出版社,1998.

(一) 调查法

无论在消费者营销调查中还是组织营销调查中,调查法都是获取一手资料最有效的方法,但在组织市场中,调查法采用的规模比消费者市场要小。在组织营销调查的实践中,常见的调查方法包括访谈法、电话调查法和邮寄调查法等。

1. 访谈法

访谈法(interview)是进行组织市场调查时常用的研究方法。一方面,组织市场调查所针对的对象是工商企业和政府机构等各种组织购买者,这些组织客户数量较少,所以通过访谈的形式,可以与组织购买者面对面地交流、谈话,询问所关心的问题;另一方面,在进行组织市场调查时,通常要求得到调查对象详尽、深入的资料和信息,以更好地了解复杂市场结构下的客户需求和竞争对手动态,因此访谈法是所有调查法中最适合的方法。根据访谈问题的不同,可以划分为以下几种访谈形式。

(1) 非结构化访谈。在调查中向被访问者提出的问题是开放式的,这样可以鼓励被访问者做出深层次的回答,可以从中反映出动机、问题、理解态度等,调查人员由此可以对被访问者有更深的了解和更准确的评价。

(2) 结构化访谈。在调查中向被访问者提出的问题是封闭式的,这样使调查的结果容易被量化,可以进行标准化处理,但只有在样本总体数量庞大,市场分散,所需信息包括认知、态度、意见的情况下才采用结构化调查。

(3) 专家访谈。在组织市场上,由于顾客数量少,信息相对集中在少数人手中,这就促使调查人员从少数的企业内部或外部的专家那里获取信息。当需要进行专家调查时,使用的方法大致包括:集体讨论,即专家集中在一起就某个问题进行讨论,最后得出一个结果;集中个人的预测结果,即专家就某个问题集体讨论,但每个人得出各自的结果,再由调查人员将每个独立的结果合并为一个最终的结果;德尔菲法,即每个专家单独给出意见,然后将所有意见汇总,再将这些意见反馈给每位专家,在反馈中各专家之间不能沟通,然后再进行新一轮的提意见,重复几轮之后会产生一个趋向一致的结果。

(4) 销售人员访谈。与销售人员进行访谈,是近几年来组织供应商常采用的一种方式,因为销售人员可以在销售访问和展示产品的过程中提出问题,这样能够缩减派出专门访谈人员的经费,并提高组织客户接受访谈的可能性。但是销售人员通常缺乏访谈技巧和把握问题重点的能力,这可能降低获得有效结果的可能性。

2. 电话调查法

通过电话进行调查也是一种常用的组织市场调查方法。由于是通过电话进行访谈,所以调查内容要尽量做到简短和易懂,所使用的行业术语也应该是双方都能理解的,并要运用得当。电话调查是一种效率很高的调查方法。电话调查的另外一个优点是速度快,如果企业决策者面临的是一个十分迫切的问题,那么电话调查是最好的方法。另外,电话调查所需成本也比访谈法要低。但是电话调查法的缺陷也很突出,比如所获得的信息量较少,很难就某一问题进行深入探讨等。

3. 邮寄调查法

邮寄调查法的关键是问卷的形成,为了提高回收率和回答的真实性,设计问卷时应该包括封闭式问题和开放式问题两种形式,问题不能太难,题量不能太大。在寄出问卷后,如果一般条件允许的话,最好再进行电话跟进,督促对方及时、完整地回答问题并尽快寄回。

4. 基准调查

基准调查是一种较新的调查方法,指的是企业通过将自己的某些竞争要素与行业平均或行业领导者的相应要素进行比较和平衡。采用基准调查首先要勾画出策略草图,这是一种既能帮助企业确定目前所面临的竞争环境的工具,又是一种识别潜在创新机会的规划工具。其横轴包含一系列该行业竞争的关键要素,以及可以为客户创造价值的潜在领域,纵轴表明企业自身和行业基准以及主要竞争者为要素投入的多少。在勾画草图时,只需要根据组织自身和竞争对手当前的业绩描点,然后将这些点连成若干条线,代表每个企业的"价值曲线"。图2-3为美国西南航空公司的策略草图,从该图中我们可以看出在与航空公司行业的其他竞争对手以及汽车行业的交锋中,西南航空既具有优势要素,也有被竞争对手拉开差距的要素。但总体来说,作为采取差异化竞争战略的航空公司,西南航空公司只关注三个能吸引客户的要素,即友好服务、速度和密集的班次。

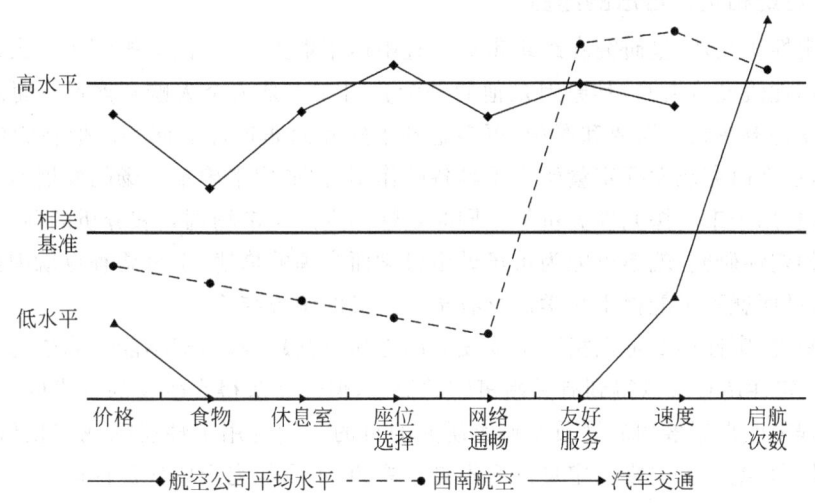

图 2-3　美国西南航空公司的策略草图
资料来源:沈玉良.企业营销[M].上海:复旦大学出版社,2004.

(二) 观察法

观察法(observational survey)是指那种无须与被调查者进行直接沟通交流,而以旁观者的身份对具体事件、人物、行为等特征和过程进行记录,以此来收集相关调查信息的方法。根据观察方式的不同,观察法可分为自然环境中的观察法、设计环境下的观察法、暴露式的观察法、隐蔽式的观察法和人员观察法等。观察法的采用使观察人员能在目标变化时调整观察角度,从而保证所收集的信息具有较高准确性,但是观察法的执行者也往往带有较强的主观色彩,使数据的客观性受到影响。在组织间营销调查中,观察法的采用相对较少,主要适用于被调查对象不愿配合调查,或是调查目的并不明确,作为一种试探型的调查方法而采用。

(三) 实验法

实验法(experimental method)是由市场调查人员在一个特别的实验环境中根据研究目的和要求进行实验设计,通过实验对比确定某个实验因子对目标变量的影响程度,或者在若干自变量中确定影响最大的自变量的过程。实验方法的要求较高,如果组织营销人员希望通过数据收集完成某项科学论证,比如发现或证实组织市场中几个现象之间存在的关系、建立相应的数量发现模型、排除某种因素对目标变量的干扰和影响,那么实验法是一种重要的研究方法。如果组织营销人员仅仅希望完成对数据的采集工作,那么实验法则是一种在组织市场调查中采用较少的方法。

第四节　组织间营销调查的现存问题与展望

一、组织间营销调查的现存问题

（一）定量和定性方法的结合

相比定性研究，定量研究在组织市场调查中运用更为普及，因为被调查者大部分回答都是基于理性假设给出的，其原因是他们是为公司而不是为个人购买产品；而定性研究主要用于获得潜在感情需要和愿望，更多是基于感性而非理性的回答。但在组织市场调查实践中，定性研究能发挥定量研究不具备的作用，比如用来确定市场的发展态势与市场发展的性质，用于市场探究性分析等。同时定性调查还是市场调查和分析的前提与基础，没有正确的定性研究，就不可能为市场做出科学而合理的描述，定量调查也就因此失去了理论指导，进而就不可能得出科学而具有指导意义的调查结论。

总地来说，定性调查可以指明事物发展的方向及其趋势，但却不能表明事物发展的广度和深度；定性调查可以得到有关新事物的概念，但却无法得到事物的规模的量的认识。在调查过程中应根据事物的性质及调查研究的目的分别选用定性研究或定量研究，或是两者混合使用，绝不可偏废。定量研究不是万能的，不可能完全取代定性研究。

（二）一手资料与二手资料的结合

就我国企业界目前市场调查而言，调查资料主要集中在对二手资料的收集，而对一手资料的搜集整理工作则重视不够。二手资料通常不需要直接对调查个体进行调查，资料获取的费用要大大低于企业专门组织的市场调查。通过对二手资料的获得，可以方便快捷地取得所需的市场信息。经常性收集市场二手资料可以帮助企业建立起自己的市场资源数据库，以适应数字化时代生存法则的要求。另一方面，我国目前的市场调查行业还十分不规范，这些机构中还有许多企业未能摆脱生存的威胁，其公布的调查资料往往无法真正做到公平公正，更有甚者在公布的资料中明显带有人为的痕迹，谁出资赞助调查的结果就偏向谁，谁赞助多谁的排名就有利。对于这类资料，企业在引用时要非常警惕，否则就会误导企业做出错误的调查结论，给企业带来不可估量的损失。一手调查资料是企业亲自在市场上通过对被调查者的调查取得，调查者能对资料所包含的信息内涵有着正确的定性分析，不易被资料误导。但是，一手资料的收集需要投入大量的人力、物力和财力，需要较长的时间才可能得到调查的结论。

在一手资料与二手资料之间，如果时间和财力、物力条件许可，可以以一手资料为主。但是二手资料因其经济快捷而构成企业市场调查的一个重要部分，特别是在中小企业中对二手资料的应用更应引起特别的重视，在目前我国企业界尚缺乏市场调查能力、合格的市场调查人员严重匮乏的情形下，在某种条件上，利用他人调查的二手资料可能是唯一正确的选择。

（三）问卷调查法

市场调查结果的科学性与否，直接取决于调查方法的科学性。在现有的市场调查方式中,问卷调查受到的重视程度最高。只要谈及市场调查,大部分调查者便会马上想到问卷调查,其结果是不论对象,不管调查的目的,统统采用问卷调查,使得市场上调查方法单调,再加上调查设计者缺乏必要的基础理论训练,问卷设计质量低劣,得不到被调查者的配合,其必然的结果是调查结论不真实,大量数据不能被充分利用,有些资料甚至完全不能使用。市场调查作为企业市场经营管理中一个有效职能工具,其应用面是十分广泛的,可以服务于不同研究目的和需要,不同调查方法,有着不同应用范围。问卷调查只是取得资料的方法中的一种,当然也是其中最为重要的一种,但这并不能排斥其他方法的使用。

作为市场调查中最为常见的调查方法,问卷调查必须具备良好理论基础、合理的问题设置和恰当的提问方式,但在实践中,很多企业在实施问卷调查时,恰恰忽略了这些问题。比如问卷设计缺乏科学的理论指导,设计者个人的主观成分及偏好在问卷中随处可见;在沟通技巧上,问卷设计很少从被调查者角度出发,所要调查的问题很难引起被调查者的兴趣;在问卷设计语言上,专业化倾向表现突出,超出了被调查者的经验范围,难与被调查者进行有效的沟通。问卷设计是一项专门的技术,也是决定问卷调查质量的关键,必须要有相关的专家参与,才有可能保证设计的质量,从而为提高最终的调查质量奠定良好的基础。除了问卷调查外,在企业市场调查中,入户调查、实地观察、访问、小组座谈、电话访谈等也有广泛的应用。

(四) 样本及抽样框的确定

组织市场调查通常是非全面调查,通过有效地选择调查单位,企业可以获得具有较高可信度的市场调查资料。然而,要想使非全面调查资料能正确估算整个市场,就必须要有科学的抽样方案。样本的确定就成为整个调查成败的关键,而确定抽样框是抽样的前提。

正确地确定抽样框,即在什么范围内选取调查对象。一般而言,市场调查抽样框的确定,应与企业目标市场相一致,抽样的过程和样本的分类最好与市场细分保持一致。当然由于每一次市场调查的目标不同,这一原则也不是一成不变的。抽样框确定后,企业便可以在抽样过程中按照一定的程序和方案抽取样本单位。目前市场调查中样本的确定通常是按照随机原则确定的。这种随机抽样调查过程最大的好处就是有着严谨的数理逻辑支持。可以事先对调查结果的准确性和调查误差进行控制,但是要求调查者特别是调查资料的分析使用者具有较好的数理统计知识。科学合理地确定抽样框,按科学的原则抽取样本单位组成调查样本总体,是确保调查结果公正客观的前提。

(五) 市场调查资料的评估

通过市场调查,组织能取得大量的资料,但资料本身并不能回答我们事先设定的问题。要想达成预先设定的调查目的,就必须对调查所取得的资料进行整理和分析。

在组织市场调查实践中,许多企业也明白这一道理,但在操作中却失误频频。其中产生误差的原因多种多样,既有抽样方法本身的,也有抽样过程中由于登记、理解偏差、被调查者不配合、样本单位的缺失或是问卷回收率过低造成样本代表性低,所有的这些都会造成抽样误差。因此在市场调查资料整理分析之前,首先必须对已取得的调查资料和数据的可靠性程度进行评估。对市场调查资料的评估一般包括以下几个方面。

(1) 对调查方案的评估。主要评估方案的设计是否科学合理,方案可信程度,方案的实施过程,以及实施中存在的主要问题及其对调查结论的重要程度和影响程度。

(2) 对调查方法的评估。调查方法的选择直接关系到调查资料的取得途径,影响到调查结论的准确程度。

(3) 对调查测量模型和测量尺度的评估。不同的测量模型有着不同的理论基础,对最终数据的解释也是完全不同的。测量模型和测量尺度的确定,必须要有科学而正确的理论支持,要有定性调查的配合。

(4) 对调查精确度的评估。市场调查由于不同的要求而选用了不同的方法,所获得的结果精确度也就因此各不相同。市场调查由于大都是通过非全面调查所取得,因此,调查结果的精确度也是相对的。对调查结论的精确度的评估并非是越精确越好,只要能满足调查需要即可。

二、我国组织间营销调查的未来展望

(一) 从需求方面看

随着我国电子商务的发展以及 B2B 业务的开展,越来越多的企业希望真实、深入地了解企业市场,调研无疑是最重要的手段;中国加入 WTO,在使得国内市场竞争更加激烈的同时,也使企业走向世界市场的大门更加敞开,跨国营销将逐渐成为许多企业生存发展的需要,而企业了解客户的真正需求是企业成功占领市场的必需,由此对调研的需求就更为迫切了。

(二) 从供应方面看

中国服务业市场对外开放程度越来越高,越来越成熟,有经验的境外市场调研公司正稳步进入中国市场,这将实质性地整体提升中国企业市场调查的水平;专业的调研公司,有能力提供专业的调研理念和方法、专业的技术和手段。例如,北京慧聪国际资讯有限公司是于 1992 年创立的民营企业,从事行业市场研究和媒体广告信息监测,1999 年接受美国国际数据集团(IDG)风险投资,已在中国香港上市。现监测 1 058 种报刊广告数据,囊括 4 万多个品牌和 40 万户广告主信息。较早利用互联网技术创建商务情报信息服务,设有知名的慧聪商情网,专门从事行业信息咨询服务和市场研究,涉及 20 多个行业。

(三) 从观念和流行趋势看

我国的市场化程度在不断提高,当今的市场竞争从本质上讲要求企业将产品之间、企业之间的竞争跃升到供应链层面之间的竞争,即不再简单地只是单个企业之间的竞争,而是整个供应链与供应链之间,或者说是一个个虚拟整合的企业之间的竞争。企业之间比拼的将是看谁能组织起更强壮有力的供应链,企业进行竞争的基础将逐步演变成高度分工(发挥各自的核心竞争优势)加上完整有效的产业链(实行强强联手)。企业调研部门规模不断下降,预算不断上升,越来越多的企业利用外包形式开展调研业务的现象就是上述趋势的佐证。既然供应链是一种协作活动,对一个成功企业来说,重要的是配置好自己成功的供应链,前提则是对整个供应链有全方位的了解,这就需要企业进行市场调研。将企业市场调研视为构建有效供应链的重要一环,尽量利用外包形式进行高质量的调查,是自然的选择。

本章小结

组织间营销信息能使企业获得竞争优势、适应快速变化的环境发展,对企业的战略决策、日常运营等环节具有重要影响。组织营销信息从营销战略的角度看,又可以称为"营销情报",组织间营销情报按照信息来源可划分为内部情报和外部情报。经过组织收集、整理和加工的情报系统称为营销信息系统(MIS)。营销信息系统包括内部信息、营销智能系统、营销研究和信息存储分析四个部分,四个部分并不是单一地发挥作用,而是构成组织完整的信息收集过程。

组织间营销调查是营销信息系统中最为重要的一个子系统。与消费者营销调查相比,组织营销调查对人员的培训、方式的选择、数据的辨别处理等方面都提出较高要求。其调查内容包含宏观环境调查和竞争状况调查,在程序上采取的是定义问题和目标、开发信息源、采集信息、分析信息和提出报告五个步骤。具体可采用的方法有调查法、观察法和实验法三种,每种方法都有适用的情况和范围。组织应该根据调查目的、客户特征、总体环境的不同来选择最适合的方法,以取得能为组织决策提供有价值参考的信息。

我国的组织营销调查已经受到越来越多企业的重视,并把它作为市场细分、竞争定位、判断需求的有效工具,但我国组织营销调查在认识、方法和技术上还存在不足之处,企业在选择和运用营销调查时要注意避免这些缺陷。最后,我国组织间营销调查将会有更为广阔的前景,判断依据是组织营销调查的需求、供应及观念。

关键词

营销情报(marketing intelligence)
营销信息系统(marketing information system)
决策支持系统(decision support system)
组织市场调研(business market research)
访谈法(interview)
观察法(observational survey)
实验法(experimental method)

思考与讨论

1. 信息对组织营销决策有什么作用?
2. 组织营销信息系统包括哪几个部分?请结合实例说明这些部分分别有什么作用。
3. 请分析组织营销调查与消费品营销调查的相似度与不同点,并举例说明。
4. 请结合教材中或实际中的案例,讨论调查法、观察法和实验法的适用情况及调查效果。
5. 请思考在一个组织中,如何向所有员工灌输信息收集的重要性。

综合案例分析

  1987年6月,济南市第一机床厂厂长在美国洛杉矶同美国卡尔曼公司进行推销机床的谈判。双方在价格问题的协商上陷入了僵持的状态,这时我方获得情报:卡尔曼公司原与台商签订的合同不能实现,因为美国对日本、韩国、我国台湾提高了关税政策,使得台商迟迟不肯发货,而卡尔曼公司又与自己的客户签订了供货合同,对方要货甚急,卡尔曼公司陷入了被动的境地。我方根据这个情报,在接下来的谈判中沉着应对,卡尔曼公司终于沉不住气,购买了150台中国机床。

  资料来源:佚名.商务谈判中的案例分析[OL]. http://info.china.alibaba.com/news/detail/v0-d1034573031.html,2012-10-20.

问题与讨论

1. 在此次销售谈判中,情报收集的内容有哪些?
2. 请结合本章内容,谈谈该案例给我们什么启示。

机会分析

第三章 组织市场的细分与定位

 开篇案例

华为作为全球领先的信息与通信解决方案供应商,其细分市场的依据很多。当华为作为市场挑战者与上海贝尔竞争时,它选择了上海贝尔的薄弱环节——农话市场作为突破口。这时,其细分市场的依据是"地理差异",同时也包含了"需求差异";当华为以接入网对抗上海贝尔的远端接入模块时,其细分市场的依据是"标准差异",即强调"V5接口有利于建立灵活而相对独立于各制造厂商的接入网体系",从而赢得追捧这一技术的用户需求;当华为以接入服务器进入数据通信产品市场时,其细分市场的依据是"需求差异",即根据自身对中国电信网络的了解,满足国内运营商对适合国情的接入服务器的需求;当华为宣传"宽带城域网"概念时,其细分市场的依据则是"地理差异"、"需求差异"、"心理差异"综合考虑的结果。尤其在根据"地理差异"进行的市场细分方面,华为认为,已经完成了"农村包围城市"中对农村市场的开创和巩固,眼下是开始进行城市攻坚战的时候了。当技术、产品都相差无几的时候,决定竞争胜负的关键便在于营销策略了。而进行营销策划的基础,应该是有效的市场细分。华为做到了,所以成功了。

资料来源:陶洪波.华为进攻——宽带城域网引发的华为营销策略分析[OL]. http://doc.mbalib.com/view/c86e3b03cae18501f9704b4cc442a980.html,2012-11-05.

 本章学习目标

1. 组织市场细分的依据;
2. 组织市场细分的阶段细分法;
3. 细分市场获利能力的评估方法;
4. 组织市场定位的基本策略;
5. 组织市场定位方法。

第一节 组织市场细分的意义和依据

虽然组织市场上的客户数量要远远少于消费者市场,但是不同的客户,无论商业企业顾客、政府单位还是机构类客户,所产生的需求是不一样的。例如,商用洗碗机的生产者发现,其产品的购买者可能有餐馆、医院和部队单位。每一购买者都购买相同的产品,但是实际上这些组织客户之间却有显著的区别,这些差异可能导致对产品有不同的规格要求、不同的销售和促销行为、不同的分销渠道甚至不同的价格等。依据客户的某方面的相似性，产业用品和服务的整体市场就会被划分为不同的类别市场。对市场进行划分的过程即市场细分过程，市场细分（market segment）是指一些拥有共同特征的当前或潜在的客户群，它们在解释和反馈某一供应商的营销刺激方面有共同的特点。如果市场细分恰当，那么每一个细分市场内的单位就会有相同的偏好和购买行为，各个细分市场之间的差异也就明朗化。

一、组织市场细分的意义

企业对组织市场进行有效细分，是营销战略的第一步，因此其重要意义不言而喻。

首先，进行市场细分会使营销者关注细分市场中客户的独特需求。作为全球最大的信息技术和业务解决方案公司，IBM一直对自己服务的客户市场进行重新细分，当它看到时代的发展对高技术的IT产品和服务业做出了全新的定义，并构建出一个新的巨大市场时，于是IBM意识到必须把握这个新出现的潜在市场的结构性变化，才能摆脱因为行业恶性竞争带来的困境，所以IBM在2005年将全球个人电脑业务出售给中国联想集团，而自身则向电子商务方向全面转型。

其次，了解组织客户的特殊需求，可以提高营销活动的有效性。比如帮助营销者关注产品开发，提高客户接受的可能性；采取更有利于自身的定价策略；选择适合的分销渠道等。

再次，市场细分为营销者进行营销资源分配提供了极具价值的指导方针。组织间营销者经常为各种各样的细分市场服务，所以必须不断地监控这些市场的吸引力和业绩表现。相关数据表明，对于许多组织生产商来说，它们几乎有1/3的细分市场没有创造利润，然而却有30%～50%的营销成本和客服成本浪费在获得和维护这些细分市场中的客户上了。

最后，增加的成本、收入和利润必须以细分市场为单位进行核算，考虑到组织市场客户数量较少，但是单个客户购买金额巨大，很多组织供应商甚至以客户为单位进行核算。

［例3-1］ 基于市场细分的双品牌战略

在B2B市场，很少有企业成功实施双品牌战略，但道康宁公司——全球最大的"工业味精"、有机硅产品的生产商是一个例外。2002年，道康宁在已有品牌Dow Corning之外，推出面对电子商务市场的第二品牌XIAMETER。道康宁大中华区总裁博克斯说："引入XIAMETER模式，是广泛调查客户需求、基于产品生命周期的市场细分化以及彻底重组服务等努力的综合结果。"公司在全球IT平台（SAP）上投资超过1亿美元进行市场调研，发现了一些出乎意料的结果：市场中很多客户是价格搜求者（price seeker），对产品定制化的需求非常强劲。这些客户专业知识丰富，知道自己需要什么产品，不愿意为附加的服务付费。而在过去，附加服务是和道康宁产品打包出售的，因此价格较高。道康宁发现，不能再忽略这块"只要产品，不要服务"的细分市场。

XIAMETER业务推出初期主要支持处于成熟期的产品，其运营基于网络，只提供有限服务并要求大量采购。用户购买这些标准化有机硅产品可获得10%～20%的价格优惠。基于该品牌的优异业绩，2009年6月，道康宁大幅扩展该业务，产品数量从之前的

400多种增加至五大类 2 100多种；提供更多的数量、定价和付款方式选择；第一次允许客户通过经销商购买XIAMETER产品等。

资料来源：Waldemar A. Pfoertsh. 道康宁B2B市场的双品牌之路[J]. 中欧商业评论, 2012(11).

二、组织市场细分的依据

组织产品市场细分的依据是指在组织市场细分中所采用的变量或标准，它与个人消费者市场细分所使用的依据有少数相同或重叠，但更多的是体现出差异性。个人消费品营销者关注对最终消费者的分类，常用的细分指标包括人口特征、生活方式、个人需求等；而组织间营销者更关注对组织及组织购买者的分类，常用的细分指标有组织规模、购买目的等。需要注意的是，即使相同的市场细分依据，在应用于消费者市场细分和组织市场细分时也是有区别的。例如，人口统计特点作为消费者市场细分的重要依据时，它具体涉及的主要是年龄、性别、收入、职业、受教育程度、婚姻状况、家庭规模和居民类型等；而作为组织产品市场细分的依据时，它主要涉及的是雇员数量、年销售额、平均订购规模、年采购总额及生产的附加值等。这一简单的比较实际上描述了两类市场之间市场细分的基本差别：个人消费者市场上的基本市场要素是家庭，而组织产品市场上的基本市场要素却是购买组织。

目前，对组织市场细分的依据有不同的归类，但通常而言可以分宏观细分和微观细分两类。

（一）宏观细分

宏观细分（marco-segmentation）关注组织的特点和购买类型，按照组织特征，比如组织规模、地理位置、组织结构等对市场进行细分。这些特征的重要性不仅在于能决定组织的需求，也是我们下一步将要讨论的微观细分的前提和基础。宏观细分的依据如表3-1所示。

表3-1 宏观细分的部分市场细分依据

变量		细分类型举例
组织购买者的特征	规模	小型、中型、大型；基于销售量或雇员数量
	地理位置	华北市场、西南市场、亚太地区市场、美洲市场等
	使用率	不使用、较少使用、适度使用、大量使用
	采购结构	集中、分散
产品或服务的使用	提供服务的最终市场	采矿业、零售业、农林业、房地产业等；基于标准产业分类系统
	产品或服务的作用	原材料、加工材料、零部件、设施、辅助设备、日常用品、服务
	使用价值	高、低
购买类型特征	组织购买类型	新任务购买、修正购买、直接购买
	所处的购买决策过程阶段	早期阶段、晚期阶段

资料来源：雷·赖特. 组织间营销[M]. 胡左浩，杨志林，等，译. 北京：中国人民大学出版社，2006.

1. 组织购买者的特征

在组织市场细分依据中，根据组织购买者特征来划分是比较有效的一种方式。虽然有的学者提出，以组织购买者特征为依据进行市场细分的结果，其科学性和严谨性受到质疑,并且对组织间营销实践的指导有限,但是组织购买者特征是一种比较容易度量,也可以直接从二手资料中获得的变量,资料收集成本比较低;另外,组织购买者特征也是对组织市场进行更进一步细分的基础,所以在实践当中,以组织购买者特征为依据的市场细分方法仍被广泛采用。

(1) 组织规模决定了组织购买需求量的大小,并因组织规模的不同而对营销刺激做出不同的反应。规模较大的组织,虽然高层决策者对购买决策的影响会逐渐减小,但其他参与的影响会逐渐增大,并且在规模较大的组织中,影响购买决策的参与方会比较多,比如采购中心、使用者、财务部门、技术专家等;而规模较小的组织,购买决策往往由个人做出。

(2) 地理位置变量是早期企业市场细分变量中的主要采用变量,通过该变量可以有效识别文化、政策、法规、自然环境等因素对营销的影响。但许多学者认为随着全球化趋势日益明显,地理位置在组织市场细分中较少起到作用,同时在使用地理性变量时涉及两个方面的问题:一是"地理位置"变量的概念比较模糊,是指工厂的区域配置,还是指销售部门或采购部门所在区域?在全球化的趋势下,地理位置变量的使用要经过慎重思考。二是地理细分尽管不能在企业市场细分中起到积极的作用,但它是企业细分过程中产品定位阶段的重要变量,它可以影响客户服务的成本和组织营销效率,因此不能因为环境的变化而忽视地理位置的重要性。

(3) 使用率的采用可以辨别使用者的需求特征,大量使用者的需求与适度使用者和较少使用者的需求是不同的。比如,大量使用者在采购过程中会更重视技术支持或售后服务,而较少使用者则可能关注价格折扣或附加价值。针对不同需求的使用者,组织经过调整产品和服务组合,企业有机会将适度使用者或少量使用者转变为大量使用者。

(4) 组织采购结构也是一种常用的宏观细分变量,也就是将市场中具有相似购买过程的顾客划分到同一个细分市场中。这种方法较前三种方法更为复杂,但是如果运用得当,则更能贴近顾客的购买行为。集中购买企业与分散购买企业所采取的行动是不同的,具体来看,购买职能的结构影响着购买者的特殊程度、强调的标准、采购中心的构成。比如集中购买的客户十分重视供货的长期稳定性以及供应商良好的综合发展,分散购买客户则强调短期内成本的有效性。

[例 3-2]　　　　　市场细分实例

本实例是关于工业制冷行业利用组织购买特征的若干变量来进行市场细分。通过对潜在顾客的调查,得出表 3-2 的结论,其中包括 4 个细分市场。4 个细分市场分别占有总体市场 12%、31%、32%、25% 的份额。在细分市场 4 中,公司的规模较小,对它们现有的系统满意程度高,有中等比例的工厂需要空调设备,但是对系统的经济性要求较高。而细分市场 2 中的公司则规模较大,对现有系统的满意程度低,只有较小比例的工厂需要空调设备,但是对系统的经济性要求也不高。可以看出这种细分方法将组织规模、使用频率、采购结构等变量联系起来。利用这种细分方法可对顾客的行为有更深的了解,这也正是我们所要求的有效的细分方法。针对这 4 个细分市场所揭示的不同特点,我们可以对每个细分市场采取不同的营销战略。

表 3-2　工业制冷行业市场细分

变　　量	细分市场 1	细分市场 2	细分市场 3	细分市场 4
对现有空调制冷系统满意程度	中高	低	中低	高
制冷系统不如设想的经济性高,后果的严重程度	中高	低	中低	高
若制冷系统不如设想的可靠性高,后果严重程度	中高	低	高	中低
公司的规模	中等	大	大	小
工厂的数目	较多	少	多	少
需要制冷系统的工厂比例	较大	小	大	中等

资料来源:李桂华.企业间营销理论与实务[M].北京:清华大学出版社,2005.

2. 产品或服务的使用

特殊的组织产品常常以不同的方式使用,所以营销者能根据不同的最终用途划分市场,进而通过分析各客户群的特殊需求,企业能更好地区分客户需求,评价市场机会。

(1) 提供服务的最终市场。在采用该指标进行市场细分时,标准产业分类系统(standard industry classification,SIC)的信息源很有价值。比如戈尔公司旗下的戈尔特斯品牌主要提供的一种氟聚合物,这是一种非常坚固的微孔材料,现在该材料的用途非常广泛,包括外科手术中的医用植入体、包装线或纤维等氟聚合物纤维、工业薄膜技术、先进的电子介质材料、功能性纺织品等,无论为了哪一种用途而购买该材料的组织客户,毫无疑问都对戈尔特斯这个品牌持有特殊需求,因此对于戈尔公司而言,如何更好地按照自己产品的用途来区分客户群,将会决定能否实现企业利益最大化。

(2) 产品或服务的作用。明确了解自己生产的产品在下一个环节中发挥什么作用,是组织制造商在细分市场辨别客户需求时应该考虑的一个重要变量。产品或服务按照在生产流程中的不同,可以划分为三个大类 6 个小类,这些种类之间的区别,也会影响组织客户的购买决策及购买时的关注点(参见第一章第四节)。

(3) 使用价值。使用价值是指某种产品能为使用者带来的经济效益,而根据购买者从产品中追求的利益来细分市场是比较实用的一种细分方式,也就是将市场中具有相同或相似的利益追求的企业视为一个子市场。利益细分早已运用在个人消费品市场营销中,但运用到组织间营销中还比较少。比如米利肯纺织厂通过成为洗衣业的主要毛巾供应商,建立起自己的经营范围,其客户愿意给米利肯付的钱比那些提供同样毛巾的竞争者多了 10%,因为米利肯提供了较高的附加价值,比如一套提高衣物运送效率的电脑程序,这些客户很需要这些附加价值。

3. 组织购买类型

购买组织按购买类型可以分为新任务购买、修正购买和直接购买;也可以将其归纳为从采购的初级阶段到成熟阶段之间的某一时段上。不同购买类型在企业购买时的决策不同,比如在面对新任务购买的客户时,组织营销的成功主要取决于在市场渗透过程中为客户解决问题的能力,在购买过程中为客户提供决策的信息和提高生产效率;在直接再购买和修正再购买类型中就不同了,在直接再购买类型中,采购商列表外的企业必须提供更多的信息,以提供更优质的产品、更低廉的价格。因此,根据购买类型细分是检验企业购买需求、信息支持和组织采购结构的重要变量。

(二) 微观细分

微观细分(micro-segmentation)进一步关注宏观细分市场中每个决策单位的购买决策标准、购买的重要程度、对客户的态度等方面的指标。营销者常常发现,在对组织进行宏观细分后,还不足以得到能让企业确定目标市场的依据,而这时就需要营销者在宏观细分的框架下,根据客户决策过程的异同将宏观细分市场进行分解,而这种分解需要营销者超出二手资料的范围,实施特殊的市场细分调查。表3-3列出了微观细分的部分依据。

表 3-3 微观细分的部分市场细分依据

变量		细分类型举例
企业特征	客户经验	与客户相适应的产品生命周期阶段的产品特征
	关键标准	质量、运送、供应商的信誉
	组织的创新性	革新者-跟随者
	组织能力	技术、财务、能力等
购买类型变量	存货需求	原料需求机会、即时配送系统
	采购战略	分散购买、集中购买
	决策制定单位的结构	主要的决策参与者
	采购的重要性	很重要-不重要
个人变量	个体特征	年龄、教育背景、风险态度
	决策风格	标准化模式、保守模式、混合模式
	工作职责	购买、生产、工程、研发

1. 企业特征

(1) 客户经验。不同经验的客户在产品决策过程中是不同的。一般情况下,有经验的决策者可能倾向于利用销售代理,购买对象比较稳定。但对于老客户来说,就不必采取这种代理方式了,因为老客户通常采取直接购买的方式,对于组织供应商来说需要保证供货的质量和稳定性。客户经验与产品生命周期之间也存在着一定的相关关系,不同产品处于不同的生命周期时,组织对其需求也是不同的。在某种产品刚问世时,产品性能不成熟,受研发成本和尚未形成规模生产的影响,价格也相对较高,导致新产品需求相对也不稳定,这时提供优质的客户服务、与客户进行更大范围接触是相当重要的;而在产品成长期,产品越来越趋向成熟,需求稳定性也增强,组织营销的重心会相应转移。

(2) 关键标准。对于某些组织产品而言,营销者可以依据客户在购买中最为重视的标准对市场进行划分,这些标准包括质量、运输、技术、价格、供货可靠性和服务支持等。营销者可以根据组织客户中的决策者更为看重的特征来划分市场。

(3) 组织的创新性。该细分标准能帮助营销者识别出组织市场中的革新者,革新者往往是组织市场中具有高度创新性的组织,这意味着这些组织更愿意购买新产品。随着科学技术的飞速发展,某些市场的新产品层出不穷,通过组织创新性对市场进行细分,有助于营销者寻找更快接受他们新产品的组织客户;相对于革新者,市场上的追随者对新产品的接受较慢,他们的采购策略也更为保守,针对这类客户,组织营销者在进行新产品的市场推广时,应该更有针对性地制定营销策略,比如通过价格优惠、提供附加价值等方法吸引追随者,并努力将他们转变为率先采用新产品的革新者。

(4) 组织能力。组织能力是企业运营、技术和财务等方面能力的统称,采用这种细分标准,能帮助组织供应商做出更有吸引力的营销策略。比如,组织客户的生产能力较强,出货速度很快,那么作为其零部件供应商,可以在为客户提供零部件产品的同时,强调自己的配送能力,力争为客户实现无缝衔接的准时生产,降低客户的库存成本,提高客户的生产效率。

2. 购买类型变量

(1) 存货需求。存货需求是组织产品需求量的反映,根据组织客户的存货需求量进行市场细分,可以帮助组织供应商制定是增加存货生产量,还是开通即时配送系统,从而指导组织客户的生产决策和营销策略。

(2) 采购战略。一些组织客户会与多家供应商合作,把订单合理分配给数个供应商,以减少供货不足的风险;另外一些组织客户则倾向于只在一个供应商处订购产品,以追求供货的稳定性和价格折扣。以客户的采购战略为依据进行市场细分,可以帮助组织供应商无论是面对单一组织客户,还是与多家供应商竞争一个客户时,都能制定出行之有效的营销策略。

(3) 决策制定单位的结构。采购决策制定单位或采购中心的结构为市场划分提供了一种有效的方法。一般采购中心由营销、工程、财务、采购、技术等多个部门参与,面对这种多影响者的组织市场特征,采用决策制定单位为依据,进行市场细分,能帮助营销者区分购买过程中的决策参与者所使用的购买模型,同时也能识别在购买决策中的特殊影响者。通过这样的市场细分,营销信息可以更精确地传递给目标组织的目标影响者,实现有效的营销沟通。

(4) 采购的重要性。组织营销的产品和服务在销售给组织客户后,会以各种形式在下一生产环节或流程发挥作用,鉴于作用大小的不同,组织客户对某类产品或服务的采购策略也不同。这就给组织营销者带来一种新的市场细分标准——采购的重要性,即该类产品或服务对组织客户的重要性如何。比如对于汽车制造商来说,钢铁就是一种不可或缺的原材料,所有汽车制造商对于钢铁的采购都非常重视,但是对于自行车制造商来说,钢铁的采购则不是那么重要,因为大部分自行车已经改为铝合金或钛合金车架。

[例 3-3] **采购模式引发的危机**

一直以来,丰田以其高度紧密的集团成员供应体系闻名,其与供应商的紧密配套关系一直是各个企业学习的范本。与美国公司同时选择两三家供应商,使之互相竞争的模式不同,丰田汽车建立了与供应商密切合作的关系,甚至持有核心零部件商部分股份。其中日本电装集团、爱信精机、丰田自动织机是丰田汽车零部件供应的"三驾马车",丰田汽车持有这三家全球汽车零部件巨头的股份,并且是电装集团的最大股东。

不过任何体系均非完美,丰田"教科书"一般的供应商体系,在 2008 年金融危机冲击下终于出现裂缝。金融危机造成丰田产量迅速走低,丰田销量下滑引起连锁反应,造成电装集团和爱信精机业绩快速下滑。而零部件子公司销量下滑,再度对主机厂销量增长提出要求,过度追求销量的结果,却是质量控制和研发能力弱化。最终,由于零部件质量问题造成丰田旗下诸多型号的汽车安全隐患爆发出来。在2009年,丰田汽车累计召回存在安全隐患的车辆达522.8万辆,这超过丰田汽车2008年832万辆销量的一半。

资料来源:唐柳杨. 522万辆汽车召回背后 丰田供应商体系盘点[OL]. http://www.yicai.com, 2012-11-20.

3. 个人变量

有些微观细分法的划分依据与决策者的个人特质有关,具体包括个人特征、决策风格和工作职责等。组织市场与消费者市场的一个显著区别就在于,组织市场的所有采购都要受多重购买因素影响,购买决策往往不是由某一个人做出。基于这一点,有人对将个人特质作为组织市场细分的依据提出质疑,但销售人员发现这种细分方法是很有益的,特别是有助于了解有关客户习惯和偏好方面的资料。

从以上分析可知,市场细分的变量本身就是一个复杂的系统,仅仅以某一个变量作为唯一依据对市场细分是很危险的,上述所有细分市场的变量往往需要结合起来使用。比如首先可以采用宏观细分的方法,因为这种方法可以通过二手资料获取,成本较低,效率也较高;接着,可以运用微观细分的方法,在宏观细分的结果中进行更为细致的分解,微观细分的变量一般较难获得,需要营销者围绕这些变量特征进行详细调查。通过层层筛选,营销者才能获得对组织营销有价值的细分市场信息。

第二节 组织市场细分方法

在组织市场实践中,随着供应商数量快速增加、客户要求不断提高、科学技术更新换代加快,组织供应商对组织市场细分方法的科学性、指导性和准确性也提出更高要求。

从组织市场细分方法提出以来,在竞争环境影响下经历了三次"升级",这三种细分方法分别是两阶段细分法、五步分析法、服务于营销战略的细分模型,其基本原理都以宏观细分和微观细分为依据,并呈现出阶段性的特征。我们把这三种细分方法统称为"阶段细分法"。另外,随着供应商利润空间缩小、与组织客户关系更加密切等市场特征的出现,还出现了垂直市场细分法和基于客户的营销等划分市场的工具。

一、阶段细分方法一:两阶段细分法

在20世纪70年代,卡多佐(Cardozo)和温德(Wind)就提出了"组织市场细分方法模型",在业界内一般称为"卡温模型"(见图3-1)。该模型第一次比较系统地总结概括了组织产品市场细分的基本方法和过程,在模型中提出一系列细分因素,也提供了有价值的研究思路。但是,该模型的局限性在于,模型的建立是基于对市场营销战略实施结果的一种解释,而不是用于进行营销战略的策划,即不是将市场细分看作策划组织产品市场营销战略时必须做的重要工作。

后来美国学者乔菲(Choffray)和盖瑞·李林(Cary Lilien)发展了"卡温模型",在20世纪90年代初期提出了著名的两阶段论。他们认为企业市场细分过程应该包括两个连续的过程,第一个阶段包括宏观细分过程,他们所谓的宏观细分依据是同购买组织和购买行为有关的特征,主要包括规模、使用频率、产品应用、标准产业分类(SIC)、区域、企业

购买类型和组织结构等区域、人口统计和一些企业变量,这一阶段能够把握企业市场的基本特征——同质性。对宏观市场细分后,如果十分明确地达到了细分要求,那么细分的战略就实现了。如果宏观市场细分的结果足以区分购买者的类型,并有明显的特性,能够满足组织的营销目标要求,那么,下一步的微观市场细分也就不必要了。营销人员可以就此采用集中化营销战略或差异化营销战略,进行营销策划与实施。但是,在很多情况下,只进行宏观市场细分还不足以说明购买行为的类型,还必须继续进行微观市场细分。

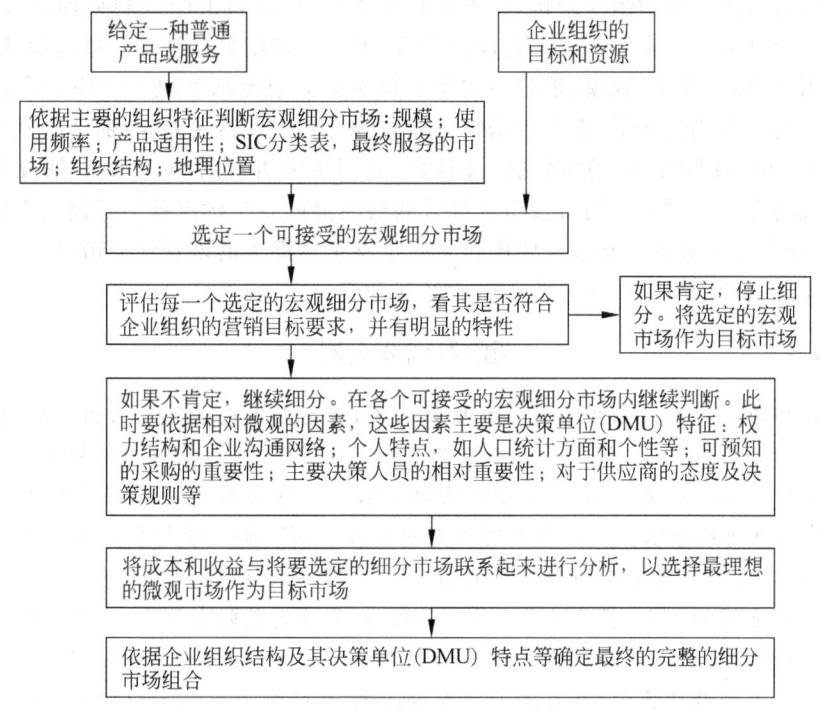

图 3-1 组织产品市场细分的"卡温模型"

资料来源:Peter J. LaPlaca. Contributions to marekting theory and practice from industrial marketing management[J]. Journal of Business Research,1997(38).

第二阶段为微观市场细分,该阶段细分的依据则是试图根据实际购买过程、购买过程参与者的影响力、购买者动机和制定决策的方式等,在各个决策单位之间找到共同点。在具体操作中,微观市场细分是在第一阶段选定的组织内进行细分,但是微观市场细分过程中获取资料的方法要比宏观市场细分中复杂得多。一般来说,总是先从销售人员开始,销售人员对于顾客的特征和采购行为都较为熟悉。另一方面,微观细分依据(特征)实际上分析起来是比较困难的,因此常常要进行非常详细的市场营销研究,并利用有效的营销信息系统。专家们做过很多的经验研究来说明微观细分市场的可进入性和依照具有组织产品市场特征的行为变量进行的市场细分。例如,一个针对工业保护服材料的采购决策的研究,就是根据产品的用途和标准产业分类系统划分,将整个市场分为 8 个不同的成员构成,各成员间的相互影响力和采购标准将大市场分为 2~5 个微观细分市场。其中一个微观细分市场是根据采购经理所扮演的主要角色、他们对实验室分析数据的依赖程度以及价格在采购标准中的作用而定义形成的;而在另一个微观细分市场中,主要的影响人物是生产线上的工头,他非常依赖生产工程技术人员的建议,主要关心产品的使用特性和名气。在这个例子中,无论是采购经理扮演的主要角色,还是主要影响人物的定位,都是在市场细分中不易取得的数据,而类似于组织购买者的自信程度或对风险的态度,则需要专业化的市场营销研究去完成。

总地来说,两阶段组织产品市场细分方法效果明显,也具有可操作性。该方法显示,组织购买行为是在正式的组织结构、任务和科技条件下,独特的个人购买动机、决策行为与组织的决策过程相结合的形式。总体上来看,宏观市场细分反映了一些组织变量,如产品的最终用途、购买类型、规模、地理位置等;微观市场细分则反映了一些个人特征和购买中心的活动。有些情况下,宏观市场细分能充分反映一些重要差异,那么宏观市场细分就已足够了;但有时微观市场细分能对问题的分析更完善,能针对各微观细分市场的需求使营销战略更有针对性。两阶段市场细分的最明显的一个优点就是营销研究成本的节约,所有的开支将会被更加有效地使用在具有足够市场潜力的宏观细分市场上,同时也保证了更加详细的微观市场细分分析所需的经费开支。

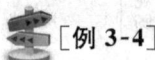

[例3-4]　　　　　　　　两阶段细分实例

中国某公司生产的产品主要是工程项目设备,现为制定向美国市场出口的战略,首先要进行市场细分。经了解,美国企业在组织产品市场营销中,比较典型的和常见市场细分是选用"标准产业品分类"(SIC)作为宏观细分依据。该公司市场营销经理也使用美国SIC分类作为市场细分依据。经查阅有关资料可知,SIC 3811号所含产业产品类别有工程项目设备、实验室设备和其他科学设备仪器。然而,营销经理只对坐落于亚特兰大地区和美国东北部地区的3811类企业感兴趣,而且,他关注的是较大型企业,于是他使用地理位置、雇员数量两个宏观细分变量进行市场划分。经过宏观细分,该营销经理选定的细分市场为坐落在上述两地区的、雇员在500人以上的、SIC编号为3811的所有企业。然后,对选定的所有企业可以按购买政策(如购买区域、分散购买、现有客户/非客户等)将其再细分为多个市场。到此为止,细分过程还处于宏观市场细分阶段,此时,客户在产业类别、地理位置、规模及基本的购买特征等方面是相同的。

根据市场定位的要求,显然,上述细分结果还比较粗糙,有必要进行第二阶段的细分。中国经理认为行为特征很重要,因此他们选择企业行为作为微观市场细分的依据。于是对客户(customers)和潜在客户(prospects)就可以按其参与购买过程的成员的个人特点再进行细分。对某些企业来说,其关键购买者和购买影响者可能属于保守型和恐惧型;而在另一些企业,这部分人员可能属于革新型和冒险型。这时,由于使用了个人特点和决策方式等更为复杂的细分标准,就使得细分市场的同质性更为精细和准确。两阶段的市场细分工作已经完成。经细分的不同市场内的现有客户和潜在客户,从理论上能够肯定,它们完全符合该经理的要求和营销的目标。

资料来源:李桂华.企业间营销理论与实务[M].北京:清华大学出版社,2005.

二、阶段细分法二:五步分析法

沙比罗(See Shapiro)、本森(Benson P.)和伯纳玛(Thomas V. Bonoma)等三位学者

在两阶段法的基础上,将其发展为五步分析法。这种方法是在一个市场细分因素筑巢框(nested hierarchy)中逐一检测人口统计变量、企业运行变量、客户购买方式、购买状态变量和个人特点等五类细分变量,这个分析过程用图表示就像一个鸟巢(见图3-2),因此叫作筑巢细分法(nested approach)。

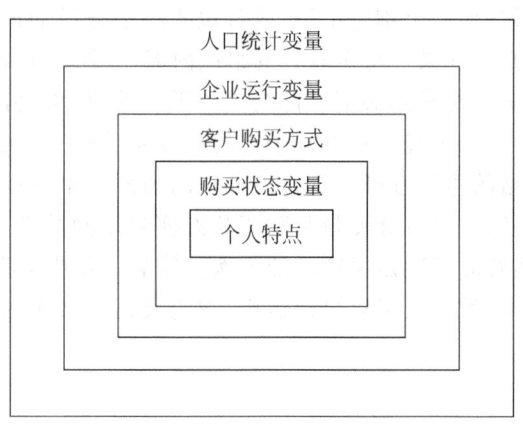

图 3-2　筑巢细分法示意图

支持和强调筑巢法的学者认为在宏观细分和微观细分之外仍有很多可以细分的变量,于是他们在两阶段细分法的基础上,拓展出五步细分法,这五个步骤如下所述。

(一) 人口统计变量

人口统计变量包括产业类别、公司规模、地理位置等。这类变量容易测定,并且与顾客需求和使用模式有直接的关系。

(二) 企业运行变量

企业运行变量包括使用者或非使用者状态,比如顾客的操作、技术和融资能力等。与传统的市场细分相比,这里也许就是筑巢法的最大贡献所在,这里的技术包括顾客的产品、生产和分销的技术能力。在同一行业中的不同企业可能使用截然不同的技术生产同样的产品,所以技术的不同应该是市场细分的重要依据。潜在顾客是否是供应商现有产品的使用者也是市场细分的重要依据。例如,有一个电脑接受订单的营销系统,它既可适用于该供应商安装的仓库货架系统,也可以稍加改进适用于其他品牌的仓库货架系统。那么潜在顾客就可以分为两个很明显的细分市场,即使用该供应商的货架的顾客群和没有使用该供应商货架的顾客群。如果每个竞争者的货架安装技术都各不相同,那么每一位竞争者的顾客就各自构成一个细分市场。

(三) 客户购买方式

客户购买方式变量包括具有采购职能的组织结构、采购活动中的权力结构、买卖双方的关系、采购政策和采购标准等。

(四) 购买状态变量

购买状态变量包括采购的紧急程度、购买产品的具体用途、订单的大小等。如果前面的各种细分活动都是针对顾客群的,那么购买状态变量则是针对某一顾客的组织内部的。

购买状态变量和产品利益细分很相似,在操作上也比较方便,只要供应商的销售代表和顾客有着良好的往来关系,关于采购的紧急程度、产品用途和订单大小等方面的数据还是比较容易获得的。

当市场细分的活动具体化到如此程度,需要注意避免一种极端情况,那就是将组织客户内部的具体购买情形当作一个细分市场,或者说我将细分活动进行到组织客户内部的次级组织。需要注意的是,在某一特定顾客的组织内部,一种购买情形实际上是很难构成一个市场的,因为一般来说每种购买情形都是独一无二的,如果将问题极端化,就会发现这种细分方法会分出无数个市场。这有悖于市场细分的目的——每一个细分市场必须足够大,这是确定营销战略的重要基础。筑巢细分法的另外一个问题就是难以区分购买方式和购买状态变量,当然,人口统计变量和购买状态变量之间的区分也不是非常容易,因为产业分类的隶属关系有时就决定了产品的用途。伯纳马和沙比罗很清楚会发生这种重叠现象,所以他们补充说,筑巢法可以灵活运用,在定义每一层次的具体变量时可根据实际情况加以主观判断。

(五) 个人特点

个人特点包括单个购买者的购买动机、个人降低风险的策略、个人对于供应商和购买单位代表的相似性的理解和测量。个人特点被称作筑巢法中的"内巢",购买状态变量则被称为"中巢",而人口统计变量、企业运行变量和客户采购方式则被称为"三层外巢"。

总地来说,筑巢细分法有时过于刻板,不能保证细分市场的规模,有时可能会发生细分依据重叠;有时其判断依据又过于灵活,带有一定的主观色彩,导致市场细分缺少客观性。但是除此之外,筑巢法对于我们考虑组织产品市场细分仍有很大的贡献,因为它将购买过程看作一个整体活动,也非常重视组织产品市场营销中的买卖双方关系。实际上所谓五步分析法或筑巢细分法与两步细分法的原理大体是一样的,只是操作起来更方便、更细致而已。营销管理者也是首先要研究总的、概括的和容易观察的特点,这相当于宏观市场细分;然后才能转到更为细微的和具体的特点分析,进而确定目标市场。

三、阶段细分法三:服务于营销战略的细分模型

组织产品市场细分的两阶段方法提出后,在西方国家得到了企业界的广泛推崇和应用,也推动了组织间营销理论和方法的研究。许多学者就市场细分依据和细分程序、方法等分别撰文,并通过案例分析来论述或验证其在实践中的应用价值,使得组织间营销细分理论更加成熟。其中成熟的重要标志之一就是道尔琳(Dowling)、李林(Lilien)和萨尼(Soni)对原有的"卡温模型"和"两阶段理论"的修订,提出了将细分市场与营销战略(尤其是新产品战略)有机结合的三阶段市场细分模型,称为"服务于营销战略的市场细分模型"(见图3-3)。

该细分工具在具体操作时,首先依据企业的产业类型和规模将所有企业分为若干个宏观细分市场(相当于图3-3中的1.1、1.2、1.3和1.4),这一步与宏观细分法是一致的。其次,从中选取关注的宏观细分市场做进一步分析。在进一步分析时,使用分组法(见图3-3中的2.1)使每一宏观细分市场产生多个同质的微观细分市场,这一步是该模型区别于以上两种模型的主要方面。这些微观细分市场经确认后(即图3-3中的2.2),再使用深

层的分组变量或有关细目变量(desriptor variables)分别对其进行开发性描述(见图 3-3 中的 3.1),例如,某一微观细分市场的人口统计方面的特征和组织购买行为等。在此,道尔琳等认为,所谓细目变量实际上应包括对购买过程的直接和间接的测量、详细地理位置、所属的 SIC 分类以及该细分市场所拥有的全部信息资源等。这个经过精心细分和详细描述的细分市场便可以作为最终选定的目标市场,即营销战略所要求的最佳细分市场。因此设备制造商或经销商就可以据此开发一个可行的具体的市场营销战略(见图 3-3 中的 3.2);同时还能够帮助企业准确判断新产品的"带头使用者",以提高新产品开发的成果率。当然,在实施上述战略时,随着时间的推移和环境的变化,还要继续检测已定细分市场的相对稳定性(见图 3-3 中的 4),尤其是当企业从一个宏观或微观细分市场转移到另一个宏观或微观细分市场时,更应注意这个问题。

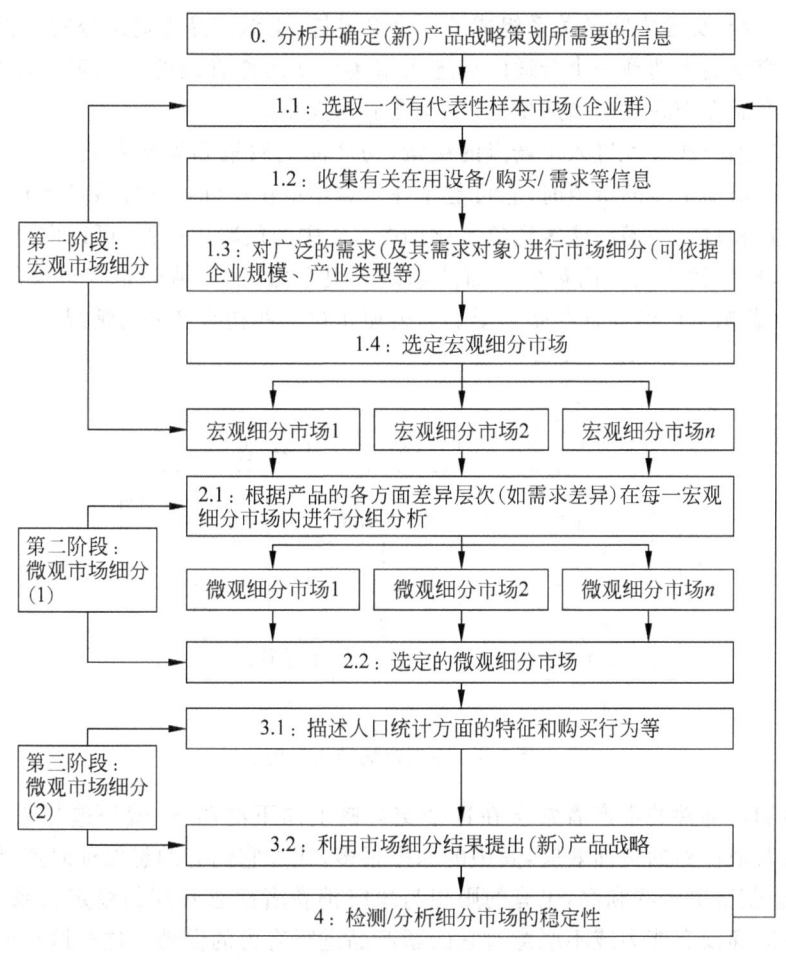

图 3-3 服务于营销战略的市场细分模型

该市场细分模型的成熟性或其优点主要表现在:①它继承了以往所有组织产品市场细分理论研究的成果,可以说是最好的总结。②尽管最初主要是针对新产品开发战略而提出来的市场细分模型,但其实际上适合于所有组织产品市场营销的市场细分需要。

③模型中将市场营销战略(产品战略)纳入其中,市场细分过程与营销战略有机结合,使市场细分的目的性很明显,这实际上将市场细分融入了市场营销整合的过程当中,不是为细分而细分。④具有普遍的适用性。尽管这里未能进行实践验证,但从理论上来说,该模型完全可以用于指导中国的组织产品市场营销,特别是当进军国际市场时,依据此模型提供的分析程序和方法是完全可行的。

四、新视角下的细分方法

(一)垂直市场细分法

垂直市场结构是指产品从开始到最终使用者之间所经历的路径。如果产品之初是原材料,而最终形式是普通消费品,那么这个垂直市场结构就相当复杂。在垂直市场结构之中,由多个买者与卖者之间的关系组成了一个交易链,组织产品市场细分的一种重要形式就是在这个交易链上选择一个合适的点进入市场。从运作管理的观点来看,问题的关键就是如何使产品在交易之前增加价值,以及增值的大小。

垂直市场细分或者说进入市场点的决策,与产品的政策和策略有关。当一个营销者向自己的产品增加更多的价值时,它可能正在做着本应由中间商来完成的工作,这样营销者也就是正在和自己的潜在顾客竞争。比如图3-4中的面粉生产商,可以向下游移动,直接生产面包,这样就取代了面包生产商的职能。很显然,这种情形是有很大的负面效应的,特别是在营销者已经向这些受到影响的公司卖过一些初级产品的情况下。

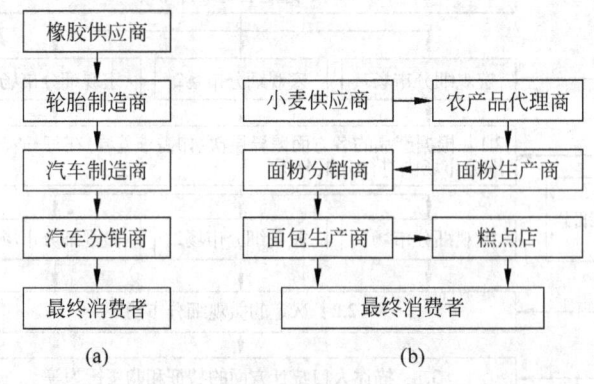

图3-4 垂直市场结构举例

原材料和零部件的生产者常会在这个交易链上向下滑动,也就是追加更多的价值。它们并不顾及那样做的负面效应,其中的原因很多,比如它们有的想保证对产品质量的控制,有的则想获得更多的利润,也有的则想与最终消费者建立长期的稳定关系,也有些则认为它的中间商没有能力或不愿意对它的新产品进行有力的促销。这些原料或零部件生产者可能具备那些市场中介机构所不具备的能力和利益驱动力,从而对厂房和设备进行必要的投资。

垂直市场细分虽然具有一些与现在顾客竞争的问题存在,但是它的最基本的特征仍然与其他市场细分方法一样,也就是寻找一个合适的、有利可图的市场。在这个市场里,企业的独具特色的生产能力及其他各项能力能最好地满足顾客的需求。企业进入市场的最佳切入点就是企业所提供的产品或服务能为顾客带来最大的价值和利益,即顾客最乐意接受的时点。

(二) 基于客户的营销

这是营销战略中越来越有针对性趋势的一种最终表现形式,基于客户的营销把单个客户视为一个市场。成功地使用这种方法可以保证企业营销资源和销售力量集中于目标客户最为重视的问题,与客户合作创造出解决这些问题的价值主张。除基本的个人信息和针对细分市场的产品或服务外,真正基于客户的营销能够深化与现有客户的关系,通过缩短销售周期、提高成功率和独家承包合同来提高企业的利润率。

单个组织客户被视为一个单独的细分市场,因此基于客户的营销是市场细分的最终形式。随着行业集中度的提高,这种方法在将来会更为盛行,比如飞机制造行业是该细分方法的最佳体现,因为该行业只有两家生产大型商用飞机的客户——波音和空客。

五、实践中的组织市场细分

前面讲了四类组织产品市场细分的方法,它们都是标准化的、一定程度上的理想化的市场细分理论和方法,但是它们并不能完全代表实际工作中的市场细分的情况。

调查表明,市场细分实践并不像我们所讲的那些方法一样成熟、完善。温德和卡多佐在对美国一家大型企业的营销经理调查之后得出这样的结论。这些企业的确常采用差异化营销战略,但不是建立在对细分市场仔细分析的基础之上,而更多地是依靠直觉,主观判断。比如为客户提供定制化服务(customization),即为了适应不同顾客的需求而改变产品,特别是提供不同的服务;或者改变价格适应不同市场;或者调整促销和分销战略。这种改变产品、价格等战略是为了适应顾客的需求,而不是建立在仔细的营销机会分析基础之上,所以这不能被看作有意识的市场细分战略。这也使我们认识到产品也是一种变量,而不是既定不变的。温德和卡多佐的研究表明市场细分战略在实践中更多地依赖于销售人员的直觉而不是一个好的营销计划。宏观市场细分,即利用企业的规模、地理位置、产品最终用途、行业分类等细分,比微观市场细分即利用行为特征等细分在实践中运用频率更多。营销人员可在工作中运用两种不同的标准衡量市场细分变量——合适性和操作的方便性。后者主要考虑确认细分市场和实施营销计划的成本,细分变量被其他人员接受的程度。事实上,营销人员对操作的方便性考虑得更多。

最后得出这样一个结论:大多数的营销人员由于没有进行仔细的市场细分工作,因此就失去了很多市场机会,而且他们也暴露在竞争对手的攻击之下。换句话说,没有仔细规划市场细分战略,营销工作的效率与效果都要大打折扣。

第三节　组织细分市场的评估

市场细分活动为企业发掘了许多市场机会。但是在选择目标市场之前,企业还必须对各细分市场的潜在赢利能力和竞争状况进行分析。每一个市场的赢利能力和竞争状况是不一样的,在有些市场中,竞争者的力量强;另外一些市场中,竞争者的实力弱。当然与较弱的竞争者竞争,市场机会就会更多。下面将讨论企业如何评估细分市场。

一、细分市场获利能力的评估方法

在分析市场的获利能力时,我们必须把握四种不同的指标:①市场潜力,指一定时期内某一市场对某一产品的购买量的最乐观估计。②销售潜力,指一定时期内企业销售量在市场潜力中所占份额的最乐观估计。③销售预测,指一定时期内的企业销售量的预测。④利润预测,指预计的收入与成本之间的差额。

在既定的市场内测量市场潜力的方法有很多,其中既有定量的方法也有定性的方法。定量方法如回归分析、时间序列分析、相关分析等,适用于市场确定而且发育成熟时,有关市场的历史数据较为容易获得的情况;定性方法有德尔菲法、专家意见法、销售人员意见法等,适用于历史数据不健全,企业需要更多地依靠销售人员、高级管理人员等发挥主观判断能力进行预测的情况。

(一) 预测的一般方法

销售预测按照时间来划分,可以分为短期预测(1~6个月)、中期预测(7个月~2年)和长期预测(2年以上),或者也可将短期、中期预测结合起来。无论选择哪一种方法,这其中都有共性的原理,营销人员在预测时遵循着这些常规的方法,因为他们的最终效果要由预测的准确性来评价。在进行销售预测时,有两种非常主观的基本预测方法,即自上而下法和自下而上法。

1. 自上而下法

自上而下法是从预测总的销售潜量开始,然后逐步分解,比如从销售潜量分解出销售限额,再进行销售预测。在销售潜量预测中包括对一些经济的行业因素分析,例如 GNP、资金成本、价格指数等,经济的、行业的变量与销售量之间的关系常可用一定模式或数学方程式表达出来。自上而下法是一种宏观的方法,是由企业高层管理者提出并发起的、在很多情形下适用的一种方法。

2. 自下而上法

自下而上法是从销售人员开始的一种方法,通过预测每一市场里的所有潜在顾客,然后估计它们可能购买的数量。采用这种预测方法的道理是,销售人员对于顾客的产品需求有更清楚的了解,也更了解顾客的库存需要量和每一销售区域的具体情况。需要注意的是如果销售人员的预测将会形成他的销售定额即他的任务指标时,他就会低估销售量,但如果他是一个乐观主义者,他有可能会高估销售量。所以自上而下法和自下而上法相结合会是最理想的办法。

(二) 定性预测方法

定性预测法又称为管理者判断法(management judgment)或主观技术(subjective techniques),该方法主要采用主观判断来预测将来,常在数据不全或没有相关历史资料时采用,如新产品的销售预测。定性预测法包括经理人员判断法、销售人员综合法、购买者意图调查法和德尔菲法。

1. 经理人员判断法

经理人员判断法(executive judgment method)因为运用、理解起来比较简单,所以是一种广泛流行的方法。该种方法是在假定的市场环境与既定的销售因素组合条件下,对一定时期内销售的期望值的估计。具体操作是邀请企业内的销售部、生产部、技术部、财务部、采购部等部门的负责人聚集在一起,用他们的专长、经验、观点交换意见,预测商品的销售量。其优点在于既简便易行,又能集思广益;局限性在于不能系统地分析因果关系,过分依赖各主管人员主观判断,事实根据不足。

2. 销售人员综合法

销售人员综合法(sales force composite method)的基本原理是销售人员能直接接触客户、市场和竞争,因而能有效地对未来的销售进行估计。该方法要求销售员对其销售地区的销售进行预测,然后再进行汇总,成为总的销售预测,总的销售预测量还要经过分析、调整,与其他来源的销售预测比较。

销售人员意见综合法是在组织产品市场企业营销中采用最多的销售预测方法,但很少有企业单独依赖销售人员进行预测,其原因在于:第一,销售人员的估计通常有所偏差,他们可能过于悲观或乐观,或是由于最近的销售成败使他们对未来的看法变得很极端;第二,销售人员通常不清楚未来的经济发展,也不了解公司的营销计划是否会影响到他们销售地区的销量;第三,他们可能故意低估未来的需求,使得公司设定较低的销售配额;第四,他们也许没有时间详细估计,或是认为销售预测并不重要,不值得小题大做。

如果企业能克服以上偏差,那么利用销售员估计有以下一些优点:第一,销售人员对未来的发展趋势比其他人员有更深入的认识;第二,销售人员参与预测过程,因此他们对于公司制定的配额较有信心,同时可以激励他们努力完成目标;第三,这种自下而上的方法可以得到产品、地区、顾客及销售员等不同的销售预测值。

3. 购买者意图调查法

购买者意图调查法(purchaser intension method)认为最有用的信息来源是购买者本身,尤其当购买者有明显的购买意图并会付诸行动,而且愿意告知访问员时,这种购买者调查更有价值。在组织产品市场营销领域,关于工厂、设备及原料的购买意图调查,在美国有两个最著名的调查,一个由商业部(Ministry of Commerce)进行,另一个由麦克劳-希尔图书公司(McGrw-Hiu Book Company)完成;大部分的估计与实际结果的误差范围在10%以内。

这种方法的优点在于使营销人员清楚哪里更需要广告、促销和人员销售;其缺点在于可能很多顾客并不清楚他们的购买意图,或者不愿意告诉访问员。另外,当顾客数量太多、不容易接近时,调查成本很高。如果采用的是间接销售渠道,那么分销商或代理商不愿意为这种未来的购买意图去跟踪、询问顾客而付出这种额外的开支。

4. 德尔菲法

德尔菲法(delphi method)是一种集体预测方法,是专家意见法的改进方法。该方法具体操作时先让一组专家分别进行预测与假设,由专业人员加以评估、修正后,将结果反馈给每个专家,再做第二、第三次的预测,直到每个人的预测趋向一致为止。这种方法的优点在于其匿名性,多轮反馈,可以做到相互启迪;也可以克服一些心理因素影响,如屈从权威、从众心理等。德尔菲法通常用于长期预测,特别适用于新产品预测,以及无法进行定量估计的情形。

(三) 定量预测方法

1. 趋势类推法

趋势类推法(tendency analogous method)是一种流行而且简单的预测方法。预测者通过一系列历史数据拟合一条趋势直线,以时间作为自变量,销售量作为因变量,通过直接延伸趋势直线预测未来销售量,尤其适用于产品处于成熟期时的预测。比如,对房地产行业需求的预测,就经常使用趋势类推法,原因在于房地产需求通常有上下波动,在短期内难以看出其变动规律和发展趋势,但从长期看,会显现出一定的变动规律和发展趋势。其优点在于:低成本,操作简单,速度快,预测准确性较高;缺点是需要很多观察值、历史数据,不能反映转折点。

2. 移动平均法

移动平均法(moving average method)在进行组织市场预测时,常采用简单移动平均法和加权移动平均法两种具体的形式。

(1) 简单移动平均法(simple moving average method)属于平滑预测技术的一种,即根据历史数据去求得数据序列的移动平均值,该移动平均值即为某一未来时间间隔的预测值。移动平均法是在平滑法的基础上不断引进市场发生的新的实际统计数据,加以移动平均,将其平均数作为预测值。简单移动平均法的优点是简单易行,且可在一定程度上消除某些偶然因素的影响。但它也存在着比较明显的缺点:由于这种方法直接将第 t 期的移动平均值作为第 $t-1$ 期的预测值,因而当实际观察值的时间序列具有明显的变化趋势时,预测值就会出现滞后于这种趋势的现象。另外,这种方法是以实际观察值为依据,因而,只能用于实际观察值序列的紧后期,而无法预测相隔若干期后的事件。

[例 3-5]　　　　　　　　　移动平均法实例

某汽车零配件加工厂过去 12 个月的实际销售额如表 3-4 所示,假设计算所用跨越期数为 $n=5$,现计算各个移动平均值,并做预测。

表 3-4　某汽车配件加工厂销售额表　　　　　　　　　万元

项目 \ 月份	1	2	3	4	5	6	7	8	9	10	11	12	13
实际销售额	55	60	55	65	70	75	65	60	65	80	75	70	
移动平均值					61	63	64	63	63	65	66	66	
预测值						61	63	64	63	63	65	66	66

首先,计算 5 月份的移动平均值:$y(5)=(55+60+55+65+70)\div 5=61$(万元)

其余类推,便可求得 5~12 月的移动平均值。将这些移动平均值分别向下移动一个时间单位(月),即可求得下一个时间单位(月)的预测值,如表 3-4 所示。例如,第 12 个月的预测销售额为 66 万元,第 13 个月的预测销售额也为 66 万元。

资料来源:李桂华. 企业间营销理论与实务[M]. 北京:清华大学出版社,2005.

(2) 加权移动平均法(moving weighted average method)是在简单移动平均法的基础上进行加权的一种预测方法。这是因为简单移动平均法有一个缺点,它将远期的市场情况与近期的市场情况对预测值的影响同等看待。实际情况是：在一般情况下，越是近期的统计数据越能反映预测市场变化的趋势，越应加以考虑。所以加权移动平均法对近期样本赋予较大的权数，对远期样本赋予较小的权数。在此基础上再作移动平均数的计算，以此作为预测值。与前面的方法相比较，此法预测成本高，花费的时间也多。

3. 回归分析法

回归分析法(regression analysis)也是经常使用的预测方法之一。与时间序列法不同的是，该方法找出影响过去销售的因素，并用这些因素构成精确的预测模型，即回归模型。回归模型就是试图找出销售量或销售额与各种变量之间的关系，这些变量可以是经济的、竞争的，也可以是内部的，如广告费。这种预测方法成本低，短期预测准确性高，容易掌握。但是使用该方法预测数据的质量取决于原始数据的质量好坏，且该方法不适合长期预测。

4. 先导指标法

先导指标(leading indicator)是一种经济活动的时间序列，它和其他同方向运动的经济活动时间序列有着时间上的先后关系，能够预示着后来的经济活动，所以先导指标就成为经济活动预测的研究对象。如果某公司的销售额和某一先导指标有一定依存关系，则可以利用这一先导指标预测销售额，例如管道设备供应公司的销售落后房屋开工指数约四个月，房屋开工指数就是该公司一个很好的先导指标。先导指标法在短期预测中效果很好，能反映转折点。但是预测成本高，费时多，适用范围小。

扩散指数法是先导指标法的发展。它采取适当手段把先行、一致、落后三类指标的波动综合起来，用一个可以定量化的指标来表示，以判断经济周期变动趋势，该法能克服先导指标法仅靠个别指标做判断的弊端。扩散指数法的短期预测效果好，但预测成本高，费时多，中长期预测效果差。

5. 投入-产出分析法

投入-产出分析法(input-output analysis)是通过观察企业中间部门或经济中中间产业的产品或服务流量，预测销售额或市场潜量的方法。这种方法适合长期预测，预测成本高，费时多。

6. 产品生命周期分析法

产品生命周期分析(product cycle analysis)一般经历四个阶段，即投入期、成长期、成熟期和衰退期，其发展过程呈"∧"形曲线。各个产品的生命周期长短不一，各阶段时间长短不一，而一般产品都要经历生命周期的四个阶段。运用产品生命周期分析法，首先要分析产品的生命周期形状，即"∧"曲线形状，然后沿着"∧"曲线做销售预测。

另外，吸引和保持额外市场份额总是要发生成本的。一般来说针对不同的细分市场总要实施不同的营销计划。所以在考虑市场的利润之前必须考虑到各种相关的成本如沟通成本(如广告成本)、产品策略成本(如开发新产品或多样化产品成本)、价格策略成本(如特殊数量折扣成本)和后勤成本(如库存成本)。

二、细分市场竞争状况分析

营销计划不能只考虑需求和获利能力，市场中竞争者的类型和数量也是必须考虑的因素。竞争者有行业内、行业外的,有国内的也有国外的,所以获利潜力在一定程度上也依赖于对竞争者的优势和劣势的分析。在评价细分市场的竞争状况时,营销经理必须向自己提出这样几个问题:谁是主要竞争者?主要竞争者的战略优势和弱点分别是什么?主要竞争者营销设计上最易受到攻击的点在哪里?等等。

在介绍竞争力量的类型时,我们引用迈克·波特的五种竞争力量分析法。五种竞争力量分别为:现有行业内的竞争者、新进入者、替代品、供应商和顾客。五种竞争力量见图3-5。

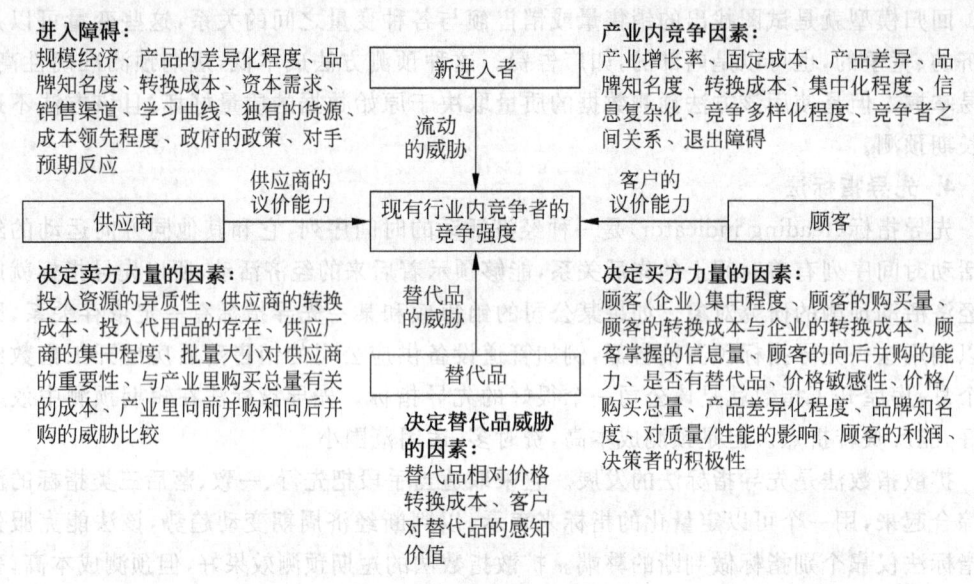

图3-5 波特五力模型详解

第一种竞争力量说明每一行业的经营受行业内部竞争的影响很大。第二种竞争力量指出尽管行业内的企业设置了很多阻止进入的障碍,但仍然有新竞争者入侵的危险。第三种竞争力量是替代品的可获得性和适用性,也说明了产品的需求是有弹性的。第四、第五种竞争力量分别来自强有力的供应商和顾客的讨价还价的能力。总地来说,要形成竞争策略,我们还必须对现有和潜在的竞争者各方面实力进行研究,包括研究与开发能力,财务状况,技术服务,销售力量,广告,分销渠道和组织设计。

三、企业资源与目标市场

即使细分市场的获利能力不错,行业内外的五种竞争力量也不强,组织仍须优先考虑其目标及资源与细分市场的相关性。有些细分市场虽具吸引力但因无法与公司长期目标相配合,因而很快就得放弃,徒然把公司注意力和精力引离公司目标。

如果细分市场符合公司目标,公司就必须决定其是否拥有在此细分市场成功的技术和资源,每一细分市场都有一些成功的要素,若缺乏或无法即刻获得竞争成功的实力,则不宜加入。

要赢得该细分市场,仅有必备的力量是不够的,还必须拥有优于竞争对手的技术和资源。总之,要在企业提供的价值及拥有的优势超过竞争者的前提下,才适宜加入该细分市场。

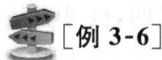 [例 3-6]　　　　　　　　　资源不足引发的投资失败

2012 年 6 月,方大集团预告上半年净利润将同比下降 50%～80%。公司称业绩变动主要是董事会决定停止控股子公司沈阳方大半导体照明有限公司(以下简称"沈阳方大")的经营,沈阳方大对相关资产减值所致。

沈阳方大自 2007 年成立以来,由于半导体照明(LED)产品的价格不断下跌,市场竞争激烈,LED 外延片及芯片的研发及生产需大量资金投入,而资金投入不足,导致沈阳方大的产业规模过小,经营未得到改善,2011 年即亏损 1 729 万元,为此集团决定停止沈阳方大经营。近年来 LED 产业景气度不如预期,而前期许多企业一拥而上,导致产能出现过剩。对这批企业来说,倘若没有技术优势,良品率不高,在价格战中落败,一些企业挺不过就会关停,沈阳方大正是投资 LED 产业的一个失败案例。

资料来源:佚名. LED 产业投资又现失败案例[OL]. http://epaper.nfdaily.cn/html/2012-06-30/content_7096568.htm,2012-06-30.

第四节　组织市场定位

市场定位是将企业品牌、产品和服务以及所传递的利益置于市场中,使组织客户能够对该企业形成一个与众不同的利益特性,并与竞争者提供的利益区分开来。所以说,市场定位是塑造一种产品在市场上的位置,这种位置取决于用户怎样认识这种产品。

一、组织市场定位的基本策略

市场定位战略是一种竞争战略,它显示了一种产品或一家企业同类似的产品或企业之间的竞争关系。选择的定位战略不同,竞争态势也不同,下面分析三种主要的定位战略。

(一)避强定位战略

这是一种避开强有力的竞争对手的市场定位。这种定位策略能够帮助企业迅速地在市场上站稳脚跟,并能在用户心目中迅速树立起独特形象。由于这种定位方式市场风险小,成功率较高,常常为多数企业采用。但在实践当中,要找到被市场接受的新的独特定位并不容易。

(二)对抗定位战略

这是一种采取与细分市场上最强大的竞争对手针锋相对的定位。显然,对抗定位是一种危险的战术,但不少企业认为这是一种更能激发自己奋发上进的可行的定位尝试,一旦成功就会取得巨大的市场优势。但由于竞争对手可能是市场先进入者或者市场领导者,在消费者心目中占据强势地位,所以实行对抗定位的企业必须知己知彼,尤其应清醒地估价自己的实力,不一定试图压垮对方,只要能够平分秋色已是巨大的成功。

(三)重新定位战略

重新定位战略通常是指对销路少、市场反应差的产品进行二次定位。这种重新定位

旨在摆脱困境,重新获得增长与活力。这种困境可能是由企业决策失误引起的,也可能是对手有力反击或出现新的强有力的竞争对手而造成的。不过,也有的重新定位并非因为已陷入困境,相反,却是由于产品意外地扩大了销售范围而引起的。

以上所讲的三种定位战略是从与竞争者的相对位置以及定位情形而言的,是组织产品市场和个人消费者市场均适用的可选择战略。但就组织产品市场而言,其市场定位比起消费品市场定位要困难得多,因为市场定位或产品定位是由顾客对某产品相对于其同类产品的感知和偏好决定的。在消费品市场上,营销者可以直接通过顾客对产品的反应(比如购买率、购买量、客户满意度等)来监测产品定位是否成功;但是在组织市场上,组织产品只是作为某种零部件或是某种生产设施投入到下一个生产环节中,也缺少与最终消费者的接触,所以对组织营销者而言,组织客户的感知价值、最终消费者对某个部件的认可程度等相关信息很难收集,这就导致很少有企业能真正认识到它们在市场中所处的地位。

二、组织市场定位方法

营销战略专家们提出了6种可行的市场定位方法,即分别依照技术、质量、价格、形象、分销渠道和服务定位。当然,根据行业的特殊性、竞争结构等,也可以有其定位方法。

(一)技术定位

采用技术定位的组织供应商,往往对自己的技术研发能力在同类组织中的优势较为自信。但是采取该种定位方法,组织供应商要注意以下几个问题。

(1)该种技术能给客户带来什么价值。比如,引进该类含有高技术成分的零部件,能为组织客户生产的最终成品增加附加价值,或者可以降低顾客的生产成本。

(2)哪些行业和顾客团体能够使用它们的产品,然后将它们按次序排列。

(3)哪个行业是它们最有潜力的市场,在这些行业中哪些公司获益最多,并且该市场提供了可以进入的路径。

采用技术定位的产品用途往往是多样化的,即可以为多个行业提供相同的或定制化的服务,比如库里耐恩软件公司原来只是为IBM的电脑提供数据纠正系统软件,后来它发展到银行系统的软件开发,并取得同样的成功。但是采用技术定位的企业一般总会遇到这样的问题:较短的产品生命周期;较短的技术领先时间,随后就会有竞争者的更新的技术突破出现;企图在有限的时间、有限的市场里在其引进新技术的领域里控制一定的市场份额。

(二)质量定位

尽管组织顾客一般不会为不必要的高质量付额外的价格,但它们也不会为了低价在质量要求上作妥协。近年来,传统的价格与质量的关系遭到了质疑,人们认为质量的提高并不一定要增加产品的成本。例如著名的国际通讯设备生产商爱立信公司,就由爱立信的首席执行官发起,创立了一种新的质量文化。此项目背后的质量哲学就是它们坚信质量将成为市场营销中最锐利的武器,这种思想已经将质量解放出来作为一个独立的战略变量,能够用来制定产品定位战略。研究表明,产品质量的提高对于企业其他方面的各项指标都有积极的影响,如市场份额、利润和投资回报率,高的市场份额意味着更大的销售量和生产量,这也就导致了更低的单位生产成本。因此,我们可以推断,高质量可以通过影响市场份额上升从而降低生产成本。值得注意的是,有些企业在保持低价的同时,又在宣传已经提高的质量,其实这样做是不明智的,因为提高质量的宣传模糊了对低价格定位的宣传。质量定位是比较困难的,却又常常是获利颇丰的定位方法。

(三)价格定位

精明的营销人员能够知道他的顾客的总成本是多少(固定成本、变动成本),然后制定自己产品的价格。企业通过降低交付成本(包括运费和安装费),使得自己在竞争中处于有利地位,获得较高的利润。更高的利润又使得企业在将来的价格、成本和促销的竞争中处于有利地位。采取价格定位要避免一个误区:价格定位并不是要求企业牺牲质量或者差异化来降低成本,而是要求企业在采购、生产、销售和渠道都达到一定规模经济,并且不断地运用积累的经验、提高的效率和增长的数量使单位生产成本下降。另一方面,有些企业用最低的交付成本作为定位的关键,不仅为了保住或获取市场份额,也为了反击那些对它们领导地位的挑战。

(四)形象定位

形象定位强调为产品树立一种独一无二的形象,使之区别于其他同类产品。但是必须注意的是,形象定位容易受到竞争对手的更为具体的产品导向型战略的攻击。在一个市场上形象定位十分成功的产品和企业常常容易在客户心中形成刻板印象,当这样的产品和企业在另一个市场里开展营销活动时,往往就会发生困难。如果能及时扭转具有负面影响的形象,或是借机塑造新的形象,则有可能为企业在细分市场中带来意想不到的效果。比如莲花发展公司(Lotus Development)研发的 1-2-3 试算表获得了巨大成功,但在随后的市场竞争中却败给了微软公司推出的视窗操作系统——Excel 试算表。但随后莲花公司推出一种可供网络同步运算所使用的软件 Notes,并将其定位为群组软件(Groupware),这可以绕开单台电脑上运算强大的微软,但这涉及重新定位的问题。为了让组织客户摆脱对莲花就是"电子试算表"代名词的观点,莲花公司继电子试算表之后,推出了全新的电脑群组软件。最后,莲花公司因 Notes 受 IBM 公司青睐而被购并,价值 35 亿美元。

(五)分销渠道定位

很多公司认为渠道问题是个令人头疼的事情,其原因在于它们没有将渠道作为销售组织或者生产组织的一部分,渠道的管理常常被人们忽略。相反,一些公司则运用富有想象力和创造力的渠道战略将产品或服务送到顾客手中。如长岛信托公司在长岛这个当地市场上,面临着诸如花旗、大通及华友等大银行的竞争,为了突出自己的独特竞争优势,长岛信托根据分销渠道做出了一系列的变革以重新定位。在该行动中,长岛信托宣称:如果你住在长岛,为何将你的钱送往纽约市?我们在这儿很久了,超过半个世纪,在财政上与当地密切相关——我们 95% 的贷款都贷给长岛人及他们的家庭、学校和工商企业。新定位执行 15 个月之后,长岛信托的地位在每项属性上都有改善,最引人瞩目的是在"营业点众多"这一项,长岛信托由原来的最后一名变成了第一名。

(六)服务定位

服务定位即通过向顾客提供独特的服务而树立形象,区别于竞争者。这种服务可以包括技术支持、维修服务、提供信息、送货上门、供应零配件、融资和咨询服务(如税收、法律咨询)等,所以服务定位是使产品区别于同类产品的一种重要方法,尤其是在工业用品市场营销中。在美国新泽西州,泽西联合银行(United Jersey)是排名第三的银行,在该细分市场中的竞争局面为:北端的地盘受到花旗、大通、华友、汉诺威和纽约市其他大银行的夹击;在南端则活在费城大银行例如梅隆(Mellon)、第一宾州(First Pennsylania)的阴影之下。泽西联合银行想在激烈竞争中突出自己的优势,于是利用大银行们与生俱来的弱点——反应缓慢,提出"办事快速"的定位,同时提出"快速能赚钱"和"银行不应当让人久等"等服务口号,同时围绕该定位形成环环相扣的战略配合。

在介绍完6种定位方法之后,一个组织究竟如何在组织市场开始一项产品定位战略呢?一般来说,为了帮助制定战略,企业可以自行提问如下问题:组织客户的利益需求是什么?现有竞争者已经提供了哪些利益?本企业是否具备向产品增加高品质价值的能力?总地来说,进行组织产品市场营销的企业必须清楚地知道其产品或产品线最能满足哪些细分市场的需求。

三、定位图分析法

定位图分析法是用以测量一种产品的位置、相对优势和劣势,以及相对于竞争者产品的地位的一种图示分析法,通过一系列产品特征的比较揭示顾客如何评价几种同类产品。下面我们通过例子说明定位图的使用方法。

一般来说,定位图由 X、Y 两条轴构成,每条轴代表一种属性,在轴的两端分别代表属性的两种极端情况。如在图 3-6 中,X 轴代表顾客服务的质量,从左到右分别代表服务质量由低到高;Y 轴代表产品的耐用程度,由上至下分别代表产品的耐用程度由高到低。定位图也可以借助统计工具来完成,例如比较流行的多维尺度法(multidimensional scaling,MDS)。

图 3-6 中描述了四家复印机生产企业在市场中的位置。很明显被调查的顾客都一致认为 A 公司的服务质量好于其他三家公司,然而 A 公司产品的耐用程度不是很好;C 公

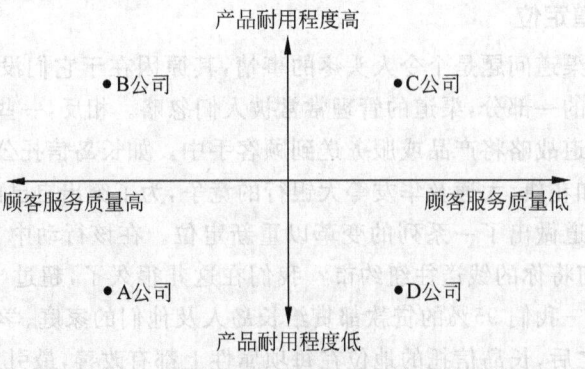

图 3-6 复印机供应商两属性的示意图

司却正相反,其产品的耐用性好,但服务质量却被认为是最差的;B公司是将这两种属性结合得最好的公司;D公司的产品耐用性和服务质量均较差。有了这些数据之后,企业就可以根据自身拥有的资源、能力以及竞争态势确定在该市场中的定位。

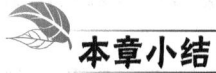

本章小结

企业对组织市场进行有效细分,是营销战略的第一步。进行市场细分能使营销者关注细分市场中客户的独特需求,可以提高营销活动的有效性,可以为营销者进行营销资源分配提供指导方针以及为营销效果核算提供依据。在选择组织市场细分依据时,一般可划分为宏观细分和微观细分两类。宏观细分关注组织的特点和购买类型,其标准包括组织购买者特征、产品或服务的使用、组织购买类型等;微观细分关注客户决策过程,包括企业特征、购买类型、个人变量等标准。

常用的组织市场细分方法包括两阶段细分法、五步分析法、服务于营销战略三种细分模型,其基本原理都以宏观细分和微观细分为依据,并呈现出阶段性的特征,我们把这三种细分方法统称为"阶段细分法"。随着供应商数量快速增加,客户要求不断提高,科学技术更新换代加快,还出现了垂直市场细分法和基于客户的营销等适应现代市场需求的划分市场的工具。

市场细分活动只为企业发掘了市场机会,在选择市场机会之前,企业还必须对各细分市场的潜在赢利能力、竞争状况和企业自身资源进行分析。在评价获利能力时,企业可采取的分析方法可以概括为定性预测法和定量预测法两类。最后,在分析结果的基础上,企业要为自己的产品在组织市场上塑造一个位置,从而决定组织用户如何认识这种产品。

关键词

市场细分(marketing segment)
宏观细分(marco-segmentation)
标准产业分类系统(standard industry classification)
微观细分(micro-segmentation)
筑巢细分法(nested approach)
管理者判断法(management judgment)
销售人员综合法(sales force composite method)
购买者意图调查法(purchaser intension method)
德尔菲法(Delphi method)
趋势类推法(tendency analogous method)
多维尺度法(multidimensional scaling)

思考与讨论

1. 惠普公司已从PC制造商转变为面向组织市场的服务提供商,请结合该案例说明组织市场细分和消费者市场细分的不同。
2. 在进行市场细分时,有些企业使用宏观细分法,有些企业则将宏观细分法和微观细分法结合使用。假如你是组织市场的营销管理者,对这种两种方法做出选择时,会考虑什么影响因素?
3. 结合本章介绍的组织市场细分方法,讨论在细分下列市场时,适合采用哪一种方法:
   (1) 进入一个新的国家;
   (2) 现有产品进入一个新的市场;
   (3) 从一个行业转移到另一个行业。
4. 某公司开发了一种通过声音识别进行在线支付的系统,请为该系统进行市场定位,确定哪些细分市场会接受这种新技术。
5. 细分市场获利能力评估法中的定性评估和定量评估各有什么优劣?在实际当中,应该如何使用这些方法?

 综合案例分析

奥地利蓝精(Lenzing)公司是一家很大的纤维供应商,它的多种纤维产品在国际上拥有重要地位。由于纤维产品不属于日常用品,而是原料,纯产品经营在招标过程中降价压力很大,而生产成本很高,蓝精公司急迫想建立一个具有竞争力的战略定位。

通过细致严谨分析,蓝精公司发现自己在粘胶纤维技术方面获过很多奖项,曾在市场上领先推出过许多高科技含量的粘胶纤维。据此,蓝精公司找到了属于自己的战略定位——粘胶纤维技术全球领导者。

在随后的所有传播中,蓝精公司不断地改善和进步,以确保技术领先的地位。其最典型的一种沟通方式,是通过推广各种先进产品来体现自己的技术领先。比如,蓝精公司会介绍Modal纤维和Lyocell纤维的特点与应用,然后谈及自己是如何制造它们的;或者提及公司自主创造了一种高纯度而适用于医药行业使用的粘胶纤维。传播过程中与企业的经营活动互相匹配,蓝精在全球粘胶纤维市场建立起了技术领先的品牌。

资料来源:佚名.蓝精公司"粘胶纤维技术领先"建立全球领导地位[OL]. http://wenku.baidu.com/view/e422a24be45c3b3567ec8b4b.html, 2010-12-09.

问题与讨论

1. 奥地利蓝精公司采用了什么样的市场定位策略?
2. 蓝精公司的成功,说明一个企业成功的市场定位需要哪些因素的支持?

第四章 组织购买行为分析

开篇案例

以政府和企业集中采购为主的大客户营销是推动汽车厂商发展的重要助力。作为中系汽车的代表,奇瑞汽车在公商务用车、集团采购市场上一直占据着举足轻重的地位。2009年6月,中国邮政集团公司和奇瑞汽车销售有限公司在北京签署了632辆奇瑞汽车的采购合同。据悉,此次订单共涉及三种奇瑞车型,包括526辆面包车、50辆越野车和56辆旅行车,这632辆奇瑞汽车将主要用于西部省份邮政用车。

经过不懈的努力,奇瑞汽车在技术研发、产品品质和售后服务等方面逐步成熟,在大客户市场上的品牌认知度已得到了很大的提升。由奇瑞在大客户市场上取得的辉煌战绩可以看出,随着自主品牌汽车的品质提升,尤其在当前国家对建设"节约型社会"、树立"勤俭节约意识"的倡导下,总成本更低的优质自主品牌汽车在大客户市场上将呈现购销两旺的形势。而作为自主品牌的领军企业,奇瑞势必继续领跑这一市场。

资料来源:佚名.奇瑞汽车领跑大客户市场[OL].http://www.ccgp.gov.cn/site13/gysh/carch/govc/955106.s html,2012-11-28.

本章学习目标

1. 组织购买流程;
2. 影响组织购买行为的因素;
3. 组织购买中心与购买行为模型;
4. 组织购买类型与营销对策。

组织产品和服务的购买过程一直是组织间营销领域研究和教学的重点,针对组织购买行为产生和发展的复杂过程,研究人员设计了包含多种因素的模型。但在组织间营销实践中,有丰富营销经验的专业人员会认为组织购买过程是一种感性的、个人化的过程,一般化的购买模型难以对他们的实际决策提供帮助。实际上,深入了解组织购买过程,对企业降低经营成本和提高经营效率具有重要意义,如果组织不明白为什么以及如何购买产品和服务,就不可能在销售、改进产品和服务方面取得成功。

第一节 组织购买过程

一、组织购买反应模型

作为工业用品市场的营销者,他们必须知道企业购买者对不同的营销刺激将做出何种反应。图 4-1 就是一个比较典型的企业购买者反应模式。

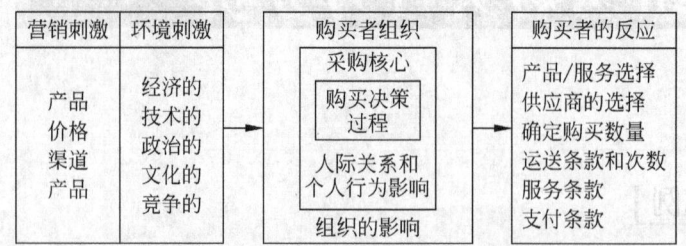

图 4-1 企业购买者反应模式

这个模式表明,有关营销的和环境方面的刺激影响着各种购买组织,并使其做出相应的反应。对企业购买的营销方面的刺激主要是 4Ps,即产品、价格、渠道和促销等因素。来自环境方面的影响主要包括经济的、技术的、政治的、文化的和竞争等环境因素的刺激。这两类刺激因素输入购买组织后将使其做出各种各样的反应:选择产品还是服务,选择哪个供应商,采购数量多少,以及运输、服务和付款方式等。为了策划行之有效的营销组合战略,营销管理者必须了解当购买者接受刺激并做出购买反应时,在组织内部发生了什么。

在企业组织内部,购买活动主要由两个部分构成:采购核心(buying center)和购买决策过程(buying decision process)。其中采购核心由参与购买决策的所有人员组成。图 4-1 模式显示,购买决策过程要受组织的因素、采购核心、人际关系(interpersonal)因素、个人行为因素,以及外部环境压力等的综合影响。

观察企业购买者反应模式,通常会提出这样一些问题:企业购买者做出了什么样的购买决策?有哪些人参与了购买过程?影响购买的主要因素是什么?企业购买者是如何做出其购买决策的?下面将逐一进行分析。

二、组织购买一般程序

组织购买过程可以划分为一系列连续的相互关联的阶段,这样做有利于描述和说明复杂的购买流程,但是著名组织营销学者韦伯斯特和温德却提出,将组织购买过程划分为一系列阶段,不能用来作为一种管理模型,因为它没有预测功能,也不能用来解释购买决策的原因。在购买过程阶段方面,美国学者罗宾逊、费雷斯和温德在 1967 年提出了购买格子模型(buygrid model),用以解释决策最复杂的采购行为。该模型将企业采购决策过程分为 8 阶段(见表 4-1),至于直接重构和调整重构,由于情况较为简单,只需要经过 8 个阶段的部分阶段。

(一)确定需求

需求认知就是企业内部有人认识到需要购入某些产品或服务才能解决企业某个问题或满足业务需求,这种认知可能是由内部或外部的刺激引起的。内部刺激的情况包括:企业决定推出一种新产品,需要购置新生产设备和原材料;或者企业原有设备发生故障而需要购买新的零部件;或者企业采购经理对现有供应商的产品质量、服务或价格等不满意而需要新的供应商。外部刺激的情况,例如采购人员在某展销会上得到新的主意,或

表 4-1　企业购买过程的主要阶段

序号	购买阶段	步骤描述举例
1	确定需求	汽车制造商需要一种新的隔音玻璃以降低汽车行驶时的车内噪声
2	确定总体需求	生产部、技术部和采购部相关人员一起决定隔音玻璃应该具有哪些属性、特征,并确定订购的数量
3	确定产品规格	整个采购团队进一步确定隔音玻璃详细的技术规格和标准
4	物色供应商	列出一组能够满足该汽车制造商对隔音玻璃需求的备选供应商
5	征求意见	听取玻璃供应商的建议,汽车制造商对这些建议进行评估
6	选择供应商	通过层层筛选,汽车制造商最终确定一个或几个最佳的隔音玻璃供应商
7	正式订购	确定隔音玻璃的送货时间、数量和付款方式等具体细节
8	绩效评估	在汽车成品组装过程中,不断对玻璃供应商提供的产品、服务进行评估

者说接受了广告宣传的推荐,或者接受了某个推销员的建议等,也会产生需求。事实上,企业营销者经常在其广告中为客户提示一些问题,然后说明它们的产品如何能提供解决方法,以刺激需求认知。

(二) 确定总体需求

当认识到某种采购需求后,企业购买者就要确定拟采购项目的总体特征和数量。这一步骤对标准化的产品是不成问题的,但对于非标准化的产品,采购人员就有必要同工程技术人员、使用者和其他有关人员共同确定拟购项目的总体特征,如可靠性、耐用性、价格和其他一些必要的属性,并按其重要程度排出先后次序。在此阶段,工业用品的供应商应帮助采购者详细确定总体需求,提供关于不同产品特点和价值的信息,这对争取到订单是有好处的。

(三) 确定产品规格

这个阶段采购企业需要进一步确定采购项目的明细技术规格,而这项工作经常需要一个价值分析工程团队的帮助。价值分析是降低成本的有效方法,这种方法通过仔细研究产品的每个组成部分,来决定是否需要重新设计,是否可以标准化,或者是否有更廉价的生产方法等。价值分析工程团队将对高成本的零部件进行逐一检查,对照其使用要求找出是否存在降低成本的可能性。同时,营销者也可以把价值分析作为一个工具使用,通过向购买者展示制造产品的更好形式,来使直接重购转化为能给他们提供获得新业务的新购。

(四) 物色供应商

现在购买者就开始努力寻找最好的卖主,一般来讲这阶段的工作应分两步。首先,通过各种渠道,如翻阅工商企业名录、由其他企业推荐、上网检索、查阅广告或其他有关资料等进行初步选择,列出初步合格企业名单;其次,对已经列入初步合格名单的供应商再进行登门拜访,检查其生产设备,了解其人员配备、管理水平以及其他影响产品质量的环节,从中选出最理想的供应商。通常越是新购,所采购的产品项目越是复杂昂贵,选择供应商所花费的时间就越多。此时供应商的任务是将本企业列入企业名录,并在市场上建立良好信誉;销售人员应当时刻关注采购企业寻求供应商的过程,确保本企业在备选行列,并争取最好结果。

(五) 征求意见

在征求意见阶段,购买者将邀请合格的供应商提出建议。此时一些供应商将提供产品目录或派出推销员,但当所采购的产品价格昂贵、技术复杂时,则采购人员应要求每个合格的供应商提出明细的书面建议。此时企业营销管理者对这些建议的研究和写作应注意技巧性。所提建议应是营销文件而不是技术文件,所以除了说明产品的性能、规格等技术性指标外,还包括定价、支付条件、提供的服务以及介绍供货企业的能力、资源条件和其他能表示其竞争能力的因素。

(六) 选择供应商

这时企业采购核心成员将评估供应商提供的建议并选择一个或几个最好的供应商。在选择供应商时,采购核心的做法是首先列举出所期望的供应商的属性特征及其相对重要性。例如在一项调查中,采购经理列出了一系列影响供应商与客户之间关系的因素,其中最重要因素有:高质量的产品和服务、供货及时、合乎道德规范的企业行为、真诚的沟通与合作、有竞争力的价格等。其他次重要因素包括:维修与服务能力、地理位置、业绩历史和市场上的声誉等。然后,采购核心成员依据这些因素对供应商进行排队,选择出最佳的供应商。

在做出最后决定之前,购买者可能还要和选中的供应商再次进行谈判,以争取较低的价格和更优惠的条件,最终他们必须选择一个或几个供应商。一般采购者愿意保持多渠道购货以避免完全依赖单一供应商对经营活动的制约。通过多个渠道购货,采购者可以在以后比较它们的价格、服务和履约情况,从其竞争中得到好处。

(七) 正式订购

在这个阶段,采购者要准备一个具体详细的订购单,并将其发给选中的供应商。订购单项目包括:技术规格、所需数量、交货时间、退货政策和保障条款等。对于维修、修理和操作项目,采购者可能使用一揽子合同而不是定期采购订单。这种一揽子合同适合于建立长期的购销关系,即供应商承诺将按照双方同意的价格定期向购买方重复供货。在这种情况下一般由销售者控制存货,当购买者需要进货时,他就通过计算机自动将订单传递给销售者,销售者立即送货。这种一揽子合同避免了每一次采购都要重新谈判的烦琐而昂贵的程序。一揽子合同的发展必然导致越来越多的单一渠道供货并从该单一渠道购买更多的产品项目的情况,而这将使供应商与采购者的联系更加密切,使局外的供货竞争者很难插入。只有当采购方对供应商的产品、价格或服务不满意时,竞争者才有进入的机会。

(八) 绩效评估

在这个阶段,采购者将对各供应商的绩效进行逐一审核。采购者可能要与使用者交流,要求使用者按满意度打分;或者直接对供应商的有关属性(如产品质量、价格、服务、信誉)采用加权法进行综合评价;或者计算由于供货绩效不好而多花费的成本。绩效评估的结果可能导致购买者继续保持或调整、或剔除原供应商。因此营销管理者应该随时检查购买者评估使用的因素,确保购买者的高度满意。

综上所述，企业采购的八阶段模型对产业购买过程进行了简单的描述。实际上的采购过程可能要复杂得多。如在调整重购或直接重购时，其中有些阶段又可能被压缩或简化；每一个组织都以其自己的方式购买，每一个购买类型也有独特的要求；采购核心的不同成员可能参与不同的采购阶段；尽管某些采购过程的阶段通常必然发生，但采购者未必总按此固定程序行事，他们也可能再加入其他步骤。

在最近几年里，科学技术的进步给工业用品市场营销过程带来了巨大的冲击。越来越多的企业购买者通过电子数据交换系统或互联网（Internet）采购所有种类的产品和服务。这种高技术下的采购行为将使购买者方便接触新的供应商，这对于降低采购成本、简化订购程序和保证及时进货等，都有极大益处。反之，工业用品市场营销者也可以在网上与客户共享有关营销信息，推动销售产品和服务，为客户提供服务支持，维持并加强与客户的长期合作关系。

第二节　影响组织购买行为的因素

组织购买的 8 个步骤使我们了解到组织购买决策的内部流程，但是组织购买行为不仅受到内部决策过程的影响，还要受到来自外部环境、内部环境乃至购买参与者个人等诸多因素的影响。影响组织购买行为的因素如图 4-2 所示。

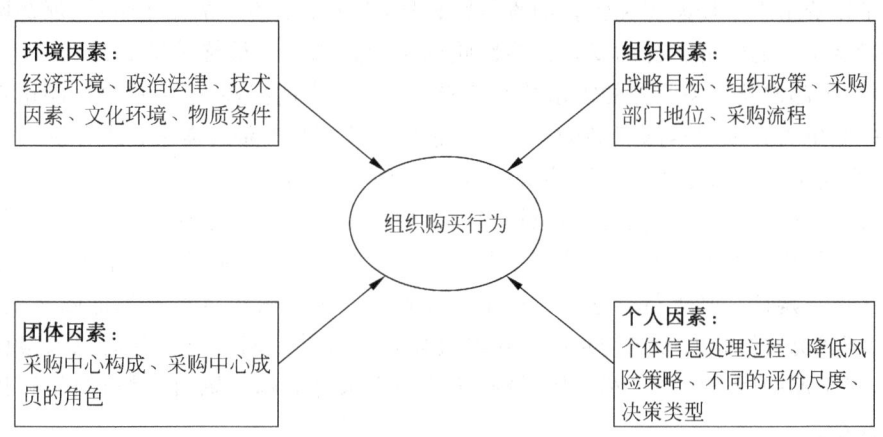

图 4-2　影响组织购买行为的因素

一、环境因素

无论是在消费者市场还是组织市场，所有购买和销售行为都要受到环境因素的影响，环境因素迫使个人和组织在一定程度上改变购买方式的情况时有发生；也无论这些改变是否有利于个人或是整个组织，都不可避免地影响和规范着客户和买家在市场上的购买行为。影响组织购买行为的环境因素具有一个特征，即这些因素都是客观存在并且组织能力所不能改变的，但是组织在某种程度上可以影响甚至利用环境因素的变化做出有利于组织目标的购买行为。

(一)经济环境

经济状况的变化对组织市场上所有企业的经营成败都起着至关重要的作用,虽然大部分企业都希望经济能够稳定增长,但近几年出现在各国的通货膨胀率上升、次贷危机爆发、汇率波动起伏等,显著影响着组织购买或销售的能力。因此,对于组织购买者来说,必须时刻关注国内和国际的经济形势,因为当经济环境中的因素变得不确定时,组织预先制定好的购买计划就会变得难以实现。

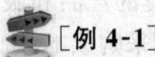

[例 4-1]　　　　　　　　　　　经济波动的影响

英国制造业产量记录着该行业自 1979 年以来最为严重的一次滑坡,国家统计办公室公布的数据显示,与 2002 年 5 月比,2002 年 6 月的制造业总产量下滑了 5.3%。尽管这种衰退在一定程度上可以解释为,由于世界杯足球赛和女王执政 50 周年庆祝活动的影响,导致许多工厂停产,但许多经济学家表示,这种现象实质是更加深刻的经济原因所致。英国贸易和工业大臣承认,在其首次当权期间,政府错误地大力扶持网络公司而忽略了制造业厂商,如果政府希望经济保持稳定的话,工业制造和新经济一样,都应当被视作未来主要的发展主体。

资料来源:雷·赖特.组织间营销[M].胡左浩,杨志林,等,译.北京:中国人民大学出版社,2006.

除了影响组织市场购买和销售的直接因素外,由于组织需求的派生特性,那些影响最终消费者购买力的经济状况的变化也会影响到组织采购。当最终消费者的购买力下降,对原材料、零部件及相关服务的需求势必下降。一国利率的提高,会使进口产品增强其在价格上的竞争力并限制本国产品的出口,进而影响到本国产品的需求;或者说一国利率的提高,会使组织采购更倾向于国外供应商而非本国供应商。

需要注意的是,经济状况的变化对所有组织的影响是不尽相同的。一般来说,经济状况对政府和机构的影响相对于对工商企业的影响要小得多,其原因就在于政府和机构的采购按年度采购计划来进行。这一年度采购计划在一个财政年度里是不能随意变动的。另外,经济状况对组织的影响与组织所在的具体行业有关。例如,当利率提高、银根收紧的时候,对于那些用于生产汽车的铝、橡胶轮胎的需求将大幅下跌,而对纺织品和化工品的影响甚小。

(二)政治法律

政治和法律清楚地界定了组织在购买产品或服务过程中能做什么,不能做什么。无论是政府部门、机构组织还是工商企业,都要受到政治和法律的约束。政治的影响主要体现在政府行为方面,政府行为对组织产品市场的影响可详见表 4-2。例如,政府为启动房地产市场而减轻对房地产业的税收,因此拉动水泥、钢筋等上游产业的发展;政府迫于公众的压力及媒体的鼓动出台一项法规以禁止某杀虫剂的使用,将会使那些生产杀虫剂的厂商有破产的危险,而那些生产替代品的厂商则面临着前景光明的市场良机等。而且,在某种程度上,一国政治与法律环境往往倾向于保护本国企业。例如,日本政府通过提供直接的金融支持、有关技术、产品和国际市场的研究数据,以及建立贸易壁垒来对本国工商企业予以很大的帮助和支持,这对国外企业与日本企业之间的合作或进入日本市场显然会造成很大的障碍。

表 4-2 政府行为对组织产品市场的影响

与工业用品市场有关的政府职能	政府的具体职能
保护企业间的正当竞争	进出口规定 法律和政策
保护消费者免受不正当的商业行为的危害	税收 项目资助
减轻贫富差距	社会工程 研究资助
通过控制失业率和通货膨胀率来稳定经济	利率控制

法律环境对工业用品市场的影响主要体现在法律的健全程度、法律内容的导向和状态以及国际法规惯例的约束等方面。

（三）技术因素

技术对组织市场的影响具体体现在通信技术、信息传递、物流运输、存货管理、分销渠道和金融服务等方面，其对组织市场购买行为的意义在于，几乎所有制造商和采购方，无论其规模大小，都可以突破时空的限制，将全球供应商视为自己的供货来源。因此，技术因素对组织市场的具体影响表现为两个方面，一方面，限定了采购组织获得产品和服务的可能性；另一方面，则限定了组织提供给其用户的产品和服务的品质。

在对组织购买产生影响的诸多技术因素中，互联网无疑是为组织采购方提供最便利条件的要素之一。通过互联网，整条供应链上的成员公司都可以在其中获取大量即时信息，例如买家存货、销售数量甚至单个产品的需求量等。另外，IT 技术的发展使组织顾客常常会采用一些技术性的程序来预测新技术发生的周期，以期能做出及时的反应。对于营销人员来说也应密切关注 IT 技术的变革，及时调整营销策略以适应新的技术环境。

（四）文化环境

文化包括风俗、习惯、规范及传统等影响着组织的结构和功能，同时也影响着组织内成员之间的关系。文化是客观存在的，并对浸润其中的组织和人们产生长期的潜移默化的影响，因此也势必影响到组织的采购行为，尤其是组织在进行跨文化合作或进行营销活动时，将不可避免地面临着"文化冲突"。比如在我们国家，商业来往中个人或组织的名誉及社会地位都依赖于"面子"的观念，如果在商业谈判中造成尴尬的局面或者表现得手足无措，即使是无意之失，也会严重影响谈判的效果；又比如在日本文化中，日本商人更愿意通过集体决策和全面考虑的方式慢节奏地工作，外国商人和政治家往往会因为无法得到"直接的回答"而十分恼火，其实这只是日本文化中沟通方式的正常表现。

（五）物质条件

组织要想获得令人满意的利润水平，其前提条件之一便是一系列低成本的投入。而这些低成本的投入通常来自于一个国家或地区的物质条件。例如，一个组织能够获得成本更低的原材料、水、电力和熟练的工人，经验丰富的管理人员以及便利的运输，那么这个组织与其竞争对手相比就更富有竞争力。

国际政治和商业在世界范围内的发展趋势是消除贸易壁垒和鼓励自由市场全球经济，使得组织市场变成一个动态市场，竞争者几乎能够从世界上任何地方自由进入。当一组织需要与其供应商建立紧密的买卖关系时，位置与运输是组织进行供应商选择时所要考虑的两个重要因素。随着运输成本的增加，组织采购者越来越倾向于选择那些原材料生产、产品制造或者储存设施都在附近的供应商。

二、组织因素

要想了解组织购买行为，首先要了解该企业的战略目标、组织政策、采购部门地位和采购流程等直接影响采购结果的各种影响因素。所有企业都感受到了来自原材料价格上涨和消费者抗拒商品涨价的双重压力，于是采购职能的影响力与日俱增，更多地与企业战略定位和组织政策相联系起来。

（一）战略目标

竞争的压力使组织采购时开始追求节约成本、提高质量，进而有组织开始思考如何将采购变成更强有力的战略武器。这一思考逻辑的结果就是组织客户已经将采购作为企业的战略重点之一，对于组织供应商来说，在了解组织客户的购买行为时，必须深入了解和关注组织客户的目标。

比如随着采购职能改变了基于交易的支持作用，转而更多地承担起管理层的战略作用，许多处于领先地位的公司采取了集中采购的战略（centralized purchasing），即许多大公司将原来分散进行的采购工作集中起来统一进行。这种集中采购肯定对工业用品市场营销带来影响，对于供应商来说，这意味着将面对人数较少而层次较高的采购人员。原来使用地区性的销售力量分别直接向单一大型采购者的分厂（或部门）销售即可，而现在销售者必须使用统一的全国性的销售团队力量。

（二）组织政策

组织政策也是影响组织购买行为的重要因素，比如越来越多的组织购买者都开始出现与供应商长期合作的倾向，试图与供应商签订长期合同（long term contracts），这就在政策层面上为供应商争取组织客户提供了参考。美国通用汽车公司（GM）就是从那些坐落在 GM 工厂附近并能生产高质量零部件的少数供应商那里购买所需产品，签订长期合同。许多企业营销者还为他们的客户提供"电子数据交换系统"（electric data interchange systems）。销售商可以利用该系统使客户的计算机与自己的计算机连接起来，客户向计算机输入订购数据后就自动传给供应商，借此可以立即订购所需产品。在网络化信息时代，这种电子网络购销形式会越来越普遍。在美国，许多医院都已经实现通过计算机网络适时采购。

（三）采购部门地位

传统组织的采购部门往往地位低下，尽管其管理费用经常高于整个组织成本的一半以上。由于在采购方面面临着压力，很多组织开始重视采购部门在组织结构中的地位和作用，采购部门在组织中的地位日益重要，采购工作也正朝着专业化、规范化的方向发展。

例如,许多企业将其传统的强调最低成本进货的采购部门,转化为以从少数较好供应商那里寻求最佳价值为任务的现代"采办部门"(procurement department)。同时,许多全球性公司的采购部门还负责在世界范围内搜集资料,寻求和建立战略伙伴关系,这也要求企业营销者必须不断地使其销售力量升级,以适应现代企业购买者素质提高的要求。

(四) 采购流程

许多大型组织围绕新的采购战略,采纳和实施了一系列创新的生产制造概念,完善和发展了适应现代生产制度的采购流程,例如"适时交易"、"卖主管理存货系统"、"价值分析"、"全面质量管理"和"弹性生产"等,这些概念和实践极大地影响了企业营销者的销售和客户服务方式。例如"适时交易"(just-in time production,JIT)就意味着生产资料恰好在购买方生产需要的时候才运达客户的工厂,而不是像传统的那样储存在工厂的仓库以备用。这就要求供应商的供应要与客户的生产时间表完全一致,避免供应的生产资料忽多忽少。由于在适时交易情况下要经常运送货物,因此许多企业营销者便在接近其大型的适时交易客户附近建立货栈,例如美国的"卡斯尔"钢铁公司(Kasle Steel)就在别克汽车城(Buick City)附近建立了一个工厂专门为 GM 在那里的工厂提供服务。在适时交易大力发展的情况下,单一性的资源来源(single-sourcing)日益增加,即客户经常鼓励与唯一的或少数几个供应商签订长期的采购合同。适时交易还要求购销双方密切合作,加速订购产品运送过程,降低成本。此时产业营销者最好建立电子数据资料交换系统,通过该系统将其与适时交易客户连接起来。

三、团体因素

由于组织购买过程涉及一系列复杂的、细小的决策,而且这些决策并不是由个人做出,而是受到组织中他人的影响,所以在关注组织购买过程时,还必须考虑组织客户中团队成员对采购的参与度。组织购买过程中团体因素的影响主要包括企业的采购中心及其人际关系因素的影响。

(一) 采购中心构成

采购中心(buying center)是由参与购买决策和购买过程的所有个人和部门组成,这个概念表明团体因素在组织购买行为中的作用。一般而言,采购中心是一个非正式的跨部门决策单位,其主要目标就是获取、分享、处理有关采购的信息。采购中心的成员参加购买决策过程并且分担决策的共同目标及风险。采购中心的规模大小依据组织规模或采购项目而有所区别,但参与采购的组织成员一般具备以下一个或两个条件:对采购具有正式的职责,例如使用者、决策人员;掌握着重要的有关采购信息来源,例如采购人员。

采购中心作为组织采购的决策单位,对供应商的选择和评估具有举足轻重的地位和作用;反过来,对于供应商而言,就应该注重对采购中心的人员构成进行研究和分析,并采取相关的营销策略。在这一步工作中,确定组织采购类型及组织采购所处的具体决策阶段是判断采购中心的重点,因为购买类型的不同和采购过程的不同阶段,采购中心中具体参与采购行为的部门或人员也会相应地不同,具体如表4-3所示。

表 4-3 各采购阶段的各部门参与状况

采购阶段	直接重购	调整重购	新 购
确定总体需求	生产部门 采购部门	采购部门 生产部门 工程部门	工程部门 采购部门 研究与开发部门 生产部门
确定产品规格（需求特征和数量）	采购部门 工程部门 生产部门	采购部门 工程部门 生产部门 研究与开发部门	工程部门 采购部门 生产部门 研究与开发部门
征求意见	采购部门 工程部门 生产部门	采购部门 工程部门 生产部门	工程部门 采购部门 研究与开发部门
选择供应商	采购部门 工程部门 生产部门	采购部门 工程部门 生产部门	采购部门 工程部门 研究与开发部门 质量控制部门

(1) 生产部门。生产部门通常是所采购产品的使用者，一般负责生产产品的可行性及生产产品的经济效益、零部件及原材料的数量和特征的描述，同时也负责对配套设备、成本、采购的产品对现有生产可能发生的影响等方面的考察。由此可见，生产部门的人员在采购决策过程中扮演重要角色，对于选择、保留供应商以及采购批量在供应商之间的分配具有重要的影响作用。

一般认为，生产部门并不愿意接受技术变革，即使技术变革可能会给生产带来更高的效率，其原因在于为适应技术变革，生产部门必须做出相应改变，例如管理方法的调整、工作人员的重新培训等。而且，高层管理人员认为生产制造部门主要负责产品成本的削减，但产品或制造的改变将导致成本的增加，至少在短期内由于学习曲线的中断而增加成本。

(2) 采购部门。在采购过程中，采购部门并不一定具有决策影响作用，采购部门一般处于采购流程的第 3 个阶段，也就是说产品的特征和潜在的供应商基本确定后才出现并发挥作用，由于采购人员具有丰富的谈判经验和采购知识，并且与供应商保持着紧密的联系，因此他们在直接采购和调整重购中扮演着重要角色。

(3) 工程部门。当组织采购涉及资产设备、原材料或者零部件等与组织生产技术有关的产品时，工程部门会成为采购决策过程中的活跃分子。事实上，在组织市场中，采购都可能涉及企业的生产技术，因此从表 4-3 中也可以看出，工程部门在每一种采购类型中，都扮演着描述需求特征、确定产品功能、限定潜在供应商等方面的重要角色。

(4) 研究与开发部门。研究与开发部门的作用主要体现在新购和调整重购中，即参与新产品的初期开发，为零部件、原材料提出各种规格要求，提出最终产品的执行标准，有时会参与到生产工艺中去，因此，研究与开发部门也会参与购买决策。

(5) 高层管理部门。高层管理人员在下列一些情况下，会成为购买核心的成员：组织面临着与日常采购不同的采购任务;采购决策对组织的生产会带来重大的影响;对组织来说,具有战略意义的采购。例如,行政高层管理人员会参与到生产新产品流水线的采购决策过程中去,这种类型的采购主要取决于高层管理人员的态度。一旦高层管理人员直接参与购买决策,就极可能为将来购买同类产品制定指导方针和购买标准。

(6)质量控制部门。在新购的最后阶段,即选择供应商时,质量控制部门也许会加入到采购决策中,发挥为采购产品严格把关的作用。

(二)采购中心成员的角色

以上是以组织内部职能部门为依据,对参与到组织采购过程中的部门进行了区分和描述。在实际情况里,采购中心的构成会依据采购规模大小的不同、组织结构以及组织规模的不同而有所区别,但是纵观组织市场的采购过程,采购中心的成员都是分工明确,各自承担不同的任务和风险。具体来看,采购中心的成员一般包括以下几类。

(1)使用者。使用者(users)就是真正使用所购产品或服务的组织成员。在许多情况下,使用者一般最先提出购买建议,并协助确定所需产品的品种、规格和型号等。

(2)影响者。影响者(influencers)是指那些通过向决策程序增加信息或决策准则、帮助确定产品规格和型号等,来直接或间接影响购买行为的人员,如技术人员、工程师和质量控制人员就是非常重要的影响者。

(3)决策者。决策者(deciders)是有最终确定或批准供应商方面的正式或非正式权利的人员。在常规购买中,决策者既可能是公司主管,具有批准购买的权力,也有可能是设计工程师,由他制定的产品规格要求只有某些供应商能满足。

(4)购买者。购买者(buyers)就是执行决议或实施购买行为的人。一般购买者有挑选供应商和确定购买条件的正式权利,他们可以帮助确定产品的规格和型号,但他们的主要角色是挑选卖主并进行谈判。在一些复杂的采购中,购买者可能还包括参与谈判的高层管理人员。

(5)监督者。监督者(gatekeepers)是指控制进入采购核心的信息的人员。例如,企业中对采购负有最后责任的所谓采购代表,就经常有权阻止供应商的推销人员与使用者或决策者接触或见面,以免影响本企业的采购决策。其他监督者还包括技术人员、接待人员、电话交换机接线员甚至高层管理者的私人秘书等。

在现实中,有时一个人可以担任几种角色;也可能是许多人同时担任某一种角色,他们可能都是影响者。采购核心内的各个成员,由于他们在企业中担任的职务不同,他们的经历、学历、认识能力和任务不同,往往使其各有独特的感觉、目的和行为等。因此,企业在制定营销策略时,应首先从鉴别和分析购买者的采购核心开始,逐次地分析其他有关因素的影响。

需要注意的是,采购核心在一个组织内并非一个固定不变的和有明确标志的单位,它只是由不同的人员根据不同的购买情况而形成的购买角色的组合。组织营销者要善于根据采购类型、产品服务等区别,区分采购中心的规模和构成。比如,对于常规采购来说,一个人(如一个销售代表)可能扮演所有采购核心成员的角色,即整个购买决策过程仅由一个人完成;但对于较复杂的采购来说,采购核心可能要由20~30人组成,这些人来自组织内不同层次和部门。总之,了解和掌握组织客户采购中心的规模和构成是一种重要的营销挑战。组织产品市场营销者不仅必须了解谁是决策的参与者,而且还要了解每一个参与者的相对影响有多大,他们都使用什么样的评估标准等。只有这样才能有针对性地做好推销工作,提高营销成功率。

四、个人因素

企业购买决策过程中的每一个参与者都难免带进个人感情因素的影响。一方面,采购中心的每个成员都有自己的个性、独特的学习经历、规定的组织职能和对于怎样实现个人目标的看法;另一方面,购买操作者也有不同的购买方式,有些属于技术类型的购买操作者,他们在选择一个供应商之前要对竞争者进行深入分析,而其他类型购买操作者可能属于直觉谈判者(intuitive negotiators),他们善于在卖者之间的竞争中寻求最佳伙伴。因此,组织产品市场营销者必须对他们的顾客——采购人员本身特点有所了解,这样有助于营销业务的开展。个人因素对组织购买行为的影响伴随组织购买决策流程,体现在以下几个方面(见图4-3)。

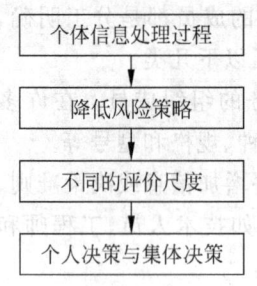

图4-3 影响组织购买行为的个人因素

(一)个体信息处理过程

组织采购方在选择供应商的过程中会接触大量的信息,这些信息的形式包括邮寄广告、互联网、杂志广告、个人销售代表或口头通告等。虽然面对大量信息,但实际情况是只有那些被参与采购决策的人员所注意、所理解并记忆的信息在采购决策过程中才具有重要意义。

一般来说,个体对信息的认知具有以下四个特点。

(1)选择性接触:个体倾向于接受那些与自己的态度和期望相一致的信息。

(2)选择性注意:个体倾向于注意那些与自己需要和价值观相一致的信息。

(3)选择性认知:个体倾向于用自己的态度和观念来解释信息。

(4)选择性记忆:个体倾向于记忆那些与自己的需要和意向有关的信息。

上述每一个选择过程都将影响到个人决策者对营销战略的反应方式。由于组织的采购过程经常会延续几个月的时间,而且营销人员与采购企业的联系并不经常进行,那些缺乏内容的信息很难进入关键决策者的视线,或者很快地被遗忘。因此营销沟通必须经过仔细设计,那些能够被决策者所接触、所注意、所认知、所记忆的信息,才具有真正的营销价值。

 [例4-2]　　　　**优秀组织营销人员的信息关注点**

一项研究表明,无论企业规模是大是小,其中一些组织间营销者的表现总是十分突出。该研究对来自《财富》500强企业的60名组织销售人员进行了深度访谈:20名为表现出色的销售人员;20名为表现一般的销售人员;20名为表现不佳的销售人员。

这些销售人员根据他们认为的吸引客户注意的最有用特征,对其客户进行分类选择。业绩不同的销售人员在客户分类上差异非常大:表现出色的销售人员强调客户的目标,他们能将本企业的独特能力与客户目标联系起来,因此建立起并维护有利可图的客户关系；与之形成对比的是，表现欠佳的销售人员只使用了统计特征(如企业规模、地理位置等)。换言之，一流的销售专家能为客户组织提供高绩效的解决方案，因此可以吸引这些客户组织的注意。

资料来源：Gabriel R. Gonzalez, Beth A. Walker. The Role of information acquisition and knowledge use in managing customer relationships[J]. working paper, Arizona State University, Tempe, Ariz. , 2008.

(二) 降低风险策略

采购中心的每个人都有尽量减少采购风险的强烈愿望。采购过程的风险主要来自两个方面：①决策结果的不确定性；②决策错误将带来严重的后果。采购中可预见的风险及采购类型对于决策单位的结构有着重要的影响作用，现实当中，潜在风险和购买类型会决定采购中心的人员构成。比如，在那些风险相对较低的直接重购和修订重购中，往往采用个体决策的方式以提高采购效率；当企业面对高风险的修订重购或新购时，则一般采取集体决策的方式。

在面对风险性的采购决策时，企业采购者如何应对？一般来说，随着采购风险的增加，组织采购中心将会出现以下情况。

(1) 采购中心的规模将变大，而且其成员包括那些在企业中具有一定地位和权威的高层人物。

(2) 采购中心成员将从各种渠道积极地收集有关信息以支持采购决策的做出，当决策过程开始时，某些在组织采购中具有类似经验的成员提供的信息将变得更加重要。

(3) 采购中心成员在整个采购过程中将投入更多精力，并在采购过程中更加专注和仔细。

(4) 与企业购买者有良好合作记录的供应商将会大受欢迎，因为选择企业所熟悉的供应商能够降低采购风险。

对于组织营销人员而言，还有一个问题值得注意，那就是组织采购者在面对风险决策时，价格、产品质量以及售后服务会成为重要的决策参考依据。供应商的营销人员在引进新产品、进入新市场或者接触新用户时，应该充分考虑各种营销策略可能对组织采购所产生的风险，只有选择那些能够降低组织采购风险的营销策略才可能最终获得用户。

(三) 不同的评价尺度

评价尺度(evaluative criteria)用于比较和选择供应商的产品和服务，但组织成员对同一个产品和服务的评价尺度并不相同。这种差异性主要来自个人不同的教育背景、面对的信息来源及对有关信息的理解和记忆以及以往采购经历的满意程度等。

一项研究成果能够更好地说明这个问题，在一项太阳能空气调节系统的采购项目中，生产工程师、供暖及空气调节顾问、高层经理组成了采购核心。研究表明，生产工程师关注运作成本和能源的节省，顾问们关注噪声污染水平和系统的最初投入成本，而高层经理更关心技术的先进性。这说明，在进行产品设计、广告制作或者开展人员销售的时候，如果营销人员对于采购中心各成员评价标准的差异有所认识和理解将具有十分重要的应用价值。

(四) 个人决策与集体决策

个人因素对企业购买行为的影响包括个人决策与集体决策的不同情况。一项决策是个人决策还是集体决策取决于哪些因素呢？西斯认为主要取决于以下5个因素。

(1) 预期的风险：预期的风险越高，则集体决策的可能性越大。
(2) 购买类型：新购型采购，其集体决策的可能性大。
(3) 时间压力：时间压力越小，集体决策则显得更从容、更合理。
(4) 企业规模：一般大公司倾向于集体决策。
(5) 集中化程度：越是分散化的企业，越有可能采用集体决策。

第三节 组织购买中心与购买行为模型

美国和欧洲等西方发达国家，自20世纪80年代起就一直重视组织产品市场营销中的购买行为研究，并发表有关这方面的研究论文达数百篇。在它们的研究中提出了许多模型，试图用以解释或分析组织机构的购买行为，为营销者提供了许多实用方法。这些早期研究都是以管理上的理性为假设，试图建立标准的产业购买行为模型。这些模型有一个共同特征，那就是把购买过程分为若干阶段或区分出各种影响变量，对这些阶段或变量进行管理以达成双方满意的交易。

现有模型总地来说可分为三大类，即任务模型(task models)、非任务模型(non-task models)和综合模型(complex或joint models)。任务模型是指通过重点关注直接与购买决策本身有关的那些变量，来解释企业购买行为的模型。其中最普遍使用的变量就是价格，这类任务模型的缺点是过于简单，忽视了组织产品购买所涉及的人员的个性特点、这些人员之间的相互影响以及组织结构等因素。非任务模型是指将人的因素或非经济因素导入有组织的产业购买过程的模型，其最关注的是采购过程所涉及的人员因素，但也正由于他们过于关注特定的人员，使得这些非任务模型也暴露了缺点。比如这类模型对于采购人员如何避规风险的描述就过于主观，或者对于购买人员如何影响购买决策也缺乏解释力。综合模型是指在分析组织购买行为时要综合考虑多个变量的影响，说明在多个变量作用下，组织购买行为的变化及其过程的模型。通常综合模型是将不同的任务模型和非任务模型结合起来，以便更深入地认识组织购买行为。

考虑到综合模型的完备性，本节将重点针对三个经典的综合性模型进行分析，这三个模型都力图假设不同组织的购买行为有充分的共性，以说明尽管重要购买和次要购买在过程和专业化方面有重大差异，或者个人能力有重大差别，但复杂的购买决策过程还是可以用简单的模型来表示。

一、韦-温模型

1972年，韦伯斯特和温德提出了组织购买行为分析模型(the Webster and Wind organizational buyer behavior model)，简称"韦-温模型"。该模型中影响组织购买过程的因素有4个，分别是环境、组织、采购中心和个人，并且该模型特别强调组织文化和购买中最后决策者的作用。韦-温模型如图4-4所示。

（一）环境因素

韦伯斯特和温德认为,影响组织购买决策的环境因素包括政治、法律、文化、技术、经济和自然环境等。这些因素影响着组织产品市场的整体发展,因此必然影响组织产品的购买行为。环境因素对工业用品购买行为的影响模式是：供应商、竞争企业、政府、工会、协会及其他企业或团体等（见图4-4中1A），在环境波动时可能施加影响；这种影响表现为环境因素的输出，如供应商信息、常规营销信息、总的商情、准则和规范（见图4-4中1B）等。

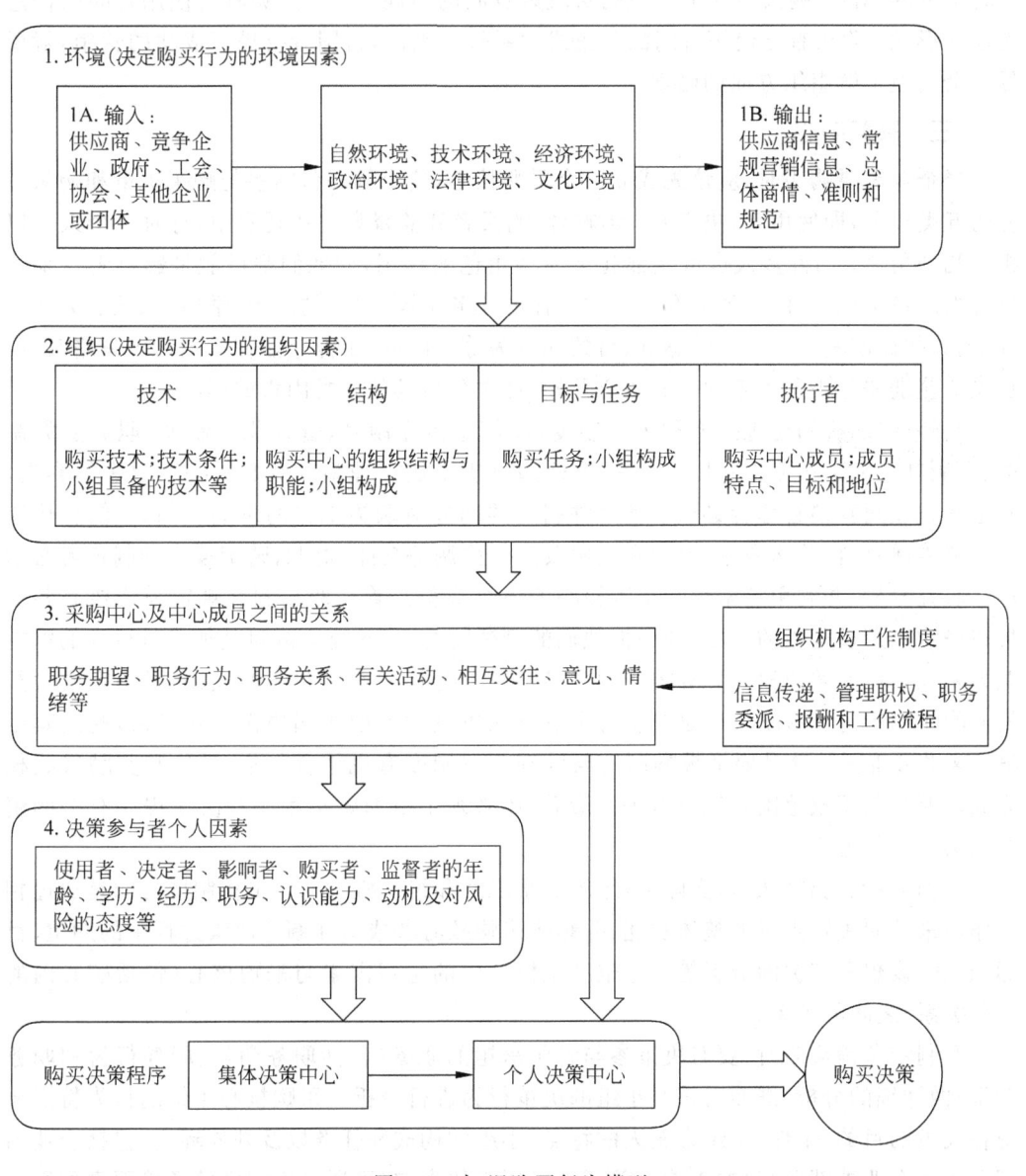

图4-4　韦-温购买行为模型

（二）组织因素

组织因素在韦-温模型中具有重要的地位，这也是与其他组织购买模型的重要区别之一。在此模型中，韦伯斯特和温德规定了四种组织因素，即组织技术、组织结构、组织目标与任务、组织的执行者等。其中每种因素又可根据购买的情况及采购核心的组成与职能的关系再划分为若干因素。组织因素对组织产品购买行为的影响主要表现在采购决策权限的相对集中和分散程度如何。这种集中分散程度至少在下述几个方面有重要影响：购买者负责的地区；购买者与上一级购买决策者间的职能分工；购买者与使用者间的信息沟通的形式；购买者与使用者间的非正式关系等。因此，营销者要进行成功的营销，就要尽量全面地了解组织方面的因素。

（三）采购中心

当企业需要购买时，应该先成立一个采购核心，这个核心包括参与购买决策和购买过程的五类成员，即使用者、决定者、影响者、购买者和监督者。在现实中，有时一个人可以担任几种角色；而许多人也可能都起某一种角色的作用，如他们都可能是影响者。采购核心内的各个成员，由于他们在企业中担任的职务不同，他们的经历、学历、认识能力和任务不同，往往使其各有独特的感觉、目的和行为等。因此，工业企业在策划营销策略时，应首先从鉴别和分析购买者的采购核心开始，逐次分析其他三类因素的影响。

此外，组织机构还包括五种工作制度，即信息传递制度、管理职权制度、职务委派制度、报酬制度和工作流程制度等。韦-温模型分析了这五种制度对购买决策程序的影响，并主张企业间营销管理者必须了解每种制度的功能对购买工作的影响。例如，信息传递制度有传递资料、传达命令、指导和说服及工作协调等功能，对此，营销策略的制定者必须加以研究分析，并利用它来影响采购核心的各个成员。管理职权制度规定采购核心各成员在采购决策过程中的职权，即根据他们的判断能力、指导能力或对其他成员行为的影响能力来规定他们的职权。职务委派制度确定和分配担任购买职务的人，并影响完成购买任务的相应行为。报酬制度是根据每个成员在决策过程中所起的作用和成果，规定其报酬；这里最重要的就是要把报酬制度与管理职权制度有机结合起来，评价和奖励采购核心成员要与其职权范围和风险对等。最后，还必须了解与购买程序和决策程序有关的组织购买的工作流程。

韦伯斯特和温德认为，实际上，组织因素之间和组织机构的各工作制度之间是通过相互作用来共同决定组织的整体功能，并影响采购核心各成员在制定决策过程中的期望、目标、态度、设想和依据的资料等。这也就是模型中的组织因素与采购核心（包括核心内的人际关系）之间的关系。

在制定营销策略时，要对决策参与者所承担的职务（包括职务期望、职务行为和职务关系）做详细的分析，进而对核心小组的决策行为进行分析。采购核心小组的行为特点要受各成员的目的、个性、小组带头人的特点、小组的构成和任务以及外界环境（包括企业内部环境和企业外部环境）的影响。关于外界环境的影响，可通过模式中的环境因素到组织因素，进而到核心小组的转换来加以反映。同时，核心小组决策的结果不仅受到小组成员同与购买行为有关的人们之间的活动、交往、意见等的影响，而且还要受到同与任务无关的人们之间的交往和意见的影响。

(四) 个人因素

韦伯斯特和温德指出,所有组织的购买行为都是在有组织的相互影响的基础上产生的一种个人行为。因为只有个人才可以确定问题、做出决策和采取行动。同时,所有购买行为都是由具体采购人员的个人"需求"和愿望来激励的;个人的"需求"和愿望是由个人的感觉和阅历来引导的;而个人的感觉和阅历又是在实现企业目标的复杂关系中得到的。任何人参与组织(企业、机关、团体)都是为了获得报酬。而只有完成了组织的目标和任务,才可能获得报酬。也就是说,一方面是个人的需求,另一方面个人参与某一决策工作必须取得成绩。这两者之间存在着密切的关系。因此,市场营销工作的目标必然是各个决策参与者,而不应该是抽象的企业组织。了解采购核心各个成员的性格特点、偏好,并处理好与他们的关系,这将有助于营销业务的开展。

韦-温模型的优点主要是:它综合和鉴别了许多可供市场营销策略制定者考虑的重要因素,并首次提出分析这些因素之间相互作用的体系。因此自从该模型出现以来,才真正引起了人们对工业用品购买行为的高度重视与研究,并逐渐形成了对工业用品购买行为的研究体系。同时模型也存在着缺陷,即它在肯定上述因素影响作用的同时,对决策的程序没有做出应有的详细说明,也就是说在相互影响和有组织的体系中产生的个人决策,最终如何归并到小组(集体)决策程序中去,包括进行讨论、磋商、谈判和说服等,或者说小组的采购决策程序包括哪些阶段,该模型并没有提及。作为一张列出"组织购买注意事项"的清单,该模型对我们理解组织购买很有帮助,特别是它强调了个人的作用;但是作为说明过程的一个模型,它就存在局限性了。

二、希斯模型

希斯模型的全称是希斯产业购买者行为模型(Sheth industrial buyer behavior model),它最早是由希斯在修改原有简单模型基础上提出来的,较之简单模型更适合组织产品购买情况分析,因此人们称其为希斯模型。希斯模型有两个基本特点:其一,它是两人或两人以上的集体决策模型,而不是一人决策模型,因此它更适合于组织购买者具体情况分析;其二,这个模型侧重于心理因素分析,即强调各个参与者在企业或组织机构购买决策过程中的心理状态分析,因此该模型重点研究的是组织机构购买者的期望、心理(感觉)特征、职务、生活方式以及预期的风险等对购买行为的影响。希斯模型如图4-5所示,其具体特点如下。

(一) 期望框及其影响因素

希斯模型的一个主要特征就是在模型核心部分总结出购买过程中的期望框(1.期望),围绕在期望框周围的则是各种影响期望值的因素。期望框的提出基于希斯认为企业或组织机构的购买期望是不同的。所谓期望是指个人对于某一销售商或某种品牌的产品能够满足需要或符合购买目的的程度的感觉或心理认知。影响购买期望产生差异的具体原因主要有:个人的经历(1A)、购买者的信息来源(1B)、市场调研效果(1C)、理解上的错误(1D)以及以往购买满足需求的程度(1E)等。

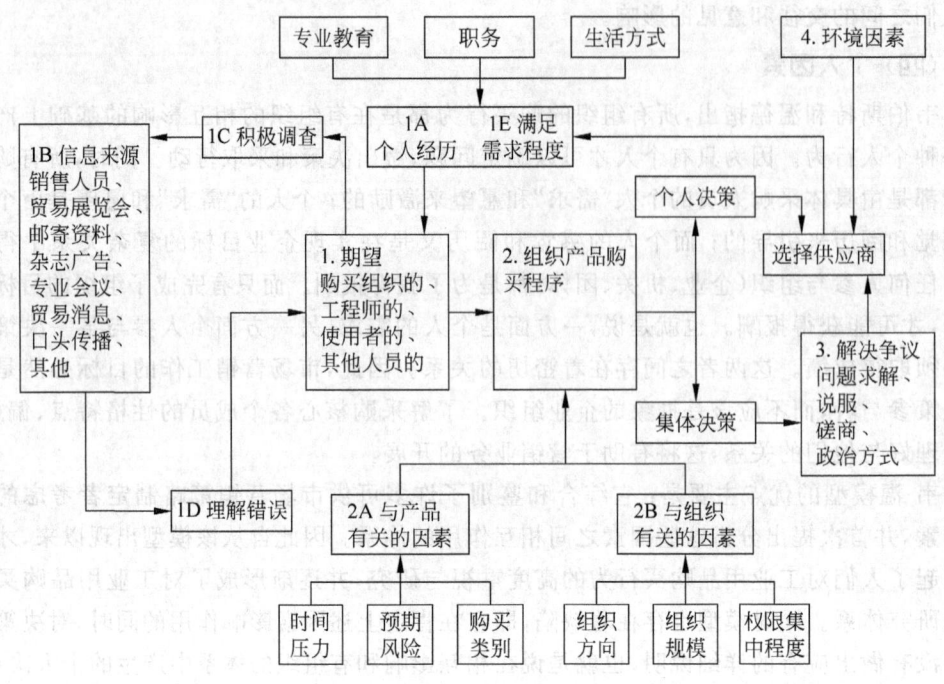

图 4-5 希斯购买行为模型

各种影响因素按照采购流程的顺序,在不同程度上影响组织或个人的购买期望。其中个人经历因素(1A)包括年龄、受教育水平、职务、性格和生活方式等;决策参与者的信息来源(1B)不同,也会使其有不同的期望,这些信息来源可能来自销售人员、贸易展览会、各种邮寄品、新闻报道、杂志广告、专业会议、贸易消息、口头传播及其他等;市场调研效果(1C)是指组织购买者为了制定更准确的购买决策,事先进行的市场调研,以及汇总有用的信息资源,这也是影响期望差异的因素之一;但就各个决策参与者来说,他们可能接受不同的信息输入,或者修改信息使之符合自己的信念和经验,这就是所谓理解上的错误(1D),这当然又会强化期望的差异;最后,满足需求程度(1E)表明,组织以往的购买经验和结果评估也是影响组织对购买期望的重要因素。在模型的期望框中,我们会看到为什么不同参与者会使用不同的购买准则,以及他们对可选择的销售商排列的次序为什么不同等。例如工程技术人员往往主要考虑有关产品质量的各个因素;生产人员(使用者)往往主要考虑交货时间和可靠性能;购买人员往往强调可靠性和价格等。在希斯模型中,这些不同的期望和购买准则必然使得各个决策参与者发生争议,这自然要求采取有效的解决争议的方法(见图 4-5 中的"3")。

(二)组织产品购买程序

在判明决策参与者的身份及其有关特征后,就可以开始分析购买程序。对于组织产品购买程序,希斯模型不是简单地分析其过程的阶段性,而是将其区分为个人决策和集体决策。个人决策就是把购买决策委托给个人,而集体策决是指在决策过程中把各个参与者的意见集合起来做出决定。确定一项购买决策应由个人决定还是集体决定,主要取决于 6 个因素:与产品有关的因素(2A),包括时间压力、预期风险和购买类别等;与组织有关的因素(2B),包括组织规模、组织方向和权限集中程度等。

希斯模型还试图在模型各因素之间标出一些更重要的向量影响因素,但却没有说明这些因素的规模及理论基础。虽然希斯模型还有不完备之处,但是在我国组织营销环境中,希斯模型还是有一定的应用价值,具体表现在两个方面:①在我国的 B2B 营销领域,心理因素确实通过影响企业采购决策者和采购员的行为而间接影响着企业整体购买过程,影响的程度和范围还有待深入研究。②我国组织产品的购买决策同样分为个人决策和集体决策。对于小型企业特别是私人企业来说,多采用个人决策方式;而对公有制企业特别是大中型国有企业来说,多采用个人决策与集体决策的结合而以集体决策为主的方式,此时就有必要应用模型中提出的解决争议的方式,来协调决策中经常出现的意见分歧。

三、韦-温模型和希斯模型在我国的应用

我们应肯定,韦-温模型和希斯模型对我国的产业组织营销决策具有重要启示:首先,在制定组织产品促销策略时,不仅要分析和掌握客户整体的行为,而且还要分析和掌握采购核心各个成员的行为特点;不仅要分析客户内部的环境因素(如组织因素和各种工作制度),而且还要充分了解客户所处的外部环境;不仅要进行决策结构的表面分析,还要进行心理分析。只有这样,才可能成功地实施营销策略。其次,个人决策与集体决策的有机结合是组织购买的基本原则;既要避免购买决策中的一人说了算,缺乏必要的程序,又要避免职责不清,无人负责。这些方面都对我国组织产品市场营销管理具有重要的应用价值。

根据调研发现,在我国组织间营销领域,韦-温模型相对于希斯模型来说,其应用价值更大。这主要表现在:①该模型弥补了希斯模型的缺陷,既分析了心理因素,又全面分析了环境、组织和人际关系等因素对于组织购买行为的影响,因此更为全面;②企业采购特别是大型采购,确实应该组成一个购买决策核心,将个人决策和集体决策有机地结合起来,以降低决策风险,这在我国的营销实践中也有过沉痛的教训;③企业在进行促销决策特别是国际推广促销决策时,应重视对购买企业内购买核心的结构和成员的研究,以使决策和策略更有针对性。

从上述的讨论和分析来看,组织产品市场营销中的购买行为比个人消费品购买行为要复杂得多。组织机构购买行为首先应归结为企业整体行为和小组(集体)决策,但是这个组织是由若干采购核心成员组成的,因此组织行为必然表现为各个成员的个人行为;每一单个人的行为都不同程度地影响着整个组织的购买过程。虽然希斯模型和韦-温模型各有优缺点,但在这点上是完全一致的。由于历史的原因,理论上两个模型都不完美,但是如果将其合并考察,特别是再融进其他综合模型,即可形成一个组织购买行为分析理论体系,这个理论体系显然对于产业营销决策有着重要的指导意义。

四、威尔逊模型

企业的购买过程除了受到组织外部环境和内部集团以及个人决策风格、特点的影响外,还明显受潜在供应商营销活动的影响外,但无论是韦-温模型还是希斯模型,都没有考

虑此因素,于是威尔逊(Wilson)提出了循环模型来补充这一不足(见图4-6)。

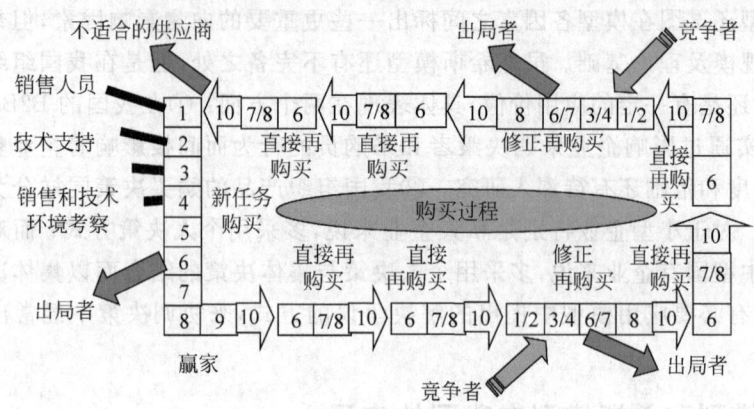

图4-6 购买过程的循环模型

资料来源:威尔逊 D.组织营销[M].万晓,汤小华,译.北京:机械工业出版社,2002.

这个循环模型从一个标有"1"的正方形开始,依次经过新任务购买的多个阶段,在各个阶段的旁边附有潜在供应商的营销和销售活动(如模型中的销售人员、技术支持、环境考察分析及其他)。在6号方格的决策做出之后,落选的供应商就会退出,但它们仍会对这一过程做某种复查,总结经验得失,以便以后再获得进入资格时可精心计划。新任务购买过程则会继续直至最后一个阶段,但隔一段日子后,为了重新储存又需要进行直接再购买。后来随着要求和供应的发展,累积的问题越来越多,需要做一定的调整,这便开始了修正再购买阶段。然后又是进一步的直接再购买和修正再购买,直至某一点,连续的发展需要重新评估,再一次引发了一个完整的新任务购买。显然,直接再购买和修正再购买的次数、时机、先后次序取决于很多因素,而且这只是一个概括性的描述模型。这一模型还有助于说明有实力的供应商如何能在各个阶段挑战已有的供应商,并能为那些因重要合同和报告,正计划营销战略的供应商提供思路。

威尔逊在提出上面模型的同时,还将购买行为的各方面内容加以综合,进一步与购买过程相结合,提出了扩展模型(见图4-7)。

要理解对购买过程的这一综合说明,首先来看购买流(图4-7中间一排最靠右边的小框),从这引出了对客户及其供应商的各种战略性和操作性的意义。对客户的意义包括:与产品供应其他方面的联系;对公司声誉的影响;对所涉及的风险的防范;提高企业能力、成本结构和现金流量的影响。对供应商的意义包括:提高供应商销售声誉(特别是客户在某些方面具有较高声望时);对其他销售的可能影响(如在生产能力方面);与客户的关系;调整产品开发计划的需要;对中短期销售流的利润贡献。

购买流大致是由企业购买过程以及企业期望有什么样的意义引发和控制的(供应商对于购买流对它的意义的评估也有一定作用)。购买过程受诸多因素影响,包括一系列与购买过程相关的问题(如过程的合理性和风险态度、紧急程度、企业购买类型和政策)和一系列客户变量(所包含的文化和结构,企业购买职员的积极性和专业水平)。

最后,供应商的营销组合或者是几个潜在供应商的营销组合对购买过程也有重要影响,而营销组合本身可看作是产品提供(如产品的技术复杂性、所需的专家意见、客户文化程

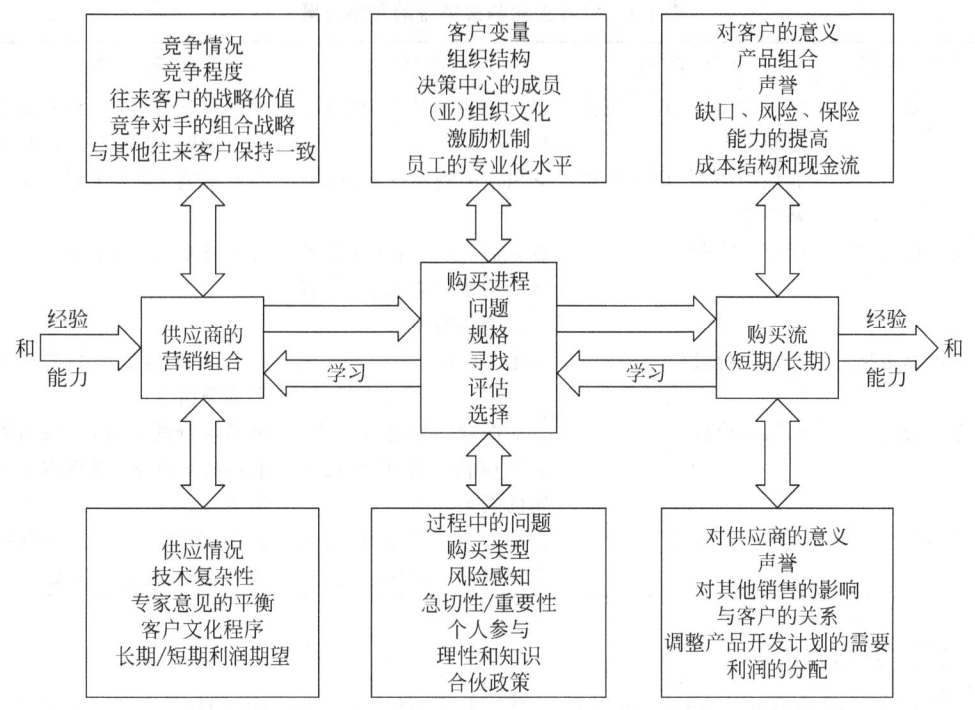

图 4-7 购买过程的扩展模型

资料来源：威尔逊 D.组织营销[M].万晓,汤小华,译.北京：机械工业出版社,2002.

度,对利润的期望)和供应商竞争情况的作用(如竞争的强度、与同类产品供应商的竞争)。所包含的学习过程能使企业提高解决问题的能力,进而有助于这些循环反复的过程。

第四节　组织购买类型与营销对策

从采购情况的复杂程度来看,企业采购可分为新购、调整重购、直接重购和系统购买等四种类型。组织购买类型(types of buying situations)不同的两个组织在采购同一种产品时采用的采购策略并不相同,因此,组织间营销应该首先区分各类组织的购买类型。表 4-4 汇总了各种购买类型与相对应的营销对策。

一、新购

(一)新购的特点

新购(new task)是组织购买中最复杂的一种类型,它是指企业第一次采购某种所需产品或服务的购买行为。在这种情况下,买方对新购产品和服务并不十分了解,因而在购买决策前,要收集大量的信息,因此对于采购方来说,成本费用越高,风险越大,决策的参与者也越多,需要的信息量也越大,制定决策所花费的时间也就越长。购买者必须决定产品的规格、供应商、价格条件、付款条件、订购数量、运送时间和次数,以及其他服务条件等。

表 4-4 针对企业购买类型的营销对策

采购阶段	直接重购	调整重购	新 购
需求认知	原供应商与用户保持密切关系； 非供应商劝说组织重新考虑	供应商保持质量/服务的标准； 非供应商观察发展动态	预测问题，运用广告和销售人员说服，使购买组织相信自己有满足其需求的能力
确定总体需求	同第一阶段	供应商和非供应商：强调各自的生产能力、可信程度及其他能力	提供技术帮助和信息
确定产品规格	同第一阶段	同第二阶段	向决策者提供详细的产品和服务信息
物色供应商	同第一阶段	供应商观察问题的发展；非供应商展示其解决问题的能力	展示执行的任务，解决购买者的特定问题，满足需求的能力
征求意见	及时提供建议	详细了解购买组织的问题或需求，及时提供建议	详细了解购买组织的问题或需求，及时提供建议

（二）营销对策

新购由于没有现成的渠道，所以对所有供货商都是非常好的市场机会，供货商应派出得力的推销人员，对新购企业尽可能地施加影响，同时向新购企业提供尽量多的有用市场信息和其他服务，努力争取获得订货。在新购型企业组织的采购中，很多潜在的供应商都没有为该组织提供同样产品的经历，缺乏与其打交道的经验，如何能从位于同一起跑线上的众多供应商中脱颖而出，很关键的一点就取决于在各个阶段营销对策的运用。

在预测或需求认知阶段，潜在供应商应该预测、认识、理解企业组织采购者所面临的问题，并能够在适当的时候予以支持和帮助。当然，这阶段的任务是困难的，因为对问题的认识更多地来源于组织内部而非外部组织所能轻易获悉。但如果一个供应商有过给其他组织采购者提供同类产品的经验，则更可能敏锐地捕捉到机会。

在确定总体需求阶段，潜在供应商所采取的营销对策包括提供有关的产品信息和技术支持。而且潜在供应商与其原有顾客的合作历史及信誉对于组织采购者来说至关重要。因此，营销者在此阶段不妨可以提供那些能够更好地满足新购型组织采购需要的明证。

在确定产品规格等内容的阶段，采购企业的决策人员主要关注那些彼此竞争的潜在供应商的产品和服务支持的信息。营销人员因此应该提供有关产品、服务等方面的详细信息。而且，营销人员也应该尽力影响需求项目特征的描述，使之朝向有利于自身产品的方向，这样，那些不符合组织需求标准的潜在供应商就有可能丧失进一步竞争的机会，从而巩固其自身的竞争地位。

在物色供应商阶段，潜在供应商需要证明自己能够提供让企业组织采购者满意的产品和服务的能力。有些组织往往也会派出有关人员参观供应商的工厂以检验其供货的能力。

在征求意见、分析建议阶段,潜在供应商营销对策的重点在于准确地理解企业组织采购者需求的细节问题并提供技术帮助,主要包括与组织采购者一起进行成本分析、产品测试和评估。而且在这一阶段,尤其重要的是必须判断哪些有关产品特征的细节描述是最为重要的。为了准确判断,营销人员首先要能解答下列三个问题:

(1) 对于解决用户的问题来说,什么是最基本的?
(2) 什么是用户期望的,但并不是最基本的?
(3) 哪些条件仅仅用于使阐述更为清楚?

如果能对上述问题予以准确的理解和回答,那么,供应商就能够重视那些对满足用户需要最为最关键的因素,避免设计那些既增加成本又不会给用户带来更多价值的产品。

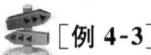
[例 4-3]　　　　　　　　惠普的电子采购之道

惠普公司察觉到每年花在办公设备、文具用品及各项服务上的采购费用相当惊人,比如 1999 年,整个公司光是花在这些项目上的总金额就高达 20 亿美元。惠普调查发现,自己公司的集团购买行为过于分散,过于随便,缺乏统一的规划与控制。因此惠普公司立即着手探讨建立一个基于网络的采购系统,旨在促使惠普的总数为 84 000 多名的员工队伍全都从指定的供应商那里取得诸如铅笔、台历和电脑这样的办公用品,全面实现采购的决策与实施过程无纸化。

为选择一个理想可靠的供应商,惠普对其庞大的供应商数据库中的 10 万个供货点进行筛选。这个过程中,惠普与潜在供应商们不断地见面、交谈,在花费了大量时间和精力之后,只留下最可靠、最高效的能够进行网上交易的少数大型供应商。惠普继续在最后留下的几个供应商之间进行选择,并要求这几个供应商提交完整翔实的解决方案。在各种各样的软件选择方案中,惠普的电子采购组经过几轮评估,最终选定了 Ariba 采购系统,并于 1999 年 9 月正式启动。运行的结果使惠普官员们确信:Ariba 网上采购方案将能够让公司每年在 MRO(维护、修理与运行)项目上的支出减少 6 000 万美元到 1 亿美元。

资料来源:佚名.惠普的电子采购之道[OL]. http://www.all56.com/www/44/2008-12/25074.html,2012-12-01.

二、调整重构

(一) 调整重构的特点

调整重购(modified rebuy)是指企业用户根据本身的生产经营需要对以前的采购目录或供应商进行调整、变更后再采购的购买行为。一般情况下,对于企业设备和最终产品质量有直接关系的产品或服务的购买,都采用调整重构的方式。在调整重构中,变更的项目可能包括产品的规格、型号、价格、交货条件,也可能寻求更合适的供应商。在这种情况下,购销双方需要重新谈判,因而双方均需有较多的决策人员参加。这时原有供应商会感到不安,它们为保持住已有的交易关系压力很大,需要更加努力地工作;而其他供应商则将调整重购情况看作争取建立新的客户关系的机会,因此组织供应方的竞争更加激烈。

(二) 营销对策

一般来说,企业认为通过重新评估可供选择的供应商能够给自己带来巨大的利益,或者原有供应商不能满足企业组织的需求时,往往会采用调整重购这一购买类型。调整重购型企业的供应商可分为两类:一类是那些为企业组织提供产品的原有供应商,另一类是原先没有为企业组织提供产品但在新一轮供应商评估中准备为其提供产品的供应商,在这里称之为非供应商。原有供应商具有丰富的与企业组织采购者打交道的经验和历史,但如果是由于其不能满足企业组织需求而引起的调整重购,则原有供应商的供货地位不再稳固。非供应商如果能够有力地证明其提供的产品和服务让用户更为满意,就能够在竞争中处于有利的地位。

在采购的第一阶段,原有供应商应努力保持所提供的产品和服务的质量与标准,并努力加强与企业组织相关人员的沟通和交流,及时地发现问题所在。对于非供应商来说,要敏锐地观察事态的进展,寻找进入组织采购决策程序的合适时机。

在采购的第二阶段和第三阶段,企业组织采购者关注的是供应商提供产品和服务的综合能力,因此无论是原有供应商还是非供应商都应强调自己的生存能力、可信程度及其他能力。

在采购的第四个阶段,非供应商应该让潜在的用户确信能够为其提供超值的产品和服务。例如,更好的品质、更快的送货或者成本的节约。由于用户已经比较清楚原有供应商的情况,此时原有供应商的主要任务是观察事态的发展,并努力朝向有利于自身的方向。

原有供应商和非供应商在调整重购型采购的第五个阶段都需要详细了解购买企业组织的问题或需要。要准确判断:哪些是解决组织问题最基本的条件?哪些是用户所期望的,但并不是最基本的条件?哪些条件仅仅用于使阐述更为清楚?并在此基础上及时提供有助于解决组织问题或需求的建议。

[例 4-4]　　　　　　　　**重型柴油机企业战略新基点**

2011年中国商用车特别是载货车市场经历低谷,2012年市场竞争将更加激烈。发动机是汽车的心脏,为让商用车企业推出更加适应市场需要的产品,一批柴油机企业纷纷改进技术、推进研发、降低产品价格,以期为客户提供更好的产品。2012年初,潍柴、锡柴、上柴等一批优秀发动机企业纷纷在企业采购体系上下功夫,力求从汽车的初级零部件入手,提高产品质量以及产品可靠性,降低产品价格。

很多企业均重新制定了一套自己的采购体系,这套体系一般包括对供应商的严格评价体制和优化机制。一汽锡柴采购部部长夏玉林说,锡柴采购体系中,对供应商严格的评价机制中包括供应商进入锡柴采购体系的机制和后期的优化机制。对于进入锡柴采购体系的企业,将开展三种评价(绩效评价、能力评价、核心供应商评价),通过核心供应商来保障供应链的能力。

锡柴还根据重要程度及风险程度将供应商细分为三个类型,包括杠杆型、策略型、战略型;把供应商分成普通、优先、合作、战略四个种类,两者组合之后,对不同的供应商采取不同的培养策略。在运营机制方面,锡柴的供应商运营机制主要包括绩效晋级机制、供应商的联合发展机制、核心供应商的培育机制。通过一系列机制,对进入锡柴采购体系的供应商进行优先等级的划分。

据悉,由于设立严格的重构体系,凡是进入锡柴采购体系的零部件供应商,基本已经达到了国际先进水平,同时也意味着每次重构对于供应商而言都是一次考验——因为评估体系的存在,每一家供应商都有可能因为未能达标而被潜在对手替换掉。

资料来源:佚名.重型柴油机企业调整采购体系助推发展[OL]. http://www.china4auto.com/news/showd.aspx? id=280945,2012-12-05.

三、直接重构

直接重购(straight rebuy)是指企业的采购部门按以往的采购目录,不做任何调整,再次向供应商采购的购买行为,这种类型的采购决策最简单。例如,当一个学校对某个粉笔生产厂商的产品非常满意,那么只要粉笔的价格和质量变化在合同规定的范围内,双方就不需要重新协商,可以进行直接交易。在这种采购类型中,采购人员的工作只是从以前有过购销关系的原供应商中,选取那些供货能满足本企业需要,并能使本企业满意的供应商,向它们继续订货。入选的供应商将会尽最大努力,保持产品和服务的质量,以巩固与老客户的关系,它们还常建议建立直接重购自动系统(automatic reordering systems),以使采购者节省重购的时间。落选的供应商则将努力做一些新的工作,消除买方的不满,设法争取到部分订货,为以后争取到更多的订货创造条件。

直接重购的产品一般为低价值易耗品,花费的人力较少,对企业而言并不是重要的产品,企业也无须通过企业购买中心进行决策,而只要通过企业的采购部门即可。购买决策是一种程序化的决策,原有的供应商与组织购买者在以往的买卖合作中保持着良好的、紧密的关系,组织购买者对原有供应商的产品质量、供货及时性、技术支持等方面非常满意,并认为更换供应商或对所有可供选择的供应商进行重新评估并不能给自身带来更多的利益。

在这种类型的组织采购中,原有供应商与组织购买者已经建立起相当牢固的联结关系,它既包括共同的利益,也包括情感利益。从理论上讲,对于非供应商来说,要打破这种纽带联结而成为替代供应商,其壁垒是非常之高的,非供应商只有为组织购买者带来的经济利益大于(至少等于)原有供应商与组织购买者之间的经济利益与情感利益之和时,才有可能成为现实的供应商。非供应商有时也会采取提供新产品或开展某种满意的服务,以便使购买者考虑从它们那里购买产品或服务,这些名单外的供应商首先设法以少量订单进入企业购买决策,然后逐步扩大采购份额。

四、系统购买

系统购买(systems buying)是指企业购买者从某一个供应商那里成套地购买所需的各种连带性物品的购买行为。一般企业的产业需求都不是简单的一种产品,而是一系列产品需求,购买企业为了避免分别决策的麻烦,降低决策的复杂性,于是多数企业都尽量与某一个供应商进行一揽子采购谈判,达成一揽子采购协议,因此系统购买又叫作一揽子采购协议(blanket purchase agreement)。一揽子采购协议通常持续时间长(6~12个月),谈判确定一段时间内的采购总量,由于采购数量大,可取得较低单价的优惠。一般随时需要,随时向供应商要货,只要在协议签订的时间范围内向供应商采购到合同规定的数量或总金额即可。这种系统购买行为源于政府对武器和通信系统的采购,最初政府是分别购买武器零部件,然后再将其组装;后来为了使决策和购买简单化,政府就开始从那些既能够供应武器零部件,又能够提供武器组装或系统安装服务的供应商那里一揽子购进。

面对系统购买的发展,越来越多的供应商已认识到产业购买者喜欢这种方式,于是它们也相应地改变了销售方式,采用系统销售(systems selling)方法作为营销手段。系统销售可分为两类:其一,供应商销售一组关联产品,例如不仅销售黏合剂,而且还销售涂擦器和干燥器等。其二,供应商还可以销售一整套系统(即包括生产制造、存货控制、分销和其他服务等),以满足产业购买者顺利进行业务活动的需求。

实际上,系统销售是组织间营销的一个重要战略。产业采购合同中经常要规定,供应商应提供最完整的系统来满足客户的需求。例如,印度尼西亚政府想在本国乍卡塔(Jakarta)附近建一个水泥厂而进行招标。一个美国公司的投标包括选择厂址、水泥厂设计、建筑工人的选聘、材料和设备的组装等,而一个日本公司的投标除了上述这些服务外,还包括选聘和培训操作工人,通过日本贸易公司出口水泥,并在将来利用新厂出产的水泥在乍卡塔建造一些必需的道路和新型办公楼等。虽然日本公司的投标比美国公司的投标价格昂贵,但最终它却中标。通过此例可见,日本企业将该投标问题不是仅仅看作建造一座水泥厂(这是狭窄的系统销售观念),而是将其看作对整个国民经济会有重要贡献的一个运营系统,后者才是真正的系统销售。

第五节 中国组织购买行为分析

目前我国对于企业购买行为和影响因素的研究还比较落后,这主要是由于很多企业并未真正意识到组织间营销理论对企业购买行为的指导作用,企业购买行为分析还没有形成系统化的研究框架。在市场营销活动中,客户需求和购买活动是企业生存和发展的前提,研究企业购买行为是认识和研究组织营销理论和方法的起点,也是研究组织营销战略与对策的前提。为了在企业间营销市场上获得成功,必须对企业客户的购买行为进行深入研究。

一、我国组织购买行为的影响因素

Kohli 和 Zaltman 在 1988 年提出,决策导向与购买决策的变化有关,这些变化又和参与到购买中心中的人员意见和行为有关联,在中国的实际国情下,中国企业的组织购买行为受到以下因素的影响。

(一)专家力量

专家力量在某种程度上被视为对相关问题具有某种专业知识的人员所具有的影响力。Kohli 研究认为决策者往往遵从专家的意见,因为他们认为这样做可以得到一个更好的决策,而不是因为这将引起决策某种独立的结果,或者来自于正式的或非正式的责任。专家往往是决策过程中重要的影响者,他们的专业背景是做出正确决策必不可少的保证,企业决策人员所做的决策往往跟专家意见有非常密切的关系。

（二）合法性力量

合法性力量来源于正式的或非正式的社会标准，它在某种程度上表示某些人感觉到应该遵从于另外一些人的压力。如果遵从这些人的意见是由于他们拥有正式地位，那么这种情况就被称为正式的合法性力量；如果遵从这些人的意见是由于某种普遍接受的非正式的行为标准（例如，决策对于这个人的影响更大），那么这种情况就被称为非正式的合法性力量。企业内的管理者影响力量往往是一种正式的合法性力量，他们对于最终决策的影响往往是很大的。专家力量和合法性力量会直接影响决策结果，这两个因素对于企业最终购买决策的达成有巨大的作用。

（三）管理者力量

管理者力量是指在购买决策过程中，管理者对决策制定过程的参与程度和影响程度的力量。Webster 和 Wind 的一般模型中介绍的群体因素中就包括了领导阶层，即企业中的管理者力量。管理者力量是一种正式的合法性影响力，而且它的作用一般会大于那些非正式的合法性力量，因此组织市场的营销者应该时刻关注管理层对企业购买决策的影响。实践中，企业在购买的过程中往往直接或间接地受到高层管理者的影响，这种情况在集权化的组织中更为显著，甚至在购买中心意见发生不统一的时候，管理者的偏好或者意见将直接决定最终购买决策的制定。

（四）信息力量

信息力量指个人或购买中心获得和控制相关信息的力量。购买决策包括相当多的信息获取过程，例如可选择的产品、供应商和组织需求等。因此个人或购买中心可以通过获得信息或者控制时间以及两种相结合的方式来影响购买决策。由于信息可以减少购买的不确定性，因此信息的获得和控制成为了一种力量的来源，如果信息被作为一种关键资源，那么信息的获取和控制可能与决策导向具有某种相关性。

（五）网络力量

网络力量指个人或购买中心利用互联网获得相关信息、与供应商沟通并进行购买交易的影响作用。以 Internet 为基础的 B2B 交易场已经成为电子商务领域中引人注目的焦点，它的出现为企业降低交易成本、减少寻找供应商和谈判的成本、增加产品和价格的透明度产生了重要的作用。在现代商务环境下，网络已成为企业获取所需信息的重要渠道，同时也是降低不确定性风险的保障，它对于购买决策者的影响作用正在逐渐地增大。

（六）人际关系信任性

人际关系信任性是指买卖双方在购买与销售过程中建立的一种互相信任、互相影响的关系。在影响组织购买行为的所有因素中，以下因素常常对企业与任何给定供应商之间的关系产生影响：权利/信赖，行为/绩效监控，合作/信任，适应力，以及义务。在中国特殊的商务环境下，采购商与供应商之间的信任关系对于购买决策的制定有一定的影响力，可以说这种现象与中国传统文化有着非常密切的联系。有些企业在购买中往往非常注重与所熟悉的供应商的合作，这种利用买卖双方关系进行交易的方式也常常给双方带来时间和成本上的优势。

（七）沟通力量

沟通力量是指在购买过程中购买方和供应商之间互相交流购买需求和满足购买需求的影响力量。购买方和销售方之间的沟通网络对于特殊的买卖双方关系既有直接的又有间接的影响作用，沟通在购买过程中往往可以使企业获得更为充分的信息，降低不确定性风险，更好地实现企业的购买诉求。沟通也是企业获得供应商信息的主要渠道和方式。

二、我国组织购买决策阶段分析

李桂华等学者从中国管理的实际情景出发，基于中国企业"权力"的角度，将我国企业购买中心内部涉及决策阶段的成员角色划分为三个单元，分别是决策单元、参谋单元和信息单元。与决策单元对应的是正式的"合法性力量"，与参谋单元对应的是"专家力量"，而信息单元则依靠"信息力量"影响购买决策。同时在中国的文化背景下，考虑到采购中心成员之间的人际关系因素，"内部熟识性"也列为影响我国企业购买行为的因素之一。

通过对我国企业购买行为的调查研究，确定了我国企业购买决策受到专家力量、信息力量和合法性力量的正面影响，且影响程度为专家力量最大，其次是信息力量，再次是合法性力量。由此可见，在企业购买日趋复杂化和战略化的背景下，专家所提出的专业建议最受重视，是制定科学购买决策的最有力保障。其次，企业所购买的产品往往具有金额大、数量多，科技含量高的特点，因此需要更多有关产品和供应商方面的信息以供决策参考，信息力量的影响日益增强。最后，购买中心内正式的"合法性力量"不容忽视，特别是在集权化程度相对较高的企业中。我国企业购买决策中，某些决策者"一言堂"的局面仍然存在，即便是在规范化运作程度很高的企业中，合法性力量也是一种隐性的影响因素。

同时，在购买中心里，内部熟识性越高，购买中心成员间就越相互信任，彼此就越团结，决策时就更容易达成一致，正式的合法性权力的作用力也就相应减弱。另外，合法性力量受到专家力量的"指引"恰恰说明了中国企业的购买决策正在逐步走向科学化和规范化。信息力量受到内部熟识性显著的正向影响，原因是内部熟识性越高，各成员之间越信任，相互间的信息共享和意见采纳程度就越高，信息所能发挥的作用也就越大。

总之，从指导我国组织间营销实践来看，既然企业的购买决策受到购买中心内不同成员的影响，那么供应商就必须全面认识能够对购买决策产生影响的成员，深入分析不同成员的个人特点以及他们各自对购买决策产生的不同影响，准确地找到关键人物，充分展开关系营销，从而获得采购商的信任。鉴于"专家力量"和"信息力量"在企业购买决策中的重要作用，供应商更应该重视对于采购商内部技术人员的公关力度，同时运用各种营销沟通手段，加强企业和产品方面的信息宣传，树立良好的企业形象。

三、产品相关属性的影响

针对我国企业购买行为的调查还发现，企业在选定设备时，对与产品有关的各影响因素的重视程度也不同。比如，企业普遍认为"价格性能比"和"设备可靠性"最重要，认为最不重要的是"设备型号多样"和"卖主对讨价还价的态度"。从总体上看，企业购买设备比较重视服务、设备可靠性和可操作性、与现有设备的兼容性及价格性能比等与设备使用直接相关的方面。而对其他"间接因素",如卖主的财务状况、价格低廉等,重视程度相对小一些,相关结论见表 4-5。

表 4-5 与产品有关的各影响因素的重要性举例

影 响 因 素	影响企业购买的产品属性排序
设备可靠性	1
价格性能比	2
总体服务质量	3
买主履行交货期的能力	4
售后服务合同价格	5
与现有设备的兼容性	6
卖主许诺的交货期	7
服务随时性	8
服务回应时间	9
易保养	10

本章小结

了解组织购买者的购买决策制定过程,是做出相应营销战略的基础。组织营销者应该首先认识企业客户购买产品的一般程序和行为模式。具有丰富经验的组织营销者,应当首先让客户意识到对产品的需求,其次在物色供应商、选择供应商和正式订购的过程中发挥重要作用。在客户购买过程中提前了解客户购买流程并积极提供解决方案的供应商,往往能取得理想的营销绩效。

组织营销者还需要识别影响企业客户购买的影响因素,包括环境因素、组织因素、团体因素和个人因素。环境因素对供需双方都会造成无法回避的影响;组织因素通过企业的战略目标、组织政策、采购部门地位和采购流程等直接影响采购结果;团体因素对组织购买过程的影响主要体现在企业的采购中心及其人际关系因素方面;个体因素则通过个人的经验、个性、偏好对购买决策产生影响。

组织购买模型把购买过程分为若干阶段、各种影响或是变量,完整地解释组织购买过程的影响因素和流程。其中韦-温模型、希斯模型和威尔逊模型是三个经典的综合性模型,本章对这三个模型的组成、特点、优劣和适用方面进行了详细介绍。韦-温模型综合和鉴别了许多可供市场营销策略制定者考虑的重要因素,并首次提出分析这些因素之间相互作用的体系;希斯模型强调了心理因素、个人决策和集体决策的影响。但在我国组织间营销领域,韦-温模型比希斯模型的应用价值更大。

采购类型取决于组织对采购问题所持有的观点,具体分为直接重购、调整重购、新购和系统购买等四种类型。每一种采购类型都需要组织营销者提供一套独特的解决问题的方法以及采取相应的营销策略。最后本章结合相关研究,介绍了中国组织购买行为以及对购买决策有重要意义的影响因素,为我国组织营销者提供可供参照的建议。

关键词

采购核心(buying center)
购买决策过程(buying decision process)
集中采购的战略(centralized purchasing)
任务模型(task models)
非任务模型(non-task models)
综合模型(complex 或 joint models)
组织购买类型(types of buying situations)
新购(new task)
调整重购(modified rebuy)
直接重购(straight rebuy)
系统购买(systems buying)

思考与讨论

1. 作为一个组织营销管理者,请结合组织购买的一般程序,讨论在每一个阶段如何有针对性地制定营销策略。

2. 各种组织每年都会采购许多办公用品,请指出采购经理在选择办公用品供应商时可能使用的评估标准,并进一步讨论哪些标准在购买决策中对结果的影响最关键。

3. 请讨论一个组织对下列产品或服务做出采购决策时,对其采购决策影响最明显的因素有哪些。
    (1) 机床;
    (2) 原材料;
    (3) 办公电脑;
    (4) 物业管理;

4. 请讨论韦-温模型、希斯模型和威尔逊模型在不同行业中是否有区别。

综合案例分析

为了缓解金融危机导致的经济萧条局面,美国于 2009 年通过《经济恢复和再投资法案》,决定启动 726 亿美元经济刺激基金,用于实施提高能源效率、促进能源保护、发展再生能源的 16 项计划。在这一系列计划中,加速采购节能环保政府公务用车计划充分体现了节约能源资源和刺激生产消费的双重功能。

作为加速采购公务用车计划的实施者,总务署拟用经济刺激基金购置 17 600 辆低能耗公务用车,主要配备给总务署车队,供联邦机构租赁使用。联邦采购中心主任 James A. William 说:"总务署将加快实施车辆采购计划,并切实提高经济刺激基金的使用效益,保证政府公务用车具有显著和长远的节能环保效果。"2009年4月1日,总务署订购了总价值7 700万美元的3 100辆低能耗混合动力汽车,这是联邦政府有史以来一次性订购混合动力汽车最大的一单。2009年7月1日前,总务署将完成14 105辆公务用车的采购任务,使其用经济刺激基金购置的低能耗汽车总量达到17 205辆。这些车辆共耗资28 700万美元,全部从与总务署签订过合同的三大汽车制造商采购,包括克莱斯勒2 933辆、5 300万美元,福特7 924辆、12 900万美元,通用6 348辆、10 500万美元。这次更新汽车的原则是一辆换一辆,旧车必须达到更新标准才可以被淘汰。总务署执行署长Paul F. Prouty表示要多措并举,帮助联邦机构实现经济复苏和建设环保型政府的目标。

资料来源:佚名.美国加速采购国产节能环保公务用车[OL]. http://www.all56.com/www/44/2009-06/32450.html,2012-10-07.

问题与讨论

1. 美国总务署在制订采购公务用车计划时,受到哪些因素的影响和制约?
2. 美国总务署在物色公务用车供应商时,将会考虑哪些评估标准?

创造价值

III

升个故降

第五章 组织间营销的产品战略

 开篇案例

美克邦(Micoban)是全球内嵌式抗菌处理和工程安全市场上的领导品牌,为日常用品、纺织品、建筑材料、商业和医疗器材等提供持久有效的抗菌处理方案。公司中经验丰富的化学配方工程师、高分子工程师和微生物学家团队已经为许多种材料设计了有效的抗菌方案,如高分子聚合物、纺织品、涂料、陶瓷、纸张和黏合剂等。美克邦如今在全球的制造业合作伙伴超过 150 个,这些合作伙伴生产的 750 多种产品都采用了美克邦的抗菌技术。

美克邦的产品从三个层面为其合作伙伴创造价值:①改进合作伙伴的产品质量。美克邦通过为合作伙伴解决日常生活中与细菌和霉菌接触的问题,从而提高合作伙伴产品质量,影响最终消费者的偏好。②创造一个差异点。美克邦在许多垂直行业和产品类别中寻找合作伙伴(这些产品的消费者都关注平时与细菌接触的问题)并承诺只为该伙伴供货。③提供一种新的市场策略。美克邦除了提供有质量保证的产品外,还为其合作伙伴提供进入市场的战略咨询,这主要基于主产品类别中的消费者对抗菌保护的需求。

资料来源:菲利普·科特勒,弗沃德.B2B 品牌管理[M].楼尊,译.上海:格致出版社,2008.

 本章学习目标

1. 组织市场产品战略的内容与特点;
2. 组织产品线和产品组合定位;
3. 组织营销的产品管理策略;
4. 组织购买品定价的特征与挑战;
5. 组织市场中的定价方法。

在现代经济环境中,能够明确地识别组织市场产品价值是很困难的,其原因在于组织市场提供的产品最终都成为零售商品的组成部分,但是组织市场产品在任何一个时期,根据不同的产量计算方法,都可以占据一个国家国民生产总值的 1/3~1/2。本章将首先对成功组织产品的核心竞争力进行分析,并对占领领导地位企业的战略进行讨论。其次,从客户的角度审视组织产品应该如何生产、管理和定价。最后,就我国组织营销的产品战略进行分析。

第一节　组织市场产品战略：以产品质量和客户价值为基础

组织市场产品的销售对象是工商企业、政府或机构，不包括由零售商销售给最终消费者的产品。组织市场产品与消费者产品在战略实施上既有联系又有区别，两者相同之处在于，产品战略都应以质量和为客户创造价值为基础，不同之处则由两种产品不同的特性所决定。

一、组织市场产品战略的内容与特点

（一）组织市场产品战略的内容

产品战略（product strategy），主要是指企业以向目标市场提供各种适合消费者需求的有形和无形产品的方式来实现其营销目标，其中包括对同产品有关的品种、规格、式样、质量、包装、特色、商标、品牌以及各种服务措施等可控因素的组合和运用。产品战略与产品战术相辅相成，战略决定战术，但战略的实现也需要战术的实施作为基础。

组织市场的产品战略应包括如下内容：决定一个企业的基本产品政策；建立与先前定义的市场目标相一致的具体产品目标；决定哪类产品和服务将会生产上市，建立生产线。这些决策一经确定，战术组合就会成为执行这些决策的战略性工具。这些战术组合通常包括决定将要生产的具体产品或服务、开发这些项目的品种规格、确定品牌名称和商标、确定合适的包装，同时考虑某些支持产品的具体服务项目，比如保证书、技术帮助和售后服务等。

无论在组织市场还是消费者市场，产品战略应该是由市场导向的。但不同之处在于，消费者市场中产品提供的价值可以根据消费者需要的利益类型，划分为两个基本类型：功能类型和象征类型。比如消费者购买名牌手表或是昂贵的汽车，从功能类型上看，是满足消费者个人看时间和交通方便的需要，但从象征类型来看，则可以通过名牌手表和昂贵的汽车反映出社会地位和身份。但这种利益类型的划分，在组织市场上并不常见，因为组织产品或服务不是供个人使用，而是供组织使用，购买主要出于功能和实用的考虑。因此，当一个组织将市场作为组织产品和服务存在的基础性原因时，首先要考虑产品或服务能否满足市场的功能性需求，如果不能满足，它的销售额将下降，市场将枯竭。有很多组织营销管理者和制造商有这样一种倾向，即将组织营销看作产品和服务被开发出来之后再进行的分销、促销和定价等活动。这种观点是错误的，是一种产品导向而非市场导向。实际上，市场导向的产品战略应该在形成之时就要充分考虑分销、价格和促销等其他子战略。

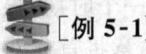[例 5-1]　　　　　　　三星的 B2B 产品战略

三星在全球 B2B 领域已经是领先的商用服务提供商，尤其在韩国市场，有很多全球领先的行业应用案例。三星在全球加强发展 B2B 业务战略同时，在中国的 B2B 业务也出台了新的发展思路，三星将逐步加强为商用客户提供以客户体验为核心的商务应用产品

和解决方案,主要包括笔记本电脑、显示设备、打印输出设备、高清电视多媒体设备,以及电子政务、远程教育、酒店互动服务等系列解决方案。

为实现战略目标,三星调整中国B2B业务战略,从业务模式、渠道战略和产品重心三个方面强化三星B2B业务能力,其中重点强调的就是客户导向的业务模式。三星客户导向模式主要包括以下几个方面:细分的客户市场、客户导向的管理机制、客户导向的销售管理与目标管理。同时为客户导向模式提供支持和配合的,还包括三星制定的面向客户的产品战略,具体体现在三星的B2B业务并不是简单地卖产品,而是针对客户的特定需求提供整体解决方案。比如为银行提供打印解决方案,绝不是提供打印机就够了,打印机如何适合打印支票?如何打印身份证的要求?这些都需要整体解决方案的支持。因此,三星需要和设备提供商一起研发出适合客户需求的解决方案,把最适合的产品提供给最适合的客户。

资料来源:佚名.三星启动新战略国内B2B市场面临格局变动[OL]. http://it.enorth.com.cn/system/2008/03/24/003027154.shtml,2012-12-08.

(二)组织市场产品战略的特点

最终消费者市场和组织市场上所定义的产品战略基本上是相同的,但由于相关产品和消费者的特性不同,二者在实践中也有差别。表5-1就描绘出了最终消费品生产者和组织用品的制造商的基本差异。我们看到,服务在组织产品市场中特别是售前服务中起着非常重要的作用,组织市场的客户视技术支持和其他售前支持性活动为产品战略的重要方面。产品支持活动包括客户雇员的培训、安装及自动修理工具等。

表 5-1 消费者市场与组织市场产品战略要素对比

战略要素	消费者市场	组织市场
在营销组合中产品的重要性	重要,但有时会因价格与促销活动而不能得到显现	非常重要,有时比其他组合要素更重要
要求	为满足消费者直接需求设计产品	产品必须考虑附加于直接需求的派生的和组合的需求
产品的购买/使用者	购买者和使用者通常是同一人	购买者和使用者通常不是同一人或同一部门
特性	大量生产很普遍	通常根据产业客户的特殊需求设计生产
产品生命周期	一般较短,常因流行趋势、时尚及消费者的期望变化而改变	一般较长,特别是传统组织产品;但高科技产品则较短
产品支持活动	对某些大型消费品很重要,但在其他产品上则不同	通常对许多产业用户很关键,包括在技术条件方面的支持
包装	保护和促销作用	主要是保护,很少有促销作用
外观特性	对产品成功很重要	对大多数产品来说不重要
新产品的失败率	很高,估计为80%以上	较低,一般为30%~40%
市场营销研究的重要性	通常是新产品开发的一个主要因素	通常在新产品开发中不是决定性因素

一般来说,产品生命周期在组织产品市场中显然要比在消费品市场中更长。即使从源于派生性需求的情况来说,大多数组织产品和服务也比其相对应的最终消费品有更长

的产品生命周期,因为最终消费品中的流行趋势增强和消退会对产品生命周期产生很大的影响。

技术条件经常在企业间营销中扮演着不同的角色,当技术条件融进全部产品的生产和分销时,它们就变得越来越重要了。大多数个人消费者其实并非基于技术条件而购买,但大多数的组织都是基于技术条件而购买。在这一点上,无论商业产品还是专业化的产品都是一样的。此外,许多组织产品市场上的专业化产品也被精密地改造成了适用于消费者的专业化产品。

在失败率方面,新的组织产品低于最终消费品。研究显示,某些最终消费品的失败率超过90%,而在组织产品市场上这样的失败率则在30%～35%。这些区别可能是由于组织市场有较少的消费者因而可以较好地了解他们的需求,同时也是由于组织市场的管理者通常把较大的精力放在他们自己的营销组合上。

在组织市场上的营销研究通常比消费者市场上的营销研究扮演较小的角色,特别是在那些需要技术较多的产业中。造成这种情况的原因很多,但通常是因为组织市场是由工程和研发(R&D)系统开发的。它们具有开发比这种产品所需的复杂的技术,但人们通常不相信消费者(客户)会需要更复杂的产品。

二、产品质量与客户价值

无论在消费者市场还是组织市场,为客户创造价值是所有企业必须遵循的最基本战略,在影响企业为客户创造价值的各种因素中,产品质量是起着直接影响作用的首要因素。相对于消费者生产商,在组织市场中提出产品质量的价值主张,会影响到最终产品生产的整条供应链,因为要保证最终产品的高质量,对每个阶段的供应商包括零部件供应商、生产设备制造商甚至服务供应商都提出更高的质量要求。例如通用电气公司在全企业范围内实施六西格玛(six Sigma)的质量目标,所谓六西格玛,是指100万件产品中只允许有三四件不合格产品。通用电气公司不仅在公司内部全面实行六西格玛质量标准,还帮助其供应商运用该方法,而对高质量的追求,也使通用电气公司成本节省高达数十亿美元,同时产品和服务质量得到了根本性的改进。

(一)产品质量的内涵

产品质量的评价标准包括三个层级(见图5-1),更高层次的质量评价标准意味着能给客户带来更高的价值。第一个层级是产品能进入市场的最低要求,指产品符合某种标准或成功达到该行业的技术规格。该标准是一个产品能为客户所接受,并能体现其效用的要求,如果一个产品未能体现出这个层级的特征,将无法满足客户的需求。

第二个层级对质量的认识超越了技术标准的内涵,而将质量视为能全面提高客户满意度的必要条件。在这个层级中,企业将全面质量

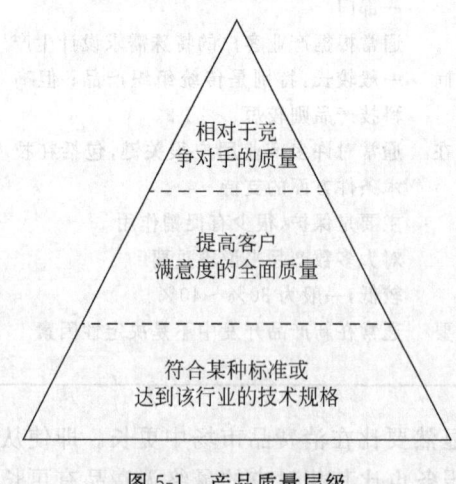

图5-1 产品质量层级

管理和客户满意度作为推动产品质量提升的标准,并假定客户在选购产品时,会认为高质量、高服务的产品具有更大价值。

第三个层级的质量观念不再是绝对标准,企业会将自己的产品与竞争对手比较,关注的是在同一市场中与竞争对手在质量和价值方面的差距。只有在产品质量和满足客户需求方面优于其他竞争对手,企业才能在竞争激烈的同质化市场中取得战略优势。

[例 5-2]　　　　　　　　国际标准化组织

国际标准化组织(International Standard Organized,ISO)是由各国标准化团体组成的世界性联合会,制定国际标准工作通常由 ISO 的技术委员会完成。中国是 ISO 的正式成员,代表中国的组织为中国国家标准化管理委员会(Standardization Administration of China,SAC)。

标准可帮助各种类型和规模的组织实施并运行有效的质量管理体系。这些标准包括:

ISO 9000 表述质量管理体系基础知识并规定质量管理体系术语;

ISO 9001 规定质量管理体系要求,用于证实组织具有提供满足顾客要求和适用法规要求的产品的能力,目的在于增进顾客满意;

ISO 9004 提供考虑质量管理体系的有效性和效率两方面的指南。该标准的目的是组织业绩改进和顾客及其他相关方满意;

ISO 19011 提供了审核质量和环境管理体系的指南。

上述标准共同构成了一组密切相关的质量管理体系标准,在国内和国际贸易中促进相互理解。

资料来源:赫特 M D,斯潘 T W.组织间营销管理[M].侯丽敏,朱凌,甘毓琴,译.北京:中国人民大学出版社,2011.

(二)客户价值的内涵

客户价值(customer value)是指组织市场客户给予感知利益和感知成本,对产品和服务做出的总体评价。从上述理解可以看出,产业市场中的客户价值由利益和成本构成(见图 5-2)。

客户利益有两种形式,分别是核心利益和附加利益。其中核心利益是组织购买者利用该产品或服务所满足的基本需要,比如组织产品的质量、组织产品的功能等。为进入客户的采购商名单,组织供应商必须完全达到客户要求的核心利益。附加利益则是供应商差异化的特点,具体指除了供应商都能提供的特性外,还能够为买卖双方关系增加的价值特性,比如及时交付、专人服务等。

客户为获取价值需要付出的成本包括三种类型,分别是:拥有成本,往往指购买产品或服

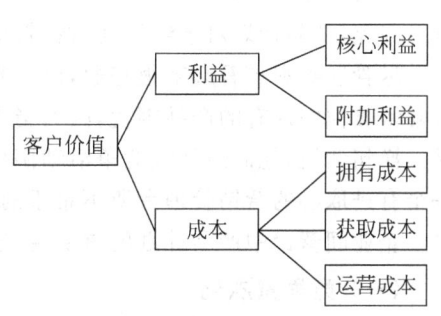

图 5-2　组织市场的客户价值
资料来源:郭毅,侯丽敏.组织间营销[M].北京:电子工业出版社,2011.

务所支付的价格；获取成本，比如订单成本或配送成本；运营成本，比如无差错的零部件输入能降低运营成本。

客户价值的大小取决于利益与成本的差额，因此对于组织供应商而言，要提高客户价值，就应该尽可能地扩大利益，同时降低成本。在客户利益部分，有研究表明，附加价值比核心价值更能影响客户，因为核心利益已经成为供应商进入该细分市场的基本条件，也就意味着所有合格的供应商都能提供优质的核心利益，所以附加利益成为客户做选择时区分供应商优劣的关键因素。组织间营销者可以利用政治服务或合作关系影响附加利益，强化与客户的关系。例如电脑供应商在为组织客户供应办公电脑时，可以根据该客户所在的行业和电脑的具体用途，提供电脑配置咨询服务，并承诺为其提供上门维修服务。在客户成本部分，组织营销者制定的战略应集中在帮助客户削减运用成本。

第二节 组织市场中的产品计划和管理

产品计划和管理体现为与企业提供的产品和服务相关的一系列决定。通过对产品制定计划及进行管理，组织间营销企业试图对核心竞争力进行投资以满足客户需求，并建立持续的竞争优势。本节将详细阐述以产品为基础而制定的计划和管理措施及其重要性与方法。

一、产品生产计划的重要性

产品战略在有效的市场营销管理中是一个基本的因素，在组织产品市场中很少有企业可以只通过不断地将现有产品销售给老的或新的顾客而能获得持久发展。在市场饱和及技术产品相对较快的衰退情况下，只关注市场渗透战略和市场扩展战略而获得成功是不可能的。所以，对大多数获得了持续发展的组织产品供应商而言，产品生产计划是获得竞争优势的关键因素。但是，我们也应该认识到，新产品开发一般并不等于全新的发明，而是对现有产品和服务的改进。因此，发明和简单拿来主义从来没有成为新产品的主要来源，绝大部分组织产品是出于适应需要和市场机会的变化而生产出来的。从组织营销者的角度来说，为了成功地营销，营销者必须重新审视市场营销战略中对新产品的需要。在产品战略和营销计划中，营销者必须重视新产品开发，否则，整个组织就会陷入营销灾难。因此，产品计划对于组织间营销管理者来讲是至关重要的。

尽管这些观点看起来很普通，但在实际企业间营销中它们却常常被忽视。营销管理者常常被他们现有的产品困扰，因为当需求上升或下降时，他们并没有准备替换现有的产品。换句话说，他们经常被竞争活动搞得不知所措，结果会由此走向战略的反面，而这是一个有进取心的营销管理者所不希望的。

企业间营销中产品计划的重要性，还可通过以下因素给以说明。

（一）竞争激烈化

由于日益激烈的国内和国际竞争，现在的组织购买者在购买时有了更多的选择。新的材料、新的工艺流程、新的技术和新的供应资源要求组织产品营销者具备更快制定产品战略的能力。就组织产品市场来看，大部分组织销售的产品在设计、工艺、用途和技术要求上都发生了巨大变化,这些变化给现代企业的营销者和负责产品计划的人带来了巨大的压力。同时,组织产品营销者还要面对市场全球化的挑战,这使他们的竞争压力更大。例如,中国的工业产品和服务的生产者要同时与中国市场和国际市场的生产者进行竞争。

(二) 派生性需求

派生性需求迫使营销者必须密切注意产品计划。现代社会,最终消费者的欲望和需求比以前变化越来越快,这种情况对那些用于生产转卖给消费者市场的组织产品和服务的需求产生了极大的影响。因此,组织产品营销者不能仅仅依靠产业客户的需求制定产品计划。

(三) 企业购买日益成熟

组织产品采购的专业人员和其他影响购买的人变得越来越精明干练。专业人员使用价值分析和计算机分析方法来严格判别产品的质量和功能,于是有效的产品计划便成为一个基本要素,它能够满足购买者和购买影响者特殊的需求。

(四) 节省劳动力的需要

在采购活动中,购买者不断地寻求能够节省劳动力的设备和材料,随着劳动力成本和原材料成本的上涨,以及最终消费者对价格越来越敏感,组织购买者会不断在采购时强调这种观点,即使是对现有产品相当满意,他们也会出于节省劳动力的考虑而改变主意。这种组织客户节省劳动力的需要对产品计划,特别是出售给使用者客户这一点上产生了巨大的影响。

(五) 节省能源的需要

从 20 世纪 70 年代中期以来,由于能源利用效率的降低和有效利用能源的成本增加,能源短缺已经成为国际共识。因此制造商在不断地寻找能够在操作过程中降低能源耗费的产品。研究表明,组织产品购买者和购买影响者对于操作的经济性,以及在操作中节省成本一直非常感兴趣。产品计划必须同这种变化的购买方式相适应,营销者将不断地销售产品给此类顾客。

(六) 新产品失败成本

组织产品的试制失败将产生相当庞大的成本。一项新的产品意味着需要投入一条新的生产线、新的设备、新的材料、新的劳动力,如果新的产品失败,所有这些都将计入成本中。美国的 General Dynamics 的太空分部由于 880 式和 990 式喷气飞机的失败损失了 45 亿美元;Eaton Corporation 花了 30 年研究自动化工业使用的空气床业务,在这项冒险中损失了 2 亿美元;Exxon 为生产电动马达控制而损失了 1.9 亿美元。在组织产品市场中产品失败的高成本成了产品计划的一大重点。

(七) 新产品失败率

新的组织产品研制与推出是有风险的,一项研究表明,大约 35% 的新组织产品会走向失败。这个高比率加上组织产品失败的高成本给营销管理者带来了巨大的压力,因此,他们就需要更加谨慎和有效的产品计划。这些理由清楚地表明为什么在组织间营销战略中总对产品计划吹毛求疵。由于新产品的重要性,组织产品市场领域自觉地将开发新产品战略作为其全球合作战略中的关键问题。

[例 5-3]　　　　　基建投资减速引发的行业增速下滑

2012年10月26日,中国工程机械工业协会会长祁俊在参加一个论坛时表示,尽管工程机械行业从2011年下半年开始增速明显放缓,但是协会暂不打算下调"十二五"规划目标,2015年底行业营收9 000亿元、年均增速17%的目标预计能实现。

但祁俊同时表示,对于2012年初原本预计的全年增速可以达到12%的目标,实现的难度很大,协会最新的预测是全年同比增速会下降至4%~5%,2013年回升至12%。

据悉,由于4万亿元投资过后中国的基建投资减速,工程机械行业增速急剧下滑,部分产品2012年前9个月的销售额甚至同比下降达到40%。这种情势下,对于9 000亿元的"十二五"规划目标,多数业内及市场人士产生了怀疑。协会公布的数据显示,行业增速仍在下降中。9月份汽车起重机增速同比下降19%,挖掘机下降33%,装载机下降38%。

资料来源:周莉.2012年工程机械增速预计降至4%[OL]. http://stock.sohu.com/20121026/n355806606.shtml,2012-11-04.

二、产品线和产品组合定位

产品定位(product positioning)是指产品在特定市场上所占据的特殊地位,在与竞争对手的产品相比较的过程中,由企业通过衡量组织购买者对产品的评价和喜好来确定。因为组织购买者通过产品的各种属性来评价产品,所以组织营销者应该重视这些在购买决策中起重要作用的属性,并为这些属性寻找强有力的竞争地位。本节将通过对组织产品的产品线和产品组合来分析产品管理决策中的定位问题。

(一)产品线

组织产品和消费者产品的产品线有较大区别,虽然不同组织拥有的产品线不尽相同,但大体上可以分为以下四类。

(1)专有产品或目录产品(proprietary or catalog products)。这种产品线按照计划进行投产,关于产品线的决策仅仅与产品的数量增减相关。

(2)定制化生产的产品(custom-built products)。以一系列不同型号、不同附属品为基本单位的形式向组织客户提供产品,这一般是有能力的供应商为客户供货的方式,这些供货商可以向不同的顾客提供不同型号的产品,从而也为组织购买者提供了一系列购买选择。关于产品线的决策主要目的是提供合适的产品和附件组合。

(3)定制化设计的产品(custom-design products)。这种形式的产品线是为满足一个或一小部分用户的需要而进行设计、生产,其数量可能是单件的,比如特殊的机械设备;也可能是相对大量的,比如赛车部件。这类产品的生产体现了制造商的能力,这种能力最终要转化为能满足组织客户需求的产品。

(4)工业品服务(industrial service)。供应商提供的并不是实体产品,而是组织客户所需要的维修、技术服务或管理咨询等方面的能力。

(二)产品组合

产品组合是指一个企业生产经营的所有产品的有机构成与数量的比例关系,与产品组合相关的四个概念分别是广度、长度、深度和黏度。

(1) 产品组合广度(又称为产品组合宽度)。广度是指产品线的总量,一般而言,产品线越多意味着企业的产品组合的广度就越宽。比如某家汽车配件生产公司有 4 条生产线,分别为不同的汽车制造商提供 4 种配件,那么该公司的产品组合广度就是 4 条产品线。如果另一家汽配公司的产品线是 8 条,那么,具有 8 条产品线的企业的产品组合广度就要宽于拥有 4 条产品线的公司。产品组合的广度表明了一个组织经营的产品种类的多少及经营范围的大小。

(2) 产品组合深度。深度是指在某一产品线中产品种类的多少,其表示在某类产品中产品开发的程度。如某公司所生产的汽车离合器片有 4 个品种,其汽车离合器片生产线的深度就是 4。若汽车轮毂有 8 个品种,则汽车轮毂产品线的深度比汽车离合器片产品线要深。产品组合的深度往往反映了一个企业产品开发能力的强弱。

(3) 产品组合长度。长度是指企业产品项目的总和,即所有产品线中的产品项目相加之和。比如上述汽车配件公司的汽车离合器片产品线有 4 个产品项目;汽车轮毂产品线有 8 个产品项目;汽车变速器生产线有 3 个产品项目;汽车传动轴有 4 个产品项目。那么,这家公司的产品组合长度就是:4+8+3+4=19(个)。

(4) 产品组合黏度(又称为产品组合的相关度)。所谓产品组合黏度是指各个产品线在最终用途方面、生产技术方面、销售方式方面以及其他方面的相互关联程度。最终用途黏度体现为组织客户购买关联性(或称市场关联性)组合。如上述汽配公司同时经营汽车离合器片、汽车轮毂、汽车变速器和汽车传动轴,由于这四类产品都属于汽车传动系配件,因此该公司的产品组合就属于具有较高黏度的组合。生产技术的黏度是指所经营的各种产品在生产设备、原材料或工艺流程等方面具有较强的黏度,可称生产性黏度。销售方式的黏度一般是指各种产品在销售渠道、仓储运输、广告促销等方面相互关联,或称销售性黏度。产品组合的黏度与企业开展多角化经营有密切关系,黏度较大的产品组合有利于企业的经营管理,容易取得好的经济效益;而产品组合的关联度较小,说明企业主要是投资型企业,风险比较分散,但管理上的难度较大。

(三) 产品组合定位

在制定产品组合定位时,企业除了明确经营目标和对风险的承受能力,还需了解、分析竞争对手的产品线情况,以此作为决策的依据。企业可能采取的产品组合定位如下。

(1) 延伸定位。延伸定位是组织将产品线延长,时期超出现有生产范围的一种策略。其目的在于使企业聚焦于开拓新的组织市场,或是为了适应现有组织客户变化的需求,配齐该产品线的所有规格和品种,逐渐健全现有产品线。

(2) 扩充定位。扩充定位是指扩充产品的广度、深度、长度和黏度四个方面的内容。其优点在于提高设备和原材料的使用效率,减少经营风险,满足组织客户的不同需求等。

(3) 删减定位。所谓删减定位就是指采用专业化组织形式,是一种与扩充定位相反的市场策略。这种定位方法具体体现为减少本企业生产的滞销产品线或减产已出现亏损的产品,其优点在于提高生产效率与产品质量,降低生产成本,使企业扩大畅销产品的生产,获得长期稳定的效率。

(4) 特色定位。特色定位是指在每条产品线中推出一个或几个有特色的产品项目以吸引组织客户，从而适应不同细分市场的需求。在组织市场中，该定位一般表现为推出最低档或最高档的产品来表现自己的特色。

(5) 更新定位。更新定位是指对那些长度虽然合适，但产品质量、技术水平落后的产品进行更新，其目的在于实现产品线的技术升级，与组织市场发展保持同步。

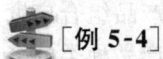[例5-4] 把握市场契机 扩充公司产能

潍柴动力自2010年实现营业收入632.8亿元以来，在重卡、装载机发动机市场占有率有所上升。虽然公司目前产品主要集中在8~12升发动机，应用于重卡、转载机、大客车市场，但考虑到我国中小挖掘机市场容量每年在十几万台，目前主要依靠国外进口，而潍柴动力自我评估认为公司产品价格可以控制在进口产品价格的一半左右；另外，我国中小客车市场容量每年也超过30万台。因此，潍柴动力决定着手开发5~7升市场，主要配置中小挖掘机市场和中小客车市场。中小挖掘机目前正在与三一、中联、柳工等企业进行适配；中小客车则与宇通、黄海等厂家进行适配。通过产品线的扩充，潍柴动力的产品线将实现可持续性扩展，综合竞争力有望进一步提升，从而缓解市场环境变化带来的重型设备销量的压力。

资料来源：光大证券有限公司. 潍柴动力：市场占有率有所上升[OL]. http://stock.stcn.com/common/finalpage/yb/2011/20110331/918221.shtml, 2012-11-04.

三、组织营销的产品管理

营销管理者在产品有关的决策中往往充当决策制定者的角色，在许多组织的产品营销实践中，产品战略中的营销问题是营销管理者的直接责任。然而也有一些企业，它们利用不同的可选择的产品管理方式将有关问题放到总体营销组合战略中。在这些产品管理方式中，常见的类型包括：①产品经理制；②新产品委员会；③新产品项目组；④风险投资管理小组。这些方式或是独立的或是联合起来发挥作用。

(一) 产品经理制

产品经理(product manager)参与组织产品市场的每个环节，因为许多营销管理者发现产品问题是如此重要和复杂，以至于需要专业人士才能胜任管理该领域的工作。产品将成为成败的关键因素，非专业人士将无法在有关产品领域胜任工作，因此专业人才、产品经理将成为关键人物。总地来说，产品经理的责任是协调企业特定产品或产品线的营销和销售力量。就这一点来说，产品经理要向市场营销管理者报告，就像广告经理、销售经理、市场营销研究经理和其他一些营销人员一样。有研究表明，在做决策时，产品经理与消费者、分销商、销售人员、工程技术人员、广告代理、产品开发人员、营销研究人员等是相互影响的。产品经理的责任包括开发与审查产品概念构想，确定新产品计划，为产品制定市场营销计划；他还要与销售经理和销售人员一起研究销售战略，与广告经理和广告代理一起研究合适的促销计划，和销售促进人员研究产品包装，与分销经理研究如何设计高效的分销渠道、确定合理的价格以及提供必要的服务与技术支持。表5-2列出了组织产品市场中产品经理的职责与任务。

表 5-2 组织产品市场中的产品经理职责与任务[样本数=69]

职责/任务	所调查企业中具有此项职责/任务的企业百分比/%
监督产品开发进展	91
决定产品属性或更新现有产品	70
启动产品再造工程	67
决定产品删减	65
决定哪些产品逐步淘汰	65
决定进入或退出市场	64
推动和控制新产品的概念形成	64
负责产品赢利能力	62
研究并提出产品预算要求	61
修改产品价格	58
提出促销战略	57
促进市场研究分析	57
确定价格战略	55
确定销售目标和目的	55
参加产品委员会会议	52
制定产品控制标准	45
决定增加何种新产品并负主要责任	42
决定产品的分销渠道	39
主持产品委员会	36
决定促销组合类型	35
控制包装的变化	25

简单来说,产品经理就是要把产品从构思阶段带到具体实施阶段,并为顾客提供售后服务及技术支持并带回反馈信息——"从概念到市场的利润收益"。产品经理是市场营销策略专家,还可能同时承担广告经理、销售经理、分销经理、销售促进经理及市场营销研究经理等职能。但最大的不同在于,一个公司有多少产品经理将取决于它们的生产线结构。一个面对组织市场的企业,是否该实行产品经理制,应该考虑企业自身是否具备以下条件:①企业具有多产品线或多品牌;②企业有矩阵式组织模式的成功实践;③管理者特别是中高层管理者具有流程化组织的管理意识;④具有较高素质的产品经理人选,这些人要在技术、市场方面具备足够的经验,在公司内部具有较强协调能力和威信;⑤财务部门能建立以产品为基础的核算体系,为每个产品进行生命周期的成本收益分析。

产品经理在组织产品市场上常被等同于消费者市场上的品牌经理,实际上他们最基本的职责是非常相似的。若不管术语本身如何,产品管理或品牌管理属于一种特殊类型的管理,其特点由所涉及的单独产品所决定。产品经理和品牌经理的努力都是直接针对单一的总体预算产品的管理。尽管存在基本的相似点,但调查表明两者之间还有以下不同点:①产品经理比起品牌经理一般更有经验,所负责的产品更多;②与品牌经理相比,产品经理更多地处理产品分销、销售和顾客方面的问题,而较少关注市场营销研究、广告和广告代理等问题;③产品经理不像品牌经理那样专注于促销和市场研究决策,他们更专注于价格和分销决策。

组织产品市场中产品经理设置任用情况可由一个调查研究结果说明。调查研究显示,在被调查企业中,85%设有负责管理现有产品的产品经理,63%设有负责更多日常产品线更新的经理,还有43%的企业让产品经理负责制定主要新产品计划。这个研究结果表明,在企业间营销中,产品经理的概念是很普遍的。

(二)新产品委员会

新产品委员会委员的选择是由企业内各部门抽调成员组成的委员会决定的。例如,一个企业成立一个新的产品委员会,其成员可能来自诸如生产、工程技术、采购、销售、市场营销研究及研发等各部门。通常,这些人除了行使正常的职责外,他们从事的工作还涉及产品开发各领域的工作,这种方式基本的目的是在新产品决策时加强职能领域的代表性,它鼓励所有代表性的部门紧密地一起工作,不再受传统的组织上的障碍和限制。

这种方法尽管听起来是合理的,但它经常有执行上的严重缺陷。由于这种委员会的成员是临时组建的,所以会造成约束责任不清,而且职能部门有时会将不称职的人派去服务。例如,没有理由会使一个工程技术部门的领导派他的高级工程师去接受这个临时的任命,而被派出的工程师也是勉强在这样一个临时岗位上工作,因为这个岗位与他的职业道路的目标是不一致的。

新的产品委员会在企业间营销中的应用范围小于产品经理的应用范围。研究发现,被调查的工业企业中有37%从不利用这种委员会,即使那些确实应用的,也只有25%的企业用其进行决策目标的制定,通常这种委员会主要被用于交流和协调。产品经理的概念和新产品委员会应该结合起来使用,前者的应用不会阻碍后者,事实上两者通常是共同被采用的;产品经理监督现有产品,并可能同时还为一个致力于新产品决策的委员会服务。

(三)新产品项目组

新产品项目组是新产品委员会的一种延伸。该项目小组单独负责新产品设计开发,并与其他同级职能部门一样直接向高层管理机构汇报;另外,该项目小组由来自各部门的专家组成,并任命一个项目经理。通常,小组成员被任命分派到项目小组工作较长一段时间,一直监察新产品项目直到结束。当这些成员在项目小组任职时,他们在其他部门的工作还给以保留。实际上,项目经理就是产品经理的一个类型。这种项目小组概念的优点在于它允许新产品委员之间的沟通和合作,同时又克服了后者临时职位的劣势。然而这一概念也有它的局限性。例如,有资格的职员也许不会被它所吸引,这是因为它可能会失去相对的持续性和客观性。另外,在一个项目小组中安排新产品,其责任有别于传统的部门,"精英主义"会导致其他部门的疏远。对于新产品委员会来说,其局限性更多在于它的执行方面而不在于其概念本身。

项目小组多用于组织产品市场。上述同类研究发现,在被调查的企业中有16%的企业经常使用,有65%的企业有时会使用。当然,项目小组可以与其他产品管理方式结合使用。

(四) 风险投资管理小组

风险投资管理小组是产品管理的新方法,是项目小组的延伸。通常它被用于开发与公司现有产品线完全不同的新产品和新业务。它作为组织形式比项目小组更具长期性,如果风险投资被证明是切实可行的,那么该小组的成员就会负责新部门的经营管理,或者辅助投资项目具体的实施。风险投资管理小组通常具有以下特点。

(1) 风险投资管理小组从组织上与公司的其他人员分开编制。
(2) 小组成员是从公司不同的职能部门招募的。
(3) 一些长期性的组织部门中现有权限不能适用于风险投资管理小组。
(4) 该小组经理要经常向最高管理层报告,并且有权做出主要决定。
(5) 小组没有最后期限,而且一直维持至任务完成。
(6) 没有时间压力,有助于培养创造性和革新精神。

这种管理方式的主要优势在于拥有专业化的成员、长期性和决策权。而其劣势则在于其他部门必须配合,提供高素质的职员,但这类职员是他们永远也不愿意放弃的。上述研究发现,42%的被调查企业运用过这种管理方式,这表明在企业间营销中产品管理的复杂性。同时,这一结论还指出了此种管理方式对于营销的重要性——如果企业正准备组织或重新组织以期更好地管理生产。

第三节 组织市场产品的定价策略

对一个行业的产品或服务进行定价并非一个简单的公式就能解决的,与消费者市场相似,组织产品市场上的定价决策也是多维的,许多相互作用的影响因素在企业营销战略中起着重要作用。把握这些关键因素,有助于组织营销者针对竞争对手或客户需求制定出合理的价格,以实现必要的利润目标。

一、组织产品定价的特征与影响因素

价格在组织产品市场中所起的作用与其在个人消费品市场中所起的作用基本上是相类似的,尽管二者之间仍存在某些差别之处。例如,许多组织产品购买者认为相对于明确的交货期、产品质量、制造商提供的服务和技术支持而言,价格并不是首要考虑的购买因素。对于这些购买者来讲,如果供应商不能按时按量交货,或者产品质量很差,那么购买此类低价格的产品是毫无意义的。比如,如果制造商更换了供应商,用更低的价格购买生产所需零部件,但是新的供应商不能按时交货而使生产线处于停工状态时,对于制造商而言,购买价格上的节省被停工带来的损失所抵消。

(一) 组织产品定价的特征

从定价决策的角度来看,组织市场和消费者市场存在比较明显的区别,表5-3对这方面进行了比较,从而看出组织产品市场价格战略要素的特点。

表 5-3　个人消费品市场与组织产品市场价格战略要素的比较

影响因素	个人消费品市场	组织产品市场
营销活动中价格战略的重要性	通常为主要因素，而且价格是客户需求的主要决定因素	在竞标的情况下，定价至关重要；在其他情况下，价格可能不如服务、送货和技术支持重要
需求弹性	行业需求富于弹性还是缺乏弹性，取决于产品的种类，企业的需求也是如此	由于存在派生性需求，行业需求常常缺乏弹性；而企业的需求是否有弹性，则取决于竞争产品的多少
竞争性投标	在消费品营销中并不常见（拍卖除外）	在组织产品市场中很常见，有很大一部分组织产品的营销均涉及不同形式的竞争性投标
谈判定价	在大型客户采购诸如房产等商品时，有时会发生；对于大多数消费品来说通常不会发生	在企业间营销中相当常见，甚至在竞标的情况下也会发生。几乎涉及与重要的采购活动相关的各种情况
价目表价格和净价	在多数消费品采购中，客户会按照价目表价格或固定价格付款	价目表价格和净价几乎被应用于组织产品销售的所有领域。客户很少按照价目表价格付款
折扣	有时会给予付现的购买者一些折扣，其他类型的折扣则很少使用	基于诸如产品购买数量、客户类型以及信用等级的折扣十分常见
财务支持	在个人消费品市场中很常见	在企业间营销中同样很常见，但可能会采用租赁或其他形式的长期筹资

（二）组织产品市场价格决策的影响因素

深入分析那些决定顾客购买愿意支付的最终价格的因素，有利于营销者制定出有助于企业成功的竞争性定价。在这些因素中，有些因素对组织而言是内在因素，组织有能力和办法有效控制这些因素的影响；但有些因素是外在因素，是组织无法控制的，组织在制定价格决策时应该充分考虑这些因素的影响。在组织营销定价决策中，需要考虑的影响因素如图 5-3 所示。

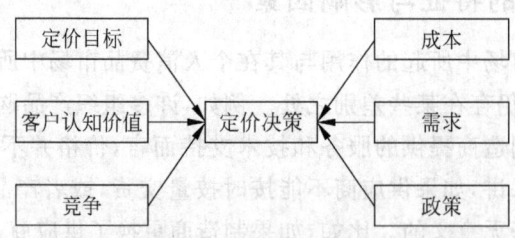

图 5-3　组织产品定价决策过程的关键因素

1. 定价目标

营销管理者的定价决策应和公司的定价目标相一致。此定价目标是依据公司的整体目标和营销目标确定的，而且不同企业的定价目标也不尽相同。常见的组织产品市场定价目标主要有五种，即实现投资的目标回报率；实现稳定的价格和收益；保持或提高市场地位；面对或进行竞争；与产品的差异性相关的定价。

目标回报率定价是指管理者将产品的定价活动看作一个投资项目。在产品上的投资是确定的，而且产品的预期生命周期是可以估计出来的。该种定价方法的主要做法是对处于不同生命周期、不同可能价格之下的产品的销量和公司的利润进行研究，以便确定采用何种价格才能实现预期的投资回报率。

保持价格或利润稳定的定价。保持价格稳定的定价是指营销管理者尽力保持市场中价格的稳定并进行非价格性的竞争活动。保持利润稳定的定价基本上是一种成本加成定价方法，即无论成本发生何种变化，营销管理者都努力保持公司的收益不变。

在以市场占有率为定价目标时，营销管理者试图运用价格来提高、保持甚至是降低本公司的市场占有率。例如，若希望提高市场占有率，公司就会通过降价来最终实现这一目标。

竞争性定价目标是指公司希望通过确定其产品价格来跟随或挑战其竞争对手。例如，竞争者跟随行业领导者的价格进行定价。

有些公司的定价是以期望其产品与众不同为目标的。高质量产品的定价较高，而那些差异化程度低的产品反映在价格上就表现为与竞争对手的产品价格很接近。

诸如此类的定价目标会影响实际的定价决策。例如，以前美国钢铁公司的主要价格目标是实现 8% 的税后投资回报率，其次的目标是保持价格和利润的稳定，并保持 30% 的市场占有率。同时，国家钢铁公司的主要目标是做市场价格的追随者，次要的目标是提高市场占有率。因此，即使当公司的产品完全相同时，竞争对手所制定的价格也是不同的，造成这种价格差异的原因不是产品或客户不同，而是由于公司的定价目标不同。管理者或价格分析者进行定价决策时，应将上述目标与客户价值、竞争和成本综合起来进行考虑。

2. 客户认知价值

组织产品定价中一个重要的因素是客户认知到的产品或服务及其相关价值，组织产品采购者及采购影响者都不会以超过该认知价值的价格来购买该产品。因此，客户的认知价值就决定了产品价格的上限。在尝试评估客户认知价值过程中，营销管理者应认识到这个价值并不等同于产品价格，客户所能支付的最高价格可以表示为客户认知的利益（perceived value）。

该种影响因素涉及一个关键环节，即对于组织营销者而言，应该如何衡量顾客可感知价值呢？因为在交易过程中，即使是相似的竞争产品，组织顾客对其感知的价值也会不同，产品的定价也就有所不同。要解决这个问题，组织营销者首先需要了解本企业提供的产品有哪些属性会影响到顾客的感知价值，并按照其重要性进行排序，该过程可能需要营销人员走访企业客户，或对细分市场进行深入调查。同时，营销人员还应注意，由于高产品性能以及优于竞争对手的产品属性必然会带来高产品成本，因此，企业必须充分了解不同属性对目标市场的价值，评估企业的竞争优势，从而确定产品的价值。

3. 竞争

竞争使价格存在一个上限，组织产品市场价格决策者在评估其他因素之前，往往要先进行价格竞争程度方面的评估，比如对抗或击败竞争对手的竞争性定价被视为定价活动中非常重要的因素。一项对67个加拿大工业公司的定价实践活动的研究表明,即使已经系统地确定了价格,也需要进一步对价格进行调整以对抗那些竞争对手。如果价格没有竞争力,产品就无法销售出去。这种行为在组织产品销售中很平常,其原因在于价格的制定者接受了由竞争设定的价格,然后价格决策者会对此价格进行调整,通过在竞争性价格的限制范围之内降低成本,以努力获取期望的边际收益。除了评估在不同细分市场中的产品差异化程度外,组织间营销者还必须知道竞争对手对特殊定价决策的反应,预测和评估竞争对手反应就变得尤为重要。

对于组织营销者而言,可以采用的预测竞争对手反应的方法包括检查成本结构、直接竞争者战略、潜在替代品生产者战略等,可利用的资料包括竞争对手公开的声明和年报。经验效应同样能用来评估竞争的成本结构,比如有递增学习曲线的竞争者比那些刚进入产业开始生产的企业拥有更低的生产成本。当企业能够估计到竞争者如何对降价做出反应并能预测未来价格走势时,对成本结构的估计就有价值了。

与消费者市场不同,组织产品市场很少将降低价格作为参与竞争的手段。因为如果管理者提高了某一具体产品的价格,而其竞争对手并未跟进,那么这种定价将使该产品失去市场。另一种情况,如果其竞争对手也跟着降价,那么价格战就发生了。在组织产品市场中,多数情况下价格战对发起的双方来说都是没有好处的。由于派生性需求的存在,许多组织产品或服务的行业需求是缺乏弹性的;当降价时,市场份额并不会增长,而收益则会受到损失。因此,竞争性反应的威胁使多数组织产品市场中的价格保持稳定。在这种情况下,由于价格的变化不能让公司获得收益,因此竞争的重点常常会转变为非价格竞争。

但组织市场中的降价竞争也有特殊情况,当某类产品的需求富于弹性,公司的总体收益将会增加,而且竞争对手不会自动地跟进降价甚至会涨价时,作为一种组织间营销工具,降低价格才有意义。这就是说,由于存在竞争,降价有很大的风险,只有当营销管理者相当肯定其竞争对手不能或不会进行反击,而且该产品的需求相对富于弹性时,才能够尝试使用降价。

上述情况说明了竞争在组织产品定价决策中的重要性,没有对竞争的反应进行评估就做出的定价决策是不全面的,而且可能导致营销的失败。营销管理者必须在做出定价决策之前就获知其主要竞争对手的信息及其定价行为。只有做到了这些,营销管理者才能合理地预测涨价或降价对成功产生的效果。当然,最好将上述信息输入到企业的营销信息系统,这样就可以随时得到有关信息。

4. 成本

组织产品定价过程中对竞争的关注是一种外部导向,而组织营销者还常常追求内部导向,即他们把产品价格基于自己的成本,成本决定了价格的下限,不考虑成本的定价是毫无意义的。通常,企业采取计算单位成本加上利润率来进行产品定价,这类定价就相当于将重点完全放在公司的供给曲线上,而几乎不关心需求曲线。

据估计,大约1/4的美国组织产品营销公司使用"成本加成"的方法进行定价,成本加成定价法被那些定价时很少做调研的组织产品公司广泛使用。研究表明,随着时间的推移,很多公司所使用的以过去的成本和估计的未来成本加上可接受的边际收益为基础的成本加成定价法仍然稳定可靠,并因此被认为是标准的方法。此外,许多将政府和公共机构作为营销客户的组织产品公司还使用如下成本加成定价法:"成本＋固定费用";"成本＋激励费用";"成本＋奖励费用";"单纯成本";"成本分摊合同"等。据此方法确定的产品价格,成本就成了价格确定中最基本的要素。

若要有效使用成本加成定价法,组织营销者首先需要明确成本从何处产生以及是如何产生的,只有这样,才能确立清晰的定价目标,并有效监测、控制和改进结果。一般而言,成本分为固定成本和变动成本。固定成本是指企业物流生产或不生产产品和服务,这一成本始终都会发生,即不随生产或销量变化而变化的成本。固定成本的识别相对较为困难,例如照明费用、管理费用等,这些费用必须加以科学地平摊才能准确计算出来。变动成本是指企业生产产品或服务时产生的成本,这一成本与产品的产量或销量密切相关,并随产量或销量的变动而变化,由于可以根据产量或销量进行推算,因此成本的识别则相对简单。

成本还可以划分为直接成本和间接成本。直接成本是指那些可以明确归结于一项特定项目、活动、产品或用于向顾客进行销售所支付的费用。间接成本则是指那些不能明确将其归结为某一个特定项目或者活动的费用。精确计算间接成本是一项非常困难的工作,因为有时几乎不可能知道哪些领域在使用这些资源时是可以获利的。总之,明确成本的来源对于企业根据成本制定价格非常重要,但是将传统意义的成本划分作为制定价格的起点,容易忽略客户的价值偏好、竞争以及产量和利润的相互关系。于是佳能、丰田和惠普等成功的企业,利用目标成本的方法在市场中制定具有竞争力的价格。

目标成本(target costing)以考察市场条件为起点,具体做法是企业要识别最具有吸引力的细分市场,接着决定在各细分市场中成功营销所需要的质量水平和产品属性的类型,在这个过程中需要同时考虑企业客户的价值偏好。通过以上步骤确定了产品质量和属性,也就能确定目标销售价格和边际利润,企业也就能继而进行允许成本计算。假如产品设计者不能获得可允许成本,那么战略成本的缩减将与短期利润下降相分离。从目标成本中区分出可允许成本的价值要看产品开发小组和供应商的压力,为了向供应商转移产品所面对的竞争成本压力,企业将新产品分解成一系列可接受的目标成本。

[例 5-5]　　　　**丰田公司的目标成本管理法**

很多人熟悉丰田式生产管理体系的代表——"适时制"(just in time,JIT)。然而,实际上在日本国内及欧美各国,丰田创始的管理会计制度——目标成本法所受到的重视并不亚于 JIT,甚至有超越 JIT 的说法。那是因为 JIT 仅为生产阶段的生产管理制度,而目标成本法则是进入生产阶段前降低成本与利润管理的综合性经营管理制度。根据丰田公司的定义,目标成本法是指从新产品的基本构想、设计至生产开始阶段,为降低成本及实现利润而实行的各种管理活动。

比如丰田汽车的全新改款通常每 4 年实施一次,一般在新型车上市前 3 年,就正式开始目标成本规划。每一车种(如 Corolla、Corona、Camry 等)设一个负责新车开发的产品经理,以产品经理为中心,对产品计划构想加以推敲,编制新型车开发提案。开发提案的内容包括:车子式样及规格(长、宽、重量、引擎的种类、总排气量、最高马力、变速比、减速比、车体构成等)、开发计划、目标售价及预计销量等,其中目标售价及预计销量是与业务部门充分讨论(考虑市场变动趋向、竞争车种情况、新车型所增加新机能的价值等)后而加以确定的。开发提案经高级主管所组成的产品规划委员会核准承认后,即进入制定目标成本的阶段。

资料来源:张义龙.丰田公司的目标成本管理法[OL]. www.manage.org.cn,2012-11-26.

5. 需求

需求水平对企业产品和服务的定价都有一定影响,基本经济学知识告诉我们,大量的需求将推动价格上涨,而较低的需求将促使价格下降。对于营销人员而言,难点就是在不同的价格点上预测不同的需求水平。由于组织产品市场中,需求水平和价格变化比在消费者产品市场中更加不稳定,这就让组织营销人员对需求的判断难上加难。为了建立有效的定价策略,营销者必须首先关注客户对产品或服务价值的认知。

(1) 价值评估(assessing value)。组织购买者如何评估产品交易的成本和收益决定了特定企业定价战略的属性。两个提供相似产品的竞争者可能定价不同,因为购买者对竞争者产品的认识并不相同,购买者即使面对同类型的产品,也倾向于认为某个企业可能比其他企业提供更多的价值。

(2) 经济价值(economic value)。经济价值是指客户放弃购买次优产品而购买某企业的产品所带来的成本节约或收入增加。某些产品或服务的属性是同类产品或服务都共同具备的,这是企业采购商选择产品时的最低要求;相反,某些属性是与具体供应商特征相联系的,能产生独特的、有别于竞争者的价值。对于采购商而言,它们更愿意为差异化属性支付更高价格。

(3) 价值驱动(value driven)。组织营销者首先应当识别顾客价值的主要影响因素,其次应当关注企业的产品或服务在客户业务中对各价值驱动因素的作用。比如,一家医疗设备制造商研发了新的手术器械,在与重点医院的手术团队进行深度访谈后发现,手术产品可以使手术时间缩短 40~50 分钟,提高了稀缺的手术室的使用效率。在确定了产品或服务带来的价值增量后,企业还需要把产品与次优选择做对比,以找出与竞争者不同的、独特的属性。经过以上步骤,组织间营销者可以围绕客户需求很好地制定价格战略和影响计划。

6. 政策

政府或有关政府机构也会对组织产品的价格决策产生相当大的影响。这一点相当复杂,无法在本书详细讨论,我们只是提及一些主要的问题。通常,政府可以通过以下途径影响一个企业的定价活动:①税收。这会直接或间接地影响价格的决策。②法律或法规。③抛售战略储备物资,如铜、铅和锌等。④作为一个客户,通常是大型客户。⑤当供应商决定提高产品价格时,政府会威胁缩减政府采购量。研究上述政府行为有助于更好地理解政府在组织产品市场定价活动中所扮演的角色。

政府对于定价行为最主要的影响可能来自通过法律法规直接影响定价活动。当然,这一领域的问题本身相当复杂。虽然在全球范围出台一部国际性的、所有国家都能够严格遵守的政治和贸易方面的法律几乎不可能,但是当世界各国不再放任不负责任的工作方式,尊重专利和特许权,禁止各种方式的盗版,并共同实现工作方式的标准化的时候,全球组织市场中的竞争者都会受其影响。当然,道德维度同样需要得到关注,包括以人道主义的态度对待工人、不雇用童工以及从环保的角度考虑工作方式。

另一方面,当政府作为企业的一个客户时,还可以影响某些组织产品的价格,它可以通过诸如成本加固定费用的合同直接地做到这一点。在这类合同中,政府确定了产品能够索取的价格。同样,政府还能够间接地影响组织产品市场中某些产品的价格。例如,一家同时向企业客户和大型政府采购组织出售相同产品的工业用品公司发现,大规模的政府采购可以使公司从规模经济性中获益,以较低的单位成本生产大量的产品。进一步讲,这又使公司能够以更低的价格向其客户出售产品。此外,当政府作为客户时,它可以通过威胁停止从涨价的供应商处采购商品,从而对价格的上涨产生反作用。很显然,这种威胁对与之相关的定价决策具有很明确的影响作用。

二、组织市场定价的其他方面

除了上述在组织产品定价活动中较常见的影响因素之外,还必须了解某些特殊领域。下面我们将重点讲解在组织产品定价活动中的其他四个特殊方面。如果要做出有效的定价决策,就必须理解企业间营销中标价与净价的区别,并熟悉组织产品市场中的多种折扣形式。

企业间营销的定价经常会用到标价(marked price)和净价(net price)这两个概念。所谓标价就是价目表价格,即公司价目单上的价格;净价是指客户实际支付的价格。这两个价格之间的差异通常是由不同的折扣造成的。在组织产品市场中,将价目表价格经过折扣后成为净价是非常普遍的现象。企业间营销管理者打印出一张公司所有产品的价目表,然后将此价目表发送给所有现在的和潜在的客户,而不管其类型或等级。接着建立一套折扣系统,针对每个客户类型或等级给出一个明确的折扣数额,以此来确定客户应付的净价格。在多数情况下,没有客户会按照价目表价格来付款。

对于制造商来说,这样做的好处在于只需打印出一份单一的价目表,而任何价格的变化均是通过调整折扣系统完成的,这样就减少了反复制定和重新打印价目表的成本。当公司的产品线很多,特别是当公司的生产和营销成本变化很快,从而导致产品价格发生变化时,这样做会为公司节省很大一笔资金。此外,价目表价格的概念可以使竞争者至少在某种程度上掩饰其真实的价格,因为产品的折扣和净价被严格地保密。虽然价目表价格和净价格看起来并不是很有意义,但确实很合理,而且其对于众多组织产品定价活动的广泛的适用性也证实了这一点。上面提到的例子只是组织产品市场中的一种折扣方式,下面我们将更加完整地列出组织产品市场中所使用的折扣形式。

(一)现金折扣

现金折扣是指那些为鼓励客户尽快付款,并使公司现金流动加快而给出的折扣。典型的现金折扣为"$2/10, 1/15, n/30$"。例如,A 公司向 B 公司出售的商品全价为 100 000 元,付款条件为"$1/10, n/60$",这意味着如果 B 公司在 10 日内付款,只须付 99 000 元,如果在 60 天内付款,则须付全额 100 000 元。虽然这些折扣会在买卖双方之间以合同的形式加以确定,但买方却经常会滥用折扣,而供应方却不得不忍受。比如一个非常大的客户接受了 2% 的折扣却不在 60 天之内付款,卖方可能不会有惩罚措施,在银行利率较高的前提下,这种情况对供应商很不利。另一方面,一个新的客户可能就不会享有这样的特权。在企业间营销中,现金折扣被广泛使用的原因是:鼓励尽快付款;降低信用风险和回收过期账款的费用;服从行业惯例。

(二)交易折扣

交易折扣有时又被称为职能性折扣或商业性折扣,是指依据交易或职能的完成情况对不同等级的客户或者中间商给予折扣。例如,一个工业设备制造商通过经销商在商品市场销售其产品,同时向 OEM 客户和政府机构直接销售其产品,其中经销商又分为三类:A 级经销商,是指按照合同规定从制造商处购买设备,并有权将所购设备在陈列室中展示促销的一类经销商;B 级经销商,是指被授权销售制造产品,但无权展示此产品的经销商;海外经销商,是指专注于在国外进行销售或经营活动的经销商。于是该制造商共有五类客户,这五类客户可以从基本价目表价格中得到的交易折扣如表 5-4 所示。

表 5-4 不同客户的折扣条件

B 级经销商	A 级经销商	海外经销商	OEM 客户	政府机构
25%	25% + 5%	25% + 5%+5%	25% + 5%+5%	25% + 5%+5%

使用交易折扣时必须谨慎,这是因为对基本类型相同的客户给予不同的折扣,可能就相当于价格歧视。在此案例中,价格差异是合法的,其原因是客户不同。对于某些经销商而言,产品展示和在海外经营的费用使它们可以在价格上获得额外的 5% 的折扣。此外,提供这样的折扣是很有竞争力的。这种折扣体系可以鼓励经销商展示公司的产品,鼓励大型的 OEM 客户和政府机构直接从制造商处购买产品。

(三)批量折扣

批量折扣是依据所采购产品的价值或数量,或者依据在一个时期内(如一年)的一些独立的订单或采购活动而制定出的。制造商为了扩大销售、占领市场,或培养具有忠诚度的大客户,往往会给予企业客户批量折扣,采用销量越多、价格越低的促销策略,也就是我们通常所说的"薄利多销"。如订购 1 000 件产品,销售价格折扣 10%;购买 2 000 件产品,折扣 20% 等。其特点是折扣是在实现销售时同时发生的。批量折扣适用于所有的客户。当然,由于采购数量的不同,批量折扣最终会造成相同类型的客户支付不同的价格。

(四)销售回扣

回扣(rebates)是一种特殊的批量折扣,在某些行业中十分常见。回扣制度和长时期的批量折扣之间最基本的区别是买方何时可以收到这个折扣。对于后者而言,折扣是在开出发票时发生的。在回扣制度中,买方是在一定时期内的期末才会得到实际的现金回扣,而且此回扣是以此阶段中的销售量为依据的。以下是一个典型的回扣制度:如果客户每年购买总额在 100 000 元以下,就不能享受回扣;如果买方采购金额在 100 000 元到 250 000 元之间,有 2% 的现金回扣;在 250 000 元到 500 000 元之间,有 4% 的现金回扣等。作为一种现金刺激,它可以激励大的购买者,还可以让所有的客户参与其中。就中间商而言,回扣制度可以鼓励其制定强势价格。比如在一个纽约的商业厨房设备经销商的案例中,此经销商按成本价销售产品,而从回扣中获得利润。

需要注意的是,为加强对销售回扣的管理,将回扣分为暗扣和明扣两种形式。暗扣是指在由账外,即开票前暗中给予对方单位的或个人的一定比例的商品价款,这种方式被视为贿赂支出,不得税前列支;明扣是指供应商在销售产品时,以明示方式给对方的折扣,如前所述,这种行为是在开票时发生。如果销售额和折扣额在同一张发票上注明的,可按折扣后的销售额计算缴纳所得税;如果将折扣额另开发票,则不得从销售额中减除折扣额。

(五)离岸价格问题

离岸地点同样会对产业用户所支付的价格产生影响。例如,一个制造商将货物免费发送到离岸地点或从工厂发送货物,那么客户则需支付净价再加上相应的运费。这意味着客户距离制造商的工厂越远,所要支付的运费就越高。因此,不同客户实际支付的价格(含运费)是有差别的。很多组织产品销售公司以此为基础发送货物。因为这样有助于制造商处理可能出现的运输问题,并确保无论客户在什么地点,每次销售的净回报率均相同。

制造商通常还会以交货地点或离岸的目的地为基准发运货物。从根本上说这是一种预先支付待发运货物运费的方式。通常,这种方法会从那些距离发送地点较近的客户那里获得一些补偿,以补贴那些位于公司销售范围以外很远的客户。距离较近的客户被强迫支付一种"虚构的运费",即他们所支付的费用要高于销售公司运送货物时的实际花费。距离较远的客户所支付的费用被称为"运费合并",即他们实际上支付的费用要少于公司运送货物时的花费。简言之,制造商通过从"虚构运费"中获得的收益弥补了在"运费合并"中的损失,制造商设定了各种各样的区域定价体系以适应这种方法。众多组织产品销售公司采用这种定价方法的原因在于,此方法可以使公司产品的价格在较远的市场中具有竞争力,而且由于位于相同价格区域内的客户支付同样的运费,这简化了客户应支付的最终价格。

三、组织营销中的招投标与租赁

组织间营销实践中,还包括一些特殊的定价形式,比如招投标(invited tender and tender)与租赁(lease)。许多企业间营销业务要通过寻价/投标制度完成,这个制度也被称为投标竞标程序。招标是在货物、工程和服务的采购行为中,招标人(采购方)通过事先公布的采购要求,吸引众多的投标人(供应方)按照同等条件进行平等竞争,并采取相同程序组织技术、经济和法律等方面专家对众多的投标人进行综合评审,从中择优选定项目的中标人的行为过程。与出售组织产品相反,租赁设备正成为一种趋势,所有销售用具类产品的产业营销公司都在考虑两种选择:出租还是出售?因为任何一种能够出售的产品同样能够出租。以下是一些可出租给组织客户的产品类型:印刷制版机、金属制品装配设备、挤压机、仓库设备、油脂精炼设备、灌装或食品包装设备、烘箱、货物处理设备、挖掘机以及定期客运班机等。本节将就这两种特殊的组织营销定价形式进行阐释。

（一）投标竞标的注意问题

当一个公司希望购买某些产品和服务时，其采购人员就会向那些他们认为有能力生产此种产品的公司发出投标邀请书。有时候，投标邀请书只是有选择地发给那些在采购方投标商目录上的公司，而有时候则会采取开放性竞标，鼓励所有的供应商自由参加。投标邀请书提供了与买方的要求有关的所有必需的数据，包括产品规格说明、投标的时间和所需的条件等。标的物可能是单一的产品或一系列产品，可能是一次的采购合同或长期的采购合同。买方使用招标投标制度的原因是，它们觉得这样能够使其在采购所需产品/服务时获得最合理的价格。按照投标邀请书中的条件，供应商必须使其投标书符合采购方的要求，并明确价格。然后，采购方对这些标书进行分析之后，以价格为基础选择将业务给予哪个供应商。

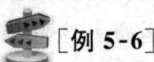[例 5-6]　　　　　　　　**招标项目说明和要求**

一、招标项目说明

1. 本次招标为公司网络设备采购。

2. 适应范围：本招标文件仅适应于本次招标中所叙述的产品和设备采购。

3. 招标文件的构成：招标文件由本次招标文件中所列投标邀请书、招标项目说明和要求、投标单位须知及附件四部分组成。

4. 招投标过程中，无论招标结果如何，投标单位均应自行承担所有投标过程中发生的费用。

5. 投标报价：为人民币价元。

二、招标项目总要求

1. 投标单位资格要求：在中国境内注册并具有独立法人资格，具备完成招标项目能力，有生产或经营许可证及注册证、信誉良好、实力较强（在昆明设有分支机构或在昆明具有独立法人资格更佳）的相关设备和产品生产厂家、代理经销商、系统集成商。

2. 投标单位必须由法定代表人或法定代表人出具授权书（仅对此次投标的授权）的委托代理人参加投标。

3. 投标单位提供的产品必须是全新、符合招标文件所规定的技术参数，具有中国有关部门注册或检验或商检及生产厂家质量合格证明的产品；投标单位必须有开发完成项目和长期优惠供应消耗品与备品备件的经验和能力。

4. 交货（或完工）时间：各投标单位根据自身情况的最短时间及学院的具体要求（招标参数有具体要求的以招标参数为准）。

5. 验收：交货时或安装调试完成或完工后，按××公司有关规定验收组织验收，中标单位应积极配合。

6. 为了保证供货及售后服务的顺利进行，中标单位签订合同时，交纳年度履约保证金（具体金额在合同中规定），如无违约，履约保证金在设备或产品验收合格后 12 个月无息退还中标单位。

7. 付款方式：无预付款，设备或产品或工程验收合格后，本公司按合同规定一次性付清。验收不合格，本公司拒绝付款，由此造成的一切损失，本公司概不负责。

三、招标项目一般技术要求和具体产品分项要求

1. 为避免个别厂商进行价格垄断,真正体现"公开、公平、公正"的竞争原则,本次招标以招标文件中所列技术要求、配置、参考品牌的技术参数为基本要求。关键技术参数应满足或高于招标文件所列技术要求,非关键技术参数允许有一定偏离。

2. "招标项目需求分项一览表"中,部分标号的设备或产品要求提供样品的,投标人须在开标时将所投设备或产品的实物样品提交到开标现场。

3. 参与招标的厂家必须携带正式的新增设备之后的学院学生网络和办公网络分离建设的网络建设规划方案到开标现场。

4. 招标项目需求分项一览表。

资料来源:佚名. 招标项目说明和要求[OL]. http://www.docin.com/p-256717843.html,2010-09-10.

需要注意的是,出价最低的竞标者并不一定能得到合同,因为一些公司以及很多政府机构和公共机构是以"最可信赖的投标人"为依据来决定合同的授予对象的。对于这一标准,不同的采购员有不同的解释。但一般来讲它包括了对投标人所承诺的交货能力、生产能力以及以往记录的评估。在美国,有人研究了112例工业用品竞标采购活动,其价格的变化范围为:最低\$52,最高\$775 000。研究表明,有59%的中标者是出价最低的投标者。此研究还发现了中标者不是出价最低的投标者的两个主要原因:①出价最低的投标人的产品不符合买方所要求的规格;②出价最低的投标人的产品与采购方现有设备不兼容。

另一方面,采购方不会自动地按照中标者所给出的投标价格进行采购,而是会进一步与中标者谈判最终的采购价格。在这种情况下,竞标程序实际上是用来确定谈判对象的。总之,在竞标程序中有一件事是一定会发生的,即由于所有投标的产品都必须符合采购方投标邀请书中规定的产品规格,所以在确定合同授予对象时,价格是一个相当重要的因素,有时甚至是唯一决定因素。

(二)投标模型及其应用

竞标程序给组织间营销管理者和定价分析者提出了一个很现实的问题。对于以这种方式定价的公司而言,需要确定有多少供应商参加了投标,有多少供应商是完全依靠运用定价技巧从而中标的。因此,在竞争性投标情况之下,供应商会使用数学投标模型来确定价格,此价格与公司的目标(如投资回报率、市场占有率和稳定的利润等)相一致。很多投标模型的依据是投标价格与中标概率之间的内在联系,假如组织产品营销者提出了一个投标价格,那么,中标的可能性有多大呢?此标的可能产生的收益又是多少?

投标所使用的数学方法之中最常见的可能是概率模型,所有竞标概率模型都是以下面三个标准为基础:报价的范围;中标概率;如果中标,期望的利润是多少。

在若干可能的投标价格之中,最佳投标价格是指能实现最大期望收益时的价格。用下面的方程式可以表示出此最佳投标价格:

$$E(X) = P(X)Z(X)$$

式中,X——标的总金额;

$Z(X)$——中标后的期望收益;

$P(X)$——以此价格投标的中标概率;

$E(X)$——此投标价格之下的期望收益。

此公式使产品定价分析者认识到,最佳竞标价格是能够实现最大的公司整体收益的价格。这是投标模型的起源,投标模型是帮助定价分析者确定投标价格的工具。

(三)组织间营销中的租赁业务

对于所有销售诸如重型机械、大型设备或工程车辆等组织产品的公司营销者来说,除了向潜在的客户推销这些产品之外,他们还有另外一种选择:向这些客户出租产品。租赁是一种以一定费用借贷实物的经济行为。在组织营销领域的租赁交易中,组织产品制造商或销售方将自己所拥有的产品交与承租方使用,承租方由此获得在一段时期内使用该物品的权利,并为其所获得的使用权向出租方支付租金。与销售产品不同的是,租赁过程中该物品的所有权仍保留在出租方手中。最初的租赁物主要是土地、建筑物等不动产。1952年,世界上第一家专业租赁公司——美国租赁公司正式成立,其后租赁范围逐步扩展到以企业生产、加工、包装、运输、管理所需的机器设备等动产领域。目前我国销售的工程机械产品40%~50%被用于租赁,少数设备甚至达到70%,但是我国工程机械租赁市场每年营业额仅为150亿~200亿元,不到国内工程机械设备总产值的10%,而美国、日本等发达国家工程机械设备租赁消费额占整个工程机械市场需求的比例可达80%,中国工程机械租赁业与国际平均水平以及美日等国水平相距甚远。

出租产品不仅可以使公司获取一定份额的利润,也能使公司更深入地了解市场。例如,那些规模小、财力有限的公司负担不起总金额很大的办公设备采购合同,但是,如果相同的设备能够以承租期5年的方式租赁给该小公司,那么成交的可能性便会增大。简言之,租赁可以使可能的客户得到其非常渴望得到的产品。由于允许在很长的时期内分期付款,因此拓展了市场。从这个角度看,租赁扩大了公司的产品以及所提供服务的市场范围,并且增加了获利的机会。有人估计用于不同类型租赁活动的资金占全部资本支出的20%,租赁活动的年增长率在15%~20%之间,这种高增长在很大程度上是由于公司在资金上的缺乏。由于资金上的限制,很多产业客户转而使用租约、租金收入以及其他类似的筹资方式,而不是立即购买。这表明工业用品的租赁将不断增长,而且应当被销售经理当作一种销售工具。

 [例5-7]　　　　　　　　　卡特彼勒租赁的成功经验

卡特彼勒已经构建了世界上最大的工程机械专业租赁网络,融资租赁已经成为卡特彼勒公司四大核心业务之一。2011年,卡特彼勒金融部门(包括融资租赁)在亚太地区的销售额达到5.17亿美元,而卡特彼勒美国金融部门的销售额高达16.87亿美元。

为了推动融资租赁业务的发展,1997年,卡特彼勒建立了"卡特彼勒租赁店"。目前,卡特彼勒在全球40个国家拥有大约1 600家租赁店(其中中国超过50家),构成了世界上最大的工程机械专业租赁网络。

租赁店为顾客提供多种灵活的租赁形式,构建了全面的一站式租赁服务模式,同时还将给客户提供配件服务、设备故障诊断、设备修理和设备救援服务。同时,卡特彼勒通过

遍布全国的租赁店回收大量的二手设备,通过再制造中心进行再制造,然后输送给各租赁店,极大地满足了客户的需求,同时也丰富了租赁店的设备。

资料来源:佚名.我国工程机械租赁企业应该借鉴卡特彼勒经验[OL]. http://ch.gongchang.com, 2012-12-02.

1. 租赁的优势和不足

营销管理者在决定是否开设租赁业务之前,首先应该明确租赁的优势和劣势。

在客户方面,租赁能够在某种程度上向客户提供财务援助,并能够帮助客户获得更加满意的现金流,使客户的运营资金得到合理使用,给客户以更大的柔性。因此在实际当中,租赁是一种能够替代贷款的主要选择方式。一个财务状况良好的客户还会发现,租赁的成本要低于贷相同数额资金的成本,因为租赁通常能帮助客户保护自己免受因产品贬值而造成的损失。正是因为上述原因,很多产业客户更偏爱租赁大型设备。此外,这也表明如果租赁被合理地使用,它就能提供一种在承租方的损益表中不显示为负债的筹措设备的方法,从而给客户一个相当满意的财务状况表述。

在销售方方面,租赁的好处则体现在:①销售收入增加。即通过向潜在客户提供租用产品的选择机会,企业能大量增加销售收入,产品租赁可以吸引那些无力支付购买费用的客户。②增进与租用人的业务关系,促进双方的长期合作关系。③获得租赁物品的剩余价值。

但租赁工业设备同样存在着不足。从长期来看,与负债筹资(如长期贷款、发行债券)相比,租赁活动通常会产生更多的费用。也就是说,对于同一件设备,客户会花费更多的资金。另外,尽管客户可以将租金视为营运费用,但是租金是必须支付的固定费用,还有一些客户会因为拥有自己的公司(包括厂房和设备)而感到自豪,这样的客户并不认为租赁活动有优势。最后,如果客户不是非常小心的话,租赁合同可能存在风险,特别是当被租赁的设备属于折旧非常快的设备,而租赁合同的持续期限超过该设备的使用期限时,客户就会受制于此租赁合同。

2. 影响租赁决策的因素

一项对191个美国工业用品营销公司调查研究表明,有6种因素会影响它们做出租赁而不是购买的决策。这6种影响因素分别是:租赁可以削减100%的费用;租赁不会降低所有权或者控制的效果;租赁考虑到了那些数量小的、零碎的筹资需求;租赁的税后成本要低于购买资产的税后成本;租赁考虑到了公司的投资税扣除额是低于还是高于公司的潜在收益;与折旧相比,租金能够提供更高的税避。

对于工业用品销售管理者来说,有4种可行的方式向客户出租设备,而不是立刻将该设备出售给它们。首先,管理者所在的公司可以直接向客户出租设备,这意味着该公司必须自己筹资并进行出租借安排(即定价的一种形式)。其次,很多大型工业用品公司成立了附属的信托公司,通过它们向客户提供出租业务,如美国通用电气公司就使用这种方法出租其产品。因为这种方法使公司拥有了一个额外的利润中心,而且提供了客户所需要的服务,同时又能为了财务上记账的目的而记录全部的销售收入。再次,很多金融机构(如银行)也涉足了向产业客户出租工业设备的业务,销售经理可以与相关的银行进行谈判,进而通过银行租赁协议来出租公司的设备。最后,在产业市场中有一些专门从事出租业务的公司,如 CIT 财务公司、商业信托公司、通用财务公司、美国出租公司和美国工业工具公司,销售经理能够通过这样的组织向产业客户出租公司的设备。

3. 租赁的种类

尽管组织产品的出租形式有很多种,但最基本的形式可划分为财务租赁和经营(或服务)租赁两类。

财务租赁(the financial lease)是一个纯粹的财务机制,通常是长期、不可取消的;租赁费用在合同期内分期支付,而且在租赁期满之前必须全部偿还。租用人支付的租赁费用往往超过租用物品的购买价格。租用人要支付租用品的日常开支,通常被给予购买选择权,但租赁费中常常包括一部分的购买费用。

经营(或服务)租赁通常是短期的,不必全部偿还,而且可以取消。在经营租赁时,出租人放弃对资产的占有权,但这种占有权实质上是短期的转移。经营(或服务)租赁的主要目的是向那些只在一个很短的时期内需要某种设备的客户提供服务。通常,出租方提供维修保养服务和其他服务,这也是我们又称其为服务租赁的原因。由于租赁具有相当大的灵活性,而且租赁计划是为相关市场中的特定需求而专门设计开发的,因此,这些基本形式通常会出现很多变化。

第四节 我国组织营销的产品战略分析

鉴于我国组织间营销管理研究的文献及二手资料相对较少,特针对组织间营销组合中的产品战略的一些具体问题进行了问卷设计,并对一些组织购买品的生产企业进行了深入访谈。根据对调研问卷数据的统计以及有关二手资料的分析结果,进行归纳、总结。

调查范围:天津、北京、南京、上海 4 个城市范围内符合要求的企业,即其所生产的产品或提供的服务的购买者为组织单位或企业的独立制造商,它们代表了我国的产业市场。

抽样设计:将总体范围确定后,分别拟订一个抽样框,根据调查费用总额和取得样本数据的方便性,确定分别在 4 个城市抽取 60 个、15 个、15 个和 10 个企业,即在抽样框中随机抽取 100 个企业组成样本;对所有样本企业落实地点、联系人和联系方式等;对有些已停工或破产的企业,在落实后再补充新的替代样本企业。

调查方法:现场问卷调查、网上调查和电话调查相结合。由各城市业余调查员(主要是学生)分别到样本企业实施现场调查;在事先联系时,对有疑问的问题需要提前深入了解,进而通过电话和互联网完成访问。对回收的问卷进行初步整理、分析,确定有效问卷为 92 份;之后进行编码录入,并使用 SPSS 软件进行统计分析。

一、企业对产品战略的认知

调查发现,我国组织购买品制造企业对于营销管理中的产品战略未给予充分重视,有 17.1%(统计总体为该问题的有效问卷,下同)的企业没有制定过产品战略;有 8.5%的企业认为没有必要制定产品战略;更应该引起注意的问题是,只有 9.3%的企业认为制定产品战略的重要性为"一般",其余均为"没必要"或"不重要"。有以下几个原因导致该问题的出现：第一，企业不重视产品战略；第二，即便制定了产品战略，也是流于形式；第三，企业想制定有效的产品战略，但没有必要的理论指导和可借鉴的实践经验。调查数据同时还显示，有91.7%的企业认为产品战略在营销战略体系中是最重要的子战略。

企业在具体制定产品战略时，有44.8%的企业认为应以"提升整合营销能力"为宗旨；有21.8%的企业认为应是"公司发展的宗旨或目标"；17.2%的企业认为应以"体现企业的核心竞争力"为出发点。以上三个方面均作为企业制定产品战略的出发点或宗旨的占5.7%；模仿其他企业的占5.7%。说明企业在市场调查的基础上，充分结合企业的实际情况，考虑企业发展的长期性和全局性，力图制定有效的产品战略，并且有75.3%的企业把"用户需求"作为产品战略决策中最为重要的因素。

总之，我国组织购买品制造商已经认识到制定产品战略的重要性和必要性，但还存在实际重视不够的情况。

二、企业提供产品服务情况

调查显示，组织购买品制造商在制定和执行本企业的产品战略时，视产品服务和产品质量同等重要的比例为62.1%。这表明：一方面，企业综合考虑所属行业、产品性质及竞争环境等各方面的因素，转变了观念，由以往的"以产品为中心"发展为"以用户为中心"；另一方面，更多的企业将产品服务和产品质量放在同等地位，说明我国组织购买品制造商在市场经济环境下不断发展，日趋成熟。

三、新产品开发情况

新产品开发是产品战略的重要组成部分，而企业进行新产品开发的动因是不同的，如表5-5所示。

表5-5 我国企业开发新产品的动因

序号	动因	比重/%
1	公司的自身发展	20.9
2	满足用户需求	17.4
3	应对竞争对手的新产品	3.5
4	继续保持领先地位	14.0
5	新的市场机会	11.6
6	多原因	32.8

从表5-5可以看出，与"满足用户需求"相比，企业开发新产品更多地是为了企业自身的发展，保持现有的市场地位。在买方市场条件下，这一观念是不适宜的，需要企业继续转变观念，确立"以用户为中心，以需求为导向"的经营观念。

新产品管理之所以是产品管理的重要组成部分，主要有两个方面的原因：一方面，它关系到企业的生存和发展，可以说是企业生存的根本；另一方面，是因为新产品的成功率较低。经调查发现，有52.3%的企业的新产品成功率在20%~50%之间；有32.6%的企业的成功率在50%以上；其余的企业在20%以下，说明我国组织产品开发成功率较低

(发达国家组织产品开发成功率平均为65%～70%)。具体表现在两个阶段上：新产品开发阶段和新产品市场化阶段。在假定新产品开发的所有前期准备工作就绪的前提下，仅仅由于"开发费用比预期高"而造成新产品失败的比率高达20.0%。在投放市场时期，由于"销售量（额）比预期低"、"利润比预期低"及"投资比预期高"造成新产品失败的比率分别为16.5%、10.6%和4.7%。至于新产品失败的其他原因无外乎是以上几方面的综合。

四、产品品牌方面

经调查发现，有47.1%的企业认为产品品牌不重要或一般，同时有79.1%的企业对现有产品品牌比较满意。这说明组织购买品制造商对于产品的品牌不太重视，有相当数量的企业不想改变现有的品牌，无论它是否合适。但是，企业应该懂得所谓的"满意"品牌并不一定被用户乃至社会所认可，从某种意义上讲，这样的"满意"品牌仍需要改进或重塑。

关于产品品牌不满意情况下的决策，从实际调查中得出两个结论：首先，若产品品牌不满意，绝大多数企业从意识上想加以改进或重塑，无论行动与否，这都是积极的一面；其次，如前所述，企业应该明确"不满意≠不认可"，是否改进或重塑品牌必须以用户或公众的反映为前提，不能单纯从企业的角度出发。此外，关于组织购买品与个人消费品相比，其品牌战略的主要差异点及得分可归纳成表5-6。

表5-6 组织购买品与个人消费品的品牌战略差异认知

差异	比重/%	平均得分	
		组织购买品	个人消费品
品牌设计	8.0	2.67	2.42
品牌的宣传	25.3	2.60	3.12
品牌内在价值	59.8	3.94	3.60
其他差异	6.9	0.79	0.88

从表5-6可以发现，无论是组织购买品还是个人消费品，品牌战略中最重要的都是"品牌内在价值"（得分最高）。品牌战略的差异主要体现在"品牌宣传"和"品牌内在价值"两方面。相对于个人消费品，组织购买品不注重宣传，这主要是因为产品性质、目标市场范围等方面的差异所导致的。

五、产品管理情况

在本次调查的企业中，负责产品管理的部门有：质量监督部门、技术部门、销售部门、经理办公室、生产部门、客户服务部及市场部等。其所占比重分别为：27.4%、4.8%、27.4%、11.3%、14.5%、1.6%和8.1%。产品管理者的具体职责如表5-7所示。

由表5-7可以看出，产品管理者负责的具体职责较多，并且因企业或产品不同，其管理的侧重点也有所不同。但是，从总体上看，重要职责主要有以下几方面：产品日常生产管理(4.27)、开发或控制新产品(4.16)、产品的可行性(4.14)、提出有潜力的战略(4.14)和提供用户需求的技术支持(4.08)等。

表 5-7　产品管理者职责统计分析表

职　责	重要程度平均得分（5 级量表）
产品日常生产管理	4.27
设计产品基本属性	3.93
寻求新的产品附加	3.59
老产品淘汰或退出	3.54
产品再造工程	3.49
开发或控制新产品	4.16
产品的可行性	4.14
提出产品目标	3.94
设定价格战略	3.87
提出有潜力的战略	4.14
研究销售目标	3.88
研究产品控制标准	3.77
决定新产品生产	3.95
决定包装的变化	3.19
提供用户需求的技术支持	4.08
提供用户必要的辅助服务	3.81
维护正常的生产线	3.89

六、结论与建议

在上述实证分析的基础上，进一步结合我国企业间营销产品战略的实际情况，我们认为要提高企业间营销产品战略的可行性和有效性，应采取如下措施。

（一）树立以市场为导向的营销观念

企业间营销是将产品（或服务）面向工商企业、政府和其他非营利性组织用户的营销，这些用户在利用这些产品（或服务）进行生产后，再将产品（或服务）销售给其他组织用户或消费者个人。由此，可以得出结论，作为组织购买品制造商不仅要研究、跟踪直接用户的需求，更要预测其用户的用户（终端用户）的需求变化。

此外，由于本文主要以工商企业为研究对象，而与政府、非营利性组织与工商企业相比，在购买方式、审批程序、产品或服务用途、决策影响等方面都存在很大的不同。所以，企业更应该以市场为中心，分析营销环境，做好市场调研工作，区别不同用户的需求，分别制定有效的营销战略。

（二）提升产品战略的整合力

通过本次调查可以发现一个奇怪的现象。首先，绝大多数组织购买品制造商认为产品战略不重要或一般；但在其后的属于产品战略范畴的各组成部分的调查中，如产品服务、新产品开发等，各企业都表现出高度重视。对于这个似乎前后矛盾的问题，本文认为其产生的原因是企业未充分重视产品战略，未真正或完全领悟产品战略的含义。企业重视产品服务、新产品开发等，是从企业的实际需要出发，在某方面或某几方面采取措施，但是企业的这种行为未形成有效的合力，大大降低了产品战略的有效性。而解决这一问题的关键在于加强产品战略的理论学习，从整体上理解和把握产品战略，从全局角度出发，制定和实施产品战略，保证产品战略的各组成部分始终以同一宗旨或目标为中心，提升产品战略的整合力。

（三）做好市场细分和产品定位

我国企业，特别是国有企业，由于历史原因，一般都不重视市场细分研究，而是仍按照传统方式去做，结果企业提供的产品（或服务）不能完全同目标市场的需求相吻合，造成不必要的损失。由于组织购买品及产业市场的特性，其市场细分可根据产业特性、购买量、技术要求或地理位置等因素进行。有效的市场细分应该具有可测性、可及性、可偿性和可行性。此外，我们应该明确，产业用户不像消费品用户根据细分和商店进行自我选择，而是必须从一开始就进入合适的营销组合。即在组织购买品市场上，是销售人员而不是用户进行市场访问和提供合适的产品。

产品定位是产品在市场上所占据的特有位置，是通过在竞争中衡量组织购买者对于产品的认识和选择而形成的。产品定位与目标市场的确立密切相关。但是组织购买品市场和消费品市场相比有一定的差异。本文认为在消费品市场，一般是目标市场决定产品定位；而在组织购买品市场，产品定位与目标市场的确立是互动的，不能简单地用一方决定另一方来形容，关键是保证产品在市场上获得一个强势竞争的地位。

（四）提高新产品开发的成功率

在本次调查中有一问题为"贵公司是如何避免新产品失败的"。有 46.9% 的企业回答是"加大市场调研力度"或"进行充分而广泛的市场调研"，并"反复推理和论证，以准确地把握市场需求"。由此可见，企业已经认识到市场调研对新产品开发具有重要意义，同时也说明企业在这方面做得还不够，还有待进一步加强和深入。实际上，一个成功的产品必须经过市场细分调研、创意调研和产品调研等过程，来倾听用户的要求，然后采取切实的行动才能完成。

要提高新产品开发的成功率，还要加强开发过程管理。一个高质量的新产品开发过程应当具有以下特征：①重视产品开发的前期工作；②具有准确、明晰的产品定义；③将用户的想法贯穿于整个产品开发过程中；④在开发过程中有取舍决定点，开发项目一到该点就得分析是放弃还是继续；⑤重视质量要求的落实；⑥产品开发过程是完整的，没有遗漏；⑦产品开发过程富有弹性，留有变化的余地。

对于大部分组织购买品而言，由于技术含量较高，因而安装、操作复杂。若想满足用户的要求，双方的技术部门和营销部门的职员就应进行大量商议，通过合作使双方均获益。表现在新产品开发上，有两层含义：第一层含义是大众化的用户参与；第二层含义就是让关键用户的相关职能部门参与到产品开发过程中，即定制化。

本章小结

组织市场产品的销售对象是企业客户，但与消费者市场的产品销售相似，组织市场的营销者在制定产品战略时也应以质量和为客户创造价值为基础。所谓产品战略，是指企业以向目标市场提供各种适合消费者需求的有形和无形产品的方式来实现其营销目标。

组织市场中产品战略的特点主要体现在产品在营销组合中的重要性、产品要求、产品的购买者和使用者、产品特性、产品生命周期和产品支持活动等方面,而所有特性都应为客户创造价值,即提高企业客户对产品和服务做出的总体评价。

产品战略的实施需要企业制定详细的产品计划,具有可行性的产品计划有助于企业应对激烈竞争、派生需求带来的风险,能帮助企业满足日益成熟的购买者、节省劳动力和能源,并避免新产品开发失败。除了制定产品计划,企业还需要通过衡量组织购买者对产品的评价和喜好来确定产品定位,以此与竞争对手的产品相区分开来。在制定产品定位的时候,企业可以从产品线、产品组合、产品组合定位三个方面进行考虑。营销管理者还承担着产品管理的职责,常见的产品管理方式包括产品经理制、新产品委员会、新产品项目组和风险投资管理小组。

组织产品市场的定价策略是多维度的,价格制定的决策者需要考虑定价目标、客户认知价值、竞争、成本、需求和政策等因素的影响。同时,企业间营销的标价与净价、目标回报率定价、组织产品市场中的竞标和企业间营销的谈判也是产品价格制定者需要了解的特殊方面。组织间营销实践中,还包括一些特殊的定价形式,比如招投标与租赁。充分了解招标与租赁的优劣,有利于企业在公平竞争中获取优势,并有效利用有限资源产生最大化的利益。最后,针对我国企业间营销产品战略的实际情况,在调查分析的基础上,为我国企业提高组织产品战略的可行性和有效性提供了具体建议。

关键词

产品战略(product strategy)
客户价值(customer value)
产品定位(product positioning)
专有产品或目录产品(proprietary 或 catalog products)
定制化生产的产品(custom-built poducts)
工业品服务(industrial service)
感知价值(perceived value)
目标成本(target costing)
标价(marked price)
净价(net price)
回扣(rebates)
招投标(invited tender and tender)
租赁(lease)

思考与讨论

1. 讨论组织市场中"感知价值"的概念,一个为组织客户提供产品的企业,应该通过什么途径提高客户的感知价值?

2. 请举出组织市场中产品定位的例子，并进一步说明，与竞争对手相比，这些组织产品供应商的产品定位具有优势还是处于劣势？

3. 特定的产品战略将引发竞争对手的反应，组织市场中的产品战略制定者应重视竞争环境下的哪些影响因素？

4. 请查阅资料，评价过去5年中，我国组织市场上的产品供给与需求发生了什么样的变化？这些变化对于企业定价策略有何影响？

综合案例分析

2011年，三星电子的两大产品策略备受业内关注，其中之一是在传统的B2C市场，三星成功推出了中国本土化定制产品策略，带有浓郁中国风的红韵系列从年初至年末，始终是市场上热卖的产品。另一个则是在不断发展壮大B2B市场，三星电子在8月份隆重推出了"智翼"、"展翼"两大系列商用新品，从而成为目前唯一一家面向商用细分领域推出整条全新产品线的显示器厂商。

三星显示设备部部长郑承穆此前曾表示，如今整个显示器行业已经进入了生命周期的成熟期，整个市场的低门槛、产品同质化以及激烈的价格竞争，意味着在显示器市场快速前行变得比以往要艰难得多。即使这样，三星作为一个国际企业，深知自己身上所肩负的责任，不断地创新，始终让终端用户感受到技术进步所带来的全新的体验。此次，三星在正式推出B2B商用小屏显示器系列之前，分别对细分行业开展了数次不同规模的回访与调研活动，这样做的目的是深入一线了解用户对产品应用上的不同需求，履行三星主动服务的承诺。同时，也为产品的创新、研发工作收集了宝贵的资料，打好了基础。通过这种自觉地寻找市场的需求，为不同终端客户提供稳定、可靠的产品和解决方案，不仅有助于三星品牌创新能力的提升，同时也是三星社会责任感的一种体现。

就在北京伯乐仕国际广告公司的一轮显示器升级采购中，三星B2B商用显示器的旗舰机型——智翼SA850再次成功竞标。凭借着出色的色彩表现力和出众的外观设计，此前，三星SA850已先后受到华东某设计研究所客户及北京某外企大型公关公司客户的一致青睐。

资料来源：佚名.三星B2B商用显示器年终盘点[OL]. http://www.enet.com.cn,2012-12-22.

问题与讨论

1. 你认为三星电子为企业客户提供的产品与为消费者提供的产品在定位上有区别吗？如果有，具体区别是什么？

2. 三星电子在组织市场的产品战略受到哪些因素的影响？三星电子采取了哪些行动保证其产品战略的成功实施？

第六章 组织间营销的服务战略

 开篇案例

通用电气交通运输业务部门的一个重要分支是飞机引擎事业部,该部门生产的引擎对通用电气的收益非常重要,但真正的利润来自围绕着引擎销售的服务组合。一台喷气机引擎可以连续使用数年,伴随着引擎整个使用周期的全套服务帮助通用电气掌握销售,获得长期利润。一位通用电气的营销经理声称:"喷气机引擎几乎已成为同质化商品,关键的差异化手段是我们为客户提供的使用生命周期的服务。"

资料来源:赫特 M D,斯潘 T W.组织间营销管理[M].侯丽敏,朱凌,甘毓琴,译.北京:中国人民大学出版社,2011.

 本章学习目标

1. 组织市场服务的特点;
2. 组织服务市场如何细分;
3. 如何理解组织市场的服务质量;
4. 组织市场服务的营销策略。

第一节 组织市场服务概述

随着产品同质化趋势的发展,服务成为供应商之间竞争的有力武器,无论在消费者市场还是组织产品市场,服务所受到的重视程度都逐渐提高。在组织营销的开展过程中,供应商为企业客户提供的常见的差异化服务包括准时送货、迅速响应客户需求、更快更好解决客户抱怨、免费咨询并提供售后服务等方式。无论采取什么方式,服务供应商都要了解服务与产品制造、销售的区别,也由于服务与产品有明显的不同,组织市场服务为企业带来的不仅是机遇,更多的是挑战。

一、组织市场服务的特点

服务是无形的;产品是有形的。服务的消费与产生同步,但产品的生产和服务存在时差。服务无法储存,但产品可以。服务极其易变,大多数产品高度标准化。这些不同点使战略应用的不同正是建立在这个基础上的。

——Henry Assael

从以上描述可以看出,服务和产品之间存在固有的差别,这为提供服务的组织以及组织中提供服务的部门提出了独特的营销挑战。深刻理解服务和产品之间的本质区别,才能为企业更好地服务于下游客户提供指导。

(一)服务的无形性

在供应商向组织市场提供多种形式商品的今天,企业客户很难用单一标准去判断它们所购买的是产品还是服务。市场提供的商品应该是产品还是服务,取决于组织购买者如何看待它们所购买的商品——是有形因素占主导地位还是无形因素占主导地位。在图 6-1 左侧,生产资料是有形因素占主导地位,因此购买商品的本质是产品;右侧的管理咨询是无形因素占主导地位,因为所购买商品为知识、教育、学习,只包含了极少的有形性质,因此企业客户购买的是服务;网络系统处于中间,企业客户在购买网络系统时,既能获得网络系统的物质产品,比如网络终端设备,也能获得网络服务商提供的无形服务。

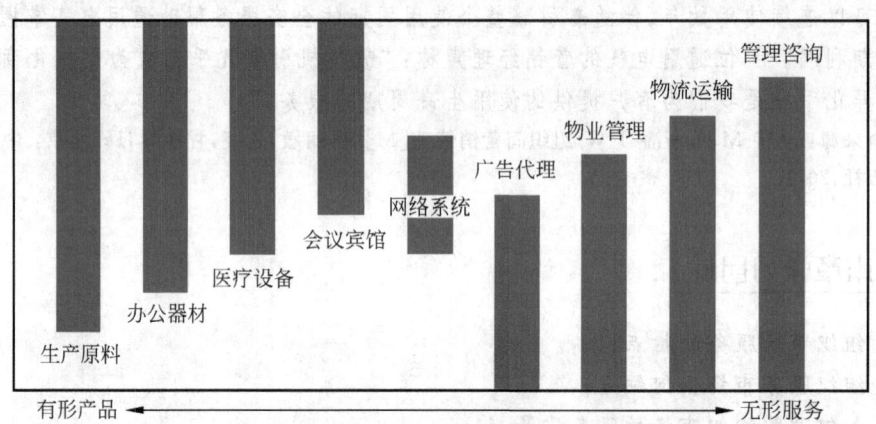

图 6-1　基于有形-无形的组织产品与服务分类

资料来源:赫特 M D,斯潘 T W.组织间营销管理[M].侯丽敏,朱凌,甘毓琴,译.北京:中国人民大学出版社,2011.

关注有形-无形的特征,对于组织间营销者具有非常重要的意义。首先,许多提供给企业客户的商品是由产品和服务组合而成的,仔细评价商品中的哪些要素占主导地位是营销管理的关键,因为评价结果决定了组织营销者是应该采用标准化营销工具还是个性化营销工具。向市场中提供的商品中无形要素比例越高,越难为产品而开发出标准化的营销工具,因而组织营销者需要投入更多精力开发适合服务的特有的营销方法。

其次,对有形-无形特征的判断也有助于营销经理将注意力集中在企业的总体市场商品上,因为判断结果帮助经理人认识到商品中一个要素的改变可能完全改变客户对该商品的价值评估。例如,如果组织间营销者决定将多余库存的办公器材存放在位于中心位置的地点,并利用全天候递送满足客户的需求,就必须重新考虑与之相匹配的营销战略,这也导致原来仅仅是销售办公器材的营销定位向图 6-1 右侧迁移,更多地具备物流管理的特性,这种营销定位的转变,也使该组织提供的商品具备了更多服务特性。

通过对有形-无形特征的对比,我们了解到组织市场服务是由无形特征占主导地位的商品构成,需要注意的是,没有任何一种服务是完全无形的,因为服务中也常常包含着有形性质的要素。

（二）生产和消费的同时性

服务的生产与消费是同时进行的，比如某公司采用中国邮政的包裹递送服务，在中国邮政为该公司运输和递交包裹的过程（生产过程），也是该公司享受包裹递送服务的过程（消费过程）。组织市场服务的这个特性，对组织市场中提供服务的个人提出了较高的要求，比如尼尔森的咨询人员，联邦快递公司的货运员，甲骨文公司的技术人员等。从组织市场服务的角度看，整个营销战略必须以个人服务提供者与客户互动的效果为基础。在整个服务营销系统中，与客户接触的关键点被称为互动营销（interactive marketing）或实时营销（real-time marketing）。互动营销是指企业在营销过程中充分听取和利用客户的意见和建议，用于产品的规划、设计和销售，为企业的市场运作服务，其实质是充分考虑消费者的实际需求，切实实现商品的实用性。实时营销是指根据特定客户当前的需求为其提供商品，该商品在被消费过程中可自动收集客户信息，并进一步分析、了解客户的偏好和倾向，进而调整产品或服务功能，实时地适应客户变化着的需要。这两种营销观念的提出，都为组织市场服务提供商指出了营销策略的中心和焦点。

（三）服务的易逝性

服务的易逝性一方面体现在服务商品是非标准化的，因为每次提供服务的环境、对象和内容都在变化，这就导致每次服务提供的质量无法量化衡量，为一个企业客户提供的服务，无法以完全相同的标准提供给另一个企业客户。服务易逝性的另一方面体现在服务是无法保存的，组织提供的服务一旦产出，如果企业客户没有消费，就只能浪费掉。比如为企业提供法律服务的律师在某段时间内不从事法律服务，其不可能将这段时间的服务能力储存起来；在广告客户对广告公司的服务不满的情况下，也很难将其所购买的不满意的服务退还广告公司。由于服务的非标准化和不可储存，也就无法用预先储存起来的服务满足高峰时期顾客的需要，企业顾客为消费某种服务而来，服务产品供不应求时，也可能使顾客失望而归。有鉴于此，如何妥善处理供求矛盾，是组织服务营销过程中所面临的一个重要问题。

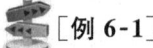[例6-1]　　　　　　　　"双十一"让快递变"慢递"

2009年，1亿元；2010年，9.36亿元；2011年，52亿元；2012年，190亿元。这是淘宝、天猫近四年来的"双11"单日销售额海啸般的倍增数据。电商在"双11"促销活动后赚得盆满钵满，快递公司则要面对数以亿计的快件犯难。2012年11月12日，大量消费者收到商家延迟发货和延误提醒，而全国多地出现快递"爆仓"现象，乱堆放的不少快件包装上甚至印有"易碎勿压"的字样，刚刚实施的快递新国标几成空谈，消费者的包裹安全情况堪忧。"双11"引发的电商促销，预计带来的快递包裹超过6 000万件。申通快递海外部负责人夏祖彬表示，11月11日，申通接收、送达的包裹达640万单，而11月12日将达到750万单，"双11"带来的包裹快递派送高峰会延续三四天，这几天总运营票将至少超过2 000万单，所有包裹大概需要10天才能最终消化。

资料来源：朱琼华.6000万包裹"突袭"光棍节[OL]. http://epaper.21cbh.com/html/2012-11/13/content_37595.htm?div=-1,2012-12-10.

(四)服务无所有权

在组织产品交易中,组织客户购买了产品,不仅获得产品的试用期,也拥有该产品的所有权,但服务购买方可以通过支付费用的方式使用服务内容,但它们不能拥有所购买的服务。如果组织客户要拥有服务的所有权,就必须追加相应的人员和资金的成本,这往往很不划算。因此服务营销者在与潜在服务购买者沟通时,应突出其无所有权的优势,即重点强调通过购买服务的方式减少相关成本。

二、组织服务市场细分

在组织服务营销中,所有的客户要求供应商供给同样层次的服务是不可能的。那么,不同客户单位的需求差异是什么呢?这里涉及两个问题,一个是组织服务的类型有哪些,另一个是组织服务市场应该如何细分。

(一)组织服务市场的分类

组织市场一般把服务分为两种不同类型:第一类是纯粹的服务业,它包括运输、广告、管理咨询以及律师等行业在内的多方面服务。第二类是与制造企业相关的产品服务系统,或者叫作产品支持性服务,包括稳定的产品质量、准时的产品运送、合理安装、人性化的后续服务等。第一类服务涉及的是企业成功运营所必需的服务,从中可以看到,很多服务是经营所有类型的企业都必不可少的;而第二类服务则是与有形产品密切相关的服务。区分两类服务及其差异对于营销管理是非常重要的。

(1)纯粹服务(pure service)。纯粹服务是指完全独立于有形产品的服务形式。除了以上举的例子,与组织运营无法分开的纯粹服务形式还包括保险、银行业、保安、物业管理、设备维护等。纯粹服务之所以独立成为一个产业,主要的原因包括以下几点:第一,伴随着组织对个性化服务需求的与日俱增,社会分工也不断细化,最终衍生出能满足组织特定需求的各种服务产业;第二,组织技术的专业化程度不断提高,考虑到组织学习和技术投入的高成本,许多组织从外部购买能满足其独立经营所需的服务项目,比如物流、信息采集、管理咨询等;第三,组织通过将服务项目外包,或从外部直接购买,能够有效降低企业运营成本,在竞争激烈的市场环境中保持灵活性;第四,当某种服务类型需要具备组织所没有的独特资源时,组织只能从外部购买服务。

(2)产品支持性服务(product support services)。产品支持性服务是指供应商为更好地为客户提供产品,或希望能增加产品的附加价值时所提供的服务。产品支持性服务虽然以企业提供的有形产品作为载体,但在顾客价值中却占有相当重的比例,尤其对于一些技术壁垒较高的产品来说,产品的安装、维护、修理和升级对于使用产品的客户来说,都是不可或缺的。在发达国家,产品服务已经占到企业全部业务中相当大的份额,在一些企业中,后续服务所带来的价值甚至远远大于产品本身的销售价格。

(二)组织服务市场细分方法

组织服务市场细分的划分方法大多与组织市场细分相类似,通常与企业客户购买需求相结合,比如以购买时段为依据,可将组织市场划分为首次潜在购买客户、最近三个月内首次购买的客户和重复购买客户;按照购买需求进行划分,可将组织市场划分为程序化购买者、关系型购买者、交易型购买者和折扣购买者。

组织服务营销者同时也应该看到,服务市场细分与通常的市场细分存在很大差别。首先,服务细分市场通常比较狭窄,如果提供的服务是标准化的、常规的,很可能达不到客户的期望;其次,服务细分市场关注的是组织购买者的期望,而不是它们的需求,对买方期望的评价在选择市场和开发合适的产品组合时起着重要作用;最后,细分服务市场能帮助企业更加有效地调节服务能力,例如对于一个酒店而言,对会议组织者、旅行社或单位旅行方的需求形势都可以各自进行预测,并且可以根据各个细分市场的形式调整能力。

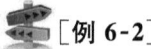

[例 6-2]　　**IBM 整合方案锁定细分市场**

2009 年 11 月 12 日,IBM 与 Infor 宣布共同推出"红色力量计划"。这一计划推动了 IBM 最新服务器硬件平台与 Infor 行业管理软件的一体化整合,并率先针对汽车零部件行业和仓储库存行业的中小企业提供功能更加完善且方便易用的行业解决方案。"之所以选择汽车行业和仓储管理行业作为 Infor 与 IBM 这次合作的切入点,主要是基于经济挑战的考虑,汽车与物流行业正是带动经济整体增长的火车头。"Info 公司大中华区副总裁兼总经理余启昌指出:"希望借着该次合作,协助将这两个行业的信息化建设提升至世界级水平,从而为中国的经济发展略作贡献。随着该计划的成功,我们日后会将其进一步扩展至不同行业及地区。"

在 IBM 看来,全球经济局势近期逐渐出现回暖。借由 4 万亿元政府投资等多种经济振兴计划,中国正在成为领跑全球经济复苏的生力军,这也为中国成长型小企业提供了巨大发展空间和新一轮发展契机。如何能够获得更为方便易用、行业优化的 IT 解决方案,已成为诸多成长型企业迫在眉睫的需求。

资料来源:佚名. IBM-Infor 红色力量计划[OL]. http://tech.sina.com.cn/b/2009-11-13/14471132084.shtml,2012-12-15.

在组织间营销的提供物中,服务是一个重要而又特殊的因素,完全采用组织市场细分的方法,并不能很好地反映出服务的特性。本书在大规模调查的基础上,提出一个适合组织服务市场的分类:组织服务市场中的企业客户包括四种类型,分别是关系导向型企业、客户导向型企业、高期望型企业和价格敏感型企业。关系导向型企业主要表现为寻求和发展与供应商之间的良好关系,对于组织营销者而言,在为关系导向性企业客户提供服务时,重点在于双向互动性、充分地沟通、了解客户业务、注意问题的解决技巧等,这些都有助于与这类客户建立起稳定关系;客户导向型企业在价格与服务水平之间的平衡方面比关系导向型企业有更高的要求,这类客户关注如何通过现代化通信技术来满足它们自己的需求,而不重视与服务供应商之间的双向关系;高期望型企业是最典型的细分客户企业,它们对供应商所提供的服务事项均采用最高标准来衡量;价格敏感型企业主要强调它们所提出的标准要求,即这类客户期待以低价格购买能满足基本需求的服务,但它们同样重视服务的质量和可靠性。

以上 4 种组织服务市场的客户具有不同的需求,这种划分方式有利于将这 4 类细分市场作为改进服务产品传递的起点,同时也有利于组织服务供应商根据相应变量分析这些市场的特点。比如,价格敏感型细分市场主要由那些要求高性价比服务的管理者占主导地位,而其他三类细分市场则是由工业制造类企业、建筑类企业和零售企业的业务占主导地位,这些企业关注的核心在于,服务必须是强力而连续支持的。为方便组织营销者充分利用此种细分方法制定相应的营销战略,我们以服务为纵轴,以价格为横轴绘制出4个细分市场的定位图(见图6-2)。

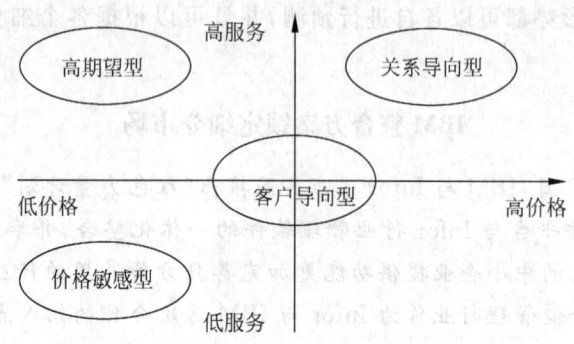

图6-2 组织服务细分市场定位

组织服务供应商还可以结合自身规模大小,进一步利用图6-2所示的细分市场定位,为服务营销决策提供参考和依据。由于服务供应商分为大、中、小型三类,依据规模大小的不同,服务供应商可以选择适合自身发展优势的细分市场。比如,对于大中型服务供应商来说,如果服务供应目标是服务于多个城市或地区,其重点可能放在两个或多个复杂的客户市场,如关系导向型市场和客户导向型市场。其中对关系导向型客户的营销方式应该是通过一个双向的、友好的模式,加之有效的沟通、了解客户业务、关注各类具体问题以及问题解决技巧等,寻求和发展良好的关系;对于客户导向型客户的营销方式则明显不同,它强调让客户完全受益,较少关注双向互动,它们要求通过细分服务来真正满足客户具体需求,为客户创造价值,并建立明确的绩效标准;同时客户导向型市场还追求反应时间快和可靠性强,且在这一点上强于关系导向型企业。

同时,大中型服务供应商除了可以优先选择关系导向型和客户导向型细分市场外,也可以择机进入高期望型细分市场。但需要注意的问题是,假如高期望型客户群的倾向是不现实的期望并难以满足,这就可能导致一个艰难的营销过程。如果服务供应商期望以较低价格进入一个需要大量高质量服务的细分市场,那么对于服务供应商来说有必要花大量的时间说服那些高期望型客户,并帮助它们了解更为详尽的服务需求。如果要保证营销成功,还有必要充分利用谈判和沟通技巧并投入必要的时间,目的是将高期望型客群转化为关系导向型或客户导向型客户群。

对于小型服务供应商来说,一般没有更多的选择余地。比如房地产业可以成为它们的最主要目标,其重点应该是以较低价格提供非常可靠的实用性服务。对于稍微大一些的小型服务供应商来说,可以选择进入客户导向型细分市场,例如24小时服务、电话服务系统以及充分的后备员工等。

第二节　组织市场的服务质量

由于组织服务具有与产品不同的特性,因此购买者评价服务比评价产品更难。在实际服务购买过程中,由于缺少一致的、标准化的服务表现和质量,服务购买者可能要进行更复杂的分析。但购买者总能利用多种购买前信息来降低风险,当购买者感知到的服务能满足需求甚至超出自身期望时,服务提供商就是值得信赖的。

一、服务质量概述

(一)服务质量评价维度

一般来说,企业客户对服务质量进行评价采用的标准有两种,一种从三个维度进行判定,另一种从五个维度进行判定。

服务质量三维度由芬兰服务营销学者格隆鲁斯提出,他认为服务质量由技术质量、功能质量和企业形象三个方面构成。此外,他还区分了消费者与企业客户对服务质量的认知,对于消费者而言,服务质量是作为整体出现的,不需要单独区分单个维度;对于企业客户而言,要提高服务质量管理,有必要将三个维度区分开来加以分析。在这三个维度中,技术质量维度是用来衡量服务本身的,描述客户所接受的是怎样的服务,其优劣取决于提供服务所需要的设备设施、工艺流程等;功能质量维度的评估相对主观,很大程度上取决于顾客的感觉,所以就难以找到一个标准化、系统化的衡量方法;企业形象维度的评价最为主观,但是又在服务质量衡量中发挥重要作用,良好的企业形象有时能弥补其他两个维度的缺陷。

服务质量五维度认为,企业客户在评价服务质量时,主要集中在五个方面,即可靠性、响应性、保障性、移情性及有形性。可靠性对企业客户而言是最重要的,它是指服务提供商是否能按照承诺的条约为客户按时按质地提供服务,企业客户所选择和购买的服务往往对自己的经营绩效有直接影响,因此服务的可靠性是它们衡量服务质量的首要标准,比如网络商铺在选择物流服务时,会首先关注该物流公司能否迅速及时地将商品交付到消费者手中。响应性是指服务提供商能否及时感知到企业客户需求,并对此做出及时而有针对性的反应,随时关注客户需求并给予对方需要的帮助,不仅能提高企业客户对服务质量的评价,也是维系与企业客户良好关系的必要手段。保障性更多体现为服务提供商的专业技能和知识水平,具有保障性的服务提供商能激发客户对服务的信任。移情性是服务提供商满足客户个性化需求的一种能力,这种能力要求服务提供商将每个企业客户视为单独的个体,在标准化服务的基础上增加适应该客户独特需求的要素。有形性是指服务提供商将服务有形化的过程;通过为客户提供特别的材料、制作服务介绍的小册子、将服务过程形成文件,都能为客户评价服务质量提供可视化线索;另外第一线的服务人员如何提供服务,也是形成高质量服务表现的因素之一。

(二)与服务质量相关的问题

1. 客户满意度

客户满意度是指客户在购买和使用服务以后,由于服务质量和效果达到甚至超过购买前的期望值而引起的一种愉悦和满足的状态。组织服务中的四个方面能影响企业客户满意度：

（1）服务的基本要素，即客户希望所有竞争服务都应该具备的要素。

（2）基础支持服务，如技术支援或培训，使组织产品或服务能更有效或者更便于使用。

（3）快速解决产品或服务过程出现的问题，对客户抱怨做出及时响应，并制定补救措施。

（4）格外出色的服务圆满地解决了客户的特殊问题或满足客户的需求，使服务本身体现出定制化特色。

2. 服务补救

服务补救是指企业用于快速有效地解决客户问题的步骤、策略和过程。鉴于上述服务特点的特殊性，组织间营销者不可能在每笔交易中都提供毫无瑕疵的服务，但企业如何响应客户在服务方面遇到的问题，对客户保留和客户满意起着关键作用，因为能够成功解决服务失败问题的服务提供者可以提高客户感觉到的服务质量。因此，组织间营销者应建立考虑周到的能快速响应的流程，以处理服务上的失败。有研究表明，经历过服务失败，但经服务提供者弥补最终得到满意服务的客户比没有经历过服务失败的客户对供应商更忠诚。

[例 6-3]　　　　　**IBM 的服务问题解决方案**

　　IBM 是全球知名的服务供应商之一，但即使是拥有大量技术人员和丰富服务经验的行业巨头，IBM 也不能保证为客户提供的每次服务都是成功的。IBM 的独特之处，却恰恰体现在解决客户抱怨的技巧上。当 IBM 收到客户的投诉信后，将派遣和相关产品或者服务领域的行业专家作为解决这个投诉问题的"解决方案所有者"。这些专家一旦被任命解决客户投诉或问题，必须在 48 小时内联系客户，假如客户投诉的问题更为严重，回应速度会更快。IBM 的营销战略家希夫介绍了这个过程是如何进行的：

　　我们把客户问题首先揽到自己身上，并向客户提问：需要怎么做你们才会对这个问题的解决方案感到满意？……我们与客户一起协商制定行动方案，并且执行该方案直到客户的问题得到解决，也就是说，直到客户说问题解决了，这个过程才可以结束。

　　资料来源：赫特 M D，斯潘 T W. 组织间营销管理[M]. 侯丽敏，朱凌，甘毓琴，译. 北京：中国人民大学出版社，2011.

3. 零流失

提供给组织客户的服务质量对客户流失有很大影响，这也直接关系到服务提供商的利润高低。例如，一家服务提供商发现从一个合作 5 年的客户处获得的利益是该提供商从一个合作 1 年的客户处获得的利益的 3 倍。对于那些保留客户的服务企业而言，保证客户的不流失还能获得以下好处：可以收取更高的费用；经营业务的成本大幅降低；长期客户为其提供免费的广告；可以省去大量拓展客户所需的高额成本。为保证客户的不流失，服务提供商需要仔细追踪流失客户，认识到服务质量的不断提高并不是一种无效的成本,而是一种对客户的投资,并能带来比客户一次性消费更高的利润。

二、服务质量差距模型

服务质量差距模型(gaps model of service quality)指出(见图6-3),企业客户对服务的满意程度取决于其实际感知到的服务质量与其期望的质量之间的差距,而服务质量来自组织服务营销管理各个环节的质量差距,是各个环节质量差距之和。根据服务质量差距模型,质量差距由4种差距构成:差距1——服务提供商所了解的客户期望与实际客户期望之间的差距;差距2——服务提供商制定的服务标准与所了解的客户期望之间的差距;差距3——服务提供商的服务绩效与制定的服务标准之间的差距;差距4——服务提供商对客户的承诺与服务绩效之间的差距。

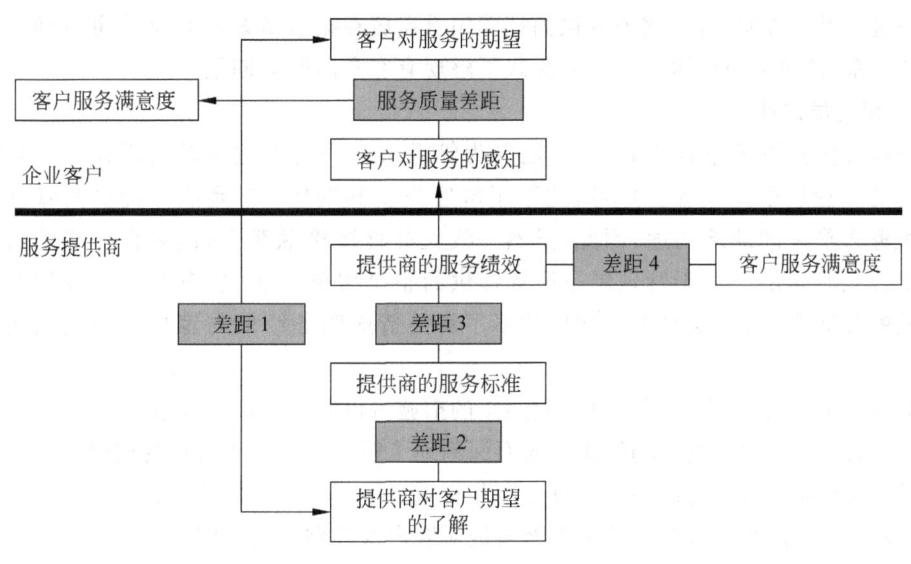

图6-3 服务质量差距模型

资料来源:郭毅,侯丽敏.组织间营销[M].北京:电子工业出版社,2011.

从服务质量差距模型我们还可以得知,组织服务营销者要使客户满意,就要缩小服务质量差距,具体来看就是缩小差距1、差距2、差距3和差距4。下面我们将针对这4种差距,详细介绍每种差距形成的原因及解决方案。

(一)差距1

差距1是指服务提供商所了解的客户期望与实际的客户期望之间的差距,其形成的原因主要在于服务提供商没有充分了解或低估了客户对服务的期望。影响服务提供商对客户期望了解的因素主要包括市场调研、市场细分、客户关系、管理层沟通等。

1. 市场调研

服务提供商对客户期望产生错误的估计,首要原因在于市场调研做得不够,具体体现在市场调研做得不够深入、不够全面,比如抽样调查的样本太小,结果缺乏代表性,无法反映大多数客户的期望;没有重点收集关于服务质量的信息,比如服务提供商忽视了客户投诉,或不能及时对客户抱怨进行处理,也因此错过有价值的服务质量反馈信息;调研方法不合适,比如服务提供商过于偏重定量调查,忽略了对客户进行访谈等定性调查方法,像客户期望和客户感知这样的心理特征,采用非正式的访谈能更真实地得以了解。

2. 市场细分

服务提供商之所以不了解客户期望,还因为没有进行市场细分。正如第一节中所分析的,不同地区、不同规模、不同行业、不同采购中心构成的企业客户对同一种服务的期望是有差异的。不通过市场细分去了解这些差异,就难以深入地了解客户的期望。

3. 客户关系

忽视客户关系的建立和维系,也是服务提供商不了解客户期望的原因之一。一方面,有的服务提供商更重视与客户间的交易关系,而忽视了与客户保持长期良好的合作,这种营销观念可能导致服务提供商做成一锤子买卖,却不能让服务提供商更好地理解客户心里的期望。另一方面,有些服务提供商把营销重点放在拓展新客户上,而忽视了维系与老客户的关系,这也会阻碍服务提供商深入了解现有客户的服务期望。

4. 管理层沟通

服务提供商不了解客户的期望,还因为管理层在沟通上遇到较大阻碍。一是服务提供商的管理层很少接触客户,因此不了解客户及其期望;二是服务提供商管理层与一线服务人员之间缺乏沟通,因此,虽然一线人员直接接触客户,但来自一线的信息却很难上传到管理层。由于管理层是服务提供商整个服务理念、服务标准的设计者和服务绩效的控制者,管理层对客户期望的不了解是造成服务绩效与客户期望之间差距的主要因素。

根据以上分析,服务提供商缩小差距1的措施可以归纳为以下几点。

(1)服务提供商通过市场调研全面而深刻地了解客户对服务质量的期望。

(2)服务提供商通过市场细分有区别和有重点地了解客户的期望。

(3)服务提供商通过关系营销不断增进对客户及其期望的了解。

(4)服务提供商通过内部营销,改善管理层与一线服务员工、管理层与客户之间的信息沟通。

(二)差距2

服务质量差距2是指服务提供商制定的服务标准与所了解的客户期望之间的差距,该差距形成的主要原因是由服务提供商制定的服务标准不能准确地反映所了解的客户期望。影响服务提供商对客户期望了解的因素主要包括服务标准的导向和服务设计与定位。

1. 服务标准的导向

服务标准的导向是影响差距2出现的主要原因。服务标准导向是指服务机构在制定服务标准时,是从客户的需求出发,还是从服务生产或运营的需求出发。前者是客户导向的服务标准,后者是生产导向或运营导向的服务标准。生产或运营导向的服务标准可能有助于提高服务生产效率,降低服务提供的成本,但可能损害客户的利益,比如物流公司为了降低运营成本而减少物流服务点,但这可能会使货物递送速度减慢而无法达到客户的期望。

2. 服务设计与定位

服务提供商的服务标准不能反映客户期望的第二个原因与服务设计和定位有关。服务的无形性使得服务的设计和定位很难用实物形式表现出来，但抽象描述或言语不一定能准确表述客户的期望。另外，由于服务的非标准化，服务提供商在为客户提供服务的过程中，服务设计者可能更多依靠主观经验对服务进行定位和设计，但主观经验带有主观色彩，未必能准确反映客户期望。

根据以上分析，缩小差距2的营销管理应当包括以下措施。

（1）服务提供商通过服务标准导向的确定，围绕客户的期望来制定服务标准。

（2）服务提供商采用准确的服务语言、制定详细具体的服务规则制度对服务的期望和服务理念进行界定。

（三）差距3

服务质量差距3是指服务提供商的服务绩效与制定的服务标准之间的差距，该差距主要来自服务标准的执行。影响服务标准执行的因素包括服务人员素质、购买服务的客户、代理服务的中间商和服务的供求关系。

1. 服务人员素质

服务标准没能得到有效执行的第一个原因是服务人员素质。造成人员素质无法达到先前所指定服务标准的原因有：服务人员招聘不当，在该类原因中，既可能由于招聘标准模棱两可，没有明确服务人员所需具备的基本条件，也可能是由于招聘观念本身就是错误的，比如以生产观念为基础对招聘人员进行考核，招聘的人员可能难以理解服务理念或无法执行客户期望的服务要求；服务人员的技巧水平不足，这是导致服务标准不能得到很好执行的主要原因，该类服务人员尽管具备服务理念，也了解客户的需要，但由于自身能力不足而使服务绩效无法达到标准要求；服务人员未得到充分授权，服务人员缺乏灵活处置问题的权力，也可能会导致服务标准以外的客户要求无法得到满足。

2. 购买服务的客户

服务标准没有得到有效执行的第二个原因与参与服务过程的客户有关。主要表现在客户在参与服务的过程中不予配合，或违反购买服务时制定的相关协议，从而影响服务效果；另外客户持不同标准对服务效果进行评价，也是导致服务绩效与服务标准出现差距的原因。

3. 代理服务的中间商

服务标准未能得到很好执行的第三个原因与代理服务的中间商或渠道有关。中间商在服务代理中没有很好地按合同执行委托服务商的服务标准，而且服务提供商对中间商缺乏控制，这就使得客户在中间商那里感知到的服务质量低于服务提供商所承诺的标准。

4. 服务的供求关系

服务标准没有很好执行的第四个原因与服务供求不平衡相关。服务的不可存储性意味着服务机构无法用产品库存的方式来调节服务市场的供求关系，这就导致服务市场供求不平衡的情况出现。当供大于求时，服务供应能力被闲置，谈不上服务标准的执行；当供小于求时，服务供应能力不足，影响服务提供的质量，为满足市场增长的需求，服务提供商可能会忽视服务质量，从而降低服务标准。

根据以上分析,服务提供商缩小差距3的措施可以归纳为以下几点。

(1) 服务提供商通过对服务人员的科学管理,包括服务人员招聘、岗前培训、岗位设计、激励考核等措施,增强服务人员执行服务标准的能力,并形成有效激励和监督。

(2) 服务提供商通过对客户的关系管理,增强客户的参与性、角色感和责任感,降低客户对服务标准执行的干扰。

(3) 服务提供商通过对服务中间商的管理,对服务代理商形成有效监督和控制。

(4) 服务提供商采取各种措施,调节服务市场的供求关系,包括对需求的刺激和对供给的调整,平衡服务供求之间的矛盾,在供求较为均衡的情况下保证服务的质量。

(四) 差距 4

服务质量差距4是指服务提供商对客户的承诺与服务绩效之间的差距。服务承诺是影响客户对服务期望的一个重要因素,服务承诺一般能提升客户对服务的期望,但如果服务提供商做出的承诺过高,即承诺超过服务绩效,就会导致客户对服务绩效感知低于服务期望值,并进一步影响客户对服务实际绩效的评价。与服务承诺有关的因素包括服务沟通、服务定价与服务有形化。

1. 服务沟通

作为服务提供商,应该尽量避免对客户做出不切实际的服务承诺,致使客户的期望提升,而一旦在实际中的服务无法兑现这些承诺,或客户无法感知到购买服务前所承诺的服务质量,就会使客户失望。营销沟通中不实的和过分的承诺,往往源自服务提供商营销部门与运营部门之间的沟通缺乏,营销部门为了吸引客户,可能在不了解实际服务标准的前提下过高宣传和承诺运营部门所能提供的服务质量,其结果就会导致差距4的出现。

2. 服务定价

如前所述,由于服务具有无形性,其价格往往成为客户判断服务质量高低的线索。在客户看来,较高定价的服务意味着承诺了较高的服务质量和水平。因此,较高的服务定价会提升客户对服务的期望。但是,如果服务提供商的定价与服务绩效不符,或高于服务绩效,那么会使客户对服务做出不满意的评价。

3. 服务有形化

服务的有形化也是对服务质量的一种间接承诺,服务有形化的内容包括服务环境、服务实施设备、服务用品和服务人员形象等。在客户看来,优良的服务环境、服务实施设备、服务用品和服务人员形象,提升了或承诺了较高的服务质量和水平。但如果服务提供商的服务绩效与这些外在服务设施不符,也会导致客户失望。

根据以上分析,服务提供商缩小差距4的措施可以归纳为以下几点。

(1) 服务提供商通过对广告、人员推销和公共宣传等沟通的管理,争取服务沟通的真实性和沟通中所包含的服务承诺的可兑现性。

(2) 服务提供商通过对服务定价的管理,争取服务定价反映服务质量或衡量服务价值的准确性。

(3) 服务提供商通过对服务外部各种设施的有效管理,争取这些有形物提示服务质量的可靠性。

第三节　组织市场服务的营销策略

与组织产品一样,为了有效地满足服务购买企业的需求,服务提供商需要有一个综合的营销规划。最近的研究表明,组织间营销者更喜欢采用关系战略,而不是交易战略,来规划具体的服务营销策略。因为服务营销的成功关键在于组织间营销者与企业客户建立密切、长期关系的能力。

一、组织服务市场的客户价值

(一) 客户价值概念

企业客户购买服务是因为服务所能提供的利益,无论是创造服务还是评价现有的服务,要做的第一步就是定义客户价值概念(customer-value concept),即评价客户从服务中获得的核心利益。只有了解客户价值概念,组织间营销者才能将注意力集中在服务的功能、效用和心理属性上。比如,一个企业选择一个酒店举办年度总结会,这项服务的核心利益就可以归纳为"成功会议所具备的要素"。对该酒店的营销者而言,必须衡量所有的服务属性以及举办一个成功会议的必要元素,包括会议室大小、布局、环境及音响效果;餐饮;安静舒适的卧室;视听设备;员工形象及服务水平。

(二) 服务概念

一旦明确了客户价值概念,组织营销者还需进一步明确服务概念。服务概念(service concept)是指服务提供商销售给客户产品和服务时所提供的总体利益。服务概念是将客户价值概念转化成服务营销者将提供的一系列利益,这些利益要以客户能感知的形式展现出来。对上述酒店而言,应将明确了的客户价值概念以即将提供的利益的形式转化为服务概念。

(三) 服务提供

与服务概念紧密联系的是服务提供(service offer)。服务提供是服务概念的具体化,比如何时、何地向谁提供何种水平、何种内容的服务,以及如何提供等。这些具体描述,不管是有形的还是无形的,都要对其做出明确规定。酒店的服务提供包括很多有形因素(会议室、投影设备、音响播放器、幻灯机、点心、餐饮等)和无形因素(服务人员的服务态度、对客户需求的响应、会议室的舒适度等)。总地来看,对服务提供商来说,对有形因素的管理和规范要比无形因素容易得多。

(四) 服务交付

服务产品的最后一个方面是服务交付——服务是如何交付给客户的。对上述酒店而言,交付内容包括会议室的使用时间、提供什么音响设备、配备多少服务人员、提供哪些餐饮服务等具体内容。服务交付系统可以看作是提供商为客户准备的一份经过精心设计的服务蓝图。

二、组织服务定价

虽然服务定价策略与产品定价有许多共同点,但是服务的独特特点给其定价带来了特殊问题,同时也带来了机遇。

(一) 与需求水平相联系的定价

由于服务无法库存,造成服务需求波动较大,组织间营销者往往苦于无法制定出满足最佳需求的服务容量。但服务定价可用于管理需求的实践,并将它与容量水平联系起来。具体来看,营销者应提供非高峰期定价计划以对事先预定的服务提供价格上的优惠,比如酒店在淡季时针对企业客户推出价格较低的套餐服务,而在旺季时可对某些服务加收额外费用,总之服务提供商应根据需求弹性和竞争程度对价格进行适时调整。

(二) 服务捆绑

许多组织服务包括核心服务以及许多附加服务。服务捆绑是以特殊价格销售两种或两种以上服务的行为。在组织市场服务环境下,服务捆绑的可行性在于多数服务企业的固定成本与变动成本之比很高,以及多种相关服务间的高度成本共享。因此向核心服务提供附加服务的边际成本通常都比较低。虽然服务捆绑具有可行性,但是组织营销者还需要考虑一个重要决策,即应该向企业客户提供纯捆绑服务,还是提供混合捆绑服务。纯捆绑(pure bundling)服务是指服务以固定的捆绑形式提供,即不能分开购买;混合捆绑(mixed bundling)是指客户可以单独购买被捆绑服务中的一个或几个,也可以购买整个捆绑服务。比如一家物业公司,可以向企业客户以纯捆绑定价的形式提供服务,内容包括保安、清洁、物管等工作,或者向企业客户对每项服务分别报价。

(三) 分析服务赢利能力

服务提供商为客户提供的服务形式是多种多样的,比如隔天送达、定制化处理、专员服务等。然而,不少服务提供商并没有追踪服务的真实成本,也无法核算纯利润的准确数据。因此,大量购买这些服务的大客户带来的利润可能远远低于企业预期。组织服务营销者制定和开发的服务商品,应特别注意特定客户和细分市场的服务成本,并把服务成本数据综合到毛利润计算中,可以更好地为服务定价,找出无利可图的客户,采取措施恢复赢利能力。

三、组织服务促销

组织服务促销战略与组织产品促销战略有很多相似之处。但是,组织服务的独特特点为组织间营销者提出了特殊的挑战。

(一) 发展有形线索

组织服务营销者应该将精力集中在服务的有形要素上,或者努力将无形要素转变为有形要素。实体要素对在购买或实现服务时创造气氛和营造环境起着重要作用。实体要素主要体现为服务的有形方面,组织间营销者可以对其进行控制,这意味着要将服务的无形属性尽可能转化得更为具体。

对于组织市场服务营销者而言,制服、商标、书面合同、服务过程中的有形设施等都是服务有形化的方法。例如,一个管理咨询公司通过提供免费的年度管理监测报告,使其服务变得更为直观和可衡量;施乐公司针对其服务向组织客户提供全面满意保证书,允许组织客户以任何理由退换复印机;汽车出租公司开发的信用卡也是一种试图将服务有形化的途径。同时,将服务有形化也是组织服务企业实现服务要素差异化的重要方式。

(二)充分利用外部沟通

由于服务质量及价值的评估困难,组织客户在购买服务时的风险远远大于购买实体产品的风险,因此它们倾向于受到那些购买或使用过该项服务的人的影响。这也意味着,现有组织客户对服务做出的评价将会深深影响潜在客户。为了扩大服务型企业的客户群,组织服务营销者可以通过鼓励满意的客户向别人介绍他们的经验,设计一些服务项目的宣传品方便现有客户推荐给其他潜在客户,提供潜在客户与现有客户交流的平台等。

四、组织服务分销

服务行业中的分析决策主要集中决定如何能够使客户利用并接触到服务的内容并了解其价值。从分销方式上来看,常用的服务分析方式有两种。

(一)通过互联网提供服务

对许多服务供应商来说,互联网提供了一个很好的分销渠道。比如 IBM 为邓白氏公司收集了 6 300 万家企业的信贷信息,负责它的客户支持活动和电子信贷报告分销,还用分析软件识别优良的客户前景。

(二)渠道成员

一些制造商仅仅依靠渠道成员提供与产品相关的服务,因为分销商和代理商比提供商更接近客户。这样的安排是提供安装、维修和维护服务的具有成本效益的有效方法。IBM 虽然曾是全球最大的计算机制造商之一,但为了取得持续竞争优势,IBM 将自己转变为服务型公司。虽然 IBM 采用直销队伍向大型企业客户提供服务,但它发现很难以有效的成本覆盖广大中型企业市场。IBM 对此的解决方案是依靠业务伙伴将服务提供给客户并通过互联网向伙伴和客户提供连续的支持。通过这种方法,IBM 扩大了其市场覆盖率,也能对客户需求做出积极响应。

本章小结

组织服务具有无形性、生产与消费同时性、易逝性和无所有权等特点,这导致组织服务营销与产品营销具有不同之处。首先体现在组织服务市场分类和细分的独特性,组织市场一般把服务分为纯粹服务和产品支持性服务;组织服务市场细分可以以服务为纵轴,以价格为横轴,划分出关系导向型、客户导向型、高期望型和价格敏感型四类客户,组织间营销者可针对这四种类型的客户,结合企业自身特点制定详细营销策略。

组织服务的质量评价标准有三维度和五维度两种方法,三维度服务质量评价重点考察技术质量、功能质量和企业形象三个方面;服务质量五维度认为,企业客户在评价服务质量时,主要集中在五个方面,即可靠性、响应性、保障性、移情性及有形性。服务质量差距模型为组织间营销者提供了一个分析企业客户对服务的满意程度的工具,运用该工具的重点在于落实到分析造成质量差距的 4 类原因上。

组织服务的营销组合主要关注传统要素(客户价值、定价、促销和分销)以及服务人员、提供服务的系统和有形证据。制定服务营销战略的关键第一步是定义了解客户价值的概念,即明确客户能从服务中获取的核心利益;组织服务定价要考虑服务的特性,主要是影响需求和不可存储以及服务要素的捆绑;组织服务促销则强调服务提供物的有形化,并充分利用外部沟通传递良好口碑;组织服务分销是通过直销渠道、互联网或中间商来完成的。

 关键词

纯粹服务(pure service)

产品支持性服务(product support services)

服务质量差距模型(gaps model of service quality)

客户价值概念(customer-value concept)

服务概念(service concept)

服务提供(service offer)

纯捆绑(pure bundling)

混合捆绑(mixed bundling)

 思考与讨论

1. 有学者提出:"与组织产品营销相比,组织服务营销过程中服务人员扮演着更重要的角色。"请评价以上观点,并解释原因。

2. 请解释服务质量差距模型中 4 种差距出现的原因,并谈谈如何避免这 4 种差距对服务营销的负面影响。

3. 作为酒店经理,为了吸引更多组织客户,你将采用什么方法管理酒店场地的商业需求?

4. 当公司向 IBM 或者施乐购买软件或文件处理器时,它实际上是购买一个带有许多相关服务的实体产品。请描述这个产品可能带有的支持性服务,购买者又应该如何评价这些服务的质量和价值?

 综合案例分析

利乐集团是全球最大的饮料纸包装生产商之一。在中国,蒙牛、伊利、娃哈哈、汇源、王老吉等知名品牌都先后选用了利乐作为纸包装的供应商。利乐集团从来不将自己看作一个单纯的供应商身份,而是将自己定位在"企业服务商"这个角度。在利乐公司看来,利乐提供给客户的是商业的解决方案,而不仅仅是设备或者包材,甚至不仅仅是服务。

当年，在牛根生刚刚创立蒙牛时，利乐正是利用这一身份转换为蒙牛的发展帮上了大忙。利乐在中国市场的负责人找到牛根生，但并没有直接谈包装材料采购问题，而是站在蒙牛创业的角度上，帮助其规划工厂、生产线和新产品等一揽子发展计划，最后通过分析锁定在常温液态奶这个项目上，让蒙牛的发展模式完全不同于伊利，获得了全新的市场机会，也同样让自己获得了蒙牛这个稳定的大客户。

一个只会推销自己产品的企业，和一个可以更多地站在客户的立场上提供解决方案的企业，哪一个更受欢迎呢？答案是不言而喻的。在今天竞争越来越激烈的市场上，客户对供应商的要求越来越高，一旦供应商能创造这种价值，即在提供实体产品的同时，也能提供配套服务；或在提供组织服务时，努力将服务有形化，那么客户的依赖性也会越来越强。毫无疑问，这是最有前景的发展机会。

资料来源：李志起. 利乐是如何占据的中国市场[OL]. http://mkt.icxo.com/htmlnews/2010/11/22/1424348.htm, 2012-12-20.

问题与讨论

1. 利乐为组织客户提供的是实体产品还是服务？
2. 利乐为组织客户提供的产品或服务中，关注的客户价值是什么？

第七章 组织市场的品牌战略

 开篇案例

杜邦莱卡在1958年诞生后推向市场,立刻风靡服装界,成为各成衣生产商、特别是内衣商争相追逐的宠儿。然而莱卡毕竟只是一种纤维,只是服装面料中的一种添加成分,它的直接客户是各大面料生产商,然后才是服装生产商,最后才是服装经销商、商场终端服装柜台和服装消费者。莱卡被这条长长的客户链埋在了最不为人知的末端,客户链上任何一个环节的脱离都会影响莱卡的销售,如果消费者和经销商不喜欢含莱卡的衣服,如果制衣厂不喜欢含莱卡的面料,如果面料商不购买莱卡,杜邦都将失去自己的市场。

1995年起,莱卡在我国国内首先与内衣品牌开展合作,六年后中国市场上几乎所有的内衣品牌均推出了含莱卡的产品,其中除了黛安芬等世界名牌,也有三枪、豪门、猫人、铜牛等中国内衣品牌,莱卡在内衣领域一统天下的脚步当当作响。设在上海青浦的杜邦莱卡生产厂的产量也在逐年扩大,年生产量已经从1997年设厂之初的2 500吨,增加到了2001年的1万吨。在上海等大城市,莱卡的市场知名度更是达到了70%。

资料来源:孙曰瑶.品牌建设案例分析4之杜邦莱卡[OL].http://www.chinaadren.com/html/file/2009-2-26/2009226170951.html,2009-02-26.

 本章学习目标

1. 组织市场品牌化的必要性;
2. 组织品牌价值及维度;
3. 组织特点与品牌经营;
4. 品牌在组织市场中的绩效。

第一节 组织市场的品牌化

一、组织品牌的含义

品牌是企业的一项重要资产,是企业降低市场交易成本的重要工具,品牌管理是企业营销管理的重要组成部分。虽然消费者市场对品牌问题的研究很多,而组织市场却相对较少。在组织市场中,即便供应商提供的产品在性能上没有实质性差异,但企业客户却持续地偏好其中一种产品胜过其他产品。关于这一现象的解释常常集中在购买者行为问题上,如购买习惯、严格的购买程序、人际关系和转移成本(1994,哈奇,杰克逊)。虽然这些都是重要的因素,但品牌的作用同样不可忽视。

组织市场的品牌化即针对工业产品(服务)及其供应商实施的品牌战略,它不同于消费者市场(business to consumer)产品或企业的品牌化。

二、品牌在组织间营销中的重要性

那些认为在组织营销中品牌不起作用的营销者忽视了一个有力的工具。他们认为品牌不过是"印上了名字的商品"而已,或者把重点放在品牌的功能上而不重视其品牌的价值。许多事例表明,这是不成熟的看法,且不能有效利用资源。

研究表明,强劲的品牌可以减少潜在的风险,简化购买决策,提高预期的满意度,提供质量、出产地、性能保证和售后服务保证,方便未来购买。在组织市场上,这些削减风险的因素通常比微小的价格差异更有影响力,因此供应商常常能从品牌投资中得到丰厚的回报。

品牌渗透了组织营销的所有领域,例如医药行业的 Prozac 品牌、打印机行业的惠普品牌、防火电缆行业的 Pyrotenax 品牌、聚乙烯行业的 Novex 品牌。其成功原因是因为购买者和使用者都认识到品牌背后供应者的保证。购买者以与成功品牌有关而骄傲。例如,计算机行业的许多公司骄傲地宣称,它们的 PC 使用的是奔腾处理器。

组织品牌化的另一个重要方面是,品牌不仅影响你的顾客,而且影响着所有利益相关者——投资者、员工、伙伴、供应商、竞争者、管制者或者当地社区的成员。

我们为成功品牌做如下定义:一个成功的品牌是一个好的产品、服务、人或地方,使购买者或使用者获得相关的或独特的最能满足他们需要的价值。而且,它的成功源于面对竞争能够继续保持这些价值。

这一定义对消费者和组织间营销都适用,因为在这两种情况下,营销者都尽力使购买者意识到它们的价值。

组织市场的品牌意识已经开始萌发,特别是一些大组织。随着大部分市场竞争的加剧以及随之而来的产品差异化和产品生命周期的缩短,品牌问题将变得越来越重要。

[例 7-1]　　　　　　　SUNKIST 的品牌经营案例

国际农产品销售中的知名品牌 SUNKIST,是一个美国专门经营柑橘市场销售及相关服务、年产值已达 10 亿美元的"非营利性"紧密型农业合经组织。该组织拥有 6 500 个"生产供应商",借助遍布 53 国的 45 个"全球执照持有者网络",构筑出世界顶尖的知名品牌(目前该品牌的价值已逾 70 亿美元)。

通过紧密型的"市场结盟"和不断改革,其在全球的市场份额不断扩大;通过"聚焦顾客、倾听顾客",它将原有的"供应驱动型"组织转变为"顾客驱动型"组织,不断适应世界水果市场的新格局(即大买主越来越少而订单越来越大);通过发挥在世界范围的市场调研功能、技术进步与设备更新服务功能,知识产权保护、产业标准制定和反倾销功能,全球性的物流系统和快捷分销功能等,不断提升该组织品牌在世界市场上的价值。因此,该组织总能代表会员成功地与当地消费者和政府进行沟通。

资料来源:汪涛.组织市场营销[M].北京:清华大学出版社,2004.

三、组织品牌命名

组织品牌如何命名？是以企业名称来命名，还是以产品或服务名称来命名？这是组织营销者在营销策略中必须回答的问题。

品牌理论认为，品牌战略存在一个企业品牌背书(endorsement)的"连续统一谱"，在图谱的一端是所谓的企业"伞品牌战略"、企业品牌战略或"名牌屋(branded house)战略"。企业品牌战略是指利用公司品牌向利益相关者释放信号以创立和维持企业的良好声誉而进行的系统计划和实施程序。在"连续统一谱"的另一端是所谓的产品品牌战略或"品牌之家(house-of-brand)"战略，如宝洁(Procter & Gamble)是这一战略的积极运用者。产品品牌战略是指使用一个与其企业名称相独立的品牌名称来标识一个或一类供给物的品牌战略。

人们经常看到用企业的名字为组织品牌命名，这使得同一企业的系列产品得益于该企业的信誉。这种命名规律的结果使许多消费者从两个方面认识到品牌的附加价值：首先，是源于某一特定企业的附加价值，其次是源于特定产品或服务的附加价值。这样，在组织营销中，购买者把供应商作为品牌来谈论就非常普遍，例如 SKF、IBM、ICI。在这种情况下，供应商成功地通过其企业身份的附加价值增加了产品的价值。结果是购买者选择品牌的过程首先选择企业，然后在后续评价中再考虑企业的品牌。

与此相反，也有一些企业很少将注意力放在企业品牌的认可上，而更注意单个产品的品牌经营。在这种情况下，购买者对品牌的兴趣要远远大于对企业的兴趣。例如，在抗溃疡药物市场上，格拉索公司(Glaxo)的 Zantac 药品与史密斯-柯林比奇汉姆医药公司(Smith-Klein Beecham)的 Tagament 药品之间的竞争就没有依靠其企业本身的附加价值。

古登(1993)等学者认为这种差异有两方面含意。第一，公司名称和声誉而非产品品牌是供应商主要诉求点；第二，在组织营销背景下，品牌忠诚等同于企业忠诚，公司品牌处于 B2B 品牌战略的核心地位。因此，企业顾客对于供应商的评价不仅包括产品的功能，也包括企业内部成员的技能、态度、行为、交付速度、售后服务以及沟通模式等方面。正如凯勒所言：组织品牌化是将企业作为一个整体，创建积极的公司形象和声誉，良好的品牌声誉将给企业带来更多的销售机会和更多的利润。

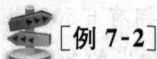[例 7-2]　　　　　　　　　　美国木材工业品牌化

美国 20 世纪 80 年代后期公布的一项研究指出，木板和复合板生产商当时面临越来越大的新的生产者的竞争。它们认为，赢得竞争的最好办法是创建其产品的品牌。在这个例子中，它们所做的是为它们的产品系列命名。主要的目的是将其产品与竞争者的产品区分开来。采用这种品牌战略几个月之后，人们对木材商进行了调查访问，问它们在选择木材供应商时所使用的标准。大多数情况下，首先考虑的是价格。板材生产商把竞争产品作为商品而不是品牌。如果它们认识到品牌的作用，它们就会认识到竞争产品由于其附加价值而产生的变化，这样可以提高价格。这项研究表明，木材经销商面临由于"品牌战略"带来的问题，因为它使消费者产生了混淆，因为板材生产商所使用的品牌名称仅

仅适用于经销商,它们忽略了消费者不可能将品牌的名字与不同类型木材的作用联系起来这一事实。

资料来源:彻纳东尼,M.麦克唐纳.创建强有力的品牌[M].管志安,译.北京:中信出版社,2001.

四、企业作为一个品牌

在任何购买中,组织购买者首先是考虑企业总的品牌,而不是他们想要购买的特定产品形象。他们会长时间地记住企业的形象,而不是任何具体产品信息。一个组织购买者总是对一个潜在供应商的可信度有所怀疑,尤其是它们是否真的是这个行业的专家。但是商业决策是由人来做出的。而对于人,有许多情感因素包括在内。因此,供应商需要确定它们具有受人尊重的人格以及由此产生的公众认可的形象。

企业品牌经营的目的是:①使企业的名字为众人所知晓,在潜在的顾客头脑中,企业是独特的和可信赖的;②有助于在购买者和供应商之间建立关系;③描述它提供给购买者的好处;④使企业的价值体系具体化。

为了以最好的方式展示自己,企业应开发一个企业形象的计划,以确保所有形式的外部沟通是协调的,并以同一种方式表现出来。企业形象也是一个投入过程。由于购买者认知过程所产生的问题,购买者认为对企业的最后认知,即企业形象,可能与企业的本意有所不同。

美国市场协会(AMA)给出的"品牌形象"定义为:品牌形象就是一种品牌在人们心目中的各种感知(perception)联想的集合;是品牌个性(brand personality)和品牌存在(brand being)的状态、特性、本质等的可能并不准确的脑海图景(mirror reflection);是人们对品牌的各种看法、情感和期待。美国市场协会给出的品牌形象的综合性定义中,有的内容强调品牌在顾客心目中的感觉形象,有的强调品牌带给顾客的感知联想的事实,有的则包含个人的主观价值判断。

企业形象是一个有价值的资产,如果对其有效地管理,对于品牌成功的意义极大。既然如此,任何企业都必须以这样的方式指导其企业形象计划,以使购买中心所有成员感觉到相同的企业形象,并加强供应商的信任和信心。购买中心的每个成员可能与某一个供应商有不同的联系,如果对企业形象感知不一,购买中心的每个成员可能会感觉到不同的企业形象,其结果对品牌的影响极坏。购买者对企业所展示的形象会产生深刻印象,他们会因此增强对企业的信心,这对品牌经营非常有利。

企业形象的特征包括多维组合性、复杂多样性、相对稳定性、可塑性和易碎性等。

(1)多维组合性是指品牌形象不是由单维或两三个指标所构成,而是由多种特性所构成,并受多种因素的影响。例如,供应商的品牌形象既包括产品质量、价格、企业规模、网络方位等"硬"条件,又包括服务、物流、善行度等"软性"维度。

(2)复杂多样性是指由于企业及其产品市场覆盖率的差别、产品信息传播效果的差异,以及顾客的特点不同等,造成顾客对企业和产品的认知、理解以及使用情况不一样,从而使品牌形象在不同时间、不同地点呈现多样性的特征。

(3)相对稳定性是指品牌形象在一段时期内会保持稳定。符合顾客愿望的企业理念、良好的产品品质、优质的服务等因素,是品牌形象保持稳定的必要条件。由于赢得顾客长期的喜爱,优秀的品牌能够保持其形象长久稳定,例如卡特彼勒结实耐用的重型机械,IBM 蓝色巨人,贝尔公司科技创新、不断进步的形象等。

(4) 可塑性是指通过企业的努力,可以按照企业的意图建立品牌形象,改造原有的品牌形象、增加品牌内含的新特征,甚至于重新塑造品牌的形象。罗子明(2001)还举了 IBM 企业形象的例子,在 20 世纪 70 年代以前,一直是高质量商用设备的代表者,80 年代初,企业进入了严重的危机时期,顾客的评价是"大"、"全"、"笨",经过痛苦的改革和品牌形象再造过程,现在的 IBM 重新回到了开创科技先锋、提供高品质服务的品牌形象。

(5) 易碎性是指在特定的条件下,不管是一些重大的事件,还是一些轻微细小的事件,都可能完全迅速地改变原有的品牌形象。例如,"丰田轮胎"事件、三鹿"三聚氰胺"事件以及双汇"瘦肉精"事件都对当事企业造成了难以挽回的负面影响。

五、组织品牌的感情问题

尽管消费者营销和组织营销有区别,但品牌在两个领域中同等重要。成功的组织营销必须注重与客户间的情感互动,以吸引目标企业的关键人员,这些人在组织购买中扮演重要角色并提出各种建议或主张。由于组织营销的预算总是比消费者营销的少,营销者需要更多地接近顾客来了解其品牌如何最好地帮助顾客。甚至可以说,组织品牌营销比消费者品牌营销更有趣,因为一个消费者品牌,如可口可乐,只能使消费者提神,但 IBM 却可以改变人们的生活。

一些人认为组织采购比消费者购买更加理性,但感情因素仍起到重要作用。这一点可以从 Redland Roof 瓷砖的一则广告来理解。在描述这一品牌的功能利益时,广告显示一个国家的房屋,写着"我对 Rosemary 的外表一见钟情"。这个品牌的瓷砖不仅使房间保持干燥,还会增加房子的外表效果和特性。

六、组织品牌的价值及维度

为了获得成功,在组织营销中品牌必须将价值链中每个人的需求都考虑在内。在人造纤维市场,供应商认为强调品牌名字更重要,而不是仅仅仔细地把品牌名称与纤维的用途联系起来。结果,在一个竞争品牌名称很多(如达克纶、涤纶、阿克利纶)但在品牌解释很少的市场上,使用者对不同纤维的性能感到模糊。更有效的策略应该是弄清楚价值链中不同的消费者和影响因素,例如编织者、设计者、生产者和经销商。应通过企业的目标制定和统一对每一人群都适用的发展策略,明确不同纤维品牌的独特性能。

尽管众多竞争性组织品牌的规格和性能十分接近,但在市场中只有其中的一个品牌能够获得并保持主导市场地位。原因是市场很好地区分了品牌的所有者,顾客认为其价值更大,预见到领导性的品牌在某些方面更加出色。1997 年,穆丹姆比与其同事针对精密轴承产业开发了一个品牌价值结构模型(参见表 7-1),可以帮助我们更好地理解品牌在组织营销中的价值。

关于组织品牌价值的维度构成,美国著名品牌专家大卫·阿克认为品牌资产之所以有价值并能为企业创造巨大利润,是因为它在顾客心中产生了广泛而高度的认知度、良好且与预期一致的产品知觉质量、强有力且正面的品牌联想关联性以及稳定的忠诚顾客。

目前,品牌认知(brand awareness)、感知品牌质量(brand quality)、品牌联想(brand association)以及品牌忠诚(brand loyalty)四个维度已被学界广泛认可和接受。

表 7-1 精密轴承的价值来源

形态 \ 项目	产 品	分 销	支 持	企 业
有形	精密	可供能力	设计建议	财政稳定性
	负载量	订货到交货的时间	产品测试	多年经验
	产品维数	电子数据交换和时间	现场支持	全球覆盖面
无形	革新	订货的简化	理解我们的需要或业务	国际级别
	适合性	可靠的业务往来		技术领先地位
	良好设计	紧急事件反应能力	解决问题的能力	全球化视野

资料来源:Mudambi S M,Doyle P,Wong V. An exploration of branding in industrial markets[J]. Industrial Marketing Management,1997(5).

(1)品牌认知是指顾客在不同条件下识别品牌的能力,反映其对品牌的了解和熟悉程度,代表了以往品牌营销努力在顾客脑海中形成的记忆。顾客的品牌认知程度可以从两个方面反映:第一是在给定产品类别、产品功能需求等条件下,顾客能否想到某品牌;第二是在顾客已知品牌名称时,顾客对品牌的了解程度。品牌认知作为顾客脑海中现存的对品牌的回忆和印象,在顾客做出购买决策时可能起到促进作用。

(2)感知品牌质量是顾客对品牌所代表的产品或服务的质量是否达到预期的全面感知。感知质量建立在与品牌认知相联系的产品或服务特征等因素基础上。因此即使顾客对产品品牌认知程度很高,但顾客在使用产品或服务过程中,若产品功能或服务质量无法达到其预期要求,顾客就会降低对品牌的整体评价,进而无法形成品牌忠诚。因此,企业顾客对不同供应商提供的产品或服务质量形成的差异化感知会影响其对于供应商的选择。也就是说,感知品牌质量是B2B品牌资产的又一个重要"指标"。

(3)品牌联想是顾客看到某一特定品牌时,从其记忆中引发的对于该品牌的感觉、评价和联想。"品牌联想"在B2C营销领域作用明显,但若想在崇尚"理性"、多员参与的B2B购买决策中发挥作用则比较困难。但品牌定位是B2B品牌建设中最为核心和基础的部分,品牌个性的作用也不可忽视,应重视B2B品牌个性中感性的部分。

(4)品牌忠诚是顾客忠实于某一品牌产品或服务的倾向或将其作为首选的意向。品牌忠诚可以从行为和态度两个方面加以研究。从行为角度来看,品牌忠诚表现为对某一品牌的重复性购买;从态度角度看,品牌忠诚是顾客对某品牌独特价值的非随机性承诺。一般来说,如果供应商通过品牌赋予其产品或企业以独特的附加价值,即在采购商心目中提升了品牌资产,那么,与无品牌或次级品牌相比,采购商就倾向于重复购买该品牌产品或将其作为首选目标。因此,品牌忠诚也是B2B品牌价值的最重要构成维度。

七、品牌关系

(一)品牌关系及维度

品牌关系是将关系营销理论嵌入品牌背景而形成的较前沿的品牌理论研究领域。关系视角为探究复杂的顾客-品牌交互作用问题提供了难得的机遇。"品牌关系"(brand relationship)是顾客对品牌的态度和顾客认为品牌对自己的态度之间的互动。而"品牌关系质量"是衡量品牌关系的重要变量,它反映了顾客与品牌之间持续联结的强度和发展能力。关系质量是一个多维构念,在B2B行业与营销渠道成员关系中,沟通质量、参与、冲突的处理、关系投资等理应成为关系质量维度的备选因素。但毋庸置疑,不论在什么行业背景下,满意、信任与承诺均是主要的关系质量维度。

品牌满意是指顾客对所选品牌满足或超过其期望的主观评价的结果,它是顾客将期望和感知的品牌绩效进行对比后的一种心理满足状态。一般来讲,品牌满意可分为累积性品牌满意和具体交易的品牌满意。所谓累积性品牌满意是一段时间内对品牌的购买或消费经历的一个评价,它是长期的、总体性评价;具体交易的满意是指顾客对最近一次交易经历的购后评价,它针对的是短期的、特定情况下的评价。顾客对这两个概念的理解是存在差别的,并且二者对于重复购买意图分别具有不同的作用,其中具体交易的满意在重复购买意图的形成过程中发挥更边缘的作用,而累积性品牌满意对二者之间的关系起到部分中介和部分调节作用。

信任是交易伙伴对对方能力、可靠性和诚实性所感知的信心,是顾客与品牌关系的重要纽带。品牌信任是指"顾客信赖品牌履行其所声称功能(stated function)的能力的意愿"。可以说,品牌信任是顾客从品牌中得到的安全感,是顾客在面对风险的情况下对品牌可靠性和品牌行为意向的信心期望。同时,品牌信任是一个多维构念,一般认为品牌信任包含三个维度:一是品牌能力的可靠度(credibility),即顾客企业相信该品牌能够满足其对产品功能期望的程度;二是品牌正直度(integrity),即顾客企业相信品牌对其做出的承诺信守的程度;三是品牌善行度(benevolence),即品牌对顾客企业利益维护的程度。

承诺是关键的关系构成,承诺被定义为"保持一种有价值的关系的持久愿望"。品牌承诺是指个体对品牌选择的承诺和约束。根据不同的动机,可以将承诺分为情感承诺和算计承诺。情感承诺的动因是一种对伙伴关系的积极感受。算计承诺则基于对脱离关系所导致的高关系终止成本和高关系转换成本的预见。算计承诺是成本和收益权衡计算的结果,已经超出了关系本身的范畴。

采购商对供应商品牌的承诺也可以从两个维度加以说明,即情感性品牌承诺和算计性品牌承诺。情感性品牌承诺是采购商由于对供应商品牌存在情感上的依赖而保持与该品牌的一种长期关系,顾客企业十分关心品牌的成功和发展,对品牌有强烈的归属感。而算计性品牌承诺是指由于缺乏可供选择的对象或转换成本过高而导致的一种理性的、从经济角度对产品利益的依赖。

(二) 履行品牌承诺

"承诺"是任何人对一个企业、一项产品或服务所持有的联想、经验和信念的总和。

当我们谈及品牌承诺,就要顾及如何通过所有与客户的接触面,表现出品牌所代表的企业形象。这企业形象所标榜的,可以是反应迅速的客户服务,或是超卓可靠的技术水平等。无论如何,"品牌"这个称号本身,已经蕴含了对企业精神的承诺,对业绩水平的承诺。多年来一些最受赞赏的机构,如联邦快递(FedEx)、迪士尼(Disney)、耐克(Nike)、可口可乐(Coca-Cola)等,它们的品牌承诺渗透着业务的每一个部分,而不是只涉及其中几个范畴。"品牌承诺"已经成为整个企业的推动力。

"品牌承诺"为企业本身塑造了独有的企业精神,而不受企业的业务性质所影响。它要回答的是比管理学泰斗彼得·德鲁克所提问的"你的业务是什么?"更大的问题——就是如何为企业确立其定位形象,并为它确定发展方向。

许多企业认为其品牌承诺才是它们真正的"产品"。例如,宝丽来不是照相机,而是"社交润滑剂";星巴克不是咖啡连锁店,而是代表着家与办公室以外的"第三个地方"的生活模式。

那么,如何界定和体现企业的品牌承诺?品牌承诺不可能是一个由上而下的指令。它所代表或承诺的必须由内到外,为员工带来启发和推动力——因为只有员工才能让客户及伙伴感受有关的品牌承诺。有些企业会采用集思广益的方法,通过公开咨询如研讨会,邀请员工参与制订、说明和履行品牌承诺的过程。

至于品牌承诺的形式和标准,则无任何硬性规定。承诺可以只是一句话语,也可以是几项要点,精简扼要或细节详尽皆可。品牌承诺的准确性和诚意,比起它的格式更为重要。

当企业通过公开咨询、筛选的过程而总结出它的品牌承诺之后,就必须把承诺付诸实行。优秀的企业都把它们的品牌承诺作为企业的核心理念。品牌承诺除了加强信息传递之外,员工的行为、企业的政策,以及所有与企业名义攸关的事务将皆以此为蓝本。品牌承诺把企业中的这些部分紧密地联结起来。

[例7-3]　　　　　　　　　　履行品牌承诺

当一个品牌承诺形成后,真正成功的企业会履行它的品牌承诺,为企业注入生命。让我们来看看一个真实的案例——英国石油集团(BP)。

BP相信人类依赖碳氢化合物作为能源的日子是不会随时结束的;同时,BP亦相信能够协助世界转而使用可再生能源的最佳人选,非能源公司莫属,因为这是它们既得的利益所在。

因此,BP的品牌承诺是成为世界上最重视社会和环境生态的能源公司。为了履行承诺,BP在信息传递、员工行为和企业政策方面做出多方面的配合:

信息传递——在1948年,BP首次向股东派发年度财政报告。而大约自十年前起,它每年再印制一本环境研究报告。从2001年开始,BP又增加了其业务对社会影响有关的分析报告。

员工行为——BP总部创办了BP Helios奖励计划,把世界各地的员工奖励计划结合成为一个全球性的计划。Helios奖励计划设有四个奖项,用以表扬BP全球10万名员工的成就,奖励那些员工能成功发挥BP致力建立信誉的四个企业精神之一,包括追求业绩、不断进取、创新和环境领先。另外,BP还设有第五个奖项,表扬能够涵盖四个企业精神的成就。这样,BP的品牌承诺就能对员工的行为产生直接影响,并且成为奖励员工的依据。

企业政策——显而易见的是,BP的品牌承诺(即成为世界上最重视社会和环境的能源公司)对其在世界各地的企业政策具有重大的影响。因此它们致力于加速减少二氧化碳的排放量,即使成本大幅度增加;不断开发太阳能源业务。

事实上,企业如能真正履行它的品牌承诺(即在信息传递、员工行为、企业政策各方面与承诺紧密配合),企业将获益匪浅,BP就是一个好例子。

企业拥有一份良好的品牌承诺有助于令员工因作为企业一分子引以为傲,并且尽心投入工作;有助于令员工在处理所有与企业名誉攸关的构思、活动和工作关系时,有更明确的方向指引;有助于增加客户对企业的信任——如果企业能为履行品牌承诺,贯彻地做出一致的业务政策;有助于制订衡量业绩表现的新标准——可据此评定员工和供货商履行品牌承诺的成效如何。

资料来源:佚名. 履行品牌承诺[OL]. http://www.chinacpx.com/zixun/48487.html,2006-09-14.

第二节 品牌经营

一、组织购买特点

(一)涉及更多的人介入

在消费者营销中,品牌通常由个人购买,而在组织购买中则涉及更多的人。组织品牌营销者面对的挑战不仅仅是要明确哪些管理人员介入购买决策,还要搞清楚品牌的特性以及同他们中的每一个人有何联系。因此,品牌的各种利益要涉及所有的管理人员,必须了解相关人员的特点。例如,需要向生产管理者宣传品牌交货的可靠性,向质量控制管理人员宣传低杂质含量,向会计师宣传低成本等。

(二)涉及较低价格和成本

消费者一般会面临相对便宜的品牌。这样他们就不需要花费太多时间进行评估。相反,组织购买涉及大量的资金。为了减少购买决策不适当的风险,组织要由来自不同部门的管理人员共同完成购买评价过程。例如,当IBM在寻找一家制造晶体芯片的公司时,便成立一个由工程师、会计师和采购管理者组成的小组。在对所有潜在的供应商评估后,只有5家公司能够满足IBM公司的要求。接着工程师访问了每家公司,由于担心质量而排除了其中之一;接着因价格和交货条件排除了另外两家公司;最后在两家公司中做出选择。这个细致的评估要用几个星期才能完成。在这段时间内,需要收集和评估大量的技术和财务信息。

(三)需要更多时间

消费者仅用很短的考虑时间就做出品牌选择,并不奇怪。相反,组织购买一般需要很长时间的考虑,组织营销中的销售人员与消费者营销中的销售人员相比,常被认为是技术顾问。他们常常在企业感到有足够信心做出购买选择之前与潜在的供应商会面。这意味着,在组织营销中,品牌支持的有效性需要经过一段较长的时间来评价。

(四)更加忠诚

消费者一般在忠诚于某一品牌的同时,又不时地尝试新品牌。但在组织间营销中,更为常见的是购买者寻求与某一家供应商长期的购买关系。他们在选择过程中投入大量工作,并了解与供应商合作的性质。对新供应商的品牌进行选择要影响整个过程,包括交货、质量控制、生产、发货等,一般不会轻易接受。

(五) 买家更为理性

尽管感情因素仍对最后的购买决策具有影响,一般来说,组织购买要比消费者购买更加理性。感情因素可能不是特别重要的因素,但仍是品牌选择标准的一部分。例如,一些采购人员喜欢被销售代表看作是重要人物,彼此之间的友好相处是买卖达成的重要环节,若双方出现了情感障碍,则会让竞争对手有机可乘。

(六) 涉及更大风险

风险意识有助于我们更好地理解消费者为什么选择某一品牌。同样,在组织购买中充分理解风险意识也是非常有用的。第一次购买一个新品牌时,购买者认为可能有风险并寻找方法降低风险。一种方法是在评估过程中涉及更多的人。例如一家医药企业会注意到其营销战略中的风险。它的销售代表要估计每一人群对风险的惧怕程度。当投放一种新药,他们首先拨打电话给那些对风险有较高抵抗能力的人群。一旦这些人接受这种新药,且对其效果表示满意,就应鼓励他们与其同时谈论此药。由企业主持新闻发布会可以简化这一过程。例如,可以由医院的顾问对一项新的手术技术做演讲展示。

二、影响组织品牌选择的因素

在竞争性品牌之间进行选择时,要对品牌,特别是对企业来说是全新的品牌进行全面的评估,然后得出购买小组所有成员认同的品牌特点。但也会进行秘密评估。这种秘密评估多半是基于社会的考虑,例如"我能与这个品牌相处吗?"以及心理的考虑,如"如果别人看到我从这个企业购买品牌,我能受到重视吗?"下面我们讨论这两类问题。

在组织营销中,重点大多是放在利用资源来迎合买方理性而非感性的考虑。例如,在经营高科技品牌企业中所做的调查表明,企业主要考虑拥有先进的技术、雇佣有效的销售人员、通过强有力的服务能力支持品牌、价格具有竞争性和提供整套的产品,而很少把重点放在创造买方和销售代理人之间良好的关系上。

要归纳一个品牌可能满足消费者的功能成分的种类显然是不可能的,因为这取决于许多因素,例如:①采购小组中成员的不同需求;②购买品牌的行业类型;③所购买的产品类型。

采购小组的所有成员对某一特点有相同的兴趣也是不可能的。他们在不同的部门工作,有不同的背景,对品牌的关注度也不尽相同。实际上,品牌营销者可能会面临这样的情况,即有的成员对品牌的标准表示反对。化工工程师可能特别关心某个品牌溶剂的纯度,而采购负责人则只关心成本的降低。太阳能空气调节系统营销的研究表明,在购买中心的成员中评估品牌标准截然不同。工厂的管理人员更关注经营成本,而总经理更关心品牌的现代性及节约能源的潜力。

如果将同一品牌销售给不同行业,这些行业就不可能使用同一标准。在一项对生产企业和医院采用的标准的研究发现,这些标准有某些相似的地方,但也存在较大的区别——生产企业和医院都认为,可靠性和有效性非常关键,但医院把售后服务作为重要的关键因素,而生产企业认为品牌的技术能力很重要。

购买行业之间越相似,所采用的评估品牌的标准越可能相似。在发电行业和电子产品行业之间比较 20 种品牌评估标准的使用情况,只有 4 项标准认为同等重要:修理服务、生产设备、履约和培训。

产品类型也会影响品牌的评估标准。一项特别广泛的研究把工业产品分为四类,并提出了不同大类应该考虑的相同特点。需要强调的是,对每一大类都有 4 个重要的考虑内容:

(1) 定期订货,在使用上没有问题的产品:交货的可靠性、价格、灵活性和声誉。

(2) 对需要经过培训才能使用的产品:技术服务、使用便利、提供的培训和交货的可靠性。

(3) 对那些不能确定产品是否在新的应用上令人满意的产品:交货的可靠性、灵活性、技术可靠性。

(4) 对在小组成员中产生很大争议的产品:价格、声誉、交货的可靠性的信息以及交货的可靠性。

在组织营销中存在一个错误观念,即为购买者提供具有吸引力的低价格,品牌就会成功。实际上并非如此,一个研究小组审查了多家大型生产企业的购买记录,它们集中购买 112 种生产设备。从这个数据库中研究小组发现,平均来看,在做出购买决定之前,这些企业大多评估了 3 个竞争性品牌,而且在 41% 的购买中,成功的品牌并不是报价最低的。购买者愿意购买较高的价格,是因为考虑和强调了下列因素:零部件的可替代性;短期内交货;与享有声望的供应商合作;可迅速提供全部范围的零部件;较低的经营成本;较低的安装成本;较高的质量材料。

只有当竞争性品牌非常相似时,价格才变得重要。有人曾对不同品牌的电子设备包括示波器、调节器和电阻器等的感知进行了调查,结果发现,当购买者感到品牌的差异非常小时,3 项主要的选择指标是价格、性能和交货期。相反,如果购买者感到竞争性品牌之间的差异非常大,他们考虑的 10 项指标中并不包括价格。另一项对购买没有差别的工业清洁剂、润滑剂和研磨剂的购买者的调查表明情况类似。在不存在主要差别的品牌选择中,价格才被看作是关键的选择标准之一。

即使在价格成为主要选择标准的情况下,购买者也会考虑价格的各个方面。品牌的价格看起来可能很高,但如果考虑由品牌所带来的长期的经济性,诸如生产中较低的出错率,购买者就会根据长期节约和质量发展的原则来看待采购。购买者也考虑品牌的生命周期成本,即产品整个寿命中可能的成本总额。奔驰卡车曾使用过这样的广告语:"你购买的是辆卡车还是一辆冰山?"广告语下面是一座冰山。它描述了一个事实,即在卡车的寿命期,购买价格只相当于总成本的 15%,而运输成本则相当于 85%。另一个实例是富士通公司为其 ErgoPfo 系列 PC 电脑所做的广告:"一便士聪明,一英镑愚蠢?"其主题说明购买者面对的不仅仅是 PC 电脑的购买成本,还要面对拥有它的长期经营成本。

如果价格太低,购买者往往会怀疑缺少了什么。一位咨询人员失去了一个项目,因为他的报价与其他人相比太低。客户不能理解,以这样低的价格咨询人员怎么能做出完美的工作。事实上,因为独立工作,企业开支很少,所以愿意以比其他昂贵的公司低的边际利润工作。但他的低价格却使他失去了合同。这样,在消费者品牌营销中普遍的感觉是物有所值。

为什么把品牌定位在低价格上并不明智?还有其他原因,一些购买者在谈判中尽可能获得折扣,这样,低价定位几乎没有为谈判留下任何余地。也有一些购买者总能够在谈判中获得较好的价格。

三、谁购买品牌(购买中心与品牌)

(一)购买中心与品牌

典型的组织品牌采购常常涉及很多人。购买中心有时也称为决策小组,由来自不同部门的人员组成,负责评估和选择某一品牌。例如,在采购某一品牌的生产设备时,可能会涉及来自工程、采购、财务、生产、营销和地区服务等部门的代表。特别是当一些大企业购买价值昂贵和复杂产品的品牌时,有多达20人加入到购买中心。这在企业对一个新品牌毫无经验,或当他们对昂贵和复杂的产品意识到高风险时,尤其如此。这种做法之所以被广泛利用,是因为能使决策者从中获得更大的信心。

在使用者对特定产品有持续需求的情况下,例如汽车门的橡胶封条,这是采购经理的责任。但是,即使在这种情况下,使用者也可能对采购经理提出产品升级换代的要求。

如果使用者对某一领域有专业知识且不涉及重要的财政支出,他们会独立做出品牌决策。这方面的例子是市场研究人员可以自行决定聘用哪个顾问来指导某一特定项目。

在预测谁可能会参与组织品牌购买决策时,图7-1是非常有用的指导。这可以通过认识组织面临的商业风险和产品或服务复杂的程度来预测。例如,有时企业在首次购买一个品牌时,考虑到购买成本、经营成本和维护成本,觉得需要有很好的财力做保证。因为品牌具有不熟悉的特点,很难从功能上去评估,在这种情况下,可能至少有一个来自相关部门的人参与评估,并在评估可供选择的产品之后,可能还要向更高一级请示,以做出最终选择。

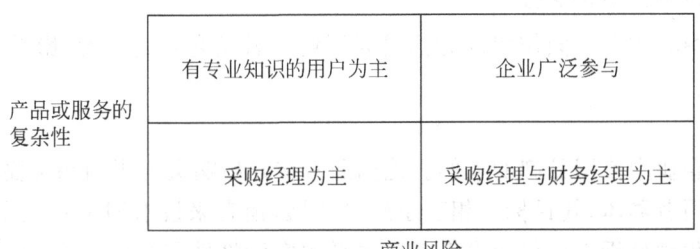

图 7-1 预测谁将会参与品牌购买

资料来源:汪涛.组织市场营销[M].北京:清华大学出版社,2004.

正如矩阵指出的,采购经理几乎不会独自做出品牌购买决策。一般来说,在下列情况下,进行品牌选择的是购买小组而不是个人。

(1)当采购的企业规模扩大时;

(2) 当企业对所购买或使用的品牌毫无经验时；

(3) 当对供货商信心较小时；

(4) 当品牌是生产过程的一个重要部分时；

(5) 当订货的资金规模增加时；

(6) 当个人意识到购买品牌中的某种风险时。

随着获得信息的增加，购买中心成员的人数也会随之变化。例如，如果在评估过程的早期得知可以购买或租用某一竞争性品牌，就需要有一名财务顾问补充到小组中来参与评估。

品牌营销者需要把自身放到组织的位置上，并考虑哪个部门受品牌的影响最大。假如品牌为组织降低生产成本提供重要的机会，但售后服务变差，在做出购买决策时就需要生产、营销、顾客服务和财务等各方面的人员参加。购买中心中每个成员的相对重要性根据所购产品的类型的变化而变化。例如，当购买技术复杂的生产设备时，工厂管理人员和工程师要比采购人员更具有影响力。在购买中心中，工厂管理人员是最积极的信息搜集者，小组成员常常借助他们而不是外部渠道获取信息。

确定了品牌营销者，获悉了购买中心的成员后，就应该了解谁是关键的决策者。在美国，过去将 X 射线胶片卖给医院时，购买中心中放射线专家和技术人员无疑是关键人物。但是，随着政府对国民健康保险制度的审查和变革，在购买过程中就有更多的政府行政人员参加。有些人认为，在医用 X 射线胶片市场上，品牌成功是因为营销人员认识到了购买中心成员的变化以及行政管理人员越来越多的重要性。

通常，购买某一品牌的建议是提交给高层管理人员的，因为评估小组在支出方面的权限一般较小。但是，即使在这一理性的过程中，决定也可能由于某个感情原因而被驳回。一个企业曾聘用信息技术顾问与其管理者共同评估和推荐购买哪种计算机，两种品牌的提议提交给了董事会，赞同价格较高但技术不很尖端的品牌的提议遭到拒绝。董事会主席感谢小组的工作，尽管他的信息技术知识极为有限，但觉得使用知名品牌更可靠些。如果品牌营销者对购买小组的作用有更多的了解，结果可能对其品牌更为有利。

（二）购买中心成员角色

理解购买中心成员不同作用的方法是要了解 5 种角色：使用者、影响者、决策者、采购者和把关者。

1. 使用者

使用者指企业中使用品牌的人们。他们通常在开始购买前提出相关要求。当存在两个或更多的使用者群体，其目标又相互矛盾时，对营销者来说有时就产生了问题。例如，一个实验室的化学分析人员可能由于其高水平的实验性能需要某一品牌的分光计，但研究设计管理人员则很少使用分光计，他们更关心的是设备空间的缺乏。精明的营销者需要搞清楚究竟谁是主要和次要的使用者，并投其所好，达到平衡。

2. 影响者

有时候很难弄清楚谁是影响者，因为他们或者通过确定所需的品牌标准而直接产生影响，或者通过非正式地提供信息间接地产生影响。例如，一个管理者在评估某示波器的品牌时，会向供应商寻找信息，但偶尔在走廊上遇到其他人时也可以了解其他部门同事的看法。影响者不仅仅是组织内部的人,也可以是外部顾问;可以聘用顾问描述不同品牌的特点或帮助评估竞争性品牌,也可以通过网络或与同行企业中的工作人员接触以获得相关信息。

3. 决策者

决策者有权最后决定购买哪种品牌。有时很难分清谁是决策者。例如,使用者已经提出明确要求,购买某一个品牌,但在最后的讨论中总负责人可能做出决策,却把订货的工作交给了采购经理。这样,采购经理看起来是采购决策者,但实际上总负责人才是真正的决策者。

4. 采购者

采购者是指那些有正式采购权的人。在谈判中,采购经理看起来似乎很有权力,但通常是组织中的其他人定好了目标。一般来说,采购经理可以决定低成本的采购,而不需要大范围地讨论。应该清楚,采购经理需要极力地维护和改进其所在企业的地位。为了达到这个目的,他们采用多种策略。例如,有些人是教条主义者,无论谁接近他们,他们都按条文办事。即使已经收到了口头决定,也是在得到正式通知后才采取行动。这种方式使得那些与采购人员打交道的人感到灰心。另一种策略是对许多同事表示关爱。采购经理寻求一种同这些人友爱的气氛并愿意帮助他们,同时也希望他们能够反过来为自己提供帮助。

5. 把关者

把关者是指那些控制信息流入购买中心的人。他们可能是总负责人的秘书,他们每天打开邮件并决定哪些信件应该提交审阅;也可能是采购经理,他们向接待员强调任何希望与企业建立新的业务来往的销售人员都应该由销售部门来指导。把关者在购买过程的早期,即需要确定大范围的竞争性品牌阶段,常常会施加一定的影响。

必须认识到,同一个人能施加数种影响。品牌营销者所面对的竞争是弄清楚某个人起到的作用以及购买中心的某个成员何时最有影响力。有证据表明,采购部门在下列情况下最具影响力。

(1)商业考虑(如交货条件、支付方式等)比技术考虑更重要时;
(2)例行公事地购买产品时;
(3)由于采购部门对供应商的专业知识有更多了解,因而在企业中颇多重视时;
(4)巩固品牌的技术在一段时间内不变,评估标准也不变时。

当购买中心的成员商讨时,来自于不同部门的人常常怀有不同的动机。群体动力学可能造成紧张,而且某一些成员怀有某些隐藏的目的极力去获取更有影响力的地位。在一个大的购买中心中,人们认识到那些有丰富专业知识的人是最有力的影响者。调查显示,即使在企业认为快速地达成一个品牌决策并不困难的情况下,这些人仍有很大权力。

通过更好地了解哪些人可能成为购买中心的成员以及他们的作用,品牌营销者会更好地决定如何定位其品牌来满足大家的各种要求,也可以更好地预测影响力究竟是什么,在哪些方面应做出努力。另外,通过了解采购过程,品牌营销者应该能够确定何时需要更加努力地经营其品牌。

四、为组织采购人员提供品牌信息①

组织品牌塑造非常必要,而很多企业尚未找到 B2B 品牌推广的方法,现有研究针对工业品营销的特点,特提炼出 B2B 品牌推广的一些策略。

第 1 招:好产品自己说话。产品的品质决定市场竞争力。以客户基本利益为核心,通过产品三个层次的最佳组合,以客户易察觉的形式来体现客户购物所关心的因素,就能获得好的产品形象,进而确立有利的市场地位。选取质量改进的突破口。产品质量是品牌的"生命线"。品牌产品首先要以高质量为基础,但要创立品牌产品,仅仅靠推行质量标准和确保质量水平又是不够的,还必须使产品具有质量特色。而要建立一定的质量特色,就需要寻求质量改进的突破口。要确定产品质量改进的重点,不能停留于一般质量标准上,而要从市场需求出发,深入地了解客户对质量的要求。

美国社会评价产品质量有 8 个尺度:

(1) 选择性。根据不同类别层次的顾客要求,对产品进行不同档次和类型的开发和生产,让顾客有更多的选择,亦即质量的灵活性。

(2) 耐久性。在使用寿命到期后,产品不值得修理。

(3) 美学性。质量好的产品体现了协调与和谐,声音、味觉、嗅觉、感觉、触觉等方面给人以舒适清新的感觉,同时,产品应针对不同的人去展示不同的美。

(4) 功能性。可以用来表现的操作特征。

(5) 可靠性。越是耐用消费品越要可靠,一个产品,如果在维修上花费很多,就要考虑可靠性。

(6) 服务性。产品易于修理,维修人员要胜任,对顾客有礼貌,体现速度和效率。

(7) 符合性。符合通行标准及有关法规。

(8) 声誉性。人们历来崇尚有名誉的公司,追求品牌产品。声誉和品牌是产品质量好的显著标志。

第 2 招:口碑效应传美名。满意的客户的一句表扬之词远远胜过描述产品性能的一千个词。口碑是客户之间对某企业的赞同、认可。这是一种口头广告,也是最有力的广告。在口碑当中,存在正面情感和负面情感的宣泄问题。人类对负面情感的反应要比正面情感强烈,不良的口碑更会让客户到处宣扬。负面口碑和正面口碑对企业都会带来重大影响。人们对于负面情感的宣泄永远高过对正面情感的宣扬。"好事不出门,坏事传千里。"客户不关心那种仅具有一般竞争性的服务,而是关心那种有竞争优势的服务,因此,只有通过给客户留下深刻印象,才有可能把自己良好的口碑通过客户的嘴进行传播。具体来说,一是用故事树口碑。故事是传播口碑的有效工具,因为它们的传播带着情感。二是口碑藏于细节。影响客户口碑的,有时不是产品的主体,而是一些不太引人注目的细节,如西服的纽扣、家电的按钮、维修服务的一句话等。一些"微不足道"的错误,却往往引起客户的反感。更重要的是,企业却极不容易听到这些反感,难以迅速改进。三是教育提升口碑。当年金利来在打入国内市场时,很聪明地标出领带的 3 种打法,以小知识巧妙地

---

① 资料来源:http://blog.sina.com.cn/s/blog_5122f07c0100ckq9.html。

避免了客户可能的尴尬。这种营销技巧在 IT 行业更为普遍,电脑商经常利用各种方式传播关于电脑使用的基本知识来培育市场。柯达早在 1897 年就在美国发起了一次空前的摄影大赛,吸引了 2.5 万人参加。1904 年,柯达又在美国举办了《柯达旅游图片展》,大力宣讲摄影知识。

第 3 招:小众媒体锁定人。不像消费品市场中的顾客点多面广,工业品客户少而集中。媒体的选择必须考虑媒体的受众与目标顾客的吻合程度,不要去看绝对收视率或发行量,应看有效的覆盖率。工业品的采购属于专家型购买,客户的工程技术人员会关心本行业的发展动态,客户所在行业都有相应的专业杂志报纸,如三一重工就重点在《施工机械》、《中国建设》等杂志上做针对性的广告宣传,这样直接渗透到潜在客户那里。从企业的操作层面来看,要注意几个关键性问题:一是小众媒体的选择要以客户中的发言权威为中心,以其喜欢接受的媒体为转移;二是技术语言要巧妙地转化为营销语言;三是加强与潜在客户的双向沟通,可以通过设计有奖问答、虚心请教等方式与客户互动,以便得到潜在客户的信息及增进了解。

第 4 招:软性文章细无声。首先要把握软性文章的特点:淡化商业痕迹,做到在商不言商,先交朋友后谈生意;细水长流,滴水穿石,不求功于一役。其次要弄清楚好的软性文章应具备的要素:标题要有吸引力;文章要有趣味性;内容要有可信度。而写好软性文章的诀窍在于:巧设悬念勾人心;奇句起笔有力量;说出顾客心中的渴望;揭示顾客的烦恼。软性文章可以发表在客户所在地的大众媒体或行业媒体上。远大与美国能源部、法国燃气公司、美国橡树岭国家实验室、美国马里兰大学等机构建立了较紧密的技术合作关系。公司领导近年连续 3 次出席《财富》全球论坛、4 次出席《世界经济论坛》,并在大会上就经济、环境和企业管理作专题发言,增进了中外交流。技术骨干多次在"世界燃气大会"、"世界空调及室内空气质量大会"作专题发言,在一定程度上推动了全球节能、环保的进程。远大把这些极具新闻兴奋点的事件都通过有关媒体巧妙地做了传达。在这样一个注意力时代,会做,还要会说。

第 5 招:展销会上显力量。例如在工程机械行业里,全国各地以省为单位每年都要举行建筑、工程机械展览会。参会企业可以使用举办单位提供的平台加以推介,如会刊、门票广告;展期气球、布幅、报纸、电视等其他广告;特装展位的搭建和设计等。除此以外,企业还可以进行独特的创新设计,以彰显公司品牌的实力和形象。2001 年,梦洁家纺公司参加了中国(上海)家纺展销会,该公司花重金请台湾室内装饰设计大师精心设计了展厅,从内到外都体现了"梦洁家纺生活馆"的品位和魅力,同时设计了美观漂亮的特大型礼品袋发放给每个参展商家,不仅吸引了广大客户来展参观洽谈,而且吸引了官员和媒体的关注。

第 6 招:实地考察见功夫。远大的销售工程师只要能把潜在客户带到长沙远大城来参观,业务就算基本上成功了。因为大型设备的销售成交金额都较大,少则几十万元,多则上百万元,客户采购相当慎重。眼见为实,耳听为虚。客户在下最后决心之前,都会到制造商生产基地去实地考察。远大精细化的现场管理、一丝不苟的员工、清洁优美的环境、照顾到每一个细节的接待无不让客户感到信心、放心、爽心。因为公司总部是一个公司管理和实力的综合体现,需要平时的功力积累,细微处见真功夫,依表面功夫一时半时是做不出来的。与产品这种有形实体一样,公司生产基地和管理总部也是品牌的有形载体。

第7招:样板工程树形象。大型机械设备产品的特点,一是价格昂贵,许多产品的单机价格超过100万元,一台混凝土输送泵对用户来说都是重要的固定资产;二是销售量比较低,三一重工生产的产品是非大众化的,只有特定行业才有这种需求;三是设备运行环境恶劣,常易损坏,发生故障,需要维修和更换零件。三一重工营销法宝之一就是在开拓一个新市场之时,一般会不惜代价地选择一个重量级客户或重量级工程作为首攻目标,待攻下这种标志性工程后,再以它作为号召去征服其他客户。例如有一国家重点工程是在建第一长隧,亚洲第二长隧。由铁十八局和铁一局五处承建。混凝土施工难点:该工地工作环境恶劣,混凝土标号高,塌落度低,和易性差,骨料粗40mm~60mm,颗粒级配差,对混凝土泵性能的稳定性及混凝土泵易损件的耐磨性能是一个很大的挑战,加之工程工期紧,混凝土泵须连续长时间工作,休息间隙短,日常检查和保养时间仓促,施工单位在选择混凝土泵时慎之又慎。三一泵施工情况:铁十八局选购了三一HBT50C-1413拖式混凝土泵3台,1999年8月1日投入泵送,至今共泵送4万余立方米混凝土。这3台泵都工作良好,其中1台泵送12 000立方米混凝土后,即眼镜板和切割环还在正常使用。三一重工正是以这个样板工程作为品牌切入新市场的突破口。

第8招:优质服务感人心。例如美国卡特彼勒选择当地分销商为其销售产品并提供售后服务。卡特彼勒与所有的分销商都建立了一种长期、稳定的合作关系,这些分销商都是独家代理,不能再代理其他竞争对手的产品。这样就能保证为用户提供专业的、稳定可靠的服务。卡特彼勒选择分销商的标准比较严格,一般都是当地的中小型企业,这些企业熟悉当地情况,接近客户,掌握需求状况,能为客户提供快捷的服务,确保机器的正常运转,使停机时间缩短到最低程度。公司承诺,对于世界上任何地方的卡特彼勒产品,都可以在48小时内获得所需的更换零件和维修服务。

在三一重工,服务质量同产品质量同等重要,是检验一个企业管理能力的决定性指标。与外资企业相比,双方产品性能接近,但是,三一在服务上有自己的优势,不仅建立了自己的体系,而且有自己多年的经验,这是外资企业不能比的。三一认为:服务能力关键是看危机解决的及时性和有效性,服务的好坏同时也是衡量企业形象好坏的标准之一。将营销战略集中于创造品牌价值,要战略性的服务而不是战术性的救火,将"一切为了客户"的经营理念与长期品牌相结合,利用顾客导向的服务需求,建立个性化服务,最大的投资应更好地"花"在解决客户的需求上。

[例7-4] **杜邦公司致力延伸工业品牌莱卡**

杜邦公司正在通过"上游带动下游"的营销策略,致力将作为工业品牌的莱卡更多地延伸成一个时尚符号。

众所周知,"莱卡"是美国杜邦公司为其独家发明生产的一种人造弹性纤维注册的商标,该产品具有良好的伸展性和回复性。对于下游企业而言,莱卡是一个工业品牌,一种优质的纺织工业材料。对消费者来说,莱卡的拉伸性令服装更加舒适,更具现代感,能最大限度地满足自由运动的空间。杜邦纺织与室内饰材中国市场总监麦建柏先生介绍说,长期以来,莱卡坚持"上游带动下游"的品牌营销策略,不断通过各种方式向消费者传递健康、充满活力的生活方式和时尚概念,逐步将莱卡由一个工业品牌向时尚领域延伸,致力在中国消费者心中成为时尚先锋的象征,倡导充实、健康、舒适的高品质生活方式。目前来看,这种延伸策略是成功的。据调查,在欧美地区,莱卡的知名度已达90%以上,而在北京、上海等城市的女性消费者中,莱卡的知名度也已超过80%。

于2001年创办年度风尚颁奖大典是杜邦公司延伸莱卡品牌内涵的重要举措之一,意在通过时尚界名人的引导作用,推广阳光、动感、时尚、热情的生活方式,引发广大中国消费者对时尚的关注,带动中国时尚产业朝前发展。据悉,2002年MTV—莱卡风尚颁奖大典在上海大剧院举行,以两家主办方的强大实力及超强的明星阵营,在2002年秋天掀起一场时尚风暴。

MTV全球音乐电视台中国区董事总经理李亦非女士表示,MTV加盟这一颁奖大典的主办工作,将发挥自身优势,为颁奖大典注入更强的亲和力和娱乐性,尽力打造一台国际水准的电视颁奖晚会。

2002年颁奖大典在上届基础上增添了莱卡风尚男模特、音乐录影带、国际品牌、MTV贡献奖等,奖项及候选人名单均已由提名委员会以"充满活力和动感,体现潮流与时尚,具有现代都市气质"为标准提出并向大众公布,候选人阵容较2001年有所扩大。

2002年颁奖大典将延续2001年的选举方式,17个奖项中的8个将由消费者投票产生。

资料来源:佚名.杜邦公司致力延伸工业品牌莱卡[OL].http://www.texindex.com.cn/Articles/2002-9-2/9145.html,2003-04-18.

第三节 供应商品牌在产业链中的绩效

一、供应商品牌绩效的含义

关于绩效的定义,存在"结果导向"与"行为(过程)导向"两种。结果性指标包括市场占有率、品牌利润率、内部收益率等;行为(过程)指标包括品牌认同、顾客满意、品牌忠诚等。经济学视角的绩效定义更多地倾向于"以结果为导向",认为绩效是工作的产出结果。相对行为导向而言,以结果为导向的绩效结果更容易用客观标准来衡量。相反,其缺点是过分注重结果而导致对实现方式的重视程度不够。从管理学的角度,倾向"以行为(或过程)为导向"来界定"绩效"。从组织的角度来说,绩效就是为实现组织目标而进行的一系列行为活动和运作过程。其实,结果与过程密不可分,对结果进行评价的同时,还需要从根源上找出影响绩效的因素。随着人们对绩效认识的加深,出现了将绩效看成是结果和行为(或过程)的辩证统一的观点,即认为绩效既可以看作是过程,也可以看成是该过程产生的结果。绩效是由行为单元和结果单元组合,结果是组织价值的体现,行为则是实现组织价值的手段。

从研究视角上看,品牌绩效研究多是站在品牌主体,即企业的角度来审视其绩效,站在顾客的角度来审视品牌绩效的研究很少。这与研究背景相关,在B2C情境下,由于品牌评判者是个体消费者,品牌带给他们的绩效更多地体现在满足其功能性或是情感性需要方面。对于顾客而言,消费品品牌是以成本而不是收益的形成存在的,也就是说,消费者是要为某品牌支付价格而不是通过它来营利。因此,企业或第三方不会考虑品牌给消费者带来何种经济价值,而反倒是考虑消费者对于品牌的满意或忠诚可以为企业带来哪些经济价值。消费者品牌满意以及品牌忠诚就成为企业获取品牌结果绩效(经济绩效)的中介(过程)变量。因此,基于过程(行为)的B2C品牌绩效研究大多停留在了"品牌忠诚"阶段。但是在B2B情境下,情况就不同了。由于B2B营销的顾客就是企业,企业(主体)视角与顾客(客体)视角在此天然地融合在了一起。若只站在供应商企业角度审视品牌绩效而忽视品牌对顾客企业的绩效影响情况,就很难透彻地理解B2B品牌的作用机制,只有"跨位"思考,甚至要对顾客的顾客负责,才能理解供应商品牌绩效的真谛。

二、基于供应商主体视角的品牌绩效

海格和杰克逊(1994)研究了B2B品牌的作用,认为强势的B2B品牌可带来多方面的利益:产品溢价、需求增长、竞争产品的被排斥、易于沟通、速度更快、品牌建设的可能性、顾客满意度提升、渠道网络力量的提升、特许加盟机会的增加、当公司要出售时可获得更高报价。现有的针对品牌绩效的一些衡量指标具体包括:市场份额(market share,指企业品牌销售占总体市场销售的百分比)、平均购买频次(average purchase rate,指对于所有消费者而言的平均购买频次)、渗透率(penetration,指在所有消费者中,曾经购买过某一品牌的消费者所占的比例)、购买频率(purchase frequency,指购买过某品牌的消费者对于该品牌的平均购买次数,即通常用于反映顾客忠诚度的"回头率")以及品牌品类需求份额(share of category requirements,指购买某品牌的所有消费者,他们所惠顾该品牌的次数占他们所惠顾该类所有品牌的次数的比例)等。

从现有文献来看,对品牌绩效的评价主要有三个视角,即财务视角、顾客视角和管理视角。从财务视角来看,一个好的品牌具有产生现金流的能力,可以为企业带来丰厚的财务回报。Silverman等(1999)研究发现,金融世界(Financial World)通过复杂方法所计算的品牌资产价值与销售额数据相比几乎没有优势;而销售额在某个层次上可能是衡量品牌资产价值的有用方法。目前,虽然研究如何获取品牌财务价值的学者日益增多,但品牌价值从根本上被认为是顾客导向(customer-based)的,即品牌价值在多大程度上影响顾客企业的购买决策。营销学者也用"品牌敏感度"的概念来衡量不同购买者对品牌重要程度的感知变化。当一个购买者是品牌敏感者时,意味着品牌在推进其购买行为的心理程序方面扮演着重要角色。从企业管理角度看,强势品牌具有许多功能,包括有助于增强广告和促销效果,有助于销售渠道的建立,有助于屏蔽竞争对手的产品,有利于品牌延伸等。

三、品牌溢出价值视角的品牌绩效理论

现有研究都是站在供应商视角,强调品牌给供应商带来的绩效,而很少有研究从交换等式的另一边看待供应商品牌给企业顾客带来了什么价值。一般来说,供应商品牌对采购商的价值影响主要体现在:①帮助采购商增强购买决策信心;②帮助采购商提升企业声誉;③帮助采购商获取竞争优势。在B2B营销领域,品牌常常被间接用来评价产品的独特性和质量,很少直接考虑品牌产生的综合效应。当购买的目标产品十分复杂、需要大

量服务和支持、产品采购失败的负面影响严重或者有时间或资源等条件约束时,企业顾客才会考虑购买知名品牌。供应商品牌在财务、客源和管理等方面会给经销商带来直接好处,但这种价值是一种供应商品牌的"溢出"价值。品牌溢出价值是指品牌价值的非自愿扩散,是一种外在经济性的体现,即供应商品牌可以带给采购商的财务、市场和管理价值。

企业顾客忠诚于某个供应商品牌可以为其带来财务绩效。从现有的研究结论来看,企业顾客在同类产品不同档次的品牌中进行选择时,若排名第3、4位的品牌不能比排在第1、2位的品牌对财务的贡献率超过5%～10%,那么排在3名以后的产品则不在零售商考虑范围内。由此可见,采购商愿意为某些品牌承担一定的成本上升或利润"损失"风险。那么,采购商为何愿意为名牌产品而承担自身成本上升的压力呢?原因是供应商品牌为采购商再次获得溢价或额外收益(margin)提供了可能。从长期来看,供应商品牌对采购商财务价值的影响体现在销售量(sales volume)和定价(pricing)策略两个方面。一般情况下,溢价销售主要集中在高端品牌领域而非次级品牌领域。企业顾客选择次级品牌还是知名品牌是基于两种思路考虑的:一是采购次级品牌,付出较低成本,终端产品定价也较低;二是采购使用优势品牌产品,付出相对较高成本,终端产品定价也很高。采购商究竟采取哪种思路来改善其自身的财务状况主要看这种成本付出能否取得终端产品的价格回报以及终端产品的需求价格弹性。企业顾客必须根据增长市场份额带来的可能赢利和溢价来权衡与品牌建设相关联的成本。

企业顾客为何对某供应商品牌"情有独钟"呢?一个重要原因就是该供应商品牌有助于企业顾客创造潜在顾客或维持现有市场。因此,可以将供应商品牌看作是企业顾客寻找与终端顾客建立紧密联系的一种途径。有些时候企业顾客需要在获取利润与满足顾客需求之间加以平衡。企业顾客不只是为了追逐财务收益,财务价值只不过是顾客价值的货币化产物。能否适应终端顾客的需求是顾客企业做出购买决策的一个根本出发点。品牌对于企业的价值最终是通过其对顾客的影响实现的。

优势品牌特别是强大的企业品牌,不仅意味着可以提供高质量产品,它还可以为采购商提供多方面管理利益,如充分的技术支持、完备的售后服务体系、快速的交付承诺以及员工培训计划等。首先,企业顾客可以得到供应商的技术支持。与采购商相比,供应商对于提供的产品性能更为了解,特别是涉及一些需要很多技术支持的产品领域。对于供应商所拥有的专有技术、能力和知识的需求是企业顾客进行购买决策时必须考虑的问题。其次,供应商品牌可以减轻顾客企业的营销压力。供应商广告费用的投入有助于顾客企业的形象传播,例如因为使用了Intel处理器,戴尔(Dell)笔记本电脑得到了更多个体消费者的关注。除此以外,来自供应商的成本分担不仅有助于降低采购商市场风险,还对企业顾客树立清晰、合理、一致的品牌形象大有裨益。最后,企业顾客可以通过与供应商的长期合作来分享市场信息,降低交易成本。

本章小结

组织市场的品牌化即针对工业产品(服务)及其供应商实施的品牌战略,它不同于消费者市场产品或企业的品牌化。

强劲的品牌可以减少潜在的风险，简化购买决策，提高预期的满意度，提供质量、出产地和性能保证和售后服务保证，方便未来购买。组织品牌化的另一个重要方面是，品牌不仅影响企业顾客，而且影响着所有利益相关者——投资者、员工、伙伴、供应商、竞争者、管制者或者当地社区的成员。

人们经常看到用企业的名字为组织品牌命名，这使得同一企业的系列产品得益于该企业的信誉。这种命名规律的结果是许多消费者从两个方面认识到品牌的附加价值。

在任何购买中，组织购买者首先是考虑企业总的品牌，而不是他们想要购买的特定产品形象。他们会长时间地记住企业的形象，而不是任何具体产品信息。企业形象是一个有价值的资产，如果有效地管理，对于品牌成功的意义极大。企业形象的特征包括多维组合性、复杂多样性、相对稳定性以及可塑性和易碎性等。

关于组织品牌价值的维度构成，美国著名品牌专家大卫·阿克给出了品牌认知、感知品牌质量、品牌联想以及品牌忠诚等四个维度。

品牌关系是将关系营销理论嵌入品牌背景而形成的较前沿的品牌理论研究领域。"品牌关系"是顾客对品牌的态度和顾客认为品牌对自己的态度之间的互动。而"品牌关系质量"是衡量品牌关系的重要变量，它反映了顾客与品牌之间持续联结的强度和发展能力。信任、满意与承诺均是主要的关系质量维度。

组织购买涉及更多的人介入，涉及较低价格和成本，需要更多时间，更加忠诚，买家更为理性，涉及更大风险，因此组织品牌的作用机制与B2C不同。

影响组织品牌选择的因素包括：①采购小组中成员的不同需求；②购买品牌的行业类型；③所购买的产品类型。

典型的组织品牌采购常常涉及很多人，一般会涉及5种角色：使用者、影响者、决策者、采购者和把关者。通过更好地了解哪些人可能成为购买中心的成员以及他们的作用，品牌营销者会更好地决定如何定位其品牌来满足大家的各种要求，也可以更好地预测影响力究竟是什么，在哪些方面应做出努力。

从研究视角上看，品牌绩效研究多是站在品牌主体即企业的角度来审视其绩效，但是在B2B情境下，由于B2B营销的顾客就是企业，所以需要考虑组织品牌的产业链溢出价值。这种价值包括财务价值、市场价值和管理价值等。

 关键词

组织品牌（business to business brand）

品牌关系（brand relationship）

品牌认知（brand awareness）

感知品牌质量（perceived brand quality）

品牌联想（brand association）

品牌忠诚（brand loyalty）

品牌绩效（brand performance）

思考与讨论

1. 组织营销中品牌的重要性体现在哪些方面？
2. 组织品牌与B2C品牌的最大差别在哪里？组织特征给予B2B品牌营销哪些启示？
3. 组织品牌价值的维度包括哪些？
4. 从关系视角看，品牌关系质量包括哪些维度？
5. 影响组织品牌选择的因素包括哪些？
6. 组织品牌的价值链溢出价值包括哪些内容？

 综合案例分析

家用电器厂商格兰仕有限公司是一个通过OEM(original equipment manufacture，原始设备制造商)战略实现全球化的典型例子。该公司成立于1978年，最初只是一个员工不过200名的纺织品公司。1992年，该公司开始制造微波炉，并很快瞄准那些渴望降低制造成本但尚未准备好在中国建立工厂的外国公司，为OEM客户制造产品。目前，格兰仕是世界上最大的微波炉生产商，占有近30%的全球市场和70%的中国市场。

将自己融入客户网络，降低价格以获得市场份额和规模的同时，格兰仕始终维持成本领先；行业平均价格在20世纪90年代后期每年下降18%。从那以后，格兰仕与80多家OEM客户签订合约。该战略已经卓有成效。到2005年，OEM销售在企业总收益中的比重为60%，年产量达到1 500万台，总销售增长达到50亿元人民币以上。现在，格兰仕正在南美市场导入品牌化的产品，并将OEM方法推广到其他家用电器产品。

资料来源：菲利普·科特勒，弗沃德.B2B品牌管理[M].楼尊，译.上海：格致出版社，2008：227.

问题与讨论

1. 格兰仕实施OEM战略成功的关键点在哪里？
2. 格兰仕在贴牌生产方面已非常成功，为何还要创建自有品牌？

传递价值

第八章 组织间营销的渠道战略

开篇案例

作为河北钢铁行业航母级厂商的河北钢铁集团,已经准备建设国内最大的钢材在线交易平台。河北钢铁电子商务平台建设项目招标结束,河北钢铁集团旗下的国际物流公司,将委托时力永联科技有限公司建设电子商务平台。资料显示,时力永联公司总部位于上海,成立于1993年,从事软件外包开发和IT系统集成服务,拥有在全国20多个省区市的电信、金融、物流、政府应用等领域的项目经验。河北钢铁集团的电子商务平台计划,包括两个项目,分别是"河北钢铁交易中心"以及"智能物流服务中心"。在线交易平台还将衍生出钢铁现货交易中心、物流金融服务中心、智能物流服务中心、钢铁价格形成中心、钢铁商品投资中心这五大中心功能。分析人士表示,电子商务平台的建成,将扩大河北钢铁集团的市场覆盖范围,降低集团钢材流通成本和经销商大客户运营成本,河北钢铁集团的钢材销售和物流业务将跃升至一个网络化、现代化的全新阶段。据《燕赵都市报》记者了解,在互联网交易平台的使用上,国内经营水平名列前茅的钢企宝钢集团已经走在前列。2010年,宝钢开始以宝钢在线为基础,整合集团综合电子商务平台,平台业务覆盖了钢材产品销售和宝钢物料采购的各个环节。全年共有31家大客户进入这一平台交易。据统计,2010年,宝钢电子商务交易额达1 842亿元,同比增长43%,创历史最好水平。其中,钢材网上期货交易额848亿元,钢材现货交易金额44.5亿元,网上采购178.5亿元,同比分别增长44%、200%和92%。

资料来源:中国电子商务研究中心.河北钢铁开建国内最大钢材在线交易平台[OL].http://www.mofcom.gov.cn/aarticle/resume/n/201110/20111007783783.html,2011-10-09.

本章学习目标

1. 组织市场分销渠道的组成和特点;
2. 组织市场分销渠道战略的制定过程;
3. 组织市场的直复营销和电子商务渠道;
4. 组织市场多渠道战略的整合;
5. 组织营销的物流管理过程。

第一节 组织营销的分销战略

一、组织市场分销渠道的组成及特点

营销管理者在决定了要进入的细分市场,明确定义目标市场,确认了潜在顾客,并制

定了产品和服务战略之后,他就要提出分销渠道的问题。这就涉及制定组织间营销中的分销渠道战略和战术性计划——建立和维护能经济有效地将产品组合送达目标市场的分销渠道,这种为完成其基本任务而使分销渠道形成和完善的过程,我们称其为渠道管理。组织市场分销战略包括确定具体渠道目标,选择采用哪种渠道类型,决定是否采用中间商;如果采用中间商,还要决定中间商的类型和数量。在这些决策之后,下一步的任务是要制定战术性计划以实施预先确定的战略计划。战术性计划包括选择具体的中间商,并为与其合作确定程序和安排,决定向中间商提供产品和服务的物流方式,控制和评估其绩效。如果采用直接分销渠道,其中许多任务就变成销售管理部门的责任。

(一)组织市场分销渠道的组成

组织市场分销渠道可以是直接的方式,即营销组织将产品直接出售给它的企业客户,没有中间商介入渠道。同时,也可以是间接的方式,即营销公司利用中间商间接地将产品送达目标客户,这里的中间商通常是组织间分销商或制造商代理,或是两者兼而有之。

直接和间接渠道都在组织间营销中得到了广泛的应用,无论私人企业、组织客户还是政府部门,也无论是国内营销还是国际营销。

虽然组织市场上的中间商类型很多,如分销商、制造商代理、批发商、经纪人等,但最主要的是前两者。从以上分析我们看到,要在组织市场上做出明智的渠道决策,营销管理者必须对组织间分销商和制造商代理有一个全面细致的了解,否则,他将很难有效地利用任何一类中间商。所以,这里有必要对分销商和制造商代理进行深入分析。

1. 分销商

分销商是具有地区性的独立的经营单位,它购买、储存并出售产品工具、操作设备和所有企业维修用品。由于分销商是在组织市场而不是在消费品市场上提供服务和销售,因此分销商不同于一般批发商。

分销商的基本类型有工业用品专营分销商和工业用品百货供应商。专营分销商(specialists)是指只经营一个系列的产品,如轴承、切割工具、扣件和机器工具等的分销商。一个专营分销商所经营的其中一个产品类目往往总是占其总销售额的50%以上。

与专营分销商相对而言,工业用品百货供应商(general-line distributor)像一个工业用品超市,贮存的产品种类繁多,没有特殊的专营范围,没有一种主要产品类目能够占其总销售额的50%以上。据美国的《组织间分销》杂志调查表明,近几年的分销商倾向于专营形式。这种倾向对营销管理者来说是一个重要信息,这意味着他可以在复杂技术产品的渠道里找到更多的分销商,而在从前,他只能通过直接渠道来获取同样水准的专业技术要求。持续向专营方向倾斜的趋势必然导致由使用自己的销售人员向使用分销商及其销售人员的转化。

1)分销商的选用情况

很难准确地测定组织市场上分销商的使用情况。在有些工业企业中,分销商选用得很广泛,而在另外一些工业企业里却很少用到。按照销售的价值量,将近15%~20%的产品是通过分销商分销的。按照单位数量,估计有3/4的产品通过分销商,但必须清楚,按单位数量计算时,一个螺母或垫圈与一个大熔炉是一样的——都算做一个单位。产品单位价值相对较低时,多使用分销商分销。不同企业选用分销商的情况是不同的。

2) 分销商的规模

分销商规模有大有小。例如在美国,大的年销售额超过一亿美元,它们的存货超过300万美元;另外一些是地区性、小规模的;还有一些为中等规模。从成员数目来看,大多数分销商属于中等规模。美国《组织间分销》杂志提供的数据描述了一般产业分销商的规模特征,它可帮助我们更好地理解这类中间商及其特征。表 8-1 就是有关百货供应商和专营分销商的这方面特征数据。

表 8-1 组织间分销商规模特征

特 征 项 目	百货供应商	专营分销商
平均销售额/元	2 430 000	2 239 750
来自存货的销售占比/%	65.5	60.0
每年的发货单数量	13 000	7 500
平均发票值/元	187	299
年终可收回价值/元	239 600	268 000
月平均存货价值/元	397 000	309 000
平均存货周转次数	3.5	4.0
雇员总数	18	15.5
外勤销售人员数	4	4
内勤销售人员数	3	2
仓库面积/平方尺	1 500	1 000
1 个存货点的百分比(没有分支)/%	67	63
2 个存货点的百分比(1 个分支)/%	13	16
3 个存货点的百分比(2 个分支)/%	8	10
4~6 个存货点的百分比(3~5 个分支)/%	8	10
7 个或更多存货点的百分比(6 个或更多分支)/%	4	2
电算化率/%	59.2	55.1
利用自己设备的计算机化使用者占比/%	89	93
利用外部服务的计算机化使用者占比/%	11	7
计算机应用情况占比/%	百货供应商	专营分销商
应收账款	92.4	90.1
销售分析	89.4	87.6
开票账单	88.6	84.5
应付账款	85.6	73.9
用户分析	78.8	78.9
存货记录	78.8	75.8
单位销售定价	68.9	57.8
采购	67.4	54.7
销售订货程序	65.2	60.2
工资单	54.5	45.3
其他	61.4	60.2

总之,我们可以看到,分销商是当地独立经营的中间商,它们为组织市场提供现场存货、销售和服务,所以对营销管理者来说,这类中间商是非常有效的渠道成员。

3）分销商如何为营销管理者服务

对于营销管理者来说，采用分销商的决策是基于利用分销商的所得收益，而这又不能从自己的分支机构公司销售处获得，利用分销商可以在多种途径上获得优势。

分销商能为营销管理者提供现成的销售队伍。如果假设一个普通的分销商有 4 个现场销售人员，每一个销售人员每天访问 6 个客户，加起来就是每天拥有 24 个销售访问。如果将它乘以 50、100 或 250 个分销商的分销网络，整个影响力显然很大。在分销渠道中采用分销商使营销管理者可以利用这些分销商的销售能力。

第一，因为许多情况下分销商是当地独立经营的，它们的职员往往比新进入社会的公司销售人员更了解客户购买者和更多基于个人因素的购买影响者。此外，由于是在当地，分销商能提供更迅捷的供货和服务。这样一来，利用分销商常常允许营销管理者在分销渠道中留有自己的当地代表。

第二，分销商备有存货，这就降低了营销管理者要维持的现场存货量。既然分销商有自己的仓库设施，采用分销商就意味着营销分公司不必保持自己的建筑、材料处理设备和人员。产业营销管理者如果期望有驻外仓库并有存货，那么，他可以找一个分销商作为有用的渠道成员。

第三，分销商能降低产业制造商的信用要求。由于拥有所有权，分销商将信用延伸至自己的客户，所以降低了营销管理者的这方面要求。如果不将信用延伸至最终用户，营销公司或许只能将信用延伸至少数几个分销商，再由此传给最终用户。

第四，由于分销商最接近客户，因此它们是当地市场反馈的很好信息源。该类分销商形成的销售网对营销信息系统是非常有用的。有些分销商还有技术导向，因此它们也是技术资料的来源。

第五，利用分销商往往可降低最终用户的成本。分销商批量出售，提供存货、供货服务，同时也有适当的销售人员，这比使用自己的销售分支机构和销售人员成本要低得多，最后，低成本可以低价格的形式传递给最终用户。

4）利用分销商的局限性

利用分销商有如此多的好处，以至于没有分销商介入的分销渠道似乎就不合逻辑了。然而对组织市场上的众多营销管理者来说，有时分销商也可能无多大意义。在许多情况下，分销商不可能被控制或实际上被控制，它们是独立的企业或商人；它们也不可能拥有销售尖端产品的技术和服务能力；它们又常常经销竞争对手的产品，而不重视主制造商的产品，因此它们经营的产品线对主制造商的产品会有负面的影响。同消费品中间商一样，组织间分销商追求的是营业额和利润，因此它们不愿接受费时费心思的产品。而且，因为仓储要花钱，分销商也不愿意经销大批工业用品。最后，如果客户乐于从制造商处直接购买，那么采用分销商就毫无意义。

此外，采用分销商还会遇到其他一些问题，例如：

（1）制造商希望保留大客户，将其作为长期主顾，而分销商自然也希望拥有这些大客户。

（2）许多分销商很小，或者只是夫妻店式的经营方式，它们的管理技巧和先进性令人怀疑。

（3）制造商力求分销商仓库里保有较高水平的存货，而分销商希望存货水平尽可能低。

（4）制造商希望分销商重视自己的产品而不是竞争对手的，但分销商出于竞争性的考虑会希望让其客户有更多的选择。

（5）分销网络里的区域重叠也是问题。

（6）分销商有时过于要求小批量的快速的订货。

（7）许多分销商忽视制造商销售代理和促销建议。

（8）分销商对制造商的经营政策、程序及经营中存在的问题并不感兴趣。

当然，如果营销管理者肯提出并解决这些问题的话，它们也不是无法克服的。将分销商分为当地的、地区性的或全国性的，就使各种类型分销商的优势和劣势明显化。表8-2和表8-3通过列举一系列项目特征表明了制造商和购买者是如何看待每种类型的分销商的。表8-2表明，制造商认为当地分销商不重视反馈，但很重视客户购买流程评价。相反，全国性分销商在反馈方面表现很好，但却不太重视客户购买流程的评价。表8-3表明了购买者在不同的服务方面是如何评价分销商的。再者，基于覆盖面大小的不同，其差异也有明显不同。例如，当地分销商在提供工程支持方面的得分低到不能再低，而对全国性分销商的评价得分就较高。

表8-2 提供不同的服务时制造商如何看待不同类型的分销商

项目	当地的	地区性的	全国性的
营销服务：反馈、市场信息、预测	2.78	1.83	1.48
销售人员对企业的了解	2.32	1.86	1.82
对客户项目的技术方面的评价	1.93	1.63	2.44
销售人员对制造商产品线的了解	1.79	1.72	2.48
当地的销售促进	1.89	1.74	2.37
对客户购买流程的评价	1.50	1.88	2.62
个人品质：对制造商和用户的承诺的可靠性	1.56	1.92	2.52
销售接触频次：渗透深度	1.63	1.85	2.52
客户服务：报价、样本	1.71	1.79	2.54

注：1.00为最好的可能得分；3.00为最差的可能得分。

表8-3 在提供不同的服务时采购代理商如何看待不同类型的分销商

项目	当地的	地区性的	全国性的
工程支持：订货前/订货后	3.00	1.81	1.19
对客户项目的技术方面的评价	2.46	1.85	1.69
存货可靠性	2.32	1.84	1.84
销售人员的产品知识	2.24	1.82	1.94
送货的可靠性	2.00	1.94	2.06
销售访问的频次	1.94	1.88	2.19
个人品质：承诺和信息的可靠性	1.78	1.83	2.39
对顾客购买流程的评估	1.69	1.81	2.50

第八章 组织间营销的渠道战略

续表

项　　目	当　地　的	地区性的	全国性的
销售人员处理代理活动,获得代理处信息的能力	2.33	1.89	1.79
备用零件的保障程度	2.32	1.82	1.79
部分订货、拖欠订货的处理	2.21	1.74	2.05
送货承诺的可靠性	2.06	1.84	2.16

注:1.00为最好的可能得分;3.00为最差的可能得分。

从这种角度来看,分销商在管理上是有道理的。表8-2告诉我们工业用品营销管理者计划采用分销商时不应该只将其分为专营分销商和百货供应商,还应将它们划分成当地的、地区性或全国性的分销商。这样,各种类型分销商的优势和劣势才能分别与渠道目标相联系,用以支持相应的决策。

5) 分销商发展趋势

组织间分销企业似乎正经历着巨大的变化,下面列举了一些主要的变化。

(1) 分销商规模越来越大,并且越来越专业化。

(2) 大分销商正通过兼并或联合小的分销商使自己成长壮大,同时又扩展业务。

(3) 分销商在有些领域越来越强,并正在夺取制造商的控制权。

(4) 使用分销商的制造商倾向于在某段时间上利用分销商的丰富多样的营销活动。

(5) 制造商加强了对分销商的利用,随之也增加了对分销商的营销支持。

(6) 许多工业用品经销公司由使用自己的销售人员开始转向使用分销商。

(7) 许多客户转向无存货采购,这自然导致工业用品客户的存货转移到分销商环节。于是,分销商的存货就取决于购买者要求的用量,这可以降低客户的存货、储运等成本。

(8) 更多的制造商正在使用分销商,尽管在销售给大客户时有绕过分销商的倾向。

2. 制造商代理

在组织市场常常还使用另一种中间商,即制造商代理,通常简写为MR。在有些市场中,它们被称为制造商代表、代理商、工程师销售代理,甚至是经纪人。后面的这些术语在技术上是不太恰当的。在这里,我们将用MR来描述此类中间商。根据美国"全国制造商代理协会"的定义,制造商代理或制造商代表是指那些为获取佣金接受委托代理一个或多个制造商的自我雇用的销售人员。这些独立的销售人员有时单独工作,有时结伴工作,有时与人合作。这个组织本身往往称为制造商代理机构,即代理这个术语有时表示一个个体,有时也可是一个组织(称代理商组织),这取决于所涉及的类型。不同类型的制造商代理在业务上有很大的不同。MR不同于分销商,它们不拥有所有权,通常也不占有产品。从根本上说,MR是在指定区域里销售产品的独立销售人员,他们从销售额里直接提取佣金作为其工作补偿。MR可能会代理一个区域里的许多厂商,这些厂商的产品是互补关系而非竞争关系。制造商代理与每一家厂商签订一份正式书面协议,协议内容包括价格政策、市场范围、订单处理程序、运输服务、产品保修和佣金比例等。代理人了解各厂商的产品线,并利用自己的客户关系来销售厂商的产品。由于代理商拥有众多厂商的互补产品,因此MR通常能为其用户提供比较全面的产品。在通常情况下,MR在产品和销售方面有较小的权力,他只是独立的销售人员,被组织市场中的厂商用以代替其自己的销售人员。MR的基本职能是在指定区域里销售被委托代理的产品。

一个普通MR业务往往是从制造商、分销商或其他制造商代理的销售人员开始的,尽管有些MR来自购买、生产、工程等职业。他们在某个领域里工作一段时间后,建立了与客户的关系,当相信这种关系比较牢靠的时候,他会辞去原工作,独立开展他自己的业务,继续向这些客户供货。MR通常被认为是工业用品促销人员中的上层人物,他们往往也正是如此。

有些MR也有存货,并以存货供给客户货物,他们被称为居货代理。全国代理公司中有三分之一提供不同形式的货栈。居货代理是组织市场中间商的一种混合形式。有时,商家有产品所有权,是代表和分销商的结合;而有时,代理商不拥有所有权但为委托人提供仓库空间,这样他们仍然执行制造商代理的职能。

消费品市场里,很多领域可以见到制造商代理,他们通常和经纪人联系在一起。然而,他们最大的影响似乎是在组织市场领域。

1) 组织市场中MR的使用情况

估计组织市场上有多少产品是通过MR销售出去的是很困难的,但是有一些数字可提供一些参考。按照单位计,研究表明有20%的组织间销售是通过制造商代理实现的;在电子工业中估计有12%的销售是通过制造商代理的。由于产品线的不同,对MR的利用情况也是不同的。例如,电子零件与设备产品有36%的销售额是通过MR销售的,而在建筑和开采用机械设备上只有2%是通过MR完成销售的。

2) 制造商代理的特征

制造商代理有多种形式,他们会因规模大小、覆盖区域、产品线的宽度和深度、委托人的数量、佣金率、技术和销售能力不同而不同。尽管存在很多的差异,我们仍可以描述作为一个普通MR的特征,这有助于我们更好地理解这类中间商及其特征。表8-4列举了这些特征。

表8-4 制造商代理的特征

组 织 类 型	25%单独作业;3%合伙作业;59%为合作方式;13%联合方式
经营的平均年数	16.2
覆盖的区域数目	4.2
销售的工业用品类型	所有类型,从零部件和必需品到高技术产品;产品互补而不竞争
所代表的制造商	平均委托人数为10,差异很宽;代理的平均年限为12.5年
佣金率	平均约7.5%,但变动很大;低至2%,高至20%或更多
平均总佣金收入	3 000 000美元
平均税前净利	14%
现场销售人员平均数	4.2
现场销售人员报酬	26%只有薪水;55%是薪水加佣金;19%只有佣金
仓库和存货	大多数代理商不提供仓库,不拥有存货,约有30%提供某种形式的仓储服务
主要费用开支	50%用于雇员的薪水和佣金;50%用于办公和管理费用、推销与促销费用、运输费用、租赁费用、电话和保险费等
销售佣金之外的佣金和费用	大约20%获得存货、广告、服务费用补偿

这些特征表明组织间分销商和制造商代理之间有很大的不同。这些特征也表明这两类中间商之间是不可替代的。分销商或被制造商的营销管理者看作是公司销售队伍及其分支机构的一个替代,而 MR 基本上是公司销售人员的一个替代,所以有必要明白这两者之间的差别,以便看清哪一个有助于有效分销本企业产品。

3) 制造商代理的报酬

补偿 MR 的主要方式是基于销售的直接佣金。各个企业的佣金率各不相同,即使在同一产业中的不同代理商之间也不相同。从美国组织市场看,佣金率从木材业的 5% 到药业的 20% 不等。根据制造商代理协议,一个有经验的代理商每年能赚 65 000 美元,而拥有多个销售代表的代理商能赚 1 000 000 美元的净收入。

有些代理商(大约 20%)从他们的委托人那里获得额外的补偿费或佣金,即由于销售以外的活动所得的补偿。例如,提供下列服务可以获得 2%～25% 的佣金:存货订货,货物托运及代收应收款,存货及配送零部件,安装设备,为用户训练操作人员,提供工程设计支持。有些制造商还为推销新产品、开发新客户、超过销售定额部分等支付额外费用。

总之,制造商代理从两种类型的服务中获得补偿:一是基于销售的佣金;二是基于额外服务的佣金或费用。

4) 制造商代理如何为营销管理者服务

同组织间分销商一样,在分销渠道中是否利用制造商代理取决于这些中间商能为营销管理者提供什么服务,营销管理者在做出这种决策时通常将制造商代理与本公司销售人员相比较。选择使用制造商代理可能出于多种理由。

第一,大多数代理商在市场上已开拓了各种客户关系,由于这些关系他们能提供直接迅捷的市场进入权。若在同样的地区选派本公司销售人员,他们必然要从头努力发展这些关系,这会花费大量的时间。

第二,既然制造商代理通常要为几个相关产品的生产厂家作代理,他们也就有了比公司职员更宽的产品线。通常这些产品线里的其他产品有助于委托制造商的产品销售。产品之间相互补充并对其他产品的销售有促进作用,而一个销售公司里的销售人员不可能实现这种效果。

第三,当产品是季节性产品时,采用制造商代理是有益的。由于代理商的补偿方式是佣金,因此只有在销售时他们才有收获。此外,因为他们是独立代理商,一些销售费用,包括差旅费、住宿费、餐饮费、娱乐之类的费用等,都由代理商自己负担,因此采用代理商比使用本公司销售人员要经济合算得多。这特别适用于有季节性需求的产品。

第四,有些区域的销售量小,负担不起专职销售人员的成本。在这种情况下,营销管理者可能希望采用代理的方式,使用制造商代表可以节省高昂的人力成本。

第五,制造商代理有时只是营销管理者唯一的选择。当一个公司财务紧张,负担不起聘用自己的销售人员时,就只能委托制造商代理。代理商以合理的成本提供技术和销售服务。当代理商经过严格的培训、具有技术竞争力时,他们就能为组织间营销管理者创造最佳的销售业绩。

5) 使用制造商代理的局限性

尽管我们刚才讨论了这么多的优点,但也不能否认在组织市场分销渠道中采用制造商代理有一定的局限性。组织市场的营销管理者应该了解这些局限性。例如：

（1）对 MR 的控制将是很难的。

（2）MR 拥有较宽的产品线使得他们不可能为任何一种产品投入全部的努力，如果一个产品需要投入大量的特殊精力，MR 可能就不乐意为此花太多时间。

（3）由于 MR 收入来自直接佣金，所以常常很难让他们提供市场反馈，提供必要的服务，也很难让其执行那些会影响他们销售的职能，因为这会降低他的直接收入。

（4）一般而言，MR 会对大客户和大批订货寄予更大的关注，所以如果一个制造商在目标市场上有许多小公司，它就可能无法利用 MR 接近这些客户或服务很差。

（5）有些 MR 通常不提供现场存货，如果有的话也很少，所以当需要有当地的服务或零部件时，这类中间商就不能提供及时的帮助。

（6）各制造商代理在销售和技术上的能力也各不相同，制造商的营销管理者必须按照其渠道目标对他们进行考察，如果由此产生的销售与节约的成本不成比例，那么为了降低成本而使用 MR 来取代公司销售人员将变得毫无意义。

（7）一个优秀的代理商与同样优秀的销售人员相比而言，是一个更好的选择，但是一个成绩较差的 MR 却是毫无价值的。

（8）最后，如果购买者或者目标市场的购买者不从制造商代理处采购而倾向于向制造商直接采购，那么在组织市场分销渠道中采用 MR 也没有什么意义。

在选择制造商代理方面，组织间营销管理者通常应考虑以下三个方面：第一，推销和技术实力，这是最重要的一个方面；第二，个体 MR 有无能力保持长期营利和恪守信誉的经营模式；第三，代理商的诚实、开放、自觉、可靠性和正直等品质。当然，只有当 MR 的选用与公司的整体渠道目标相一致，并与公司的产品特征和顾客的购买模式相吻合时，这些因素才适用。

（二）组织市场分销渠道的特点

组织间营销中的渠道战略正经历着巨大的变化。几年来，它一直被认为是营销中相对缺乏变化和想象的部分，并且营销管理者也很少擅自改变传统渠道模式，常被冠之为"营销中被忽略的角落"，但这种情况正发生着变化。人员推销成本的上升，连同存货和运输成本上升的经济压力，都要求对组织间营销渠道的功能组合进行细致的评估；结论是传统渠道模式受到质疑，并被取代。

分销是一个有很大发展空间的领域，并且受到越来越多的关注。而且，组织间营销企业发现，渠道能创造出差异化优势，尤其是在竞争对手的产品、价格和促销努力等相同的情况下，更是如此。

根据定义，无论在工业用品营销还是在消费品营销中，分销渠道战略在原则上是基本相同的，但这些原则的实现却不同。在影响渠道战略决策方面，工业用品营销中的渠道与消费品营销中的渠道更是不同，表 8-5 列举了部分不同之处。

组织市场中的渠道一般要比消费品市场中的渠道要短。根据产业销售的总值，估计有 3/4 的工业用品或服务是通过直接渠道流向客户的，这其中没有中间商的介入。在采用中间商的时候，渠道仍然比较短。图 8-1 就是组织间分销渠道结构图。我们可以看到，在组织市场中，一个渠道经过两个中间商（制造商代理和组织间分销商）是比较长的。而在消费品市场中,这种长度的渠道可能就属于较短的。

表 8-5 组织间分销战略与消费品市场的比较

比较因素	消费品市场	组织市场
在营销组合中分销战略的重要性	重要,因为消费者将零售与产品品质与公司形象相联系	关键,因为对产业用户来说,缺货、拒绝订货、延迟交货会造成产品生产延期或损失
渠道控制	通常由制造商或大型零售商组织控制	通常由制造商控制;有时组织间分销商也会施加控制
渠道长度	常常是较长的,甚至要经过多级别的独立中间商	一般较短,常使用没有中间商介入的直接渠道;即使有中间商,渠道也较短
中间商或经销商	各类型都有(如批发商、零售商、经纪人、代理)	广泛采用两种类型:组织间分销商和制造商代理
经由渠道销售的产品和服务数量	大部分通过中间商,估计只有5%直销给消费者	大多数采用直接渠道,特别是那些单位价值高的产品;超过75%的产品直销给客户
购买者特征	对零售商的选取通常是基于感性的和形象的因素	选择中间商很少基于感性因素,更多地基于品质业绩
客户存贷要求	广泛地存在于批发商和零售商	通常要求比较广泛,主要依赖于渠道

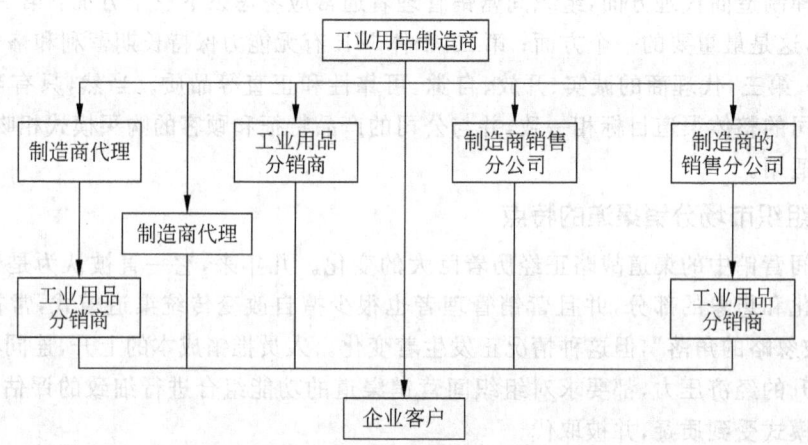

图 8-1 组织间分销渠道结构图

在组织间营销中也采用中间商,但在这点上也不同于消费品市场。在组织市场上没有真正意义上的零售商和批发商,尽管许多工业用品如电锯、钻子和其他手工工具等会通过这类中间商最终流向消费者市场。但这类情况并不属于产业营销范畴。在组织市场分销渠道中有两类中间商——组织间分销商和制造商代理(MR)。

与消费者营销管理者相比,组织间营销管理者在渠道方面的选择性小得多。表 8-6 所展示的 6 种基本渠道在国内市场非常普遍,这些基本渠道实际有三种可变选择——直销渠道、组织间分销商和制造商代理。但在许多情况下,这些选择并不是真正的选择,例如,通常不可能以制造商代理取代组织间分销商,就是说有些管理者常受到要执行的功能的限制而只能采用这种或那种渠道;营销管理者常常无法选择,要说有的话也只是很少,客户可能只从传统的可接受的渠道购买,或者有些中间商不经销他们的产品。

表 8-6 组织市场基本分销渠道示例

分销渠道	单位销售百分比(以美国为例)/%
制造商—分销商—客户	48.7
制造商—制造商代理—分销商—客户	16.8
制造商—客户	12.7
制造商—销售分支—客户	9.6
制造商—销售分支—分销商—客户	8.6
制造商—制造商代理—客户	3.6
总 计	100.0

由于客户的期望和工业用品本身的复杂性,与消费品分销渠道相比,组织间分销渠道更强调推销、服务和技术支持。尽管在耐用消费品市场中中间商也确实执行推销和服务的功能,但他们通常做不到组织间分销商和制造商代理那种程度,而在组织市场中有效营销的先决条件是人员推销、售前和售后服务、安装程序的技术支持等。制造商代理是代表他们的委托人利益进行推销的基本上独立的销售人员;分销商通常也是依据其现场销售队伍的能力选取的。

另外,组织间营销管理者认为,工业用品生产地仓库和存货控制要比消费品市场更为重要,因为产业用户对生产有严格的要求。如果消费品市场中的零售商牙膏短货,顾客会感到不方便,但是这种短货不会导致巨大的惊慌。但是如果组织市场上的分销商或分支机构 OEM 零部件缺货,情况就不同,这种缺货会切断产业用户的产品流程,同时也会给产品供应者带来极大的不良影响,因为一个产业用户是不能容忍产品的延期交货的。在组织市场中,有时客户将卸下的货直接送上产品流水线以免对同样的产品发生第二、第三次的重复处理。在这种情况下,如何控制生产地库存和存货控制就成为渠道战略的关键部分。

我们知道,分销战略只是整个组织间营销战略的一部分,因此,组织间分销战略必须放在企业营销计划中来研究。构建组织间分销渠道要求有具体的市场细分,并对产品或服务及其要求有很好的了解。如果不了解这些,确实很难构建一个理想而且有效的分销渠道。试图在不清楚去向的情况下构建一个分销渠道将会使营销变得毫无意义。同样,试图在不了解产品及其要求的情况下选取渠道成员也是愚蠢的。我们必须将产品和组织市场细分与适当的分销渠道联系起来。要做到这一点,营销管理者必须完成下列任务:①建立分销渠道目标;②评估并选择分销模式;③选择合适的分销渠道及其成员;④渠道管理与激励。这些是有效地进行营销渠道管理的重要步骤,因此我们将分别对其进行分析。

二、建立分销渠道的目标

一旦确定细分市场,并明确了市场定位,产品战略已经形成,接下来的任务就是建立分销渠道目标。就像确定产品战略目标一样,分销渠道目标必须同整个公司的目标和营销目标相一致。组织间营销管理者在建立分销渠道时常用的目标主要有以下几个。

(一)降低运营成本

在其他条件相同的情况下,组织间营销管理者努力降低他们的渠道成本,因为低成本意味着高利润和市场竞争的低价优势。在组织市场中,成本最高的渠道是直接渠道,即公司自己的销售人员拜访客户。近几年里,许多产业营销管理者取消了自己的销售人员,代之以能够提供足够的销售力量的分销商和制造商代理,这使得营销管理者能在保持符合要求的销售力量的同时可降低分销成本,实现较低的渠道运营成本目标。尽管低成本是组织间营销中的一个较普遍的渠道目标,但在采用这一目标时,他们通常要放弃对渠道的某些控制权。

(二)控制

一般来说,组织间营销管理者都期望对分销渠道有较高程度的控制。之所以这样,可能是因为营销管理者认为本公司的政策和战略最适于本单位的产品,而不希望个别渠道成员做出其他决策。换句话说,制造商都希望对分销渠道有较好的控制。以控制为目标,企业就会采用直接渠道。直接渠道成本高但却最容易控制。如果营销管理者以控制为其构建分销渠道的基本目标,那么他可以采用直接渠道或者选用易于控制的中间商。如果不这样做,实现目标的可能性便会大大降低。从另一方面说,营销管理者必须认识到一点,就是以控制为目标需要有强大的财务能力的支持。或许大多数产业营销管理者乐于对分销渠道实行控制,只是财务上不容许他们那样做。

(三)销售力量

我们知道,人员推销在组织市场中扮演着一个重要的角色,同样在组织间分销渠道中也起着重大的作用。许多营销管理者就将销售力量作为自己的基本渠道目标。这种目标对组织市场中的渠道有很大的影响。有些公司选择直销,因为他们不能找到符合销售力量要求的中间商。高新技术产品的分销常遇到这种情况。有时,不是选择直接渠道,而是必须采用直接渠道。有时也使用中间商,包括分销商和制造商代理等,但他们一定要考虑其具有的销售能力。

(四)服务和技术支持

服务、技术支持和其他产品支持性活动是组织间营销中的重要因素,同样也是分销渠道领域的重要因素。例如,营销管理者可能采用直接渠道并自我提供服务设施,因为他们不能找到有能力且愿意提供此类服务的中间商。另一方面,营销管理者选择中间商,尤其是选择分销商时,主要是依据其现有的服务设施和人力。在有些情况下营销管理者为了实现此目标却不能使用制造商代理,因为制造商代理不愿意提供此类服务和技术支持。

(五)市场反馈

有些组织间营销管理者希望得到分销渠道成员的市场反馈,并将其定为一个具体的营销目标。以此为目标的公司会依据其提供反馈意见情况来选择渠道成员,因为,公司不能期望直接收取佣金的制造商代理或公司销售人员抽出时间来搜集市场信息。

(六)公司形象

对于产业营销管理者来说,公司形象总是非常重要的,因此塑造和维持公司形象往往会延伸至分销渠道领域。客户通过与制造商或其中间商交易活动而形成对制造商及其产品形象的认知;制造商也必须找到与其形象相一致的中间商,也就是说,制造商常依据这样的目标来选择分销商或制造商代理。事实上,由于制造商常常无法找到形象符合要求的足够的中间商所以只好采用直接渠道。

以上是组织市场中常见的少数几种渠道目标。通常,营销管理者并不是只有一种渠道目标,尽管也会出现这种情况。相反,营销管理者可能会有影响其渠道选择的几种目标。如一个公司以控制、销售力量和反馈为自己的渠道目标,其结果会导致公司采用销售人员直销以达到此目标。以低成本和销售力量为目标的公司会采用分销商。要实现理想的渠道管理模式,建立渠道目标是很重要的。

三、评估并选择分销模式

建立渠道目标后,组织间营销管理者就必须研究达成目标应采用的渠道模式。我们能否通过直接渠道利用自己的销售人员和服务代表来很好地实现目标呢?或者,我们能否通过分销商和制造商代理形成销售网来完成自己的目标?让我们再看一下表8-6,显然营销管理者必须分析这6种基本渠道模式,看哪种最适合实现目标,哪种与产品相适应同时又能满足客户的需求。营销管理者可能会发现这里没有统一的答案,但是当公司生产和销售几种不同的产品线并使其到达不同的细分市场时,必然需要多个渠道。

表8-7列举了几种工业用品的分销渠道选择情况。例如,电子零部件和设备采用公司自己的销售分公司直接销售,同时也通过分销商和制造商代理销售。这种情况可表明两点:①不是所有电子产品制造商都采用同一种渠道来分销自己的产品;②电子零部件和设备类型不同,要求渠道的类型也不同。这就是为什么在同一公司里会采用几种不同类型的渠道成员,也表明有多种选择需要评估。营销管理者应该找出多个可供选择的渠道,然后从中选取最佳模式。

表 8-7 以销售额百分比表示的组织间分销渠道结构

产品类型	通过制造商的销售分公司销售的百分比/%	通过分销商的百分比/%	通过制造商代理的百分比/%
电子器件与设备	46.7	40.6	12.7
电子零部件与设备	25.8	38.1	36.0
工业机械和设备	33.0	52.0	15.1
产业供应品	46.0	45.6	8.4
专业设备与必需品	23.4	69.4	7.2
化学及其相关产品	76.4	19.3	4.3
农场必需品	22.6	72.1	5.2
喷绘、油漆及其他必需品	53.1	39.6	7.4
木材、胶合板及家居	24.9	69.3	5.8
金属服务	51.1	41.3	7.6

续表

产品类型	通过制造商的销售分公司销售的百分比/%	通过分销商的百分比/%	通过制造商代理的百分比/%
煤及其他矿类产品	37.4	38.1	24.5
制冷和供热设备及其必需品	65.8	29.7	4.5
商用机器设备	65.8	29.7	4.5
建筑及开采用机器设备	27.9	69.8	2.3
工业用纸	53.8	38.8	7.4

现有一个检测设备的制造商,他们开发出一种声控检测仪器,该仪器能检测装有运动零件的机器的任何异常现象。公司管理层认为这个产品将在所有制造或使用电子设备、燃化设备或蒸汽机等的产业领域都有市场,如航空航天企业、汽车制造业、铁路系统、食品罐装业、建筑业和炼油企业等。该企业现在的销售力量很小,因此问题就是如何使产品顺利快捷地到达这些不同的组织市场。经企业管理层讨论形成了如下渠道决策。

(1) 使用本企业销售力量。即扩大企业直销力量,将销售人员分配到各个地区,使其与本地区的潜在客户建立联系;或者在不同的组织市场发展独立的推销团队。

(2) 选择和发展代理商。即挑选和聘用代理——具有一定销售力量并同时为许多其他企业的产品服务的独立企业,由代理商在不同地区或产业部门代理销售新型检测设备。

(3) 组织间分销商。在那些购买和使用该新产品的各个地区或产业部门寻找分销商,给予其独家分销的权力、较大的差价,并提供产品使用培训和促销支持等。

一般来说,评估和选择渠道模式的主要标准是经济标准、控制标准和适应性标准。经济标准是指企业要估计每一渠道可能的销售额和每一渠道不同销售额时的成本水平,进而比较不同渠道可能产生的利润,以利润水平为评估和选择的标准。控制标准是指以企业对分销渠道的控制能力为标准评估和选择渠道。其中一方面,要看企业与中间商利害关系处理的难易程度,另一方面也要看同一层次中间商之间关系协调的难易程度。一般来说,这些关系越容易处理越好。适应性标准是指按渠道对环境变化的适应性进行评估,即所选渠道能否适应环境条件的变化,或企业能否随环境条件变化灵活地对其分销渠道进行调整。一般来说,企业应着眼于近期和未来,选择适应性强的或比较容易调整的分销渠道。

四、选择合适的分销渠道及其成员

当我们建立了渠道目标,分析并确定了几个与目标一致的渠道之后,营销管理者还必须选择要使用的渠道成员。选择渠道成员时要考虑以下一些因素。

(1) 在现有市场上的购买实践经历。
(2) 竞争对手的分销渠道情况。
(3) 产品的单位价值大小。
(4) 产品的体积与数量。
(5) 使用各渠道的成本。

(6) 产品技术上的复杂性。
(7) 目标市场客户要求的服务和技术支持水平。
(8) 有效地分销产品所需要的销售力量。
(9) 所要求的仓库情况。
(10) 现场存货的要求。
(11) 产品或用户的特殊处理要求。
(12) 有关细分市场的范围和深度。

以上将是用来筛选渠道成员的标准因素。据此,我们可以得出一些结论:单位价值高的工业用品通常采用直接销售方式,而交易价值低的通常采用分销商。那些财务较紧而无法支付自己的销售人员薪水的企业虽然客观要求直销但也只好采用制造商代理。依据前一段所述特征(也是与既定渠道目标相一致的特征),组织间营销管理者必须为自己的产品和用户选取一个最佳的渠道及其成员。

具体渠道成员的选择不同于渠道模式的选择,它是指根据已决定的分销渠道模式及中间商的类型和数量,来确定或落实合适的具体的渠道成员。所选的渠道成员的能力对企业分销渠道的有效运行和企业营销目标的实现具有重要的影响。因此对渠道成员的选择必须谨慎从事。

企业在选择渠道成员时,首先要明确所选的渠道成员必须满足的条件。这些条件主要有从业时间、发展概况、信誉、财务能力、经营的产品组合、覆盖的市场面、仓储条件和发展潜力等。一般的渠道成员按这些标准衡量不可能尽善尽美,因而企业必须对所要求的条件按照重要性进行排序,只要渠道成员所具备的条件能够保证企业营销活动正常运行即可。

五、渠道管理与激励

(一) 渠道管理

当营销管理者已经选定了渠道时,就需要通过一定的规则对渠道成员进行管理和激励。首先要与选定的渠道成员签订具有可操作性的协议。如果采用了直接渠道,除了产品实体分流外,公司必须完成销售管理决策,剩下来的任务也由销售管理来承担。换句话说,如果管理者认为人员推销是最佳的渠道,接下来公司销售管理者就该建立区域、设定销售额、雇佣销售人员等。除了实体分流外,直销渠道的其他方面比较简单,所以,这里不再深入讨论直接渠道问题。

如果要求采用间接渠道,渠道管理将变得复杂,必须要决定中间商的具体类型。正如前所述,组织市场中的中间商只有分销商和制造商代理,这样决定采用哪种中间商并不难。但是,找到期望的中间商却相当难,尤其是涉及新产品时更是如此。通常人们认为制造商有主动权,所以中间商向制造商要产品。在现实组织市场中,往往恰恰相反。公司必须挑出优秀的分销商和制造商代理,并说服他们经销自己的产品。如果中间商很优秀,其他制造商希望他们经销自己的产品,那么说服将是很困难的。营销管理者被迫在利用中间商时允许其同时经销竞争对手的产品。

建立这种渠道协议基本上是一个法律上的问题,制造商与中间商双方的责任和权利写在一份正式合同上。对于分销商或制造商代理来说,这些合同应包含一些具体的条款。

制造商与分销商之间的协议应包括以下条款:

①允许中间商的销售区域或覆盖范围;②FOB 条款;③现金折扣;④贸易折扣;⑤数量折扣;⑥返款;⑦托运货物;⑧退货条款;⑨担保和保证;⑩合作广告事宜;⑪制造商和中间商中止合同的条件;⑫制造商为中间商提供的经销支持;⑬期望分销商保有的存货水平;⑭调查和行情的处理;⑮双方中止合同的权利;⑯对双方的服务和技术支持要求。

制造商与其代理商之间的协议应包括以下条款:①指定给代理商的销售区域;②佣金率;③佣金支付;④经销竞争产品的限制;⑤调解纠纷的仲裁条款;⑥代理商将制造商视为委托人的条件;⑦制造商为代理商提供的经销支持;⑧广告合作的条件;⑨发票和发货单的处理;⑩调查和行情的处理;⑪双方中止合同时的权利;⑫托运条件。

因为分销商拥有产品的所有权,而且他们备有现场存货,所以与分销商的合同和与代理商合同不相同。代理商作为代理,并不拥有产品所有权,也不拥有现场存货,尽管也有些是居货代理商。居货代理商是分销商和制造商代理的混合产物。

确立如此具体的目标是建立和实施工业用品渠道的一个重要因素。所有这些条款必须在货运之前得到双方的认同,并写入合同由双方签字。诸如退货条款之类看似很小的问题往往会产生误会以至破坏有效分销渠道。工业用品营销管理者必须先认识到这一点,并让中间商熟知协议的各方面。

当与选好的中间商签订协议后,渠道应该具有可操作性。营销管理者应通过营销信息系统,从渠道整体营销目标及要求的角度来监测渠道运行的效果。对渠道进行监控意味着要保持渠道的畅通和在必要时修改协议或渠道目标。我们必须知道,没有明确的目标,是没有办法监控的,也无法将业绩与目标进行比较。

(二)渠道激励

由于分销商和代理商是独立运作的,他们的行为受利益的驱动,其态度和行为与其制造商并不一致,因此为了管理好组织间营销渠道,营销管理者要理解分销商和代理商的立场,设计能够促进分销商和代理商与企业长期合作,为完成企业的营销目标而共同努力的激励方法,并定期对渠道成员进行绩效评价和激励。绩效评价包括一定时期内完成的销售额、平均存货水平、损坏丢失货物的处理、对企业促销和培训项目的合作、向顾客交货时间以及为顾客的服务等内容,内容越具体,越有利于评价和管理。对于绩效表现优良的渠道成员应给予奖励,对于较差的成员应给予帮助,限期改进,否则就要替换掉。有的企业还对其中间商的资格定期地进行重新认定,并淘汰不合格的中间商。从渠道战略来看,企业要致力于与中间商建立互信和长期合作的战略伙伴关系,增加交流和反馈通道,甚至共同制订年度计划及各自的努力方向。为中间商和组织间的信息共享提供方便,建立定期的会晤商讨评价体系,加强相互沟通,促进合作计划的切实执行,并通过适宜的利润分享和酬金等形式进行长短期相结合的激励,为双方的战略合作建立良好的渠道和信任基础。

第二节　组织直复营销战略

一、组织间直复营销的概念与特点

(一) 组织间直复营销的概念

在组织间营销中经常使用直复营销渠道。组织间直复营销也就是我们平时所讲的企业对企业直复营销(business-to-business direct marketing)。组织间直复营销不仅仅是一种独立的直复营销渠道，它实际上还涵盖了直复营销活动的各个方面，所涉及的产品范围也极为广泛。简单地说，组织间直复营销集成了直复营销活动的所有方法和工具，包括直邮、电话营销、直接反应印刷媒介、目录和互联网等各方面，它的市场目标是企业单位。

组织间直复营销者需要懂得直复营销规划和实施的所有问题，包括名址选择与管理、发盘规划与定位、创造性战略与执行以及媒体策略等。组织间直复营销者几乎与消费者市场直复营销者面临同样的规划和管理问题，但是，二者之间显著的区别是，组织间直复营销者所面对的是企业组织，而消费者市场直复营销者面对的是最终消费者。企业组织与最终消费者在购买行为和反应模式上有着显著的不同。

组织间直复营销要么被用来弥补企业销售队伍的不足，要么是为了通过使用这种替代性沟通途径以减小销售队伍的规模。直复营销可以使企业免受不断增长的面对面推销成本的困扰，以及建立与管理分销渠道的艰辛，如果运用得当，不但可以大大降低顾客联系成本，还可以创造满意的销售额。

(二) 组织间直复营销的兴起

根据所销售的对象和处理方式，可以将组织间直复营销的产品或服务分为资本品、再售品和专业性产品等三类。资本品的对象是制造性企业，它们购买产品是为了投入生产过程，生产出自己的最终产品或服务。资本品在这类企业的生产过程中，要么形成产品实体的一部分；要么在生产过程中被消耗掉，而没有直接在产品实体中体现。这类企业的购买决策过程，以及适用的直复营销方法，都可能因销售的产品或服务的不同而异。再售品的销售对象主要是批发商和零售商，他们购买的目的是为了再出售，以获得差价收益。专业性产品主要是针对如医生等专业性服务机构，企业通过直复营销渠道向他们推销医疗设备和卫生保健类产品。

向组织机构推销和向最终消费者推销，尽管在直复营销原理上相同，但是两者需要不同的导向和实施方法。组织机构(如制造企业或再销售企业)与最终消费者无论在购买的产品上，还是在购买动机和决策过程上，都有所不同，因此，需要采取不同的接近方法和提供不同的产品或服务发盘。

在美国，组织间直复营销是直复营销业发展最快的部分。其首要原因就是销售访问成本的不断上升。据估计，美国的平均销售访问成本已超过300美元/次，而且，其上升之势仍然不减。如果实现一笔销售所需要的平均访问次数为5次，这就意味着完成一笔销售的平均推销成本是1 500美元。企业运用直复营销可以大大降低每笔销售成本。此外，很少有企业的销售队伍或分销组织的规模大到足以与所有可能的准顾客进行联系的程度。即使企业拥有这样的规模,可以对每个可能的准顾客进行访问,其成本与收益比率也将是不对等的。

正是由于上门推销成本的不断上升,所以很有必要寻求一种更有效率的方式,以降低这种销售队伍发生的成本。直接反应营销正是在这种背景下为许多企业所运用。企业采用直复营销方法后,不但可以消除无效率的销售访问,而且可以占领由于销售潜力小而不适用于上门访问销售的市场。从这种意义上来说,直接反应企业对企业营销,非常有助于企业对付相对较小的客户。例如,像电信、包裹递送服务、办公用品和个人电脑等行业,其顾客种类繁多,地理位置分散,且难以准确识别,这正是运用直接反应营销的理想场景。另外,直复营销还可以用于暂时没有企业销售代表的地区。

(三)组织间直复营销的特点

企业直复营销市场有着区别于消费者市场的不同特点,通过对两者进行比较,有助于更好地理解组织间直复营销。

1. 产品差异

企业对企业营销所涉及的多为企业用品(business goods)。对于某个特定的产品,其顾客数量一般比较少,但每个顾客购买的金额比较大。这是因为这类产品本身成本高,或者每个顾客一次购买数量多和重复购买力。这类产品中,有些是原材料或半成品。这些产品很少在消费者市场上出售。

组织市场上出售的产品通常更具有技术复杂性,顾客通常是按照产品的技术规格进行采购。这种情况下,定价不是最重要的因素,企业顾客更多考虑的是产品的质量和符合特性、交货期、服务和技术协助等方面。

2. 购买者特征和购买行为差异

组织市场购买者通常是懂技术的专业购买者,他们的购买动机比一般消费者更为理性。其购买决策所考虑的因素主要包括产品规格、供货商分析、成本效果等。而消费者购买决策可能会更多地受感情和冲动性购买因素的影响。

产业购买者购买决策的影响因素更是多方面的,一项购买决策通常不是由一人而是由集体来决定。有的企业设有"采购委员会",委员会的成员来自本公司的各个相关岗位,负责选择供货商和做出购买决定。产业采购人员一般先选择提供同一产品的两家或两家以上的供货商,以确保能够获得符合需要的供货条件。

3. 购买决策的参与角色差异

企业购买参与的基本角色主要有三种。使用者,是指那些实际使用该产品的人,他们也许根本就不参与购买决策;影响者,他们通过提供有关信息或评价标准等多种方式影响购买决策;关卡人员(gate-keeper),他们往往控制着直复营销企业与购买决策者间的信息流通,从而对本企业的购买决策产生影响。

这三种基本的购买参与角色往往是交叉的,即一个"关卡人员"可能同时也是"影响者";一个"使用者"可能也是"关卡人员"。总之,角色往往是多重的。

家庭购买决策过程与组织购买决策过程的显著不同在于,家庭购买涉及的是消费者行为,而企业购买涉及的是组织行为。对于消费者市场,营销者需要考虑自己的产品如何与购买决策类型相契合,分析顾客购买决策是常规习惯性购买,还是涉及多方考虑和比较的复杂购买,或者是介于两者之间。对于组织市场,也涉及类似的不同决策的复杂程度。但是,其购买参与角色所购买的产品种类和数量与消费者购买是有显著区别的。

4. 广告差异

关于组织市场和消费者市场直接反应广告间的区别,认识上有两种极端。一种观点认为,两者是完全不同的,而另外一种观点则认为这两种广告有很多相似之处。

实际上,组织市场和消费者市场直复营销广告既有相同之处,又有不同之处。相同的地方是,两者的沟通原理是一致的;不同之处主要表现在原理的具体运用上,例如,组织市场广告的目标指向是该领域的专业人士,其广告文稿就应该在技术上保证准确,避免夸张。由于企业对企业直接反应营销沟通的对象是产业营销者、中间商和专业人员(如医生和律师),广告脚本必须明确而具体,提供必要的信息,而且易于理解。

企业与消费者广告策略上的差异多表现在如何突出产品或服务的特点,以及对价格策略的强调程度上。正如其他直复营销方法一样,发盘的恰当与否决定着一项直接反应活动的成败,恰当的发盘是产生销售或问询的关键。尽管直复营销者对企业顾客和消费者实行不同的发盘,但两者的原理仍然是一致的,即发盘决定反应率。但是,两种反应率有着明显的区别。就销售线索反应率来说,如果顾客的承诺水平低,从而发展为后续行动的概率就低,那么,这种高销售线索率也就毫无意义。反之,如果转化为实际行动的比率高,即使较低的反应率也可能是很好的。

有些营销者认为,与企业的沟通是组织间直复营销的要旨。然而,整个过程实际上都是人与人的沟通,只不过在工作岗位上的人与在家庭生活的人的角色发生了转换。从这种意义上说,他们都是相同的人类个体,在进入工作岗位时仍然有自己的喜怒哀乐。因此,由于"商人"也是"人",组织间直复营销者就要遵循其他所有直复营销形式所遵循的原则。

二、组织间直复营销的目标

总体上讲,组织间直复营销目标和最终消费者市场直复营销是一致的。换言之,一项直复营销活动可以实现哪些目标呢?罗伯兹和伯格认为,这些目标主要包括:销售产品或服务;产生销售线索(邮件、电讯或面对面);销售线索的资格预审;客户关系的建立与维持。

(一) 销售产品或服务

这是组织间直复营销最为普通的目标。其次则是为企业的销售队伍产生准顾客的合格销售线索,以便进一步接触,实现最终达到销售的目的。

(二) 产生销售线索

公司需要不断发现新顾客。这些顾客既可以在公司的现在市场中寻找,也可以开发新市场中的目标顾客。企业的销售线索产生活动就在于通过向目标准顾客传递恰当的信息,引导他们最终走向购买行动。销售线索可以通过多种途径来产生,例如电话、直邮和直接反应印刷广告等。

对于一个销售线索,自其首次产生开始,后续工作可以划分为三个阶段。第一个阶段是对该销售线索的资格预审。通过资格预审,识别有价值的销售线索,以决定企业对该销售线索的后续行动。第二个阶段是销售线索履行。这一阶段为合格销售线索的顾客进一步提供必要的信息,如小册子等材料。第三个阶段是销售线索跟踪。企业为销售线索建立数据库记录,跟踪该销售线索的后续反应和行动。

(三) 销售线索的资格预审

销售线索通常是索问更多的信息。例如,准顾客看到企业的直接反应印刷广告或收到企业的直邮件后,希望对其中的内容做进一步的了解。销售线索资格预审就是要甄别出无价值或不严肃的准顾客。甄别的标准因企业销售产品或服务方式的不同而异。相对于使用人对人接触进行销售的公司来说,完全依靠直邮进行销售的公司对销售线索资格问题的关心程度就低一些,这是因为前者与销售线索的联系成本更为昂贵。

销售线索的资格预审多通过电话完成。有时,准顾客寄来的写有问题的明信片也是一种方式。就电话来说,可以分为公司打给顾客的电话和顾客打进的电话两种。这种情况下,公司给准顾客打电话的目的并非立即推销点什么,而在于获取关于该准顾客的更多信息,以决定该销售线索是否有继续关注的价值。当顾客根据公司公布的电话号码打进销售线索电话时,接线员可以通过向该准顾客问几个简单的问题来审查其资格。对于通过直邮反馈的销售线索,就只能通过拨出电话来实现资格预审目的。

(四) 客户关系的建立与维持

企业与其顾客间的经常性沟通可以建立良好的顾客关系,以便更大程度地开发顾客价值。而且,可以通过管理顾客历史购买行为和该顾客经营的业务领域等数据库信息,以维持与该顾客的关系。

三、组织间直复营销的媒介

组织间直复营销所运用的媒介工具范围与消费者市场无异,只不过二者在选择使用方面有不同的侧重,而且这种差异很大。以电视媒介为例,它是到达消费者非常有效的工具,但是对组织市场却未必有效。其次,对于同一种媒介,两者使用的方法也有显著差别。本节试图指出这些差别。

(一) 直邮营销

直邮营销(direct-mail marketing)是指通过直邮件作为企业产品或服务的发盘载体,目标市场成员根据该发盘信息,通过指定的渠道(如信函、电话或传真)进行问询或订购的营销过程。

直邮是推销各种产业用品非常有效的工具。在过去的十几年内,企业对企业直邮营销实现的销售额逐年迅速增长。直邮可以用来达到公司的形象宣传、产品服务促销、销售队伍支持、分销渠道沟通和特别营销问题的解决等目标。在提升公司形象的过程中,直邮可以帮助公司树立技术领导者的声誉。另外,直邮产品广告能把特定的产品信息传递给潜在的购买者。例如,UPS公司在从一家货运企业转为供应链领袖企业的成功整合营销传销中,就使用了直邮方式接触决策制定者,其中36%的回复者购买了服务。

1. 直邮在组织间营销方面的优点

对于企业对企业营销者,直邮具有以下几个优点。

(1) 直邮是非常个性化的媒介,其中的信息可以针对不同个体而有所不同。由于组织市场顾客数量不多,购买决策者也相对较少,这种个性化的信息就显得尤为重要。相对于消费者市场来说,由于组织市场直邮信息的针对性,使得对该类直邮回应的质量也较高。

(2) 直邮是销售队伍推销活动的有效补充。它为与顾客或准顾客的日常沟通提供了一种经济的方式。企业对企业的直邮在推销产品或产生合格销售线索方面有良好效果。由于销售人员一次只能向一个准顾客解释产品或服务,直邮因而可以被用作销售访问的后续行动。

(3) 直邮可以为企业顾客提供更详细的产品技术信息。企业对企业营销的产品通常具有技术性的特点。登载在商业性出版物上的广告往往只能重点说明一个产品的某方面特点,直邮则不受这类广告特点的限制。通过综合运用信函、小册子和其他多种类型的说明性材料,一份直邮可以告诉顾客更多的信息。

(4) 随着媒体制作与印刷技术的发展,企业对企业直邮也可以较低的成本获得更满意的表达效果。今天,人们很容易看到插图精美、脚本讲究、设计精良、色彩亮丽的企业对企业直邮件。虽然,企业类产品的推销主要靠语言来描述,但是,如何将这种语言表达得更富有创造性,每个直复营销者都有很大的发挥空间。

2. 组织间直邮名录

组织间直邮名录的来源主要有两类:①自己开发的名录资源;②向外部购买或租赁。在美国,专业的商业性杂志和报纸出版商也开发各种不同行业的名录。无论名录来源于何处,名录本身的目标指向性很大程度上决定着直邮的成效。因此,名录在组织间直复营销活动中扮演着重要的角色。

名录还可以通过编纂的方式形成。"编纂名录"就是将各种来源渠道的名录按照销售量、雇员人数、标准产业分类(SIC)和地理区域等标准进行整理和剪接,产生为某个特定目标服务的名录。当企业对企业营销者拥有一定的顾客基数后,就可以将直邮指向那些最有可能的准顾客。当然,营销者也不只是局限于"编纂名录",销售线索或其他企业对企业营销者的购买者也是名录的一个重要来源,而且被证明非常有效。其之所以如此有效,是因为这些名录中的企业界人士以前有过对类似产品或服务发盘进行询问或购买的经历。

3. 组织间直邮的邮包

直邮邮包(direct-mail package)是直邮营销者与目标市场成员沟通发盘的信息载体。其具体形式千差万别,似乎没有一个统一的标准,但是,邮包内容在结构上却大同小异。根据罗伯兹和伯格的观点,一个标准直邮邮包通常包括以下几个部件:①外包装信封;②致函;③小册子(商品或服务目录);④反映工具;⑤其他内插页。

与以消费者为目标的直复营销一样,企业对企业营销也有多种寻求回应的方式。企业直邮的邮包也会因产品或服务以及营销目标的不同而有所差异。无论邮包的形式如何,其根本性的指导思想都是一样的,即专业性的信息表达与引人入胜相结合,且能够勾勒出一种形象,详尽阐述发盘内容。

直邮邮包不一定总是完整而标准的内容,直复营销者还经常使用"不完整的"邮包。例如,在开发新市场或子市场的初期,可以使用一种叫作"自邮件"(self-mailers)的直邮件。这是一种没有外包装信封的直邮件,通常只是一张可以折叠的邮件,邮寄地址就印(或贴)在该单页邮件上。这种邮包经常为制造商和分销商所用,尤其适宜于发布最新消息,例如通知推广活动或做新产品介绍等。

直邮件的另外一种简单形式是"明信片"。运用载有产品或服务发盘信息的明信片,往往可以实现以较低成本获得大量的销售线索。认真对这些反应作跟踪记录,可以为产品定位和媒体计划提供有用信息。此外,"简报"(newsletters)也是维持与顾客和准顾客关系的一种良好途径。"简报"通常成本较低,而且是一种"软推销",极易为人们所接受。

(二)目录营销

目录营销是指运用目录作为发盘信息载体,并通过直邮渠道向目标市场成员发布,以获得对方直接反应的营销活动。严格意义上说,目录并不是一种独立的直复营销媒介,它只是直邮营销的一种形式。由于目录这种载体的独特性和普及性,才将其单独讨论。

世界上第一个目录诞生于15世纪的欧洲,是一个关于书籍的目录。在美国,本·富兰克林(Ben Franklin)于1744年印刷了美国第一份目录,其中列出了数百本图书。在我国,真正意义上的目录营销是自20世纪80年代开始的。

目录在组织间直复营销中被广泛运用。其原因之一是,目录邮购渠道的组织间营销有较大的比较成本优势,而人员销售访问的平均成本比目标及其邮寄的成本要高得多。组织市场目录营销颇受欢迎的另一个原因可能是时间因素。由于商界人士工作繁忙、时间宝贵,因而更愿意通过目录进行采购,以节约时间。

与消费者市场目录一样,组织市场目标在推销公司的产品和服务中也扮演着重要的角色。其中,最简单的目录只是一串产品或服务清单,供企业用户参考和订购。稍微复杂一点的目录,是在此基础上包含了产品线的技术信息和订购细节(如数量和价格等)的说明。企业目录的复杂程度取决于产品或服务的特征。对于一般无差异商品,根本就没必要将目录做得华丽夺目。因此,许多公司的目标只是一种检索性的文件,其索引编排得当,以方便企业购买者浏览和查找。

然而,随着企业类目录数量的增长,使得其变得越来越具有竞争性和专业化。目录本身也变得越来越好看和具有诱惑性。一些专卖产品,无论其价位高低,其目录越来越与消费品目录相类似。这些目录采用优质油光纸张和亮丽的色彩,常常被用来推销个人电脑、办公设备、耗材甚至电话附件等产品。

(三)印刷媒介

印刷媒介通过在页面上印向大众或特定群体传递某种信息,在当今五光十色的印刷媒介中,尤以杂志和报纸为主导。以企业读者为对象的杂志和报纸是企业对企业直接反应广告的有效媒介。

直复营销者选择杂志和报纸等印刷媒介传递信息时,可以获得很多好处,如案头寿命长、传阅率高、具有一定的区域性和读者目标、可以争取到"非邮寄购物者"等。

直接反应印刷广告可以实现与某些特定职业岗位的企业界人士的有效沟通。虽然大部分商业性出版物发行量较小，一般是在 5 万～10 万份之间，但是，它们足以覆盖大部分产业界、贸易界和专业群体。正如前文所述，对于直复营销来说，企业对企业的印刷物发行在传递一般商业信息和职业性很强的信息两方面都扮演着重要的角色。

题材广泛的一般性商业杂志中，以美国的《商业周刊》、《福布斯》和《财富》最为世人所知。除此以外，大部分商业性杂志只着重于某个职业或行业。一般可以把这些杂志划分为三种类型：贸易类杂志、垂直式杂志和水平式（或职业性）杂志。贸易类杂志是商品的载体，主要读者对象是分销商和其他中介机构。垂直式杂志的读者一般为某个特定的产业，而无论其所处位置，这时，直复营销者只要在一两种出版物上刊登广告，就可以覆盖整个产业。水平式或专业性杂志覆盖的职业范围很广，但是，每一种杂志一般只能侧重于某一种职业，例如计算机程序员、律师以及其他各种各样的职业。

美国的《销售与营销管理》杂志就是一种处于领导地位的商业性杂志。其主要涉足的领域为销售、销售队伍管理、贸易展示以及其他推销和营销活动。该杂志就是一些企业对企业营销者登载其直接反应广告的良好载体。

企业对企业直接反应广告的脚本风格和类型的选择，取决于广告的目标受众。大众性的商业杂志和报纸上的广告很像消费者杂志广告，它们也用精美的图片和简洁的语言。对于更具专业性的杂志，广告所用的脚本就要直对某个具体产业或职业，可能有更多技术。

（四）电话营销

人员访问成本的不断上升也使得电话营销越来越广为组织间营销者所用。企业利用电话营销来处理小客户，或者为销售人员进行访问预约。为此，有的公司训练和雇佣专门从事电话推销的销售人员。与消费者市场电话营销一样，组织市场电话营销通常也使用预先制定的电话推销脚本，以控制通过电话向准顾客传递的信息。

从发话主体角度划分，企业电话营销也可以分为"拨入"和"拨出"两种形式。"拨入"电话通常是顾客和准顾客对公司某个直接反应发盘的回应，例如，他们收到企业的直邮件、目录发盘或直接反应印刷广告。拨入电话流量一般是难以精确预测的，因为，它是由顾客或准顾客对公司、企业对企业营销活动的反应程度所决定的。但是，公司也可以通过回顾历史数据来对拨入电话的流量做出粗略的估计。"拨出"电话是企业对企业营销者自己作为发话方的电话营销行动。这时，公司要预先确定发话对象、时间和频次，以及电话访问的目的和预期结果等。

相对于消费者市场的电话营销，组织市场电话营销有更多的限制因素。例如，对消费者的电话访问在工作日的上午 9：00 至下午 9：00 之间和周末都可以到达，但是，对企业顾客的电话访问通常只有在上午 9：00 至下午 5：00 之间，且周末时间一般难以到达。其次，在组织市场中，很难直接到达真正的购买决策者，而消费者市场则通常不是很难。再者，上班时间的人员往往比较慷慨，不似赋闲在家，有时间作长篇电话交谈。当然，"有时间"也并不能代表目标受话人就一定会耐心听取推销电话。

尽管企业对企业电话营销存在这些障碍，但它却仍然以较高的速度增长。究其原因，可能有以下几点：第一，电话营销为企业提供了一种与顾客和准顾客进行个人沟通较为廉价的工具。电话营销人员可以决定电话访问的时间和频次,具有灵活性。第二,可以通过电话营销的产品和服务种类繁多、价位多样。第三,电话通常必须与其他营销媒介联合运用。第四,电话营销是替代小客户人员推销成本的有效方式。第五,电话营销效果具有完全可衡量性。

总之,电话营销的有效性表现在能够推销产品或服务、产生销售线索和对其资格预审、节约人员推销费用等多方面。

(五) 网上营销

1. 网上营销的概念

网上营销又称网上营销或 E 营销,它是指以互联网为传播手段,通过对市场的循环营销传播,达到满足消费者需求和商家诉求的过程。网上营销借助联机网络、电脑通信和数字交互式媒体来实现营销目的。

网上营销可以从做一个主页到经营网站;从做广告到建立客户关系管理系统;从发电子邮件到建立供应链管理系统等由浅入深、由简到全地逐步实现。做好网上营销,需要一批既懂网络技术,又懂营销技术的人才队伍,为企业建设、维护以及提高网上营销效果提供服务。

自1993年以来,互联网作为继广播、报纸、杂志、电视之后的第五种媒体——数字媒体,其发展速度之迅速有目共睹。作为没有地域限制的沟通与支持媒体,互联网用户以几何级数增加,众多的生产厂商和销售商已经意识到了这个明显的变化趋势,他们据此安排自己的营销工作,通过建设与推广企业自己的网站来发布信息、推广产品,以此来扩大影响并提高成功的机会。

2. 网上营销的特点

网上营销具有以下几个特点。

1) 高技术性

网上营销是以高技术作为支撑的,企业实施网上营销必须有一定的技术投入和技术支持,这包括计算机技术、互联网技术、软件技术、信息技术及网络管理技术等。因此,企业要组织网上营销,就必须引进既懂营销又懂技术的复合型人才。

2) 虚拟性

网上营销是在一个虚拟的网络环境中进行的,这是区别于传统营销的显著特点。在网络世界里,所有的社会性交往都是非现实的。在网上某个大型豪华商场购物,你可能会被商场豪华的陈设打动,但事实上,这些都是虚幻的三维数字世界;然而,正是这些虚拟的三维景象,可以使企业的实体产品虚化,以数字的形式进入网络世界,并利用网络无极限的特性,让更多的顾客更好地了解本企业的产品。

3) 互动性

直复营销互动性的特点在网上营销中体现得淋漓尽致。通过 Internet,卖方可以随时随地与买方互动式地进行交易,而买方也可以以一种新的方式与卖方互动交流。企业可以在环球网的热门站点设置像邮票大小的广告按钮,一旦浏览者点击广告按钮,网络超级链接系统就会引导他移向产品所属企业的主页,浏览更具体、直观的产品介绍。潜在消费者可以借助网络的帮助与销售商、技术人员直接对话,了解自己感兴趣的产品和服务,并提出问题。销售商可根据顾客的信息对产品进行改进,或推出新产品。因此,这种互动式的网上营销更加以顾客为中心,甚至可使顾客积极参与生产经营管理的全过程。

4) 方便性

在网上营销环境中,人们不再受地域的限制,顾客能以非常简捷的方式完成过去较为复杂的商务活动,如通过网络银行能够全天候地存取资金、查询信息等,同时使得企业对客户的服务质量大大提高。

5) 整体性

网上营销能够规范事务处理的工作流程,将人工操作和电子信息处理集成为一个不可分割的整体。这样不仅能提高人力和物力的利用,也可以提高系统运行的严密性。

6) 协调性

商务活动本身是一种协调过程,它需要客户与企业内部、制造商、批发商、零售与服务商等进行协调,在网上营销环境中,它更要求银行、配送中心、信息和技术等多个部门的通力合作。网上营销的全过程是一气呵成的过程。

7) 安全性

在网上营销过程中,安全性是一个至关重要的问题,它要求网络能提供一种"端到端"的安全解决方案,如加密机制、签名机制、安全管理、存取控制、防火墙、防病毒保护等,这与传统的商务活动有很大区别。

8) 多媒体功能

由于网络技术的特点所决定,网上营销必然带有多媒体功能,这使得营销人员可以充分发挥其主动性和创造性,使网上营销走向全新的世界。

9) 信息量大

互联网可以展示商品目录,连接数据库提供有关商品信息的查询,可以与顾客做互动双向沟通,可以收集市场情报,可以进行产品测试与顾客满意调查等,是产品设计、商品信息提供以及服务的最佳工具。互联网不仅信息量大,而且信息还可以适时更新,这使得网上营销的促销作用能够最大化地发挥。

10) 具有开发潜力

网上营销的开发潜力主要体现在两个方面:其一,互联网使用者数量快速增长并遍及全球,是一个极具发展潜力的领域,因此网上营销也必然有无限的商机;其二,从网上营销过程看,有很大的开发潜力。用户每一次的访问,用户的资料都会被网络企业所记录(一般要经允许);记录的累计,使企业对用户的了解逐步加深,并为用户建立了详尽的个人档案,从而可以更好地为顾客服务。这类信息累计越多,市场也就越广,这方面有非常大的开发潜力。比如,当你母亲生日快到时,AMAZON 网络书店便会及时通过电子邮件提醒你,并向你推荐相关产品。你不必担心因为忙碌而忘记一些重要的日子,更不用担心因为没有时间而无法完成心愿。

3. 开展网上营销的方法

营销者开展网上营销的方法主要有以下三种。

1) 创建电子商店前台

企业创建电子商店前台(electronic storefront)有两种选择:购买当地商业网络服务

或建立自己的网站。

(1) 购买当地商业网络服务,可以是在上网的计算机上租用存储空间,也可以设置通路联网进入网络服务的购买大厅。网上服务一般可为企业设计商店前台,为它在购买大厅的商品做时间有限的广告。对于这种服务,企业每年要付网上服务费。

(2) 建立自己的网站(Web sites)是最流行的做法,现在许多企业都建立了自己的网站。这些网站在其目的和内容方面有很大差异,也各具所长,但其基本的类型主要有介绍型网站(corporate Web site)和营销型网站(marketing Web site)。介绍型网站是指目的在于建立顾客信任,作为其他销售渠道的补充,而不是直接推销企业产品的网站。这类网站主要是提供各类丰富的信息,回答顾客提出的问题,与顾客建立密切的关系;网站提供关于企业历史、企业使命和哲学,以及可提供的产品和服务等方面的信息;还可能及时公布企业新闻事件、企业特点、财务状态和招聘机会等。许多网站还借助于娱乐特性特点吸引顾客主动询问问题或在下网前通过 E-mail 提出意见或建议。

营销型网站是指目的在于促使消费者参与交互式沟通,进而使其做出购买决策或有其他反应的网站。在这种营销型网站内,交互式沟通是由营销者发起的。这样的站点包括商品目录、购买指南以及优惠券、推销活动或竞赛等促销形式。消费者打开网站可以购买几乎所有物品。例如,www.toyota.com 就是日本丰田汽车公司建立的营销型网站,一个潜在消费者一旦进入这个网站,汽车制造者就会努力将他的"询问"转化成购买决策。同时,该网站还提供大量的娱乐项目和有用的信息。

企业对企业营销者也喜欢利用营销型网站进行营销。比如,企业购买者可以访问另一个企业的网站,阅读对方企业的产品和服务方面的具体描述性信息,并与其进行沟通,最后达成购买协议。

当然,建立网站是一回事,而使人们主动访问该网站是另一回事。有了网站而没有人访问,这样的网站就不可能达到促销的目的。因此,企业应经常通过电子邮件、邮寄单、报纸和杂志广告、网上公告牌等将潜在顾客吸引到网站上来;同时,还要不断更新主页内容,使网民有新鲜感,吸引他们经常光顾该网址。

2) 开展网上广告

网上广告(online Ads)就是基于 Internet 的广告形式,它和传统的广告相比具有开放性、交互性、可统计性和经济性等特点。目前这种网上广告主要有四种类型:电子邮件广告、电子公告牌广告、Usenet 广告和万维网广告。

(1) 电子邮件广告有两种形式。一种是像直邮广告一样,通过 E-mail 地址将广告直接发送给指定群体。另一种是电子邮件列表,即一些想在网上就某些自己感兴趣的话题发表意见的人自愿组成的互通式电子邮件网,通过这样的列表也可以发送广告。

(2) 电子公告牌(bulletin board system, BBS)是一种以文本为主的网上讨论组织。在这里可以通过网络,以文字的形式与别人聊天,发表文章,阅读信息,讨论某一个问题,或在网站内通信等。营销者可以通过 BBS 搜寻目标市场,谨慎发布广告。

(3) Usenet 是众多在线讨论组构成的自成一体的系统。其中每一个组叫作新闻组或讨论组,分别被冠以不同的有着明确界定的主题。在这样的系统中,为了让商业广告信息有栖身之地,可开设专门的子讨论组。

(4) 万维网(Web)是目前大多数互联网用户通用的信息数据平台。对于互联网广告客户来说,万维网拥有无限的利用价值,它容许细致的全彩色的画面、音频传输、大容量信息的按时传送,24小时在有线及在广告主、广告受众之间的双向交流。

3) 使用电子邮件

利用电子邮件进行网上营销是营销的重要手段之一。顾客和潜在顾客可通过企业的电子信箱提问题、建议甚至是抱怨;客户服务代表也可通过电子邮件在很短的时间内回答这些问题。电子邮件不仅能传送文字,而且能传送图像、订单和其他文件。企业可以用邮件清单和购买他人的邮件组来发送广告。邮件清单上的顾客大多是对企业产品感兴趣的用户,因此能为企业提供高度精确的目标市场。总之,利用电子邮件进行营销是一种高效率的营销手段。

4. 发展网上营销的程序

不同企业发展网上营销会有不同的做法和程序,一般来说,应遵循如下程序。

(1) 企业要研究市场机会,寻求潜力大、适合网上营销的产品或服务。

(2) 确定开办预算,包括服务器的费用、网络空间租用费用、网页设计费用、技术及法律咨询费用,以及开办常规企业应进行的各项基本预算。

(3) 拟订网上营销计划,包括企业网上营销的业务简介、营销目标、SWOT分析、预算、预期利润、竞争者分析等,目的是为了打动投资者。

(4) 寻求合作伙伴或投资者,签订合作(投资)协议。在协议中,企业创始人应明确网上营销项目的风险性,以避免未来可能出现的争端。

(5) 协调网上营销具体运作的各个环节,包括依法注册、购买硬件设备、租用场地、招聘员工、选择网络服务商、设计网页、明确货源、正式展开网上营销。

(6) 根据具体运作情况及信息反馈,及时调整网上营销组合,包括小到网页外观设计,大到主营产品选择等。

第三节 电子商务时代的组织市场渠道

一、电子商务的定义

电子商务是指通过网络和电脑进行的商务沟通和业务交易,尤指商品和服务的买卖以及通过电子形式传输资金。随着近年来网络的飞速发展,电子商务市场的发展速度超乎想象,其增速让传统市场望尘莫及。根据中国电子商务研究中心发布的监测报告显示,2012年第三季度中国B2B电子商务市场交易规模达1.7万亿元,同比增长30%。截至2012年6月,中国B2B电子商务市场交易规模达2.95万亿元。工信部发布《电子商务"十二五"规划》,指出电子商务是企业降低成本、提高效率、拓展市场和创新经营模式的有效手段,预计到2015年,电子商务交易额将突破18万亿元。其中B2B交易规模超15万亿元,占总交易额的83.3%。经常性应用电子商务的中小企业将达到中小企业总数的60%以上。在电子商务市场快速发展的过程中,企业必须充分利用互联网带来的机遇,进行经营模式的创新,改善客户关系。

电子商务几乎涉及交易的所有阶段,因此是多方面的,复杂的。但它的基本原理是容易理解的。在某个市场和目标客户中,电子商务是进行交易的一种方法,能够增加销售量、降低成本或者为客户提供更多及时的信息。在交易的各个阶段,通过网络可以使大部分商务流程变得更高效。电子商务可以用来采购产品;管理完成客户订单的过程;为订购、在线营销、广告宣传及时提供信息;创建在线产品目录和产品信息数据库;管理物流服务;管理发票的支付过程。电子商务的应用几乎没有限制,但并不是所有产品和在所有市场都能够有效地应用电子商务。企业有必要探索有效应用电子商务的最佳情形。其中,在市场营销方面,它的最重要的应用是在与客户的互动上。

二、电子商务在组织营销中的战略作用

对组织营销者来说,关键问题是电子商务在公司的整体营销战略中扮演什么角色?电子商务的巨大风险之一是管理者可能仅关注了技术方面,而忽略了电子商务在公司整体战略中的作用。

事实上,电子商务在公司各种经济活动中的使用,使其在为公司实现战略目标的过程中能够发挥重要的作用,比如:它可以作为一种沟通手段帮助公司建立客户关系;可以作为一种销售渠道;可以作为一种为客户服务的媒介;可以用来作为公司收集营销研究数据的工具;可以作为整合供应链成员的方法等。

但是,正像迈克尔·波特教授所指出的,互联网只是实现公司战略的一种工具,其不能脱离公司的战略而独立地发挥作用。从本质上说,电子商务扩展了公司的业务范围,但没有改变公司获得客户、对客户做出恰当反应和使客户满意的根本性质。使用电子商务并不是简单地通过互联网来出售商品和服务,而是要使互联网和公司的日常职能有效地结合起来,通过电子商务降低成本或者更好地改善客户关系。成功的企业能够将互联网与公司的传统竞争优势和竞争手段加以整合,而使电子商务成为辅助战略执行的有力工具。具体来说,电子商务可以帮助公司在以下几个方面突出战略优势。

(1) 强化适应客户需求的反应能力,改善与客户的关系。电子商务使组织营销者在订单管理、产品结构、产品设计方面与客户合作,这就带来了更好的客户服务和更多的满意客户。通过互联网创建与客户的直接联系,厂商可以根据组织购买者的需求修改产品以适应客户的需求,客户可以在网站上根据自己的要求定制产品。

(2) 降低交易成本。通过互联网,供应商能够提供低成本的订单查询和全天候的订单跟踪。无须人工服务的交易可以在网站上进行,这样不仅能够节约成本,还可以将节约的人工转移到为客户提供必需的人工服务上。电子商务将一部分运营变成了"自助服务",减少了相关方的交易成本。

(3) 整合供应链。互联网使公司不受组织、地理、职能的束缚与各个地域的客户、供应商、中间商和联盟伙伴建立联系。供应链中的所有参与者都可以通过互联网上共享的数据联系起来,使整个交易过程衔接恰当并且更有效。供应链有效运营的关键在于公司的各方面都能共享重要信息。

(4) 集中力量致力于核心业务。互联网加强了公司间的信息效率从而使管理外包业务的成本降低。这样,公司能够用较低的管理成本和交易成本获得自己所需的外包业务,

而集中力量发展自己最擅长的业务。从这个意义上说,互联网有利于"虚拟组织"的发展,使公司能够与其他组织合作完成从制造到仓储的一系列步骤。

(5) 扩展其他地域市场。电子商务为从事组织间交易的公司提供了广泛进入其他地域市场的有利途径。公司使用网络平台来为异域客户实现订单处理、采购、销售、营销、客户支持等服务,这样就可以在全球范围内开拓客户群。有了电子商务,公司没有必要在每个潜在市场进行销售团队或实体资产的投资,只通过网络就可以覆盖其他地域市场。当然,这种方法也需要公司有高效的互联网战略和必要的物流管理能力,以便让客户及时获得产品。

[例8-1] 联合包裹速递服务公司用先进的电子商务技术配送商品

联合包裹速递服务公司(United Parcel Service,UPS)是一家包裹快递公司,其为全球提供专业的运输和物流服务。UPS已有90多年的历史,从一家地区性的包裹速递公司发展到跨国公司。UPS的主营业务是为美国和200多个国家或地区提供限时包裹和文件递送服务。UPS是实施电子商务战略的领先公司,通过公司网站提供在线工具等新服务。

随着互联网技术的日渐成熟,UPS决心为建立与广泛客户群体的电子化连接提供财务支持,从而实现运营的转型,应对多变的数字经济。随着电子商务进程的推进,UPS必须应对多变需求带来的挑战。UPS为它的客户提供各种商业解决方案,帮助客户以更有效率的方式管理、成长,甚至通过业务转型立足于多变的、竞争激烈的市场。

资料来源:Nabil Alghalith. Competing with IT. The UPS Case. Journal of American Academy of Business,2005,7(9):7-15.

三、电子商务时代的组织市场渠道冲突及管理

电子商务的兴起,使从制造商到客户间出现了一条新的渠道,并且与传统渠道相比,互联网渠道在很多方面体现了更高的效率,同时也不可避免地导致了渠道成员间的冲突。冲突的程度也因渠道和组织的不同特征而有所差异。在B2B市场中,渠道冲突既可以体现在垂直联合渠道成员之间,也可以体现在水平的跨渠道组织之间。在线下渠道间、新建立的在线渠道间以及线上和线下渠道间,都可能会产生冲突。在很多情况下,多渠道的流通体制是引发更多层面冲突的原因,而被引发的冲突不仅包括组织间的冲突,也包括单个组织的各个渠道间的冲突。通常人们认为渠道冲突会损害渠道的绩效,但是也有一些研究表明,适度的渠道冲突可以改善渠道绩效,因为渠道间的适度竞争有利于使不同渠道达到基本的绩效水平。但是如果冲突导致渠道伙伴的多层次合作关系破裂,那么,渠道冲突可能就会对渠道绩效产生不良后果。鉴于不同程度冲突的绩效结果的不同,组织在管理渠道成员关系时,必须注意到不同渠道成员间的竞争和合作关系,对渠道冲突的管理绝不是完全避免或者消除冲突那么简单。正像Katz和Kahn所说的那样,只要渠道处于一个开放的社会中,就会有某种程度的渠道成员间的冲突,这是不可避免的。但是组织管理者有必要采取前瞻性的措施降低渠道冲突的紧张程度,并创造合作和对话的氛围,使冲突被控制在合理的范围内。

电子商务的引入使渠道冲突备受关注,原因在于电子商务的应用使它和现有的传统渠道直接冲突。这时冲突不仅存在于组织外部,更在于内部。由于发展多种渠道导致的内部冲突往往会涉及对同一顾客群的竞争或者对有限的公司资源的争夺,内部冲突给组织带来了更大的困惑。因此,在推进电子商务战略时,一定要积极考虑改善渠道关系和衔接协作活动,降低渠道冲突的强度、频率和持续时间。组织市场的制造商应该使电子商务渠道和原有分销网络合作,而不是取代现有的中间商。

Kevin L. Webb(2002)认为一些指导原则可以让组织在引进电子商务的同时又不损害与传统的分销渠道建立的关系:

(一)不同渠道所提供产品的区分

组织营销者可以通过恰当地区分在线和线下销售的产品来减少渠道冲突。比如通过合理地分配网络销售产品的销量来安抚中间商;关注于偏爱通过电子渠道购买的顾客的特别需求,只在在线渠道提供适合网络销售的产品;在网站上销售与线下不同品牌的产品;在网站上推广产品生命周期早期阶段的产品,而这些产品并没有在传统渠道经营;不在网站上销售全部的产品等。

(二)分销过程的分工和合作

完整的渠道流要完成信息流、物流、资金流的传递和交换。电子渠道有利于信息沟通和资金划转的效率提高。但是,物流的畅通仍需要传统渠道的努力,以完成有形货品的物质传递。相对地,传统渠道也可以利用在线渠道伙伴来从网络上获取合作订单,将网络作为其传统分销渠道的补充。组织可以通过在对渠道流效率付出努力的成员间实现合理的分工和建立与分工相对应的利益分享机制,来将可能的冲突转化为合作。

(三)合理安排不同渠道定价

Webb(2002)认为,制造商可以通过使网站产品价格始终高于现有渠道伙伴的转售价格来降低冲突的可能性。从稳定既有渠道伙伴的合作关系来讲,这也许是一条可行路径。由于价格在大众市场的敏感性,渠道产品转售价格上的差异是引发大多数渠道冲突的原因。因此,当引入电子商务渠道后,组织营销者必须特别注意自己的定价策略。

(四)联合促销

电子商务在信息沟通上的优势使制造商不仅可以通过网站宣传自身,也可以通过网站的信息优势来平衡渠道伙伴间的关系。如可以在网站上推销渠道伙伴,鼓励渠道伙伴在网站上宣传,使网站为传统的渠道伙伴贡献效益,从而改善网站对传统渠道存在伤害的片面认识,为改善与渠道伙伴的关系和促进渠道伙伴间的合作创造条件。

四、B2B 交易场的概念与结构

作为电子商务发展的一种形式,B2B 交易场是一种新兴的组织间营销方式,它的产生和发展离不开信息化的社会变革。这种营销模式彻底改变了传统组织间营销的理念和原则,是组织间营销方法的根本性突破。虽然网络经济的兴衰让很多人重新思考,消费大众和投资商们不得不痛定思痛,开始怀疑 B2B、B2C、C2C 等概念经济的实用性,但是 B2B 交易场这种新兴的产业营销模式却在新经济的舞台上表现得越来越出色,使人们对信息时代再次充满了憧憬。

根据市场研究公司IDC 2008年发布的《全球数字媒体市场模式和预测报告》显示,到2012年,企业间电子商务(B2B)交易总额有望达12.4万亿美元。

中国电子商务研究中心在2012年对中国最大的B2B交易场阿里巴巴进行调查的数据显示：截至2012年底,仅在阿里巴巴中国站就有5 200万名注册会员,其中企业会员800万名,国际诚信通会员65万名,2013年的交易额预计将超过10亿美元。B2B交易场的类型多种多样,以美国的交易为例,就有高风险交易场(CATEX)、chemdex公司、信用交易场、E-chemicals公司、Elinex公司、钢铁交易场、金属网交易场、纸张交易场、塑料制品网交易场、TECHEX交易场……此外美国还有一个专门解决公路运输交易的B2B交易场——国家运输交易场(NTE)。

(一) B2B交易场的概念

"交易场"一般指一个建筑、办公室、机构等,用于商业交易。正如股票买卖的统一市场已经成为众所周知的证券交易所,互联网技术可以使货物买卖双方集中在一起,这就是网络上的B2B、B2C或C2C市场。B2B交易场是在互联网上的虚拟交易场,它将数目众多的买方和卖方汇集在一个网上的中心交易场所,并以他们之间浮动的价格进行交易,成交价格的形成是由交易场的交易规则所决定的。概括地说,B2B交易场的最主要特征表现为,它将数目众多的买方和卖方汇聚在(以一种"真实"的感觉)一个中心交易场所,并使他们之间以浮动的价格进行交易,价格的制定由交易场的规则所决定。从这一点来看,B2B交易场与证券交易市场具有相同的特质。

需要特别指出的是,B2B交易场和B2B电子商务是有区别的。B2B电子商务的例子如全球知名的化工公司——道化学公司(Dow Chemicals),1999年它在网上建立了B2B电子商务网站MyAccount@Dow,现在它在全球有8 000多个客户注册在这个电子商务网站上,每天这些客户可以查看道化学公司的产品库存情况、价格情况、订货记录、发货记录以及其他有关市场信息等内容,同时可以实现网上订购业务,但是这种电子商务形式只有一个卖方——道化学公司。再如通用公司的电子商务采购网,通过其采购网站,供应商可以竞标采购合同,虽然这是个很有效的B2B电子商务网站,但是它只有一个买方。相比较而言,B2B交易场包括了数目众多的买方和卖方,它将买卖双方的订单集中在一起进行匹配,并提供历史的交易信息。拥有众多买方和卖方是B2B交易场的显著特点,是区别于B2B电子商务公司的特殊之处,当然两者之间的本质差异并不仅限于此。

(二) B2B交易场的结构

如上文所述,B2B交易场的特点就是集中众多的买卖方来到一个市场中来,让他们按照交易场的交易规则达到某一价格成交。因为交易场需要平衡众多买方和卖方的利益,所以它应该代表买卖各方,为用户提供一个公开、公平、公正的市场是交易场价值所在和吸引企业的关键要素。因为B2B交易场的功能需要,B2B交易场采用了会员制模式,独特的所有制形式、交易模式和收入模式。

B2B交易场作为一个市场营销的方式,有着诸多的参与者。首先是交易场的所有者,其次有销售方和购买方,还需要经纪人或中间商,然后还需要政府部门、其他数据和服务提供商以及公众。所有这些参与者构成了交易场的用户群,这些群体有着各自不同的利益和目的。正是鉴于这个市场的多元性和复杂性,按照一定的规则制定运营模式是必需的。

在 B2B 交易场的构成中最重要的是市场的交易者——买卖双方,对于他们的管理是重中之重。因为交易场中有众多的买方和卖方使用交易系统,它必须有某种形式的会员制,以确定谁可以使用系统,可以得到什么样的权限和应用方式。这种会员制的设计可以简单也可以复杂,但是在各种情况下,会员的管理制度和规则将变得十分重要。会员应该符合交易场的资格要求和规定,以及承担相应的责任,并满足系统的需要。实际上,B2B 交易场借鉴了传统证券交易场的会员制方式来管理这些交易者,规范了谁可以进入交易场以及他们在市场内如何活动。

交易场会员资格的基本条件通过以下信息来确定:会员是否合格、人员的相关经验、公司的信用、公司的资本、公司内部正确的管理规范等。例如信用交易场(www.creditrade.com),要想注册成为交易者,必须在网站上填好资料,待交易场严格审核后,被授予一个用户名和密码。

传统的交易场通常有四种会员体制和所有制形式:由一群用户所有的封闭式会员制、由众多用户所有的开放式会员制、由一个或多个商业投资人所有的开放式会员制和由政府所有的会员制。前两种方式有其天生的缺陷,例如第二种方式很难把所有的潜在分散用户短时间内集中起来;而由一个或多个商业投资人所有方式是现在 B2B 交易场建设中最普遍的做法;政府所有形式是前者的一个有益补充,例如钢铁交易场的形成很大程度上取决于政府的支持。在由一个或多个商业投资人所有方式下,交易所由一个或多个投资人建立并运营,它完全以商业模式运营,获取利润。这种模式下的会员制或者进场交易资格与所有权无关,交易所对新老会员实行无差别的开放政策,也不必购买席位。所以由一个或多个商业投资者所有的方式是在过去几年中建立 B2B 交易场最普遍的做法。例如美国的巨灾险交易场、信用交易场、化工交易场、电力交易场、纸业交易场、塑料制品交易场、国家运输交易场和生命科学交易场等。

B2B 交易场的交易模式也是具有革命性的和最精彩的一面,即通过竞价和拍卖系统实现的动态价格。互联网使这种"动态价格"成为可能,是在某一时刻将所有可能的买卖信息汇总,并从这些竞争的价格中选择出最高的价格,同时确定一个能使销量最大化的价格,这样得到的交易价格才是真正的某一时刻的市场价格。互联网的产生孕育了四种新的交易模式:固定价格、一对一谈判、拍卖场(卖方驱动的拍卖和买方驱动的拍卖)、电子化自动交易系统(双向竞拍)。四种交易模式各有特点,我们可以通过表 8-8 来对这几种交易模式进行比较。

B2B 交易场要完成它的使命,还离不开众多的第三方合作者。例如交易场要有其权威性,来吸引行业中有影响力的企业参加进来,甚至其中的一些企业会拥有该交易场。美国的金属交易场就是一例,它由三个钢铁公司拥有,包括 LTV、WIERTON 和 POWER。但是 B2B 交易场还要保证其中立性,与重量级的企业保持关系,还要有自己独立的顾问委员会。B2B 交易场还需要计算机硬件和软件公司、数据公司的技术支持,以保证其系统的有效性和可靠性。另外,B2B 交易场还需要新闻服务、链接服务、文件管理服务、合同信用服务等来保证系统运行。

表 8-8　几种交易模式比较

交易模式		特　　点
固定价格（产品目录）		提高交易效率，能够提供尽量多的信息，产品的价格与买方的产品目录一致。适合于低价、经常购买、小批量的商品交易
一对一谈判		基本的形式是发布价格信息和浏览价格信息，通常买卖双方自行解决交割的问题，但是往往没有价格优势
拍卖场	卖方驱动拍卖	动态的价格，提高了效率，可以提高卖方的利润。卖方主导了整个拍卖的价格决定，没有买卖协商，只是买方之间的竞争而已
	买方驱动拍卖	动态的价格，提高了效率，可以提高买方的利润。买方主导了整个拍卖的价格决定，没有买卖协商，只是卖方之间的竞争而已
电子化自动交易系统		动态的价格，自动、实时地为买卖双方进行价格匹配，实质上是一个双向的价格拍卖系统。具有高流动性和保密性，"价格-时间优先原则"是该系统进行交易的总体规则，保证交易的公正性和及时性，同时交易系统的订单撤销功能可以保证系统的完整性

B2B 交易场作为一个商业模式，必然有其营利的一面。一般来讲，B2B 交易场会在初期免收大客户的交易费或给予优惠，但是正常运营后会收取会员费、发布费、产品目录费和产品介绍费、销售数据和信息费、广告和准许营销费以及软件授权费等费用，来获得收入，赢得利润。

（三）B2B 对我国组织间营销的影响

通过以上对企业进行的电子商务及 B2B 交易场的调查，我们可以发现我国企业发展 B2B 交易场的障碍所在，进而知道应怎样去克服这些障碍，探索 B2B 交易场模式将对中国组织间营销发展产生的影响。

1. 我国企业发展 B2B 交易场的障碍

首先，信息基础设施的应用水平有待提高，例如第三方信息提供商、相关立法监督、信息安全等，但是这方面我国发展水平很快，整体水平正在迎头赶上。

其次，B2B 交易场针对的主要是工业消费品市场。这个市场的构成主体是制造型企业，它们的交易产品多是直接商品（原材料），这些商品不太容易特征化，它们往往是某个业务过程的中间产物。这样，将这些产品转移到网上进行交易就比较困难。因此，我国开展网上交易最好的产品可能是化学用品、橡胶、纺织、鞋、皮革等容易在网上交易目录中定性的产品。

再次，企业的经营结构和业务流程可能成为障碍之一。中国文化中一个显著的特征是缺乏明确的程序。各个组织之间的责任划分也不明确，流程也总是非规范化，同时企业的决策往往采取集中的方式进行。但为了从电子商务中获益，公司必须将某些流程自动化，建立起明确的授权程序。比如，一家大型制造商想把办公用品及计算机设备的采购放到网上进行：在西方，SAP、Oracle 等公司就会为该公司安装一套采购软件系统，它定义了一系列的"用户特征"。每个用户就可以根据系统规定的权限，在一定的金额范围内，无须上司批准，直接在网上下订单，或在金额超过授权范围的情况下，从领导那获得电子批复，再进行网上交易。

最后，人际关系、公司群体主导的营销文化注定要成为企业实施 B2B 交易场营销模式的障碍。中国人更喜欢面对面的交流，也乐于依靠长期建立在信任、家庭亲情或历史基础上的商业关系来进行交易。这往往是因为，中国传统的商业环境中，缺乏对陌生方的信用了解，法律保护机制也不完善。因此，关系就成为开展生意的必要条件。尤其是做大一点的生意，不见面，不吃饭，不送礼，是很难做事情的，而这一套商务惯例很难移植到网上进行。

当然我们认为可以将面对面的关系与高效的电子商务交易结合起来。没有理由认为只要买卖方进行网上交易，就无须花较大精力来建立紧密的私人关系；双方交易前的认识过程不可代替，若他们之间建立电子商务连接，则会更有效地补充发展他们之间的关系。比如说在卖方或买方主导的电子市场中，公司可以与他们偏好的商业伙伴建立网络连接，以加强他们之间的商业联系。但在公共电子市场中属于一般商品化的产品，如一些大众型工业原料，关系显得就不大重要。在这种情况下，中国企业可能并不看重双方之间的关系，而是更看重价格、质量。如在 www.chemconnect.com 全球化学工业品交易场中，中国的供应商已在上面与国外买家进行在线交易。

2. B2B 交易场对我国组织间营销的影响

首先，B2B 交易场可以改变传统的组织间营销观念，采纳新的营销模式。

传统的组织间营销的模式和观念在人们的意识里已经根深蒂固，因为这是经验的积累，是实践的检验，是一种习惯的、公认的方式。在大多数企业进行组织间营销时，习惯的做法是：寻找一个市场机会，研究一下市场的潜力，开发出针对市场的产品，然后去推销自己的产品给目标客户，接下来的工作可能还有技术细节的谈判、产品的修正、人员公关、价格谈判、合同谈判等具体的工作。这种销售模式可能已经延续了几百年，甚至上千年了，我们不能否认它是行之有效的。但是，社会在发展进步，新的事物层出不穷，尤其是近十几年信息技术的发展，改变着我们衣食住行的物质世界，同时也在更新我们的观念、思想等精神世界。在过去，不能想象我们会在只是看到某个商品的图片、介绍等资料，就会订购，并用账户中的钱自动转账去付款。但是在今天，我们看到了，甚至体会到了。而且当越来越多的消费者、企业接受了这种观念时，如果你不去接纳这种模式，而是还在固执地坚持原来的模式，就会被淘汰，这是毋庸置疑的道理。尤其随着全球化市场的逐步建立，对于国内的企业来说，走国际化道路是必然趋势，国外的企业已经开始使用和推广这些先进的营销模式，如果国内的企业依然固守原来的模式，势必会被排斥在市场之外。

B2B 交易场在国外的发展方兴未艾，众多企业积极地参与其中，共同推动了这种交易模式的发展，在不久的将来，这种交易模式可能成为具有领导性质的交易模式之一。作为世界经济的一部分，我国企业只有抓住这个时机，改变原来陈旧的观念，才能跟上前进的步伐。

其次，B2B 交易场可以提高组织间营销的效率，降低成本，从根本上改变营销方式。

组织间营销经历了漫长的发展历程，其形式变化的空间越来越小，营销效果的体现越来越弱，新兴的组织间营销模式则从过程到本质均有了质的飞跃。我们可以通过比较发现，传统的组织间营销的行为是一种单向的营销行为，企业根据市场信息，开发产品去寻找目标市场，通过各种营销手段，销售出自己的产品。虽然在这个过程中也有双向的信息交流,但总地来说企业是一种单向推销的方式,买卖双方的信息不对称,人为影响的因素也很多。同时在传统营销的工作中,各种经营销售费用不可避免地产生,最终的后果是销售成本的不断提升,相应的市场竞争力下降。

B2B交易场则不同,在交易场中,市场中的信息不单单是买的信息,也不单纯是卖的信息,而是双方的信息汇集在一起,交易场的买方成员可以查询这些信息,卖方也可以查询此类信息,同时调整自己的定价策略,以达到交易的目的。只要信息交流充分及时,一个交易很快便能够达成,剩下的是交割付款的问题了,同时有网上结算系统和第三方物流的支持,这些工作也可以通过交易场的系统来协助完成,这样,组织间营销的效率被大大提高了。由于企业在加入B2B交易场时需要有信用等级的登记和评估,这样企业的交易风险也减小了。

这种集中形式的交易提高了市场的透明度,减少了组织间营销过程中人为干预的情况,而我国的组织间营销的最大弊端就是人为干扰因素太多,滋生了众多的问题,B2B交易场是组织间营销模式的根本性改变,而不是一种改进形式,即提高了交易的效率、降低了成本,同时也克服了传统组织间营销的弱点。

再次,改变企业信息渠道,变革企业运作流程。

我们的企业目前面临的最大问题就是信息渠道不畅或者信息滞后,以及企业运作流程的落后。不论是消费品市场营销还是组织间营销,都存在着信息不畅的问题,原因是多年来我国的企业过于封闭,很少和国外的企业进行交流,同时也缺少产业市场共享信息的平台,即使有一些第三方提供的市场信息,也存在着信息不及时、准确性差等问题。同时很多的中小企业也没有更多的渠道了解信息。

我国的许多行业中,供应链运作比起西方的企业来说,效率更低,许多企业还根本没有合理的业务流程,它们也没经历过西方企业在20世纪90年代初流行的业务流程重组和再造工程。B2B交易场的发展会提供给我国企业改善效率、增加收益的许多机会。虽然目前我国的B2B交易场仍处于起步阶段,交易量还很小,但是这些进步已经给我们的企业带来了很多新的东西。我国当前经济发展的突出问题,恰好是传统产业过于粗放,行业中的交易成本偏高。实施B2B交易场能通过网上信息、电子订单、自动化交易、管理库存、协同计划等方式消除重复劳动,减少无效中间商,提高供应链的运作效率。但是,B2B交易场实施要想获得进一步的成功,就须对传统不合理业务流程进行优化,这样不可避免地会遇到阻碍。如减员、消除过去不合理的流程,这可能会触及一些人的既得利益,从而减缓B2B交易场的发展。现在的很多企业,不论是大众消费品生产企业还是工业企业,已经认识到企业竞争的层次已经从价格竞争、质量竞争、服务竞争转移到了流程竞争。企业的流程是否先进科学,将很大程度上决定企业市场竞争地位。

第四节　组织市场的多渠道战略

一、多渠道战略的需求和挑战

在过去十年中,越来越多的组织间营销者采用多渠道战略来应对顾客购买行为的变化、市场全球化和网络的来临。采用多种分销渠道来服务组织顾客已经成为普遍规则,而不仅仅是特例。

多渠道战略(multichannel strategy)指对同一或不同的细分市场,采用多条渠道的分销体系战略。

企业从多渠道分销战略中可以获得多种利益。首先,可以更好地适应顾客需求和购买模式的变化。当企业试图应对新的分销渠道,包括网络时,这样的适应能力已被证明是极为有用的。其次,由于单一的渠道类型不可能适合所有的产品,因此产品种类众多的企业可以从中受益。再次,当现存渠道饱和后,生产能力过剩的企业可以从额外的新渠道中获益。最后,使用多个渠道的顾客可以为企业带来更高的收入和更高的顾客价值,促使顾客多次购买。多渠道战略还有助于提升品牌的认知度。高度的品牌认知可以帮助提高销售额与利润。

但同时,多渠道战略也带来了一些挑战:①多渠道会对企业内部资源,诸如资金、人员、产品和技术等造成竞争性需求;②当企业增加渠道的数量时,边际报酬会递减,来自新渠道的销售额也许不能抵销开发和维持成本,当企业增加渠道成员的数量时,来自新的渠道成员的销售额通常也会小于现有成员(边际销售额/回报递减),理由是优质的客户通常会最先被挑走;③当一个区域内有大量的渠道在同时运作时,就容易产生渠道冲突,这是因为多渠道战略会使得多个渠道成员同时针对一个客户。而且,购买者因此会得到不同的报价。例如,顾客从一位销售人员处了解到某种产品,但实际却通过更廉价的网络渠道购买。更严重的是,在多渠道的情况下,内部渠道冲突可能会导致推销产品意愿的下降,甚至导致渠道成员退出。一方面,多渠道可能导致企业内部的资源竞争、规模报酬递减和渠道冲突等方面的问题;另一方面,企业面对顾客购买行为的变化、市场全球化和网络时代的来临而不得不对其渠道进行扩张以获取利润额、覆盖面以及顾客的忠诚度等。

二、多渠道整合模型

一些西方分销专家将分销活动分解为包括五个环节的过程:唤起潜在顾客——确认潜在顾客——售前准备——销售过程——售后支持。这五个环节所要求的服务各不相同,所花费的费用也大相径庭,前两个环节相对简单容易,而达成交易是最复杂的环节。令人惊奇的是,渠道的多种类型各有特色和优势,有条件与各个环节相匹配,成本花费相差很大。仅用渠道组合策略而不用整合概念,就等于每条渠道长短处一起用,自然会使渠道成本增加。渠道整合是将分销任务一一分解,然后分配给效率高、费用低的不同渠道。实际上,是由不同渠道类型构造了一条而不是多条渠道。

多条渠道整合的最大好处是各渠道形成合理分工,提高效率,降低成本。多条渠道整合的最大问题是构建复杂,不适合简单的、周期短的分销过程。同时还需要得到各渠道成员的密切配合,自愿放弃一部分分销功能。Sharma 和 Mehrotra(2007)提出了一个包含 6 个步骤的理论框架(见图 8-2),对企业制定最优的多渠道策略具有指导意义。

(1)确定每种渠道的覆盖面。在多渠道背景下确定最优渠道数量,首先是明确顾客细分及每种渠道分别对每个细分的覆盖面。然后,企业要了解每个细分市场中顾客的数量、可能实现的渠道成员数量。这些信息可以通过市场调查,或者通过对二手资料的研究来完成。

(2) 确定每种渠道的获利性。当企业进一步扩张时,通常每个新进的渠道成员只能产生很少的利润。由于规模报酬递减,每个新渠道成员的获利性也会低于原有成员,这也是需要考虑的。同时,在顾客数量较少的情况下,利润与所获得的顾客数量线性相关。

(3) 确定最优渠道数量,以最大化利润。企业需要为每种类型的渠道确定最优的成员数量,根据每种类型渠道的成本与利润的关系,为每个渠道成员计算盈亏平衡点。当然,即使平衡点的成员数量小于现有的成员数量,企业也没有必要去剥离现有成员。企业应该通过仅仅计算维持成本(因为开发成本是沉没成本)来确定平衡点。

(4) 根据覆盖面和潜在冲突来制定决策规则。可以通过两个方法来检验上一阶段所确定的最优数量。首先,将结果与渠道所面对的市场规模相比较;

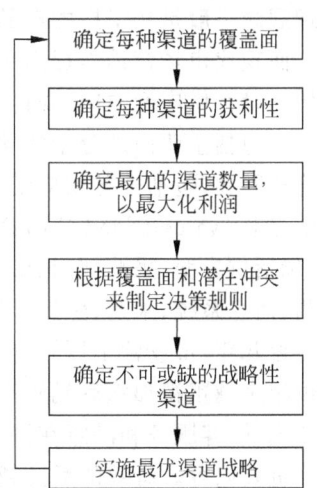

图 8-2 多渠道整合模型

资料来源:Arun Sharma, Anuj Mehrotra. Choosing an optimal channel mix in multichannel environments[J]. Industrial Marketing Management,2007(36).

其次,尽可能地避免不同渠道之间的潜在冲突。经过调整之后,将新战略所产生的利润与现行战略相比较。还要计算与新的多渠道战略相关的额外支出。

(5) 确定不可或缺的战略性渠道。在确定了要减少某种渠道中的成员数后,企业必须测试其所有的战略目标,是否存在出于战略性的考虑而要保留的某种渠道。然后,同样地要将修正后的新战略所产生的利润与现行战略相比较。还要计算与修正后的新的多渠道战略相关的额外支出。

(6) 实施最优渠道战略。框架的最后一步是实施多渠道战略。企业需要制定正式制度来加强渠道覆盖面来减少冲突。这些制度包括渠道定价、授权和持续的评估。另外,企业也要努力收集关于顾客细分、渠道覆盖面、获利性和冲突等方面的回馈信息以改进渠道战略。

第五节 组织营销的物流与后勤管理

一、物流与后勤的战略角色

不管渠道或渠道选择情况,产业营销管理者都必须通过选择渠道去管理公司产品的实体分销。实体分销是指对产品在组织间通过市场营销渠道移动活动的设计、整合和管理,也就是物流。物流这个术语可用于描述所购产品的全部实体移动过程,既包括生产供给过程,即原材料和零部件从供应商流向制造商,也包括产品配送过程,即制成品通过中间商或直销流向企业或组织客户。

从物流管理观念的变化过程来看,现代物流观念已发展到后勤管理阶段。传统的物流管理观念一般是从工厂的产品开始,寻找一条低成本的流动途径,然后把产品送到顾客手中。而现代市场营销学提出了"市场营销后勤"(marketing logistics)观念,即从市场需求开始,向后(供应商方向)安排企业的实体分销活动,以更好地满足这种需求。市场营销后勤不仅包括企业向外分销的问题,也包括内部分销的问题。后勤管理涉及全部运输过程的管理问题,包括全部供应链(supply chains)和原材料从供应商到产品最终用户的价值增值过程(value-added flows)管理。因此,后勤管理人员的任务是协调整个物流渠道系统,包括供应商、采购部门、市场营销人员、渠道成员和顾客等全部活动。这些活动有销售预测、信息系统、采购、生产计划、订货处理、仓储控制与管理、运输路线和计划等。

最近几年,市场营销后勤管理观念已为越来越多的企业所接受,并且整个社会和所有企业也越来越重视加强后勤管理。为什么后勤管理如此重要呢?

首先,顾客服务和满意在许多企业已成为市场营销战略的核心,分销工作是顾客服务的一项重要内容。有效的后勤越来越成为赢得和留住顾客的关键。企业发现,好的服务、低廉的价格和好的实体分销,能吸引更多的顾客;但如果企业不能及时运送合格产品,就会失去顾客。

其次,对多数公司来说,后勤是一项主要的成本内容。据一项研究表明,美国所有企业一年的包装、捆扎、装卸、分拣、重新装卸和运输产品等的总费用支出,约占国内生产总值的10.5%;后勤成本有时要占到产品总成本的30%~40%。对公司和客户来说,实体分销决策不当会造成高额成本,而改进实体分销效率能节约许多成本。

再次,改进信息技术为提高分销效率创造了机会。大量使用计算机、高速扫描仪、统一商品代码、卫星传送技术、电子信息交换技术和电子转账系统,使公司能够建立先进的订货处理、仓储控制和运输网络系统。

为便于管理,企业最好制定一个具体的后勤目标,以指导它的后勤工作。营销后勤管理的总目标一般是以最小的成本提供一个目标水平的消费者服务。企业必须先研究各种分销服务对顾客的重要性,然后对各个子市场设定满意的服务水平。企业一般应至少提供和竞争者一样的服务。由于目标是利润而不是销售量最大化,因此,企业必须权衡最好的服务与成本的关系。有些企业可能比竞争者的服务差,目的是降低价格;另一些企业可能提供更多更好的服务,但价格也较高,以便补偿成本。

二、组织间的物流管理

有了后勤目标后,企业应着手设计后勤系统,以最小的成本实现目标。组织间营销后勤的主要职能包括运输、仓储、库存控制、物料处理、包装、订货系统等。

(一)运输

运输决策一般包括两个方面。管理者首先需要决定哪个类型或哪种运输方式将产品运送给顾客或中间商。接着,就要选择一个特定的货运商或一组货运商。运输在组织市场中的实体分销系统中是一个重要的组成部分,而且该决策常常具有深远的影响。

在组织间营销常用的运输方式有五种,包括铁路运输、汽车运输、水陆运输、空运和管道运输等。有时还将几种方式混合使用,以提高运输效率。在选择运输方式时,营销管理者应考虑如下因素。

(1) 每种方式的成本。例如,卡车运输的成本和铁路运输的成本比较。

(2) 送货服务的速度。例如,使用铁路运输的费用可能会比使用卡车的费用低,但它可能费时更长,假如时间非常重要的话,速度问题就要考虑。

(3) 运输方式的可靠性。例如,确定哪种运输方式不能按时运达,哪种运输方式能运送本企业的产品。管道对于一些产品例如汽油一类,是可以接受的运输方式,但它对于许多制造业产品却是完全不适合的。

(4) 每种方式的接近性。例如,确定该方式是否能为地处遥远地区的一些顾客服务。

(5) 运输方式在运输过程中保护产品的能力。

运输方式确定后,还必须选择具体的货运商。例如,要使用汽车货运商来运输产品,那么选择哪一个货运商?这个选择过程要考虑成本、货运商的可靠性、可接近性、再次提供满意服务的能力等因素。另外,顾客经常指定他们的货物由他们希望的货运商运输,不希望他们不喜欢的货运商运输。有的客户或许为避免使用运输中转商而要求货运中转商尽量少,但有时候客户为了运费更低也可能指定运输中转商。总之当管理者觉得货运商能在收费合理、准时地以可以接受的条件下运送商品,并且这些也符合客户的要求时,那么货运商也就可以确定下来了。

在此须指出另外一点,有些产业营销公司拥有它们自己的运输系统,这是因为普通货运商能力不符合公司的要求,或者制造商对商品运输监控有特殊要求。这一系统是一种高成本的运输形式,大多数产业营销者不采取这种方式。因此,只有当普通货运商条件不能满足要求时,才可考虑选择这种方式。

(二) 仓储

仓储决策涉及在本地设置仓库或存储点时要有利于向客户或中间商供货和服务。仓储的基本功能是接收货物、入库、存货、为将商品运给客户提供便利等。通过运用仓储战略,产业营销公司能提供比从生产厂家直接将商品运到客户手里更好的递送服务。

产业营销管理者在仓库地点选择上有许多选择方式。一些公司拥有并经营它们自己的仓库,有时也叫分公司。这需要相当一部分投资,但却能高度控制库存存水平和运输。有些公司利用或租赁公共仓库。和公司自有仓库相比,公共仓库不须投资,在需求变化时其弹性比较大,并且公司只承担可变的成本费用。选择自有仓库还是以共仓库要依据它们的成本费用、公司财务状况、希望控制的程度、商品需求的规模、稳定性和变化等因素而定。

在仓储中经常提到分销中心概念,当制造商希望分销商品给顾客时不同部门的货物能统一运送。这些部门在地理上可能很分散,这就要求统一到家送中心协调它们的产品,尽可能为顾客一次送货到位。没有这样的中心,从不同部门运来的产品会以不同时间到达,造成顾客不便利和混淆。

(三) 库存控制

为了防止缺货和延期交货,库存产品水平必须保证顾客和中间商的需求。由于维持库存需要高额费用,分销商不可能通过简单保持大量库存来防止缺货和延期事件。因此营销管理者必须通过库存控制过程来平衡考虑这些因素。一般来说,库存控制应设置库存水平的上限和下限。上限通常是为满足顾客服务的需要而设定,而下限是基于补货到位需多长时间而设定。当存货到了下限时就要再次订货。

总之,库存控制的目的就是确保有规定的数量和质量的产品可以在恰当的时间、地点供应给顾客或中间商。

(四) 物料处理

物料处理行为涉及存储过程中库存的实体移动和其他全部实体分销系统。物料处理的工具包括铲车、运输带、起重机、拖拉机、手推车和其他用于库存存储和移动的设备,也包括执行物料处理任务的员工。物料处理的目的是方便装检和商品存储并降低成本。

(五) 包装

运输和储存商品过程必须对商品以一定方式包装,以便在运输和存储过程中保护商品,这是保护性包装的功能。在此,管理者应考虑填充物和包装容器成本、再包装成本、地区间的商业佣金规定、产品特性和客户要求等影响包装的因素。

(六) 订货系统

伴随着运输、仓储、库存控制、物料处理和包装等功能的实施,管理者必须建立一个订货处理系统来为这些功能服务。为此要考虑订货程序、信息沟通和其他有关的数据处理活动等内容。

三、组织间的后勤综合管理

后勤综合管理是指无论企业内部还是营销渠道成员组织,都要协调一致,密切合作,以实现整个分销渠道系统绩效最大化。也就是说,在企业内部,各职能部门必须密切合作,使本企业后勤管理绩效最大化;同时,企业还必须整合后勤系统,与供应商和客户共同努力实现整个分销系统绩效最大化。

(一) 后勤职能的整合

大多数工业公司并不将上述6个职能看成是各自独立的,而是作为一个集成的实体分销系统。例如,分销决策经常要权衡运输成本与存储成本的多少,运输成本与库存成本的多少,而这在实体分销中是作为整体成本概念来考虑的。考特勒曾用下面的公式来说明这种整合。

$$D = T + F_w + V_w + S$$

式中:D——所设计的分销系统的全部分销成本;

T——分销系统的全部运费;

F_w——分销系统的固定存储成本(含库存控制);

V_w——分销系统的变动存储成本(包括存货);

S——因送货延迟而影响销售的全部损失成本。

利用这一等式,营销管理者将会考虑所有选择并选择分销成本最小的系统。如果考虑错过销售时机的成本,经理将会选择以最低成本满足顾客需求的实体分销系统。

(二) 企业内的团队工作

在一个企业内部,各种后勤活动的责任要指派给不同部门,包括市场营销、销售、财务、制造、采购等几方面。一般来说各个部门只顾最大限度地做好本部门工作,而不管其他部门的工作。但是,运输、仓储、仓库和订货处理工作常常是交叉进行、相互影响,有时还是反方向的。例如,低仓储水平减少仓储成本,但是可能会降低消费者服务水平,而且因为缺货、重新订货、特别生产、快速运输等又会增加成本。因此分销活动涉及相互制约的复杂因素,各部门的决策必须相互协调,以便达到最好的后勤服务水平。

各部门的密切合作工作关系可以通过几种形式实现。企业可以建立永久的后勤委员会,该委员会由负责不同实体分销工作的经理们组成。这些委员经常碰头,制定政策,加强后勤管理。有的企业也可以设立管理岗位,把各个职能部门的后勤活动联系起来。此外,有的企业还可设后勤副总经理,掌管许多职能部门。但无论哪种形式,其目的都是协调后勤和市场营销活动,在适当的成本下做好营销工作。

(三)建立渠道合作关系

在向顾客交货并使他们满意的时候,分销渠道成员紧密联系在一起。一个企业的分销系统也是另一企业的供应系统。每个渠道成员的成功取决于整个供应链的业绩。聪明的企业经常要协调它们的后勤策略,与供应商和客户建立合作关系,改进客户服务,降低成本。渠道合作关系主要有如下几种形式。

(1)企业可以建立跨部门、跨企业的团队。

(2)企业通过共同项目进行合作。

(3)渠道合作也可以采取信息共享和连续存货补充系统(continuous inventory replenishment system)的形式。一方面,企业通过信息系统管理它们的供应链,同时,供应商可通过电子信息交换系统与客户分享信息,协调后勤决策。

(四)第三方后勤管理

长期以来,多数企业都自己承担后勤职能,如美国企业90%以上是自己承担后勤职能。然而,最近几年越来越多的企业开始在企业外寻找后勤资源,借助于第三方后勤为本企业服务。所谓第三方后勤是指那些专门提供后勤服务的企业,如我国的邮局系统、铁路运输系统、航空运输系统和各种运输、专递公司等。这些综合后勤企业实际上可承担客户(包括制造商和分销商)所需要的将产品转移到市场的部分甚至全部职能。例如,1998年美国的制造商和分销商所支付的第三方后勤费用总额达2 500亿美元,2000年达5 000亿美元。但是在我国,第三方后勤还非常落后,即使是现有的第三方后勤企业,其管理也远远赶不上整个市场物流发展的需要,因此应特别重视第三方后勤的建设和管理。

本章小结

组织市场具有与消费品市场不同的特征和结构,组织市场的分销渠道战略一般包括确定分销目标、评估和选择分销模式、选择合适的分销渠道和渠道成员、管理和激励渠道成员等内容。组织市场的分销有多种渠道,除传统的渠道外,还有组织间直复营销和电子商务市场等渠道。在电子商务市场等渠道的参与下,原有渠道内部和外部均可能产生渠道冲突,组织渠道管理的目标之一是降低渠道冲突和增加渠道成员间的合作,建立企业与渠道间的良好合作关系。在多层次多种类的渠道参与下,组织市场形成多渠道的分销,多渠道战略为组织开拓新市场提供了机会,但同时也带来了诸多挑战,多渠道间的整合效率将决定渠道分销的效率和成本。在渠道管理活动中,物流和后勤占据了成本的突出位置,也影响了渠道整体的运作效率,通过多渠道关系的协调和渠道职能的管理来加强与渠道的合作和改善客户关系是渠道管理的职责之一。

关 键 词

分销战略(distribution strategy)
直复营销(direct marketing)
电子商务(electronic commerce)
B2B 交易场(B2B exchange)
渠道冲突(channel conflict)
多渠道整合(multi-channel integration)
物流管理(logistics management)

思考与讨论

1. 组织市场分销渠道与消费品分销渠道有何区别?
2. 组织市场分销渠道战略包括哪些内容?
3. 直复营销与电子商务渠道有何相似性?
4. 在电子商务的参与下,中国组织间营销面临哪些新的挑战?
5. 你认为中国 B2B 平台经营应采取"收费"还是"免费"模式,为什么?

综合案例分析

在如今越来越热闹的 B2C 价格大战中,B2B 的言论则越来越弱,尤其当阿里巴巴宣布 B2B 业务退市,大力发展天猫 B2C 商城时,B2B 即将没落的言论四起,难道事实真的是这样吗?

从中国 B2B 领域的另一知名企业慧聪网发布的 2011 年财报和 2012 年第一季度季报看到,慧聪取得了非常不错的成绩,但星星之火是否破除 B2B 已经衰落的魔咒依然存在争议。

中国最早出现的电子商务模式就是 B2B,可谓电子商务鼻祖,为中国电商发展立下了汗马功劳,至今仍是国内电商的支柱模式。近年来,淘宝 C2C 以及其他 B2C 网站的火爆式发展,让 B2B 的光环随之暗淡下去。尤其是 2008 年以后,受欧美经济危机的影响,外贸 B2B 交易不景气。尤其是诚信问题,更是对 B2B 的发展模式提出质疑,轰动业内的阿里巴巴"欺诈案"让 B2B 蒙冤,也让主要针对企业默默做贡献、不为消费者熟知的 B2B 显得更加冷清。

其实，B2B所遭遇的瓶颈，主要是因为在电商高速发展过程中B2B平台无法持续增加帮助用户创造价值的能力。B2B一直被业界认为是在低调地赚钱。的确，赚钱的B2B企业很多，一个不知名的小垂直型B2B平台可以年赚几百万，可见B2B模式依然存在着很重要的市场价值，依然存在强大的发展空间。当然每年倒闭的B2B平台也不在少数，主要是因为如今大多数的B2B平台运营模式单一，普遍以会员费为主要收入来源，而这些B2B平台已经无法满足客户的需求了，没有特色，没有可以吸引客户的有价值服务是大多B2B平台运营不下去和倒闭的原因。

伴随着电子商务份额发展，仅仅带来交易机会是不够的，用户需要B2B平台厂商提供更多更有价值的服务，例如帮助判断买家的真实可信度，保证交易安全，甚至帮助实现交易等。在电子商务泛滥的今天，中小企业需要的不再是一笔来之不易的订单，而是订单之外的更多增值服务，只有巩固这些服务，B2B才能再次黏住客户，回归价值。

2012年6月6日，随着慧聪网宣布B2B与B2C的融合必将打开B2B模式发展的瓶颈后，京东商城、亚马逊中国、当当网、凡客诚品、优雅100等7家国内顶级B2C企业就宣布了入驻慧聪网的消息。一时间，行业焦点又再次聚焦到B2B模式上，行业人士也开始重新评估和审视B2B的商业价值。

据媒体报道称，在慧聪网主办的家居产品交易会上，京东商城、当当网等7家B2C企业的采购负责人，携数亿订单亲临现场，与百余家长三角供应商亲密洽谈，同时成为慧聪网首批采购通VIP会员。B2B与B2C的联姻，是否真能一改B2B一蹶不振的现状呢？

一直以来，企业采购的成本控制是一大难题，尤其是采购量极大的企业更是如此，而B2B平台不管是对于传统企业，还是对B2C企业来说，都可以大大地节约买家的采购成本。据官方披露数据显示，京东商城年销售额已逼近300亿元大关，并一直保持高速增长。之前，京东商城的采购分为两部分，一部分是向厂商直接采购，另一部分是撒网式采购。撒网式采购要对各个供应商进行筛选、对比，效率并不高。此次京东商城选择与B2B平台合作，正好可以解决采购问题，借助B2B平台的服务系统自动匹配供应商，在海量的信息中以价格、地域、质量等多维度进行比较，选取、追踪和管理合适的供应商，从而提高采购效率，降低采购成本，增强核心竞争力。这就是B2B平台创新的一个很好案例。

对于B2B与B2C联姻，江苏CA买卖网认为，二者的合作正好是目前B2B发展需要创新的体现。客户新的需求可以带来B2B平台的创新，而对客户已存在的需求进行深度挖掘，同样也是B2B的创新。总之，持续为客户提供有价值的服务，以客户为主的B2B平台才是可持续发展的。

资料来源：佚名. 从B2B与B2C联姻看B2B未来的发展[OL]. http://home.ebrun.com/blog-22311.html, 2012-07-03.

问题与讨论

1. 根据以上材料，你认为随着B2C平台的蓬勃发展，组织间电子商务平台在哪些方面受到了冲击？B2B平台进一步发展需要克服哪些困难？

2. 组织间电子商务平台在哪些方面如何创新才能相对于B2C平台保持独有的竞争优势？

第九章 组织间营销的人员促销战略

 开篇案例

26岁的小何,第一次担任区域经理就遭遇了一个非常头疼的问题:连续奋战两个多月,依然未能将自己的M品牌冰箱打进广州市场。当时整个广州,以X公司为最大的电器经销机构,它的批发和销售网络已覆盖整个广州,乃至辐射半个华南地区的最重点城市和区域,是电器厂家进入华南不得不与之合作的经销商大户。进驻广州以后,小何亲自与X公司接触,但虽然经过了差不多五轮的洽谈,对方依然没有一点愿意合作的迹象。分析原因,小何认为主要关键点在M品牌的知名度和质量上。对于品牌知名度,小何现在一时解决不了,而对于产品质量问题,他可以想办法。于是,他决定就从这里下手。第二天,他带领其他三个业务员一起去仓库,每个人从头到脚、由外而内地对冰箱进行一项项检查,同时将检查出来的数据与海尔、西门子等著名品牌进行比较,发现大多数指标都比其他品牌冰箱差,但在测试冰箱门的时候,由于M冰箱的门采用了国际最新的材料和制造工艺,因而,它的密封程度要比普通冰箱强10倍以上。三天以后,小何在取得X公司王总的同意后,当着X公司经理们的面当场测试了冰箱的密封性。现场效果令小何非常满意,见火候已到,小何便耐心地跟大家介绍说:其实冰箱最重要的环节就是门的密封程度,因为门密封不严实就会影响制冷效果,制冷效果不好,就会影响压缩机的正常运作,压缩机运作不正常或超负荷运作的话,就会影响压缩机的寿命……随后其他几位经理纷纷对商场里销售的几乎所有品牌冰箱做了这样的测试,弄得商场里的营业员和顾客不知道发生了什么大事,都呆呆地站在一边观看。遗憾的是,所有品牌的冰箱门在密封性上都没有能胜过M品牌冰箱,小何因此成功说服X公司经销M品牌冰箱。

资料来源:兰兰.用无声的行动征服客户——记一个精彩的产品展示促销案例[OL]. http://www.yewuyuan.com/article/200706/200706110008.shtml,2007-06-03.

 本章学习目标

1. 组织促销的基本战略;
2. 组织人员促销的特点与类别;
3. 组织人员促销的程序;
4. 销售队伍的组织和对促销人员的管理;
5. 我国组织营销的人员促销情况。

作为营销沟通的基本工具,促销无论在消费品市场还是组织间市场都具有重要的作

用。一方面它能够为购买者提供附加值,并且能够对购买行为产生一种激励;另一方面,在组织市场中,通过促销过程中的沟通,能够将企业信息有效地传达给渠道成员和目标客户,增进彼此的了解和互信,以便于发展长期的合作关系。

第一节 组织促销与组织人员促销概述

促销是指企业通过人员推销或非人员推销的方式,向目标客户传递商品或劳务的存在及其性能、特征等信息,帮助客户认识商品或劳务所带给购买者的利益,从而引起客户的兴趣,激发购买欲望及购买行为的活动。组织促销与消费品促销具有不同的特点,同时要求组织实施针对组织间市场特征的组织促销基本战略。

一、组织促销的基本战略

促销本质上是一种通知、说服和沟通活动,是谁通过什么渠道对谁说什么内容,沟通者有意识地安排信息、选择渠道媒介,以便对特定沟通对象的行为与态度进行有效的影响。威廉·斯坦顿认为,在不完全竞争的条件下,"一个公司利用促销来帮助区别其产品、说服其购买者,并把更多的信息引入购买决策过程。用经济学术语来说,促销的基本目的是改变一个公司的产品需求(收入)曲线的形状。通过运用促销,一个公司有希望在任何一定价格的条件下,增加某种产品的销售量。它还希望促销会影响产品的需求弹性。其目的在于,当价格提高时使需求无弹性,当价格降低时使需求有弹性。换言之,企业管理当局希望,当价格上升时,需求数量下降很少,而当价格下降时,销售却大大增加。"

不同的促销组合形成不同的促销战略,诸如以人员推销为主的促销战略,以广告为主的促销战略。从促销活动运作的方向来分,有推式战略、拉式战略和侧翼战略等。

(1) 推式战略是以人员推销为主,辅之以中间商销售促进,兼顾消费者的销售促进,把商品推向市场的促销战略,其目的是说服中间商与消费者购买企业产品,并层层渗透,最后到达顾客手中。

(2) 拉式战略以广告为促销先锋,通过创意新、高投入、大规模的广告轰炸,直接诱发顾客的购买欲望,鼓励顾客介入购买过程,由顾客向中间商求购,中间商再向制造商求购,由下至上,层层拉动购买。

(3) 侧翼战略是以那些可能并不购买公司产品和服务,但对企业有影响的利益相关群体为沟通目标的促销。例如,各类社团、雇员、政府、新闻媒体、资本市场等。其目的是为了改变受众对企业的认知和理解,树立良好的企业形象。企业品牌化和声誉的管理是侧翼战略的重要组成部分。公共关系和广告是两种最为常见的实施侧翼战略的促销工具。

在组织间营销中,鉴于所销售产品属于企业购买的特点,促销战略为推动式,即人员行销得到广泛的应用,处于促销手段的顶端。各种促销手段在不同市场上不同的重要程度可用图9-1说明。

营销实践也表明,由于企业类顾客的规模大、数量少,而且分布比较集中,组织间营销在促销战略上更多地采用人员推销,广告的应用较少。一般来说,消费品的广告预算超过

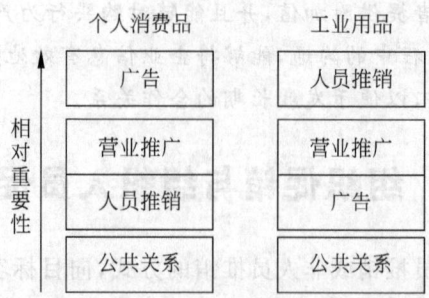

图 9-1 促销手段在个人消费品与工业用品中的相对重要性

销售额的 5％，而工业用品的广告预算大约为销售额的 1％～2％。

二、组织促销与个人消费品促销的区别

组织间促销与个人消费品促销有很大的区别，尽管它们的基本任务是相同的。为了理解这些差异和全部的产业促销，首先要理解组织间促销。根据美国麦克格劳·希尔的研究，促销有 6 个基本步骤或任务：①与顾客建立联系；②刺激兴趣；③引发偏好；④提出具体建议；⑤接近成交；⑥成交并持续销售。若能完成这些任务则表明促销战略是有效的；否则，尽管营销管理者拥有有竞争力的产品并对目标市场有清醒认识，但由于促销缺乏有效性，还会有很长的路要走。

从表 9-1 可以看到，组织间促销和个人消费品促销管理者所观察的促销组合要素的相对重要性是有差异的。在组织间促销中人员促销发挥着最重要的作用，因此强调建立与产业购买者和购买影响者的关系；同时，很少使用促销品牌和促销包装。虽然印刷媒体像在个人消费品促销中一样，在组织间促销中也发挥着重要作用，但还是有差别的。

表 9-1 个人消费品促销与组织间促销战略要素比较

要　　素	个人消费品促销	组织间促销
促销战略在营销组合中的重要性	非常重要；促销的任务是与大量的个人消费者和家庭主妇沟通，因此特别强调广告和销售促进	非常重要；促销的任务是与专业购买者和购买影响者沟通，因此特别强调人员推销
所强调的促销组合要素	经常强调的是广告，然后是销售促进，接着是人员推销和公共关系；广告的任务是将消费者引向不同的购买阶段	强调的是人员推销，然后是销售促进，接着是广告和公共关系；广告和销售促进的任务是创造有利于人员销售的市场环境
广告媒体	主要媒体是电视、广播、报刊杂志、户外广告等	主要媒体是行业专业杂志或出版物、直接邮件、产业地址目录等
销售促进媒体	购货点展示、竞赛、手册、插页广告、展卖、样品及特制品广告	产品目录、贸易展览、分销商资料及特制品广告等
广告与销售促进主题	对准最终顾客；主题常常更多地强调感性因素	对准专业购买者和购买影响者；主题常常更多地强调理性的因素
促销包装	主要考虑消费品是通过自我服务的分销终端销售出去的	较少考虑多数工业用品，而是考虑产品销售后的再利用程度

续表

要素	个人消费品促销	组织间促销
促销预算	规模大；主要用于广告和销售促进；广告预算常超过销售额的5%	规模大；主要强调销售；广告预算占销售额的百分比常常为1%~2%
销售力量	销售力量的大多数是由批发商和零售商的销售人员构成；尽管制造商的销售人员也访问中间商	销售力量的大多数由制造商的销售人员构成，虽然分销商和制造商代理也向客户销售产品
公共对象	主要是最终消费者，其次是供应商、中间商等其他公众	主要是单位客户，其次是其他公众

表9-1还显示，两种促销的营销管理者在评价促销组合中何种因素对于实现上述6项任务更为有效这点上也存在着差异。例如，在个人消费品市场中，通过使用大众广告和有效的促销组合，消费品制造商可以推动最终顾客逐步经历这6个步骤，而对一个向工程师出售精密电子产品的厂商来说，利用同样的促销方法就可能导致营销的灾难。简而言之，个人消费品市场促销战略之所以与组织间市场不同，其主要原因是买方期望的不同和产品特性的不同。

此外还有其他一些区别。如上所述，媒体也有所不同，组织间市场大多数广告都是通过商业期刊或者直接邮件；而且，广告主题或信息与个人消费品市场相比，一般更趋于事实而少情感，更强调经济利益导向，侧重于派生性需求；在销售促进方面，组织间促销方式主要是贸易展览、产品目录、地址名录以及特制品广告项目等。

三、人员促销的概念与类别

（一）人员促销的概念

在组织间营销中，促销战略主要是通过促销工具组合来实现的。组织间促销似乎不像大众消费品那样异彩纷呈，原因是组织间促销对象远离个人消费者，缺乏媒体聚焦，不为大众熟知。其实在现代市场环境下，组织间市场的促销手段也发生了巨大的变化。同消费品促销一样，工业用品促销面对的也是四大促销工具，即人员推销、销售促进、广告和公共关系。同时，促销工具又分为面对用户、面对经销商和面对销售人员的促销。

本章首先讨论其中最重要的促销工具——人员促销，关于其他促销工具将在第十章论述。

人员促销是一种依靠人际传播形式沟通供求双方信息，达到销售目的一种营销手段。它不同于其他营销沟通形式，主要原因在于其信息传递体现了双向沟通的特征。这意味着有两个人介入沟通过程。在这种情况下，买卖双方同步获得反馈或评价是可能的，这样，与其他沟通方法比较，人员促销的个人销售信息可以被设计得更加人性化。它是帮助购买者购买某产品或服务的过程，或者说是帮助和说服购买者采取有利于购销双方行动的过程。销售人员要确认购买者的潜在需求并通过自己的努力去引起购买者对产品的兴趣，最后用产品和服务满足购买者的需求。同时，销售人员可以把购买者对产品的各种要求汇总反馈给制造商，促使其进行产品改进，更好地满足购买者对于效用的需求。除了产品说明以外，在建立交易关系过程中提供的信息可以用来消除异议和激励购买者认购。

(二) 人员促销的类别

在组织间营销中，人员促销被人们认为是最重要的促销方式，有的企业甚至只通过人员促销来获取订单。但是，由于组织的购买决策过程相对于消费者来说比较复杂，尤其是昂贵、复杂、技术含量高的仪器设备的购买，购买决策的参与者包括使用者、影响者、决策者、批准者、购买者、把关者。这些人处于不同位置，有着不同的文化背景和性格，而且他们几个或同时都对销售人员的订单的获得起着重要作用。因此，组织间的人员促销应采取多层次促销，即包括技术人员、服务人员、企业领导在内的立体的促销组合，分工协作，促成交易。

(1) 销售人员促销。这是人员促销的基本方式，销售人员起着总体协调和沟通的作用。组织间营销过程中"消费引导"的作用要比消费品更重要、更突出，这是由产品的技术性与应用的狭窄性决定的。通过设计人性化、生动化的销售工具，可辅助销售人员的地面推广，创造良好的谈判、沟通氛围，促进成交，帮助客户降低对技术型产品的认知壁垒，提高客户内部不同对象对本企业产品的一致认同。

(2) 服务人员促销。在组织间营销中，特别是复杂的仪器设备的销售，用户对企业依赖性特别高，如仪器的使用往往需要供应商对用户进行一定的培训。服务人员最容易接触的是产品的使用者，当购买交易完成后对仪器的评价好坏主要来自使用者，因为使用者的评价对用户再次购买时是否还选择本企业的产品起关键作用。所以服务人员要在送货、安装、顾客培训、咨询服务和维修等方面突出与竞争对手的差异和优势，加强用户对本企业的正面影响，与使用者建立良好关系，以便促成购买，尤其是再购买。

(3) 技术人员促销。在用户企业中技术人员是用户购买决策的重要影响者，例如在某些大型复杂仪器的购买过程中，有时候技术人员其实就是真正的决策者。因此在人员促销的时候，如何赢得技术人员的支持是获得订单的关键，技术人员和技术人员最有共同语言，企业的技术人员也应在必要的时刻深入市场一线。实际上很多优秀的企业就是这样做的。

(4) 高级负责人促销。国外的一些知名企业的总裁常定期访问大用户，甚至对一些小用户破格接待，企业想对外界传达的是我们是一个真正重视客户，真正以用户为中心的企业。另外企业的负责人与用户的领导者常常会更容易交流，通过高层的接触，有利于加强双方的信任，利于合同的成交与用户忠诚度的提高。

(三) 组织间销售人员的类别

组织间销售人员是指那些技术导向型销售人员，其主要责任是将工业用品和服务销售给企业、政府及其他机构的购买者和购买影响者。这些销售人员可以分为销售工程师、行政销售人员、生产供应销售人员、内部销售人员、巡回销售人员。

(1) 销售工程师。销售工程师一般是有电子或机械工程专业学位的组织间销售人员。这些人有较高的技术素养，一般与技术导向的购买人员接触，如购买代理商、厂商工程师、生产工程师、生产监督、维修工程师。出售的产品一般具有复杂的技术特征，需要具备技术能力方可卖出。销售工程师可以向OEM促销，也可以向用户或分销商促销。在某些情况下，后者可以把设备重新卖给OEM和用户。总之，这种类型的销售人员就是一个做销售的工程师。

(2) 行政销售人员。行政销售人员也同销售工程师一样是拥有技术学位的人员,不过类型不同。行政销售人员是一个宽泛的术语,是指所有向行政人员促销产品和服务的销售人员。其典型就是销售电脑软件程序、咨询服务、做保险项目的人员,以及向采购主任、人事经理、生产经理、数据处理经理、广告经理和其他公司行政人员做广告的人员。这些由行政销售人员所销售的产品和服务一般不用于生产产品和服务,但在顾客公司的日常运作中是必需的。

(3) 生产供应销售人员。生产供应销售人员是指那些面向工业用品市场的一线进行促销的人员,但并非工程技术人员和行政销售人员。该定义所指的销售人员是向制造商或分销商促销相对标准化工业用品如元器件、原材料及加工材料的人。对这类销售人员虽有一定的技术要求,须经过一定的培训,但并不需要很专业的销售知识,关于产品生产原理及类似的知识是必需的。总而言之,这类销售人员面向 OEM 销售多于普通用户。虽然他们要访问企业的采购影响者,但他们更多的是与采购代理商打交道,而较少与销售工程师和行政销售人员打交道。

(4) 内部销售人员。前面提到的三种销售人员都作为现场销售人员活动于市场中,而内部销售人员主要是电话促销员,虽然也有通过计算机在供应者和顾客间充当桥梁的例子。这种新型销售可以定义为电话营销的一部分,并有深远意义。内部销售人员依靠电话联系供应商或厂商从而进行促销。尤其是当顾客关系已经建立,人员访问已不再需要的情况下更有效。这类销售人员的作用对于开发新用户可能不太有效,因为顾客一般不会通过电话购买一个不熟悉的供应商所提供的不熟悉的产品。因此,内部销售人员不能替代现场销售人员,他们只是现场销售人员的补充。

内部销售人员不是当电话响起时接电话的被动销售人员,在许多公司中他们也被分派到一些地区独当一面,负责那些地区的客户管理。特别是内部营销者比现场销售人员要廉价得多,他们容易被培训,也不需要现场促销专项费用开支,如汽车、交通费、饭费、住宿费及必要的娱乐费等。如果利用合理有效,廉价的内部销售人员就能够完成多项销售任务,省却许多高价的现场销售人员,因此许多产业分销商为每位现场销售人员配备一个内部销售人员。当然为了能够通过电话恰当解决各种销售问题,内部销售人员必须经过专业技能培训。

(5) 巡回销售人员。工业用品市场中还有一种销售人员被称为巡回销售人员。他们与产业客户和中间商打交道,不是促销而是作为顾问咨询、提供建议等。有时他们被称为厂商代表。这类销售人员要做的是间接销售工作,包括帮助顾客解决技术难题、帮助分销商控制存货、训练分销商的销售人员、为客户的职员培训机械和设备操作技能等。总之,这类销售人员不推销产品但有助于未来销售。他们同时必须拥有必需的专业技术知识及与购买者、购买影响者和中间商进行沟通的技能。

从这种分类可以看出,在实践中并不存在全面型的组织间销售人员,他们只是以不同的类型而存在,执行的功能和责任各异。即使厂商提供的产品、服务大体相同,他们的销售人员也会不同。例如,一个有经验的产业供应销售人员与一个新人相比,在经验和能力上就有很大差距。大多数产业企业的销售队伍都包括老练的、一般的、新的和培训中的销售人员,他们的能力不同,责任和任务也就不同。

组织间销售人员其实就是一个营销者,用一个销售主管的话来形容,组织间销售人员应扮演的角色是:分析其所服务的地区;了解现有的和潜在的客户;了解谁是企业购买的关键影响者;销售人员与客户处于相互帮助的位置;艺术性地把自己的方式传递给对方;提供给客户所需的东西,但不一定是他们想要的东西;通过估量客户需要来促进业务的创造性活动;协调产品资源、货物运送和服务的活动;利用个人魅力说服客户从事原来并不愿干的事。

总之,销售的工作就是满足客户的需求,并艺术性地让客户认同和接受自己的工作。要成功地做到这一点,销售人员必须充分了解自身的产品和服务,并具备优良的销售技巧。按这样的要求,要找一位优秀的企业销售人员是很困难的。根据国外有关调查,75%的工业用品市场销售应归功于25%的优秀销售人员。

第二节 组织人员促销的程序

人员促销的过程由一连串的步骤或程序组成,这些程序分别是:寻找、识别潜在客户;做好前期准备;接近潜在客户;谈判并赢得信赖;建立并维持良好关系。

一、寻找、识别潜在客户

寻找、识别潜在客户是整个销售过程的第一步。通常,为工业用品寻找可能买主比消费品寻找可能买主相对容易一些,其主要信息来源有工商企业名录、广告、贸易展览、电话簿等。对销售人员来说,潜在顾客的寻找和识别是至关重要的,一方面有利于通过新客户扩大销售额,一方面有利于取代因时间过长而失去的老顾客。在识别组织间市场的潜在客户时,销售人员不仅要了解有购买需要的组织,也要了解组织中与购买有关的关键人物的需求。这可能是组织促销人员在某些企业遇到的最艰巨任务。促销人员遇到的买方关键人物有采购员、设计师、决策人等,最关键的人物是采购员。销售人员要想取得促销的成功,必须了解采购员的若干实际特点,千万别想走捷径,试图绕过采购员和采购部门直接去找公司的其他人,即使确定需要花大部分精力做其他人的工作,也一定要与采购部门保持正常的接触。同时,许多工业用品的采购是根据设计师设计特殊要求确定的,这时,销售人员也可设法找到设计师了解他们的需求并对其施加影响,以采用自己的产品,一旦设计方案被批准,生意就自然做成了。

二、做好前期准备

一般来讲,组织促销人员比多数消费品促销人员更需要做认真细致的前期准备工作,其原因有二:第一,利害关系重大,因为交易中涉及的资金数额大;第二,组织间营销比消费品销售需要了解的制约因素更多,应当尽量掌握各种能够保证有效的推荐信息,例如,可能买主急需解决的问题是什么?正采取什么措施?过去一直从哪家公司进货?进货量是多少?何时结算?关键人物是谁等。

在某些情况下,往往需要组织间市场促销员向买方提出一个书面建议,这种建议内容通常包括以下几个方面：从促销员的角度分析对方的问题和问题范围；建议如何解决这一问题；所推荐设备的详细规格；得失对比；财务事项；时间表；合同。

三、接近潜在客户

接近潜在客户时，促销员一般只谈自己能够解决什么问题，并把准备如何帮助买主及其公司的具体打算告诉买主，有时也可使用一些促销技巧。为了获得初次接触机会，最好礼貌地进行预约，可以使用三种常用的基本方法：电子邮件、电话和上门拜访。大部分情况下，直接的上门拜访容易引发不良印象，尤其在客户非空闲时间内，因此，邮件或者电话预约显得尤为重要。或者促销员能够事先对拜访对象的工作日程有所了解，选择比较不容易引起时间或者工作冲突的场合和地点进行拜访。总之，要建立良好的第一印象，让客户感到轻松，并试图建立与客户间的某种联系。要从客户的立场考虑问题，重视客户的感受，经验丰富的促销员往往以建立和客户的良好沟通为切入口，不要急于将产品推销推上显著位置，而是从自我和服务及沟通方面使顾客对促销员产生认同的情况下，再进行产品的推销。同时，为了获得良好的绩效，促销员应主要从与顾客建立长期关系的视角行事。

四、谈判并赢得信赖

与客户的谈判是达到双方合作共赢的关键过程。谈判中，双方是既合作又竞争的关系，必须意识到只有双方的需求都得到满足的条件下，才能促成交易的达成。

一般在谈判过程中，首先要使客户了解自己产品的优势和能给客户带来的价值。要广泛利用事实、产品履历、展示和试用方法。最后一点尤为重要，因为，让可能的客户亲身使用一下你的产品可以说是最有说服力的促销手段，当然，为了赢得买主信赖，真正的基础还是长期与买主进行公平无欺的交易。推荐产品的最重要因素就是可信性。你必须抓住一切机会在对方的头脑里制造和构筑起这样一个无形的信念——你是在讲真话，是诚心实意的，你关注双方的长期合作关系。

在促销中可能遇到的障碍有预算限制和害怕破坏正常运行秩序等。几乎所有的企业都是按预算运行的，如果你的产品购入资金已经列入预算，那就万事大吉，否则，便会遇到麻烦。当然，如果你促销的东西其费用不超过预算规定，而且，可能买主还未动用那笔钱，那就不存在购入的财务问题，此时，你的任务就是说服买主花掉它，并帮助买主使其对预算的支配更为合理。

精明的销售管理者都知道，机构内部运行秩序的任何变动均有可能引起混乱。通常，当新领导接管一个存有问题的机构时，他可能会采用更先进的工作方式或生产方式，警觉的促销员应注意寻找这种机会。

五、建立并维持良好关系

促销人员能否取得成功决定于善后的工作。拿到订单仅仅是销售的开始，所有善后服务任务尤其适用于组织间促销。成功的销售人员都拥有长期合作的客户关系网络，通过建立与客户的长期互信和良好合作体验促使后续的交易不断产生。在这方面，国内学者郭毅(2011)提出了一些有益的建议,认为通过与客户建立长期合作承诺、互信与实力展现,使双方关系朝向良性轨道发展。其中,通过平等地表达和承诺合作的意愿,建立共同的目标,保持双赢的思维和以自愿维持关系为基础能够使双方都确信维持并发展合作关系是各自获取利益的关键,从而信守承诺。通过展示务实的形象、坦率、兑现承诺和关注顾客的利益,能够增进与客户的互信。在选择客户时,注意双方实力的平衡,选择旗鼓相当、有互补效应、能够相互适应和共享资源的客户,有利于长期良好合作关系的保持。

第三节 组织人员促销管理

在促销组合中使用人员销售这种方式本身就要求对销售人员进行管理,这是组织间营销中的销售管理职能。负责这个管理领域的管理者是销售经理,他通常要向营销经理负责。销售管理是很复杂的工作,任务很多。例如,销售经理通常要负责根据整体营销计划制定一个销售计划,在这个计划中,要决定销售目标、销售预测和销售预算。再有,销售经理还要负责组织销售队伍,包括划定销售区域、为现场销售代表确定销售定额、建立必要的销售报告系统等。此外,销售管理还包括确定岗位职责、对现场销售人员进行岗位职责分析,以及招聘、培训、评估、控制和解雇销售人员等。销售经理还要参与制定奖酬计划、激励和调整分配现场销售人员,甚至必要时要任命大区或地区销售经理等。

这些任务说明销售管理是一个不能混同于营销管理的相当具体的领域。市场营销经理对公司整个市场营销方案和程序负责,而销售经理仅负责这个过程中的一部分——人员销售方面。同时,销售经理要向营销经理汇报,就像广告经理、产品经理、市场研究经理及其他市场营销职能经理一样。

正如本文其他地方多次提到的那样,个人接触在组织间营销活动中极为重要。这表明人员销售及其职能值得给予特别强调。这里重点讨论以下问题:①销售队伍的组织形式;②销售人员的招聘和甄选;③销售人员的培训;④销售人员的时间管理;⑤对销售人员的监督和激励。

一、销售队伍的组织形式

销售队伍的组织形式取决于产品的性质、市场的多样性、市场竞争的结构以及各个细分市场中购买行为的特征等。具体说来,可以有以下三种组织形式。

(一)按地区组织销售队伍

按地区组织销售队伍在组织购买品营销中最为常见,即使每个促销人员在预先确定的区域范围内进行产品的销售工作。

这种组织形式的优点在于节省了促销人员在客户之间奔波的时间和距离,而且促销人员能够很明确地了解自己所负责区域内的顾客以及潜在的顾客,因此能够节约成本。

这种组织形式的缺点是每个促销人员都必须能够承担所有产品的销售工作,并且必须面向所属区域内不同类型的顾客开展销售工作。如果产品的种类较多而且用途的差异较大,这将是非常困难的。

(二) 按产品组织销售队伍

按产品组织销售队伍就是让促销人员专门从事某一种或几种产品的销售工作,这种形式在产品的种类很多、性质各异、技术复杂的条件下以及为满足顾客的需求,需要促销人员具有较高的应用方面知识的条件下尤其适用。

这种形式的优点在于促销人员能够专注于某种产品的销售,更清楚地了解此种产品的购买行为模式,更准确地识别关键采购影响者并与之进行有效的沟通,从而提高销售效率。

这种形式的缺陷在于要针对不同的产品培训和维持一支专业性的销售队伍,而且如果同一个客户对不同的产品均有需求,就会出现同一公司的多个销售人员与之进行联系的情况,这些都会造成销售成本的增加。

(三) 按顾客组织销售队伍

企业还可以依据顾客的类型来组织其销售队伍,通过了解特定产业或顾客类型的特定要求,促销人员可以更好地识别和接触采购影响者。同时,关键性的市场部分变得更易于进入,从而为实施差别化人员促销提供了机会。

二、销售人员的招聘和甄选

寻找和选择那些未来能够成功的销售人员后备军对于组织市场的人员销售是一个重要的问题。正如我们所强调的那样,人员销售工作需要职业化的人员,他们应既掌握销售技巧,又有销售能力,还要具有销售人员必要的个性特点。寻找那些既有技能又乐于从事销售的人并不是容易的事,而且人员选择工作做得不好还会造成人员销售成本上升。

销售人员在被聘用后要经过一段时间才能成才,而在其变得精明强干、富有成效之前或被解雇或停止工作都会增加产品促销成本。一半的销售人员因无成效而被解雇,另有30%的人因习惯不良、不可靠、懒惰而被解雇。他们不适合做销售工作。通常只有1/4的人具有天生的促销才能且愿意做此工作,而实际上一半多的人纯粹是为谋生才做销售工作的。自然,人们不免认为多数的人本不应被聘用,这恰好说明销售人员的选择工作是不成功的。又由于所有产品销售额的75%~80%是由其中的20%~25%的销售人员完成的,因此更加重了对人员选择工作责难。

选择合格的组织间销售人员的一个主要问题是确定合适的标准。究竟什么样的特征是销售人员应具备的?许多销售经理显然并不知道。界定这些特征既困难又无共识。举例来说,一项对高层销售管理者的调查发现,他们认为以下几方面最重要:①热情;②有组织性;③有抱负;④有说服能力;⑤销售经验;⑥表达能力;⑦愿意听从指导;⑧社交能力。当专业采购人员被问及什么特征造就优秀的销售人员时,他们的回答差异很大(见表9-2)。这些研究表明,确定选择和聘用销售人员所使用的具体特征标准是非常困难的。

表 9-2 专业采购人员对高级销售代表应具备的特征的意见

期望的特征	专业采购人员选择的百分比/%
为客户着想	65
坚韧不拔的精神	56
产品知识	56
市场知识	39
使产品适应购买者需求	24
了解客户的产品线	23
销售访问的准备	16
经常进行销售访问	8
社交技能	6
技术常识	6

另外,通常内部销售人员与现场销售人员相比还存在着不同的特征。有人认为,内部销售人员具有价值的特征包括:①个性特征——良好、积极的态度,人际沟通技能,悦耳的电话声和行为方式;②技术能力——有能力使有关专家重视顾客的特殊问题;③顾客服务导向——提供高于期望的服务;④销售创新——推销产品的能力和愿望,特别是当顾客拒绝时;⑤效率——好的工作习惯和自我管理能力,即完成任务的有组织的方式。这些结果体现了内部和外部销售人员之间以及在各种类型的现场销售人员之间选择标准的差异。销售工程师的理想特征与生产供应销售人员有所不同,因此职位描述一般都会很含糊以至于对求职者毫无用处。

很多销售经理对于怎样建立他们的销售队伍不是很确定,因为他们无法找到足够的既懂技术又懂销售的人员。这就出现了困惑,到底是雇佣像工程师、技术人员似的技术导向的销售人员,还是招募那些需要技术指导的销售人员。

哪种方式更加适合,是许多销售经理不能确定的,这往往要视销售人员的个人业绩而定。现在出现了一种趋势,就是招募那些专搞销售的,然后对他们进行技术培训。这种思路的逻辑是考虑到技术可以再学但销售的能力是天生的。这方面的专家认为,销售人员的选择应该首先关注"销售个性"特征,因为这方面的能力在工作中很难培养。简言之,如果被录用的是真正想搞销售的,就有利于降低销售人员的流失率。

如果这些描述得到客户的认可,那么就应该是正确的,因为没有一个国际统一标准。一般来说,多数人认可的销售人员个性特征主要有:①体力;②进取心;③创造性;④自我驱动;⑤沟通能力;⑥敏锐;⑦善于计划;⑧善于思考;⑨创新能力;⑩个人约束力等。这些项目经常作为测试标准来考察申请人是否拥有这些个性特征,而且符合上述个性特征越多,就越容易被定位为理想的销售人员,也不会轻易被辞退。

另一方面,下列情况对有效的现场销售是不利的,应该尽力避免:①工作信用记录;②最近的业务失败;③婚姻方面的难题;④不修边幅;⑤感情不稳定;⑥过分的感谢;⑦太高的预期收益;⑧太低的预期收益;⑨与雇主解释不清的分歧记录;⑩信用度低。如果依据这些来考察申请人的话,这些因素在个体身上发现的越多就越容易导致失败。

三、销售人员的培训

要拥有一支得力的销售队伍,必须合理制定公司的培训计划。对已有工作经验的销售人员进行定期培训是必要的,特别当公司所面临的环境处于剧烈变化中时更应如此。营销战略的变化(如新的产品、新的市场)要求个人销售风格的相应变化,成功的销售人员的一个重要的素质就是其适应性。

销售人员需要掌握关于公司、产品、顾客类型、竞争、组织购买行为和有效的沟通技巧等方面的丰富知识,这些都必须成为销售培训计划的一部分。在向国际市场扩展的过程中,企业还必须在其销售培训计划中包括向不同文化背景的顾客展开销售工作的内容。

有效的培训可为销售人员们建立自信心和进行工作激励,帮助营销部门经理保持销售工作与营销战略目标的一致性。

四、销售人员的时间管理

另外一个值得注意的问题是企业销售人员的时间管理。此前我们已提到,企业销售人员平均要花费39%的时间用于实际销售,32%的时间在途中或等待约见。据美国纽约营销管理者俱乐部研究发现,实际只有20%的时间销售人员是用来真正面对顾客或潜在顾客。另一研究表明,其中65%的销售访问找错了访问对象。这些数据说明,许多销售人员没有有效地管理他们的时间。他们可能没有足够的能力这样做或是缺乏兴趣。有人认为,这些行为是由无效的销售管理造成的,而且这些行为反过来又增大了人员销售成本。"日益增加的成本——应归结于很多销售经理不把时间当成金钱一样看待,而是肆意挥霍的事实。"

换句话说,很多销售经理根本不能有效地管理他们的现场销售人员。他们容忍销售人员花费太多的时间在旅途中、在等待中,以致没有足够的时间用于实际的销售。当一个销售访问成本高于其个人生活花费时,很多组织间营销公司就不能容忍,它们认为销售访问成本应当是合理的和可接受的。更多销售访问的完成应该是通过销售人员耗费较多的时间在促销上而以最少的时间处理其他事情,特别是旅行和在办公室等待上。要做到这点,关键在于迫使销售人员进行更有效的时间管理,并让销售经理为其演示怎样进行时间管理。

一种可行的方法就是,销售经理促使销售人员认识到时间对他们自己来说是多么富有价值。许多销售人员并没有被他们公司的日益增长的销售访问成本所感染,他们认为控制这些成本是销售经理的问题,而不是他们的问题,但当涉及他们自己的时间的价值时,他们就印象深刻了。为了说明这点,麦克劳-希尔研究所估计一般企业销售人员平均每年工作240个8小时工作日,相当于1 920个小时,如果只有39%的时间被花在实际销售上,那么这个人每年只有749个小时真正花在销售上。如果销售人员的年收入是35 000美元,则销售时间价值是33.67美元/小时。在办公室里等一小时,或开车闲逛一小时,这个人就少赚了33.67美元。如表9-3所示,当想得到的收入增加时,销售人员的时间价值也会上涨。若希望每年挣75 000美元,那么销售人员的时间价值就超过了100美元/小时。

表 9-3　销售人员的时间价值估计

销售人员期望的年收入/美元	销售人员的时间价值/(美元/每小时)	销售人员期望的年收入/美元	销售人员的时间价值/(美元/每小时)
25 000	33.37	65 000	86.78
35 000	46.73	75 000	100.13
45 000	60.08	85 000	113.48
55 000	73.43	95 000	126.83

显然,这种观点对一线现场销售人员有重要影响,且对他们改进时间管理起到了促进作用。

另一种方法是,销售经理可以通过销售研讨会、培训项目和其他相似的形式指导一线现场销售人员如何来改善他们的时间管理。下面几条就是由一个"销售管理者论坛"提出来的,可以用来帮助销售人员在现场有效地利用他们的时间。

(1) 通过电话事先安排约会。

(2) 一旦定好约会,不能轻易变动,并准时到会。

(3) 了解所有顾客的方便访问时间,并在这些时间内准时访问。

(4) 预先制定一个拜访时间表,系统地计划好外出旅程,不要唐突去拜访。

(5) 组织好外出旅程路线,以便能在最少的旅程内拜访最多的客户。

(6) 确定对每个客户将要和谁见面,每次拜访都要有具体的任务,终止无用的拜访。

(7) 从接待员那里尽可能多地获得关于等待时间、对方兴趣等有用信息。

(8) 取消对边际性客户的拜访,他们经常需要无限的时间、旅程和努力。

还有一种方法,就是用电脑的功能来帮助销售人员更有效地利用现场的时间。例如,我们可以设计几个软件系统,在这些系统里,销售人员输入关于他的每个客户的数据,如近 3 个月内的拜访次数、未来 3 个月内将会安排的拜访次数、每次拜访的平均时间、期望年销售额、可能进行的最少和最多销售访问次数、每个客户的期望销售额,以这些项目由于所购产品或佣金而对客户的赢利能力产生的影响为基础的一个销售调整因素,等等。有了这些数据,电脑就能够通过不同拜访频次的期望销售量来生成一条销售反应曲线,然后打印出最优拜访方案来使销售额、利润或佣金最大化。这种方法使销售人员能够改进时间管理,并减少他亲自计算这些数据所需的时间。

实践证明,许多销售人员确实不能有效地管理自己的时间。例如,有一项对 59 名销售人员的 10 天的观察研究发现,只有 8 人在 10 点前开始访问,只有 11 人在 10:00—11:45 之间拜访,多数人在 12:45—15:00 之间拜访。所有人都曾不得不等待才见到客户,所有人都曾不得不缩短销售展示说明的时间,因为其他人还在排队等候。尽管公司营业时间是从 7:30—17:30,但这样的事情还是发生了。除非他们的销售经理提醒,否则许多企业销售人员根本不考虑时间管理问题。

五、对销售人员的监督和激励

(一) 监督和评估

营销经理可以同时使用基于行为和基于结果的方式对促销人员的工作进行评估。对于前者,营销经理可以直接控制和指导促销人员的工作,使用促销人员行为的主观指标来评估业绩,包括关于产品应用知识、技术知识以及向客户所做介绍的清晰程度等。对于后者,则更多使用客观指标来评估业绩,主要包括销售结果、市场份额、新产品的销售以及利润贡献等。

评估的前提是应建立一个合理的业绩标准。建立业绩标准应注意到此标准必须与公司整体的营销目标联系起来,而且应考虑到销售区域之间的差异,在不同的区域中,竞争者的数量和实力、潜在市场的水平以及工作量和工作难度都是有差别的。另外,经验表明,单纯依靠基于结果的评估方式进行激励并不一定能得到期望的销售结果,而基于行为的评估方式可能会更加有效,特别是在关系营销的场合尤其实用。

(二) 激励

由于奖酬方法的使用可以激励或挫伤销售人员的工作积极性,因此企业销售人员的奖酬问题就成为产业销售管理的一个重要方面。面对人员流失问题、招聘和培训成本的增加以及日益增长的销售访问成本等,管理者必须加强对其销售队伍成员的奖酬,促使他们提高销售效率来弥补这些成本。市场营销管理者和销售经理必须开发一个能够鼓励销售人员为实现整个营销战略和目标而不断努力的奖酬系统,而这实行起来比表面上要困难得多。

开发一个合理的销售奖酬系统要考虑许多因素,通常一个有效的奖酬系统必须是:①对于销售人员的必需的活动给予补偿;②保留那些高效率的销售人员;③吸引新的销售人员;④鼓励销售人员满足顾客的最大利益;⑤对利润高低不同的产品、服务和市场区别对待;⑥允许销售人员逐步达到职业目标;⑦保证维持公司的持续支付能力;⑧使销售人员理解计划是如何发生作用的;⑨大力刺激促销;⑩有足够的灵活性以适应不断变化的市场环境。

目前,企业实际运用过程中使用的奖酬形式包括:基本工资、提取佣金、工资加佣金、工资加个人奖金、工资加小组奖金、工资加佣金加奖金等。其中基本工资是指不管销售业绩如何,销售人员都得到的固定工资。提取佣金是指销售人员可以根据销售额提取佣金。工资加佣金是指将工资和以销售额大小为依据的佣金相结合。工资加个人奖金是指销售人员报酬由工资和个人销售业绩奖金组成。工资加小组奖金中的小组奖金是指根据销售人员所在组的业绩而非个人业绩来确定的个人奖金。最后,工资加佣金加奖金包括三种奖酬方式,即销售人员能得到的工资加佣金再加小组或个人奖金。

组织市场上最广泛使用的奖酬方案分别是工资加佣金、工资加个人奖金、基本工资。因为企业的销售人员有诸多类型,所以不可能有一个普通遍适用的奖酬方案。现在使用单一基本工资的正在减少,而使用工资加佣金加奖金的正在增加。

组织间营销管理者和销售经理必须选择一种方案或融合这些方案才能最好地实现理想目标。每种类型都有它的优点和缺点,需要认真考虑。同时,每种类型也都分别适合不同的市场条件,所以管理者必须清楚他是否开发出了最合适的奖酬方案。表 9-4 概括了每种方案类型的优点和缺点,并描绘了每种方案所优先适应的典型环境。这个分析为决定使用哪种或哪几种方案提供了一个有用的参考。

表 9-4　组织市场使用的销售奖酬方案分析

方案类型	主要优点	主要缺点	最适合的情况
基本工资	鼓励销售人员关心直接销售以外的东西激励服务、技术援助、反馈、持续促销；销售潜力高的服务；易于编制预算和管理；为销售受训者提供动力	对扩大销售努力没有动力；销售人员仅仅努力获得工资；工资没有与工作效率或利润挂钩；业绩很难评估	团队销售情况；需要服务和技术援助的时候；销售人员的信息反馈重要情况；销售周期长的情况；销售受训者和内部销售人员
佣金	为促销给以巨大刺激；有经验销售者可获得高收入；对有经验销售者是好方案；易于管理；销售成本直接与佣金挂钩	没有提供服务、技术援助和反馈的动力；对销售人员极少财务保证；佣金有时被看成惩罚而非奖励；对季节性产品有限制	大量、快速的销售；不需售后服务、技术援助和反馈的情况；销售人员必须有经验
工资加佣金	既有安全保证又对推销提供最大刺激；定期支付佣金可提供超越工资的激励；工资使销售人员收入有保障但无上限；相对易于管理；一个可适用于大多数产业销售情况的综合方案，比上面两种形式更加灵活	工资与佣金之间的比例平衡难以掌握；工资过高，动力降低，佣金比例过高，工资的安全性降低；不能同时提供工资的安全性和佣金的激励性。	既需要服务、技术援助和反馈，又需要调动销售人员积极性，以发掘新顾客的潜力情况；或在以上两种方案都不适合的情况下
工资加个人奖金	鼓励对售后服务、技术援助和反馈的参与的同时，激励销售人员在以业绩为基础支付奖金的任务中获得好的工作绩效；奖金可与不同的市场、不同的产品挂钩；既有工资提供的财务安全保证，又提供与任务挂钩的奖金刺激	奖金可能被视为工资的一部分，也可能被视为一种必定可得的收入；销售奖金支付间隔太长，可能引致激励不足	除奖金可能促使特定产品投向特定市场之外的与直接工资类似的情况，在需要多轮谈判且销售短期不能实现的情况下很有用
工资加小组奖金	与工资加个人奖金类似，除有利于提高团队销售业绩外，还可刺激地区销售、区域销售	类似于工资加个人奖金但可能损害个人工作业绩，高效率的、低效率的和平均效率的销售人员均得相同奖金	类似于工资加个人奖金，但更适合于由办公室、地区或区域推动的销售，不适合个人推动的销售
工资加佣金加个人或小组奖金	是工资安全性与佣金奖金激励性的结合，为销售技术援助、服务或反馈提供动力的同时，允许重点做好推动特定产品进入特定市场的一类任务	常常过于复杂；难以管理，同时也难以使销售人员明白；工资、佣金、奖金三者之间的比例平衡非常微妙，如果比例不当，三个因素即可能产生负效应	类似于工资加佣金的情况，但同时还有其他的任务等待完成，且可用支付奖金的方式使其得以完成

对于那种复杂、昂贵,通常需要几个月的时间才销售出去的大型设备的制造商来说,就不宜使用工资或提取佣金的方案。既然售前、售后服务以及技术支持都是必要的,并且一项销售业务可能会持续一年的时间,那么,一种基本工资或者工资加奖金则可能是有效的方式。

一个公司并不是只能应用单一的销售奖酬方案,它可能对受训的销售人员采取一种方案,对于经验丰富的地区销售代表采取另一种方案,而对于内部销售人员则有第三种方案。无论采用哪种方案或方案组合,都必须保证实现预先设置的目标。

实际上也不存在一种硬性的标准——奖酬方案应随市场环境、公司目标以及销售人员兴趣的变化而进行调整。管理者必须清楚哪些方案是可行的,当开始一个项目时,哪个方案可能最为有效。

总之,公司销售人员直接销售的方式是一种昂贵的分销方式,并且费用还在逐年增加。但既然对于许多工业企业的市场营销管理者来说,人员销售是必要的,那么管理者的任务就是通过各种途径降低销售费用。为达到这一目的就要做好三个方面工作,即对于企业销售人员的选择、更有效的奖酬方案以及对于现场销售人员的更有成效的时间管理。

管理者能够提供的激励包括两种类型:外在激励和内在激励。上面所述内容主要是外在的激励方式,外在激励除了这些奖酬方式外,还有能力或工作认可等其他方式。内在的激励主要是指促销人员个人所感到的成就感或自我价值。销售管理者通常会利用正式的激励方案以求达到特定的销售和利润目标。

第四节 我国组织营销的人员促销情况

鉴于目前我国组织间营销活动具体情况的文献以及二手资料相对较少的实际情况,"组织间营销管理问题研究"课题组针对我国组织间促销中的一些具体问题进行了问卷设计,并就近对天津市部分工业用品的生产、销售企业进行了访谈。根据调研问卷数据的统计分析结果,我国组织间人员促销活动的现状如表9-5所示。

表9-5 销售人员从事各种日常活动的时间比率统计表

日常活动	很高 5	4	3	2	很低 1
	所占比率/%				
与顾客进行面对面的沟通	28.2	33.3	23.1	15.4	—
与客户进行电话沟通	35	25	27.5	7.5	5
旅途和会面的等待	5.3	13.2	28.9	26.3	26.3
收集、整理相关客户资料	25	25	30.6	8.3	11.1
制定销售计划、进行相关决策	28.9	26.3	26.3	11.5	7.9
与公司其他部门进行协调、沟通	27.8	22.2	19.4	22.2	8.3

通过对表9-5中的数据进行分析可以发现,销售人员的日常工作主要为与客户进行电话沟通,与顾客进行面对面的沟通(客户拜访)以及制定销售计划、进行相关决策。其中

与客户进行电话沟通在销售人员的日常工作中所占的时间最多。对表 9-6 的分析结果也进一步证明了这一点。销售人员与其客户沟通时最常使用的方法为定期进行电话联络;其次是定期进行客户回访,而其他与顾客沟通的方法(如电子邮件联络、邀请客户参加公司举办的研讨会、联谊会、展示会、产品发布会等)的使用频率则偏低,而且仍有部分企业的销售人员只在客户提出要求时才做出反应,并没有建立行之有效的客户回访、跟踪体系,销售活动仍很被动。

表 9-6 销售人员常用的沟通方法

沟通方法	经常使用 5	4	3	2	很少使用 1
	所占比率/%				
定期进行客户回访	27	21.6	27	18.9	5.4
定期进行电话联络	31.6	31.6	18.4	15.8	2.6
不定期进行电话联络	22.2	22.2	22.2	16.7	16.7
通过传真、电子邮件联络	23.7	5.3	23.7	21.1	26.3
邀请客户参加公司举办的研讨会、联谊会、展示会、产品发布会等	14.3	17.1	20	20	28.6
只在客户提出要求时才做出反应	2.9	8.8	14.7	23.5	50

通过调研发现,在销售人员看来,能够对产品销售成功与否产生关键影响的企业人员主要包括产品的最终使用者、采购人员以及采购影响者(见表 9-7)。而针对上述人员的比较有效的沟通方法为定期进行客户回访以及定期和不定期进行电话联络(见表 9-8)。

表 9-7 对最终销售结果能够产生关键影响的人员占比

能够产生关键影响的人员	比例/%
产品的最终使用者	42.3
采购人员	29.6
采购影响者	25.4
信息截流者(如秘书等)	1.4
其他	1.4

表 9-8 不同沟通方法的实际效果

沟通方法	效果很好 5	4	3	2	无效果 1
	所占比率/%				
定期进行客户回访	62.9	17.1	17.1	2.9	0
定期进行电话联络	35.3	52.9	8.8	2.9	0
不定期进行电话联络	22.2	27.8	22.2	13.9	13.9
通过传真、电子邮件联络	21.9	18.8	34.4	21.9	3.1
邀请客户参加公司举办的研讨会、联谊会、展示会、产品发布会等	35.7	25	17.9	14.3	7.1

综上所述,在我国组织间促销活动中,人员促销仍占主导地位。销售人员的主要工作是通过电话或者面对面与客户进行沟通。虽然这两种方法具有比较强的有效性,但是针对不同的目标顾客,特别是不同产品的采购关键决策者,沟通方法仍显单一。值得一提的是,在对销售人员的调查中发现,在其进行客户开发时,除去产品本身的质量、性能以及价格因素之外,无法接触到关键的采购决策者是遇到的主要困难之一(结果见表 9-9)。因此,如何将电话联络、客户拜访与其他沟通方法有机地结合起来,充分利用电子邮件等其他先进的沟通手段,吸引不同的关键决策者的注意,从而实现销售活动的最终成功仍是目前需要解决的问题之一。

表 9-9 销售人员进行客户开发时遇到的主要困难

遇到的困难	经常遇到 5	4	3	2	很少遇到 1
	所占比率/%				
产品质量、性能不合要求	18.9	24.3	5.4	16.2	35.1
产品价格	42.1	23.7	23.7	11.5	0
无法接触到关键决策者	24.2	15.2	24.2	24.2	12.1

本章小结

在组织市场的促销中,人员促销占有尤为重要的作用,因为人员促销具有双向沟通的特征,信息可能在组织和客户间实现同步共享,有利于增进了解和建立信任。组织促销的基本战略以推式、拉式和侧翼战略为主,在每种战略中,人员促销得到广泛应用,处于促销手段的顶端。组织促销与人员促销在促销组合、广告媒体、销售促进媒体、促销主题、包装、预算和组织的销售力量等方面都有显著的区别。人员促销由于组织内人员分工的不同而分为不同的类别,每类人员的促销重点也不尽相同。组织人员促销的基本程序包括寻找和识别潜在客户、做好前期准备、接近潜在客户、谈判并赢得信赖、建立并维持与客户的良好关系等环节。组织人员可以按服务于特定的地区、产品和顾客等标准来组织销售队伍,招聘销售人员要遵循合理的标准和程序,一般会考察人员的个性特征、技能、顾客服务导向、销售创新能力和工作效率等方面。要拥有得力的销售队伍,就要合理制定公司的培训计划。对销售人员进行定期培训,并根据营销战略的变化更新人员素质和技能,建立销售人员的自信心以使其与公司战略目标一致。

关键词

人员促销(personal promotion)
双向沟通(two-way communication)
互信(mutual trust)
拉式战略(pull strategy)

推式战略(push strategy)
侧翼战略(outflank strategy)
个性特征(personality characteristics)
顾客导向(customer-oriented)

思考与讨论

1. 描述人员促销的特点和职能。
2. 在确定组织人员促销的战略时,要考虑什么因素的影响?
3. 组织人员促销的种类有哪些,不同人员的促销有何区别?
4. 怎样才能通过人员促销与客户建立互信?
5. 在快速变化的市场中,怎样才能获得得力的销售队伍?

综合案例分析

某医药商业企业建有公司网站,然而因为是商业公司,在当初进行网站规划时,基本上按 B2B 的思路进行网站设计,重点是站在客户(经销商)的角度来考虑,忽略了患者,所以网站设计时没有考虑到与患者的互动部分(当然同时也忽略了与经销商的互动部分),这是这个网站的缺陷。

通过网上调查,公司发现网上有不少的患者在使用公司代理的某一品牌外用药品时存在困惑,但这些困惑往往得不到正确的、专业的回答,有些回答甚至误导了患者的正常用药,这对药品树立品牌形象是极为不利的,然而公司对其他网站的操控能力很低,有些根本是无能为力。

针对这种情况,建议该公司进行如下操作。

(1) 在公司的主站上回答患者的提问,制作成 Q&A 专题,为患者答疑解惑,提供专业的答案。

(2) 建议该公司利用知名博客平台开设博客,弥补公司主站互动性不足的缺陷,与患者及时沟通,即时解决患者的疑问。

(3) 博客的定位为专门为患者服务,不做或者少做商业推广。

该医药公司以药品的通用名+商品名命名的博客开通后,发布了一定数量的文章——文章都是从主站上复制过来的。因为博客平台高起点的效应,该药品的通用名很快取得了较好的排名。在没有进行任何宣传的情况下,博客慢慢有了一定的流量。博客的互动性带来了良好的效果,患者的提问慢慢多了起来。公司指派专人回答患者的提问,保证在第一时间回复。

有人要问:这样的一个博客有什么用?公司是商业公司,主要客户是经销商而不是患者,为患者付出这么多值得吗?有什么实际的意义?其实,患者已经使用过这种药,对这个品牌有一定的认知,当患者对药品的使用产生困惑时,正是要正确引导患者的时候,如果患者的这些疑惑得不到解答,他们很可能转向别的品牌。竞争对手是大量存在的,患者的忠诚度是有限的。因此从长远利益来看,操作这个博客是非常有价值的。其实该药品的生产企业和终端零售企业都可以对药品进行宣传,但既然没有人做,作为该药品的全国总代理,该公司就更有必要解答患者的疑问了。

更有价值的事情在不久以后出现了,一位患者针对该药使用时的不便提出了中肯的建议,引起了公司的重视,针对该建议进行了专门的研究,认为虽然是一个小小的改良,但一旦改良成功,将大大方便患者使用,并在同类竞品中脱颖而出,对战胜竞品、赢得更大的市场具有非常重要的作用。公司立即将这一情况反馈到生产厂家。

资料来源:佚名.医药行业网络营销案例[OL].http://wenkn.baidu.com/view/43aa60e819e8b8f67c1cb935.html,2010-09-19.

问题与讨论

1. 作为一家B2B商业网站,为何要针对患者进行博客营销,这是什么战略?这种通过博客的营销能算是人员促销吗?这种促销是消费品促销还是组织间促销?
2. 试分析针对消费者的促销和组织间促销的联系。

第十章　组织间营销的其他促销战略

市场研究机构 eMarketer 发布报告称,RTB(实时竞价,real-time bidding)广告占全美显示广告市场支出的比重逐年增长,预计到 2016 年美国 RTB 广告支出将达 70.6 亿美元。实时竞价系统与预付费广告不同。预付费广告,即点击付费广告,广告商购买某个位置的广告,用户点击浏览后付费;而实时竞价系统的模式是广告商们对某一特定位置的广告竞价,价高者得到广告位。

eMarketer 报告预计,2012 年美国 RTB(实施竞价)广告支出将占到整个显示广告支出的 13%,这一比例是 2010 年时期的 3 倍多。在接下来的几年中,随着越来越多的媒体购买者和发行者受益于 RTB 广告的效益,预计到 2015 年 RTB 广告支出将占到整体显示广告支出的 25%。

根据 eMarketer 预测,整个美国显示广告市场规模将从 2011 年的 123.3 亿美元增至 2012 年的 149.8 亿美元,增长率达 21.5%。而其中 RTB 广告市场规模则将从 2011 年的 9.86 亿美元增至 2012 年的 19.47 亿美元,增长率高达 98%,远远高于整体显示广告增长速率。

RTB 广告的高速增长在 2013 年将出现转折,2013 年 RTB 广告增速为 72%,2013 年以后 RTB 广告市场规模增速将逐年放缓;预计到 2016 年美国 RTB 广告支出将达到 70.6 亿美元,增长率将达 22%。

资料来源:余瀚洋.eMarketer:2016 年美 RTB 广告市场将达 70.6 亿美元[OL]. http://it.sohu.com/20121116/n357813030.shtml,2012-11-16.

 本章学习目标

1. 组织营销中广告媒体的选择;
2. 组织市场销售促进的工具;
3. 组织市场公共关系的决策过程;
4. 中国组织营销的促销战略。

第一节　组织营销的广告促销战略

与现有的以及潜在的客户进行沟通对于成功的组织间营销而言是非常重要的。以往的经验告诉我们,即使是最好的产品也不可能依靠其自身销售出去。由于工业用品在产品技术上的复杂性,相对而言比较少的潜在顾客数量以及复杂的协商、谈判过程,组织间营销的基本沟通工具是采用人员促销。但是,非个人的沟通方式如广告、商业展会等在沟通过程中往往起着独特的甚至是决定性的作用。

一、广告在组织促销中的作用

从广义上讲,无论在组织市场还是在消费品市场,广告都是一样的,总体来说它是一个沟通过程。与所有沟通过程一样,其目的是通过信息的传递来触及并影响其受众。这种影响包括教育、说服或认知。广告的广义目标是在目标市场中造成一种改变,一种在认知、知识水平、态度或其他方面的改变。这种期望实现的改变是积极的。同时,广告也可以用于保持现有的认知和知识水平。从这个意义上讲,广告的目标在于防止消极的改变。

在讨论广告的作用之前,要了解一下组织市场中广告受众的特点。首先,工业用品的采购决策通常是由采购中心的成员联合做出的,而采购中心的组成是相当复杂的。工业用品的销售必须着眼于接触到采购中心的所有成员,而采购中心的规模是不定的,在大多数情况下,推销人员要接触到采购中心的所有成员是不太可能的。其次,企业的所有潜在顾客并非都是明确的,推销人员的工作往往只能接触到一部分潜在顾客,而将大部分时间浪费在搜寻上,同时很多有潜在购买愿望的顾客又得不到必要的产品信息。

由于广告受众的特点及其他因素的影响,广告在组织市场中所起的作用与在消费品市场中不同。通常,消费品营销管理者仅仅通过使用广告就能够自始至终地(从顾客产生购买意识开始直到销售活动结束)培养潜在的顾客,并保证销售的持续性。但是在组织市场中,大多数情况下广告无法做到这一点。产品的复杂性和购买者的预期都要求公司进行人员沟通,这也改变了广告在组织市场中的作用。

广告很少在组织间营销中单独使用,它一般是与企业的整体沟通战略——特别是人员推销结合在一起使用。工业用品供应商所面临的最大挑战就是制定出能够与人员推销努力融合在一起的广告和销售促进战略,以实现销售和利润目标。此外,广告、销售促进和公共关系工具之间也必须能够彼此结合,以求达到所要达到的目标。

广告在组织间营销中所起的作用主要有:

(1)为人员销售创造有利的氛围,使销售更加有效。广告在组织间营销中所起的主要作用之一是在销售人员的拜访之前就为其奠定一个良好的基础。工业用品广告的作用主要是辅助、支持作用,而且似乎一直都如此。有效的广告能够使人员推销更具有效率,并且在销售结束后又强化了销售的效果。有研究表明,当客户受到广告的影响时,每个推销人员的销售额将会有很大的增长。

(2)接触难以接近的采购影响者。通常,公司的现场销售人员无法接近采购影响者。据估计,一般的组织间销售人员与10个采购影响者进行联系,只有3个人愿意见他们。但是,采购影响者可能阅读一些行业出版物和大众商业出版物,因此可能会受到这些出版物中广告的影响。工业用品广告通常能够发挥这种接触采购影响者的作用。

(3)触及未知的采购影响者。有时候,现场销售人员并不了解所有的采购影响者,这种情况对于新的销售人员或新顾客来说很常见。但对于那些有经验的销售人员来说,当客户企业重组或发生类似的情况使采购影响者发生变化时,这种情况同样会发生。由于这些采购影响者经常会阅读一些行业出版物,这就使得通过广告与他们进行沟通成为可能。

(4) 刺激派生需求。在组织市场中,由于派生的需求存在易变性,很多产业营销管理者就利用广告来刺激市场对其客户产品的需求,这进而就支持了直接对工业用品的需求。玻璃、钢铁和铝制品生产商在消费品市场中做广告,通过宣传具有快速冷却的特点、重量上有差别以及可以循环使用等观点,来劝说最终的消费者购买钢制的听装饮料,而不购买铝制和玻璃瓶装的饮料。

(5) 建立产品的认知度及公司形象。从沟通的观点看,购买过程可以视为潜在的顾客对某一产品或者产品的供应商由缺乏认知到形成认知,到品牌选择,再到相信购买将满足他们的特定需求,最终形成实际购买的过程。广告则经常能够创造和加强人们对产品的认知度。

此外,组织间营销公司经常利用广告宣传来设计一个令公众满意的公司形象。通常,这些公司希望通过广告来表述其对社会的关注或者记录其对社会所做出的贡献,从而在消费者、工业用品采购人员和其他采购影响者面前树立良好的公司形象。

(6) 提供最经济的促销组合,提高销售效率。工业用品供应商需要随时随地地提醒其顾客关于自己产品的存在,或者让他们意识到新产品和服务的推出。尽管这些目标也可以通过人员促销的方式来实现,但考虑到庞大的购买者群体,广告的成本无疑要低很多。另外,将广告与所有的沟通方式和销售活动紧密联系在一起,可以使整个营销开支的效率得到极大的提高。

二、组织营销中广告媒体的选择

几乎所有类型的广告媒体都曾经被组织市场广告商使用过。1994年,美国商务专业广告协会就企业在组织间营销中使用的广告媒体问题,对其1 094个会员进行了调研,具体的调研结果见表10-1。在所有的促销预算中,广告媒体占52%,销售促进占43%,生产和研发占5%。经过计算,在所有广告媒体的支出中,在商业期刊上的支出占59.6%(31%÷52%)。其他媒体使用比例的计算方法同上。

表10-1 组织间促销所使用的广告媒体

广告媒体	使用比例/%	占总促销预算的比例/%	在广告媒体费用中所占的比例/%
商业期刊	79	31	59.6
邮递广告	59	7	13.5
行业名录	28	3	5.8
综合性杂志	9	2	3.8
报纸	8	2	3.8
电视	5	2	3.8
广播	4	1	1.9
户外广告	1	*	*
其他	18	4	7.8
合计	—	52	100.00

注:*表示小于0.5%。

 [例 10-1]　　　　　　　　　　病毒营销引发共鸣

病毒式营销是使用电子媒介刺激并鼓励个体之间关于某产品或品牌的口碑或电子信息传播。例如,IBM 公司发起了一项名为"IBM 存储清道夫亨特游戏"的营销宣传,为全球各地的信息技术专家提供线索,找到并解救被困于存储迷宫的虚拟人物。该计划在横幅广告和邮件中插入了视频,讲述了内德(Ned)和吉尔(Gil)这两个频繁出现在 IBM 电视广告中的人物发出的求助信息。广告把观看者指引到一个网页,他们可在网页上找到解救任务的线索。

IBM 的目的是以轻松诱人的方式接触存储系统的决策者。它成功了。目标受众深入地参与到活动中,参与者对解开谜题非常感兴趣。IBM 宣传片的点击率是一般电子邮件点击率的 4~5 倍,是横幅广告知晓率的两倍。

资料来源:Kate Maddox. Video in Play as Ad Vehicle. B to B Interactive Marketing Guide 2008. http://www.btobonline.com,2008-08-01.

(一) 商业期刊

在商业期刊上投放的广告一般称为插页广告(space Ad.)。这些广告既包括很多商业人士阅读的综合性杂志中的面向广泛受众的广告,也包括只有受过专业培训、具备高技术能力的专业人士才会阅读的行业杂志中特殊的、高科技产品的广告。

1. 商业期刊读者的特征

美国 Cahners 出版公司对商业期刊读者的特征进行了大量的研究。表 10-2 中列举了这些特征中的一部分。对表 10-2 的分析显示,商业期刊的读者是组织市场中的重要人物——他们有丰富的工作经验,负有管理的责任,受过良好的教育,而且薪资很高。表 10-2 还表明这些读者会定期地阅读行业刊物,而且阅读得很仔细。所有这些信息都表明商业期刊是组织间促销广告的一种最重要的传播媒体。

表 10-2　组织市场行业刊物读者特征

读者的一般特征	读者的平均年龄为 43 岁;受过 4 年大学教育(其中至少有 1 年为研究生教育);有超过 11 年的在现在公司的工作经验和 14 年的行业工作经验;男性和女性都有;平均年收入为 44 000 美元
读者是否真正地阅读行业刊物?	有 92%的读者偶尔阅读(4 种刊物中至少阅读 1 种),但有 72%的读者会定期地阅读(4 种刊物中至少阅读 3 种)
行业刊物的读者是否是采购影响者?	90%的采购影响者会详细地阅读与其行业相关的行业出版物
读者在阅读之后如何处理这些刊物?	24%的读者会将刊物保存起来,以备将来做参考;27%的读者会剪下有用的文章,以备将来做参考;33%的读者会将刊物给其他人传阅;2%的读者会将刊物放在公司的图书室;只有 1%的读者在阅读后将刊物扔掉
读者阅读行业刊物时会花费多长时间?	行业刊物的平均阅读时间为每周 2 小时 22 分钟。将近 65%的读者每周至少阅读此类刊物 1 小时
读者是否有管理职责?	几乎 80%的读者有管理的职责;他们所管理的下属人数平均为 14 人

续表

读者是否参加专业性会议和专题研讨会？	2/3 的读者每年至少参加 1 次这样的会议。但有 1/3 的读者不参加此类会议。约有 44% 的读者每年参加 2~5 次此类会议
读者能否影响公司的采购活动？	读者可以影响平均年采购费用超过 1 000 000 美元。但有 41% 的读者能够决定的年采购费用不足 100 000 美元
读者是否会像阅读有特色的评论一样来阅读广告？	有 2/3 的读者像阅读评论一样阅读广告，只有 10% 的读者在任何时候都不看广告

2. 商业期刊的选择标准

在组织市场销售管理者看来，商业期刊的价值取决于它们到达预期的采购影响者的能力。如果选择得当，广告就能够通过适当的信息传递实现预期的效果。表 10-3 中列出了组织市场领域的企业在选择其产品或服务的广告投放对象时所使用的标准。

很多出版物会提供一些必要的信息，包括发行量和读者总数，与其竞争对手的出版物相比广告受众的总数，读者的偏好程度以及费用等信息。任何一个很看重插页广告的组织间营销管理者或广告经理都应该在投放广告之前就得到这些信息。

表 10-3　组织市场中企业选择广告投放对象时的质量标准

质量标准	认为此项非常重要的广告商所占的比例/%
发行量	71
受众的覆盖程度	69
杂志的编辑质量	62
产品的被垂询率	41
杂志读者的总数	35
广告代理商推荐	31
营销支持	27
商誉	21
以前的经验	19
广告的领导力	10

3. 商业期刊的选择方法

在选择广告的投放对象时，营销管理者和广告经理应参照以下三个因素。

（1）尽可能多地触及确定的目标市场中公司的相关人员。

（2）尽可能多地触及客户公司中已知的采购影响者。

（3）用最合理的费用完成上面的两个目标。

要实现上述三个目标，管理者可以使用如下方法。

（1）要依据标准产业分类系统明确定义一个或多个市场。因为很多信息的来源都是基于标准产业分类系统编码的。

（2）如果可能，应知道那些希望接触到的合适的采购影响者的姓名和职位，至少要知道他们的职位。

（3）了解这些采购影响者希望从出版物中获得哪些信息，以及他们阅读这些出版物的原因。这一点在设计广告主题或者营造广告吸引力方面相当重要。这在选择传播媒介上也很重要。因为有些出版物的目标与其读者的目标并不一致。

（4）借助标准产业分类系统编码和采购影响者的职位，使用出版物所提供的信息，将出版物和未来的读者一一对应起来。这个过程决定了能触及预期的采购影响者的最合适的杂志。

（5）针对每个采购影响者，按如下因素将出版物进行分类：发行量、读者总数、费用、杂志的编辑内容以及文章的价值等。

（6）选择那些能够用最少的费用而对每一位采购影响者产生最大的影响力的出版物。

4. 商业期刊广告的优点和缺点

促销管理者选择在商业期刊上刊发广告有以下一些优点。

（1）与其他类型的广告相比，商业期刊广告相对来说是一种低费用的促销形式。与其他可以选择的调研方式（如人员访谈）相比，通过商业期刊进行调研的费用要低得多。

（2）对于工业用品的采购人员和采购影响者来说，行业刊物广告还具有比较高的可信度。采购调研员、工厂的工程师、生产主管以及其他相关人员都会阅读商业期刊以期获得需要的信息和帮助。

（3）现场销售人员能够通过行业刊物广告来影响那些他们无法直接接触到的，或者目前仍不知道的采购影响者。有研究表明，商业期刊广告是采购影响者在寻找新产品和新供应商时最经常使用的、唯一的消息来源。

另一方面，在商业期刊上投放广告也有其缺点，主要是：

（1）本公司的广告和竞争对手的广告将会在相同的出版物上进行竞争。读者的注意力会被竞争对手的广告所分散。

（2）出版物的发行质量和数量也经常会让人头疼。有些刊物的发行量很大，但是，由于是免费发送的，就可能意味着读者不会很好地阅读这些刊物。

（3）不同的出版物，即便它们在同一领域中，在市场中给人的感觉也是不同的。那些看起来大致相似的行业刊物在潜在客户公司中的采购影响者看来却有着相当大的差异。而且在某一种刊物上投放广告与将投放在其他刊物上所产生的市场冲击也不相同。

（4）插页广告的最大缺点在于要在可供选择的刊物中进行选择，而不是决定是否使用插页广告。

（二）邮递广告

1. 邮递广告的概念与形式

所谓邮递广告是指将广告信息以打印件或经过其他处理的形式，通过受到控制的渠道，直接发送到所要送达的个体手中。当我们能够确认那些潜在的采购影响者的姓名和地址时，邮递广告是一种非常有效的工业用品广告媒介。

直接邮件的基本形式有三种：①直接邮件广告。从根本上说，除了使用直接邮件做媒介之外，直接邮件广告与其他广告完全相同。②直接邮件促销。通过这种方式，人们希望获得某种程度上的响应，如使销售人员获得一些线索，为销售人员打开销售之门，或者得到某种回馈并依据这些进一步的回馈信息对销售人员进行评价。③直接邮件推销。

此时,邮件发送者努力通过邮件进行推销,而不使用人员推销。在组织市场中,第三种形式不如前两种形式常用。但是当顾客了解并信任广告发送者时,使用第三类邮件就会很有效。在上面的讨论中,我们并未强调这三种类型的邮件之间的区别。我们将其均视为直接邮件广告。当我们说直接邮件广告时,就是指这三种形式中的任何一种或者全部。

当我们能够确认那些潜在的采购影响者的姓名和地址时,直接邮件是一种非常有效的工业用品广告媒体。它是一种具有相当大的选择性和灵活性的媒介。与其他媒体不同,直接邮件可以使用任意的格式和方法。工业用品公司已经应用直接邮件来发送说明书、产品目录、信函、报告、文件、销售手册、价目单甚至样品。

美国 Cahners 出版公司进行的调研发现,有 10 种类型的直接邮件已被组织间营销公司所应用,详见表 10-4。

依据以上调研结果,在组织间营销中有 90% 的直接邮件方案是为鼓励某些活动而设计的。销售信函、产品目录和新产品推介在所有方案中所占的比例为 59%。这项研究很贴切地说明了直接邮件这种媒介所具有的柔性。

表 10-4　直接邮件的类型及其使用情况

直接邮件类型	使用比例/%	直接邮件类型	使用比例/%
销售信函	69	市场研究	5
产品目录	19	直接推销	5
新产品推介	17	广告副本	5
邀请函	11	内部刊物	5
样品	5	评论的副本	5

2. 邮递广告的优缺点

邮递广告在组织间促销实践中被广泛应用,主要是因为其有自身的优点:

(1)邮递广告是一种具有相当大的选择性和灵活性的广告媒体。与其他媒体不同,邮寄广告可以使用任意的格式和方法。产业销售公司应用邮递广告可以发送说明书、产品目录、信函、报告、文件、销售手册、价目单甚至样品。

(2)邮递广告是所有媒体中最直接针对个人的一种。可以按照姓名和地址将邮件送交到潜在的顾客手中,而且可以传递一些机密的信息。因为邮递广告不受杂志出版日期的限制,而且发送的日期可以由邮件的交付者确定。所以,邮递广告要比其他媒体更准时。

(3)一份具有有效的版式和醒目的标题的邮递广告通常能够抓住读者的全部注意力,这是其相对于商业期刊而言所具有的优势。

(4)邮递广告有利于购买者做出回应。邮递广告中的回执函和相关信息使购买者可以比较容易地与本地推销人员或者分销商联系。同样,企业的推销人员也可以根据回函中的信息寻找到潜在的购买者,从而提高工作效率。

当然,使用邮递广告也存在一定的缺陷。如果产品的潜在用户相当广泛而且不具有明显的特征,或者无法准确地锁定潜在的顾客,使用邮递广告将会浪费企业的许多时间和金钱。

3. 现代邮递广告形式——电子邮件

电子邮件作为网络时代最为广泛的交流方式,作为营销手段具有很大的发展潜力。由于电子邮件营销具有方便、便宜和一对一直接营销的优点,所以对于企业来说,不需要任何邮资或纸张费用就可以非常方便地把自己的商业信息用电子邮件的形式发送到客户手中,并且可以直接提高网站的浏览量,吸引新客户和留住老客户。因此,邮件营销必将成为网络营销的主流。

1) 企业开展电子邮件促销的主要方式

企业开展电子邮件营销的主要方式是未经许可和许可营销。

未经许可的电子邮件营销是指发信人从第三方购买邮件地址列表或通过软件在网络上收集等方式获得邮件地址,事先没有征得收件人的同意而发送营销信息。虽然它往往造成垃圾邮件的泛滥,但这种方式在很多企业还是比较流行的。由于多数消费者对不受欢迎的电子邮件标识反感,因此营销效果并不是很理想,并且还破坏了企业的形象。

许可营销就是企业在推广其产品或服务的时候,事先征得客户的"许可",然后再通过E-mail的方式向客户发送信息。经许可的电子邮件地址一般是通过公司的网站注册的用户资料、邮件列表来收集的,其具有较高的准确性和目标性。经用户允许的电子邮件营销方式,其成本相对直邮来说要低5倍,比网上旗帜广告低20倍。由于标志广告的点击率通常只有1%左右,而电子邮件直邮广告的回应率却远远高于直邮和网上广告,可以达到5%~15%,所以E-mail广告成了网络广告中最有效的手段,E-mail营销也成了网络营销的主要方式。

随着互联网技术的进步,电子邮件信息的发送、管理、个性化服务和实现商业用途等都成为可能。通过加强与用户的交流,公司可以增加销售、建立品牌的知名度、降低成本、提高用户的满意度,从而建立长期互信的友好关系。

2) 如何得到潜在顾客的邮件地址列表

在组织间营销中,能否有效地使用邮递广告在很大程度上取决于销售经理是否有足够的潜在顾客邮件地址列表。简单地说,邮件列表是指广告想要锁定的潜在顾客的名单,潜在顾客是指顾客公司中的那些采购影响者。如果可以按照人名和地址将广告直接投递到合适的采购影响者手中,那么邮递广告就会成为一种能够覆盖已确定的市场的、非常有效的媒介。要收集到有效的工业用品营销邮件列表需要以下三个要素。

(1) 必须通过标准产业分类系统(SIC)来确定有希望的顾客公司。

(2) 确定与待销售产品有关的采购影响者。

(3) 必须确定采购影响者的姓名。

随着时间的推移,大多数将直接邮件作为媒体使用的产业销售经理都能够做到这一点。他们已经编制好了其目标市场中现有顾客和潜在顾客公司中关键的采购影响者的邮件列表。

3) 编制潜在顾客邮件地址列表的方法

第一种方法是从公司内部构建邮件列表。在确定了细分市场并按职务确定了采购影响者之后,销售经理就应尽一切努力去获取每个顾客公司中担任这些职务的具体人员的姓名。这些人的姓名可以通过现场销售人员、经销商和代理商等来获得；也可以通过贸易展示会和商业期刊中的调查表来获得；还可以通过国家行业名录等其他来源得到这些人的姓名。这种方法不是从公司外部购买，而是自己构建潜在顾客的邮件地址列表。使用这种方法往往很有效，但是要花费时间、精力，而且要不断地修订、更新。这种方法不是编制潜在顾客邮件地址列表的最快方法，当营销经理需要很快速地获得潜在顾客的邮件地址列表时，这种方法往往并不适用。

第二种方法是从公司外部购买邮件列表。我们可以从一些专门研究邮件列表的公司购买到它，如 R. L. Polk & Company 公司、国际商业列表公司(National Business Lists)、托马斯出版公司(Thomas Publishing Company)等。

如果已经事先确定了具体的市场，那么应用外部资源来构建邮件列表会很快，而且相对来说费用较低。对于那些需要在很短时间内就获得邮件列表的营销经理而言，从公司外部购买邮件列表可能是获得需要的相关采购影响者情况的最佳方式。当然，也可以同时使用这两种方法来构建一个邮件列表。

（三）行业名录广告

组织间促销广告的第三种重要媒体是行业名录，或称之为工业用品采购指南。很多组织间营销管理者及其广告经理广泛地使用行业名录广告并绝对相信其有效性。虽然在整体上的应用比例相对较低(只占全部广告预算的6%)，但在很多组织间营销公司的广告预算中，有很大一部分是行业名录广告。

有研究表明，采购人员和采购影响者都使用行业名录。美国的一项对行业名录使用情况的研究中，当工业企业和工程技术人员被问及"你最初是如何发现那些可以提供你所寻找的产品的公司的"时，他们经常提及的信息来源是行业名录，有23%的答案是行业名录。一项对《财富》500强公司中采购调研员的研究发现，有98%的人都提到了一个著名的行业名录——《托马斯名录》(Thomas Register)，并将其作为寻找供应商的主要信息来源。在《财富》1 000强公司中，有80%的工程师将《托马斯名录》作为主要的信息来源。诸如此类的研究表明，行业名录是一种很好的媒体，它可以吸引受众的注意并激发他们的兴趣。

行业名录作为广告媒体，既有其优点，也有缺点。行业名录广告的主要优点是：

（1）当采购人员做出决策时，他们确实会参考行业名录。对于很多组织间营销人士而言，行业名录是一种相当可靠的媒体，是一种基本的采购工具。

（2）行业名录具有相当持久的有效性。一个邮递广告或者一份商业期刊的特刊可能会被阅读者丢弃，但是即使在新的行业名录出版之后，旧的行业名录仍然会被保存下来以备参考。

（3）行业名录广告通常可以作为公司产品手册的很好的补充。

行业名录广告的主要缺点是：

（1）行业名录广告的费用很高，而且可能是其他形式促销费用的几倍。

（2）行业名录本身暗含着竞争对手，因此广告的读者总数往往会被分流。

（3）行业名录比较贵，很多公司因此不会购买。在行业名录上投放广告无法对那些不购买此名录的潜在客户产生影响。

(4) 与邮递广告或商业期刊广告相比,行业名录广告的目标欠明确。在广告信息与确定的采购影响者的匹配方面,行业名录广告可能比不上邮递广告和商业期刊广告。

(四) 网络广告

组织间促销广告更多的是利用专业刊物,面向特定的企业或团体,一般较少采用电台、电视等媒体做广告,新的趋势是采取网络广告的形式。与传统媒体广告相比,网络广告具有独特的优势和特点。

1. 经济性

与传统广告相比,网络广告投入成本低廉,在价格上具有极强的竞争性。在传统媒体上投放广告所需的资金是十分巨大的,而网络广告的平均费用仅仅为传统媒体的3%,在CompuServe上的广告费用为15美元/小时。网络广告使许多原本无力购买广告的中小型企业也有了自己的广告媒体,并可以进行全球性传播。

2. 交互性

受众访问广告所在站点时能够在线填写表格或发送 E-mail,使广告主在很短的时间内收到反馈信息,并根据客户的要求和建议及时做出反应。这种互动性还表现在网络广告的所显示的内容完全控制在浏览者手中,他们可以依据自己的兴趣和目标点击屏幕上的相应按钮,连接并获得所需的信息。此外,屏幕上的物体还可以随意转动,甚至可以拆卸。受众成为了广告的"主宰",这成为吸引许多消费者上网浏览的一个重要原因。

3. 易统计性

大部分网络设置了访问记录软件,广告主通过这些软件可以随时获得详细的访问记录,并且可以随时监测广告投入的有效程度并调整市场策略。

4. 非强迫性

传统媒体只能将信息推给受众,受众只能被动接受,而在网络上,用户有权来选择接受什么样的信息。

5. 受众准确

上网需要付费,这意味着网络广告的受众是在花钱看广告,他们会选择真正感兴趣的内容来浏览,信息到达受众的准确性较高。

6. 易于更改

网络广告可以随时对价格、产品信息等内容进行更新。

7. 广泛性

一方面网络广告信息内容丰富,一个站点的信息量可以大大超过公司印刷宣传品;另一方面,广告传播范围广,无时间、地域限制。

网络广告的缺陷在于,目前企业对于互联网的应用主要是建立自己的网站,在互联网上进行企业形象和公司简介、产品销售方面的宣传,只有客户查询到公司的网站并点击进入,企业的信息才能被客户所知道,这种营销方式属于被动式的营销模式,不符合今天企业快速发展的需要。

(五) 其他广告媒体

(1) 视听材料:随着电脑的日益普及,越来越多企业开始制作多媒体光盘来宣传企业或产品。工业用品,尤其是复杂设备的销售,利用多媒体技术可以让用户更直接、更清楚地了解企业和产品。

(2) 标志图形:设计代表企业的标志和图形来宣传企业,树立企业形象。如可以在城市的重要地区竖立带有企业标志和图形的广告牌,展示企业实力与风采。比如在上海外滩这样的地方竖立企业标志广告牌,使人产生的联想是这个企业一定很有实力。

(3) 工业企业POP:我们常在超市等场所见到一些写着"特价销售"、"有奖销售"字样的广告牌,促发了购买欲望,即POP。工业用品营销的销售现场也应营造一种氛围,使用户放心购买。如一些企业在做出购买产品的决策之前,常会到生产企业进行现场考察,评估企业的实力。因此需在生产厂区做成工业企业POP,使参观者产生管理有序、实力可靠的印象。如整洁的厂区、有序的生产、认真的员工等,这对于帮助全新采购的用户下定购买决心很重要。

三、制定组织市场的广告战略

广告只是整个营销战略的一部分,必须与其他部分结合起来以实现战略目标。广告决策过程开始于广告目标的设定,接着在此目标的约束下确定广告预算,然后依据预算编辑广告信息并对不同的广告媒体进行评估和选择,最后也是最为关键的是对整个广告战略的有效性进行评估。制定组织市场广告战略的具体步骤见图10-1。

(一) 设定广告目标

确定广告目标能够使营销部门更加精确地编制广告预算,并使广告效果的评估具有依据。确定广告目标应遵循下面基本原则。

(1) 广告目标必须与营销战略的整体目标相一致。

(2) 广告计划所确立的目标必须与广告所能承担的角色相一致,即创造认知度,提供信息,影响购买态度,提醒购买者关于本公司和产品的存在等。

广告目标的一个重要组成部分是关于目标受众的确定。不同的消费者对于产品和服务的需求是不同的,从而要求组织购买品广告确定其目标受众,并根据此受众的购买决策标准来制定广告战略。

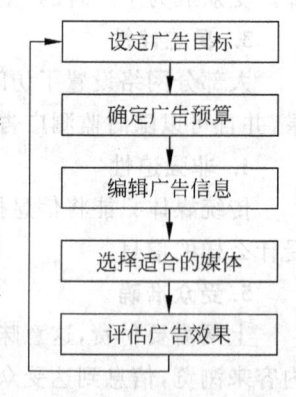

图10-1 组织间促销广告战略的决策步骤

(二) 确定广告预算

一般来说,产业营销管理者主要通过直觉判断和经验判断来决定广告预算,只是在很少数的情况下才会使用先进的决策导向技术。确定广告预算的常用方法包括经验法以及目标任务法。

经验法是指营销管理者按使用销售额百分比原则来确定广告预算,如将销售额的1%用于广告费用的支出。对于工业用品供应商来说,广告在总的营销预算中所占的比例相对较小,因此没有必要使用过于复杂的方法计算其预算。

目标任务法指对广告中的各项任务进行评估,分析与每一项任务有关的成本,将所有成本加总以得到一个最终的预算。目标任务法解决了经验法存在的主要问题,销售人员可以得到实现一项任务所需的全部资金而不再是销售额的一个百分比,这些资金被用于完成特定的目标,广告成为能否达成预期结果的决定因素。

(三)编辑广告信息

在选择广告媒体传播广告之前,组织市场领域的广告商必须确定广告要传递哪种或哪些信息。此信息或主题的基础应该是此广告希望触及的那些采购者和采购影响者。我们已经讨论过,不同的采购影响者会对不同的事物发生兴趣。他们所面临的问题不同,肩负的责任也不同。因此,即便是需要同样的产品或服务,他们也会从广告中寻找不同的东西。

举例来说,假定有一个客户正在考虑购买一种在生产过程中使用的锻造机械。其关键的采购影响者是采购调研员、审计官、生产副总和生产主管。虽然每个人都认为要购买相同的产品,但每个人着眼点都不同。采购调研员关心的是价格、供应商及时交货的能力、运费、离岸地点、供应商的商誉、此供应商还向哪些公司销售此产品等。审计官可能对价格、可行的财务安排、投资的回收期限、设备的投资收益等情况感兴趣。生产副总可能更关心以下信息:供应商可以提供的技术支持和必要的服务、供应商的准时交货能力、新设备与现有生产工序的兼容性、员工培训或是否需要重新培训等。生产主管可能会更多地考虑如下因素:此设备是否容易操作、需要的操作人员数量、是否需要培训或再培训等。

由此我们可得出的结论,虽然是搜寻同一种产品的信息,但上述四类采购影响者的需求、期望和预期各不相同。如果营销经理和广告经理所投放的广告与这些特定的采购影响者的兴趣毫无关系的话,这二者之间就不存在真正意义上的沟通。因此,此广告就不是真正意义上的广告。在这个例子中,如果广告主要是针对采购调研员在员工培训和再培训方面的需求而设计的,而此调研员却正在寻找其他的信息以做出采购决策的话,那么这个广告就毫无意义。

这个例子进一步强化了我们在本文中再三重复的观点,即要实现有效的组织间营销就必须准确地识别采购影响者。组织市场中有效的广告要求传播媒体可以触及特定的采购影响者,并且在这些媒体中投放的广告要向采购影响者传递他们感兴趣的相应信息。

(四)选择适合的媒体

在上节中,我们已经对广告媒体的选择以及主要的广告媒体进行了详细的论述,在此不再重复说明。

(五)评估广告效果

营销管理者必须对现有广告的效果做出评估以改善未来广告宣传的策略,而且准确的广告评估方案对未来的广告策划极有帮助。评价广告效果的基本内容详见表10-5。广告策划者必须事先决定哪些方面要进行评估,怎样进行评估,怎样以及以何种程序进行评估。

表 10-5　广告评估的基本内容

内　　容	评估焦点
目标市场	广告成功达到目标市场的程度
关键购买动机	决定购买决策的因素
信息的有效性	信息为目标市场上的关键决策者接受的程度
媒体的有效性	不同的媒体携带信息成功到达目标市场的程度
总体效应	广告完成其预定目标的程度

第二节　组织营销的销售促进战略

销售促进是指鼓励对产品或服务进行尝试或促进销售的一系列直接的短期激励营销活动。在很多组织间营销公司中,广告和销售促进之间并没有区别,常常被当作一种活动来处理,即资金配置的预算只有一个,并由一名管理者负责。由于组织间市场的需求取决于生产工艺与实际需求等特点使有些人怀疑销售促进这种促销工具在组织间促销中的效果。一般来说,如对于整个工业设备市场来说市场需求总量不会因为行业促销努力大小有太多改变,但对于工业用品生产企业个体来说却可以通过促销努力,抢占市场、扩大市场份额。

一、组织市场销售促进的工具及作用

(一) 组织市场销售促进的工具

销售促进可以针对消费者,针对中间商,也可以针对销售人员。

1. 针对消费者的促销工具

(1) 样品:指免费提供给消费者的货样或试用品。

(2) 现金折扣(回扣):指消费者在购买商品后,可凭一定的票据向制造商索取折扣。

(3) 特价品(小额折价交易):向消费者提供低于常规价格的小额销售商品的方法,即在商品的包装或标签上标明给予顾客的优惠价格比例。

(4) 赠品:指以较低的成本或免费向消费者提供某一物品,以刺激其购买另一特定产品。

(5) 频度方案:即对经常性和密集性购买公司产品或服务的顾客进行奖励。

(6) 光顾奖励:指以现金或其他形式按比例奖励某一主顾或主顾集团的光顾。

(7) 免费试用:邀请潜在顾客免费试用产品,以期他们购买产品。

(8) 产品保证:由销售者明确或间接保证产品没有问题,如果在规定期内出现问题,销售者将会包修、包退、包换。

(9) 联合促销:两个或两个以上的品牌或公司合作开展它们的优惠券、回扣和竞赛活动,以扩大影响力。

(10) 交叉促销:用一种品牌为另一种非竞争性的品牌做广告。

(11) 售点陈列和商品示范:即 POP 广告,一般在购买现场进行。

2. 针对中间商的促销工具

(1) 推广津贴：这是为了感谢中间商并鼓励中间商积极推销自己的产品而给予的一种津贴，有广告津贴、展销津贴、陈列津贴、宣传物津贴等。

(2) 交易折扣：规定只要在一定时期内购买了本企业的某种产品，就可得到一定金额的折扣，购买量越大，折扣越多。这种方法可鼓励中间商更多地经营本企业产品，或促使中间商经营原来不打算经营的本企业产品。

(3) 促销协作：这是在中间商开展促销活动时，企业提供一定的协作和帮助，是一种共同参与。促销协作可以是以提供现金的方式，也可以是以提供实物或劳务的方式。例如，合作广告、为中间商设计宣传品、提供陈列货架等。

(4) 业务会议或展销会：邀请中间商参加，在会议中一方面介绍商品的知识，另一方面现场演示操作，这样可以促使中间商很乐意进货。我国企业召开的订货会即属此类。

(5) 销售竞赛：为了推动中间商努力完成推销任务的一种促销方式。获胜者可以获得生产企业给予的现金或实物奖励。销售竞赛应事先向所有的参加者公布获奖的条件、获奖的内容。销售竞赛可以极大地提高中间商的推销热情。

(二) 组织市场销售促进的作用

在组织市场上，销售促进主要具有以下几个方面的作用。

(1) 降低购买者风险，鼓励购买者尝试新产品和新服务，也能够鼓励新顾客购买。

(2) 通过增加顾客价值的方式，鼓励老顾客重复购买，具有保留顾客的功能。

(3) 鼓励更多的购买，并保护产品或服务受到潜在和现实的竞争对手的威胁。

(4) 为经销商提供支持。

(5) 激励销售人员。

(6) 与其他沟通工具合作以实现企业的营销沟通战略。

二、贸易展览会

1. 贸易展览会的特征

贸易展览会(trade shows)是一种很常见的组织间促销形式，也是最古老的工业用品促销形式，它的起源可以追溯到中世纪。很多行业每年都会举行一次贸易展览会，以展示本行业的最新产品和技术发展，招揽客户，促进销售。例如，美国每年就有 4 300 个这样的展览会。工业用品制造商一般要将每年促销预算的 35% 用于展览会。贸易展览会具有不同于其他组织间促销形式的特征：

(1) 它能将顾客吸引到公司来，其结果是可以得到其他方法无法达到的顾客集中度。通常，基于特定的采购目的，某个行业的贸易展览会能够在同一地点聚齐此行业中的大部分采购人员和采购影响者。

(2) 在贸易展览会上进行销售促进活动具有其他形式的销售促进活动所不具备的顾客凝聚力。在贸易展览会上能够很容易地展示产品的技术特点和产品能为客户带来的便利，而广告在这一点上却显得有些力不从心。因而现在甚至出现一种新的趋势，就是由单个企业组织本企业的贸易展览会。在这个展览会上，本企业的贸易伙伴、合作厂商、第三方产品生产商也都可以参加。这会给参观者留下深刻印象，并使顾客对企业的形象产生信心。

2. 贸易展览会的促销价值

行业展览会在组织间促销中所起的作用是很明显的,我们可以通过以下两个美国公司应用实例加以说明。霍尼威尔(Honeynell)公司参加行业展会希望实现的目标如下:①接触潜在顾客;②丰富邮件列表;③推介新产品;④发现现有产品的新用户;⑤展示非便携式设备;⑥聘用新的人员;⑦明确新的销售代表和经销商。菲利普·S.哈特(Philip-S. Hunt)化学公司的参展目标是:①让销售人员学习行业展会促销的专用技巧;②提高行业展会推销技巧;③让销售人员在行业展览会中锁定具体目标市场;④传授销售人员与客户保持联系的技巧;⑤提高士气和激励效果;⑥协调参展前、中、后期的所有活动。表10-6对组织市场销售公司参加行业展览会的原因进行了概括。这些例子都说明了这种媒体的柔性。

另一种考量行业展会促销价值的方法是将因参加行业展会而获得的重要线索与通过其他形式的促销活动而获得的线索进行比较。美国威斯汀(Westinghouse)公司研究发现,每年所有组织市场上的销售线索中有50%来自公开宣传,35%来自广告,15%来自行业展会。但是这些不同来源的线索转化为实际销售量的比例是不相同的。在通过公开宣传得到的线索中,有10%会转化成实际的销售额,在由广告获得的线索中有50%会转化为销售额,而在通过行业展会得到的线索中有80%会转化为销售额。也就是说,尽管通过参加行业展会获得的销售线索数量最少,但是按照所转化的销售额来评价,它们却是最佳的销售线索。而能够转化成销售额的多少也正是一种促销媒体有效性的最重要标准。

表10-6 组织市场销售公司参加展会的原因

原因	参展公司将此项作为参展原因的比例/%
发现销售线索/调研	87
推介新产品或服务	61
竞争对手也参加了展会	28
征集新的经销商或分销商	20
保持与主办方的合作关系	12
在展会上签订订单	11
保持在行业展会中展位的优先选择权	9
保持企业形象/展露度	7
招募销售人员和销售代表	6
其他原因	2

产生这一结果的主要原因可能是一个专业的行业展会吸引的偶然的参观者很少。因此销售线索主要源自那些真正对此行业感兴趣的采购影响者。根据有关统计,参观者参加行业展会的原因有以下几种:50%的人是为了了解新产品及其开发情况;15%是因为对特定的展会感兴趣;10%的参观者出席展会的目的是了解某个特定的产品或公司;9%是为参加展会中的学术/教育交流会议;7%的参观者是为获取学术或产品信息。获取新产品和学术/专业信息是出席行业展会的主要原因。行业展会的参观者对此类专业信息的关注程度要远远超过工业用品广告和公开宣传的受众对此类信息的关注。

另一种评价行业展会促销价值的方法是看看参展的费用和有效性。它是一种费用较高的促销媒介,但是在行业展会中与客户进行面对面沟通的费用要远远低于人员销售访问的费用。从达成一项产品销售所花费的费用来看,这些差别就变得更有意义了。前面我们曾经给出过如下信息:要完成一项组织间销售平均必须要访问客户4.3次。而通过预先在行业展会中进行沟通,要完成一项产品销售所必需的访问数量平均为0.8次。此结果表明在行业展会中进行沟通的费用比人员销售访问沟通低得多,而且为完成销售工作而进行的后续努力也要少很多。由此推论,行业展会促销要比人员促销在成本上更具有效性。

三、产品手册

组织间营销公司在产品手册促销上的投入非常大,一般销售促进促销预算的30%~40%用于产品手册促销。对于组织间销售人员来说,产品手册是一种极为重要的沟通工具。如果没有它,顾客就可能无法发现该公司的产品。如果产品手册制作得很差,顾客就可能会选择竞争对手的产品。

(一)产品手册的定义

广义地讲,产品手册是指一种为展示和为顾客提供参考而设计的、包含完整或综合的产品信息的印刷品。产品手册的独特性在于它是一种能为顾客提供采购参考的促销方式。

产品手册内容一般包括:封面;目录表;公司背景——历史、政策以及特点;产品页。产品页是重点,它包括:产品能向使用者提供的利益的全面说明;有关产品特点的详细说明;有关操作性能数据、规格、工程学特征和价格;如何获取更多的信息——销售部、经销商和其他来源,等等。

行业中的采购人员和采购影响者都会在其工厂中保存产品手册。当需要进行采购时,他们会参考这些产品手册,比较产品的规格、价格、生产周期等参数,并通过这种反复比较法来筛选可能的供应商。购买者根本不会考虑那些产品手册就不适合购买者的工业用品制造商。有时候,产品手册又被称为"无声的推销员"。事实上,产品手册可以作为工业用品推销访问的补充——在销售人员进行拜访之前及之后,它都为客户提供参考。

(二)影响产品手册有效性的主要因素

1. 产品手册的制作是否精美

一本制作拙劣或不完整的产品手册,往往会影响制造商的形象,给人工作不认真的印象,从而会影响推销作用。

2. 产品手册的分发是否得当

对于组织间营销经理来说,产品手册的分发是一个难题。产品手册的价格相对较高,而且当其分发的有效性很差时,费用会迅速地增长。分发数量过多会使产品手册的制作和发送成本上升,而分发数量不足可能会因为没有触及那些能指定具体竞争产品的关键采购影响者,从而造成损失。如果工业用品营销经理打算在促销组合中使用产品手册,他们就必须利用 SIC（标准产业分类系统）具体地界定客户并准确地确定关键的采购影响者。这些因素在制作产品手册之前就应了解。如果产品手册的分发范围太广，成本太高，就应考虑使用其他沟通媒介。

3. 产品手册在推销中使用的频度

人员推销的成本很高，所以有些公司已经用产品手册来代替销售代表。这种趋势在那些价格低、相对简单的产品中比较明显。在某些情况下，使用产品手册可以大大降低促销费用，而且不会降低销售能力。这种方法可以及时更新信息（价格和交货信息），而且订货非常简便，这对采购人员和销售人员都有利。

上述三个因素之间互相联系，缺一不可。一本制作拙劣或不完整的产品手册，无论其分发多么得当，都会令公司很快地丧失信誉。另一方面，如果无法触及那些能做出决策的采购影响者，即使产品手册制作得非常完美，它也没有任何实用价值。另外，如果销售人员在如何使用产品手册上没有受过严格的培训，那么在公司的整体营销组合中，人员推销与销售促进就不能有效地融为一体。

（三）分发产品手册的方式

（1）可将产品手册邮寄给采购影响者。

（2）可使用插页广告和直接邮件来使潜在客户向公司索要产品手册。利用这种方法经常会发现目前并不了解的采购影响者，而且在使用中能够很容易地与邮件分发结合起来。

（3）销售人员可以将产品手册直接交给采购影响者。

（4）可以发送产品手册的总目录，即包含很多制造商的产品手册的索引卷。

一般来说，根据公司整体的营销和促销目标，将这 4 种方式结合起来就形成了最有效的产品手册分发系统。

四、技术研讨会

技术研讨会的形式特别适用于高技术产品的促销沟通上。在研讨会上，企业可以向客户详细地介绍一项高新技术，使客户们可以在使用产品之前就熟悉这种技术。一次研讨会可以清楚地阐明一项新技术到底是什么，并全面地展示其功能。研讨会关注的核心向来都是顾客而非产品，因为其目标是为了打消顾客对创新的疑虑。一些研讨会是针对分销商们召开的，因为分销商在客户推销产品时也应是名专家，能够把真正满足顾客需要的现有产品介绍给各自的客户。美国的 Oracle 公司的做法很具典型，Oracle 公司是美国数据库软件的领先者，它将技术研讨会这种模式形成标准化，每年都会为其 7.5 万个已有的或潜在客户组织 600 次以上的技术研讨会。

五、特制广告品

有很多产业销售公司还会使用特制的广告品。特制广告品是指那些可以将广告商的公司名称、地址以及广告信息传递给目标受众的广告和促销媒介，且这种媒介还必须具有实际的使用价值。特制广告品是免费发送给潜在顾客的。典型的特制广告品有年历和商务小礼品。小礼品包括圆珠笔、打火机、便笺簿、笔记本以及其他有用的物品。这些小礼品能够给现有的顾客(潜在顾客)带来一种很好的心情,并最终有助于潜在顾客优先考虑使用该公司的产品。

六、参观公司

大部分组织间销售公司都会采用这种方法,特别是对于那些购买繁杂的、精密的设备的客户。组织他们参观公司,以使企业现在的、极有可能成为公司客户的潜在客户对公司产品、设施、管理等方面有所了解,当然这种参观的内容要求客户为企业保密。在许多情况下,这种参观活动常作为客户购买设备时提供的一种服务内容,它允许客户检验新机型,探讨长期供应计划,对新技术问题进行探讨等。

第三节 组织营销的公共关系战略

一、公共关系的概念和种类

所谓公共关系是指为了使企业和社会公众之间建立并保持相互的理解而进行的、经过深思熟虑的、有计划的和持久的努力。公共关系所涉及的范围要比公开宣传宽,而且其对象不仅包括公司现有的和潜在的顾客,还包括股东、员工、政府、选举人以及其他类似群体。

在很多组织间营销公司中,公共关系经常被使用。有营销研究表明:在那些复杂、昂贵、风险大的产品的购买活动中,企业形象好的企业更容易获得订单。而很多组织间营销公司正是利用公共关系向消费者传递理念性和情感性的企业形象和产品信息,以此构建一个令人满意的企业形象,从而激发起消费者的需求欲望,使其尽早采取购买行为。同时,公共关系还能够为公司的销售人员创建一种良好的销售氛围。

在组织市场中,公共关系包括以下几种形式。

(1) 新闻发布会:当企业在技术上有重大突破,或有新产品问世等重大事件想把信息传递给外界时,企业可以通过广告的方式把信息传递出去,但是由于媒体的费用提高、广告效果下降等因素,人们越来越倾向于利用新闻媒体,比如新闻发布会。通过新闻发布会的方式把企业想传达的信息传达出去,不仅费用低而且更具有说服力。

(2) 研讨会:工业企业可以把用户请来召开一些与自己产品应用相关的,如某设备在某行业的应用为题的研讨会。一般会把会议地址定在有纪念意义的地方或旅游胜地。通过研讨会可传达企业信息,加强与用户的联系,帮助用户更好地应用设备等。同时也可通过召开一定层次的研讨会树立行业领导者形象并合理合法地回馈用户,比如满足用户旅游的需要。

(3) 交流会:交流会与研讨会性质类似,但一般来说规格略低。比如一些企业不仅重视与用户企业采购决策者之间的关系,也重视用户企业使用者的作用,因为仪器设备等质量好坏评价起决定作用的往往是使用者。因此可以把使用者召集在一起,通过交流或竞赛等方式使用者更好地掌握使用技术,借此达到拉近关系、树立形象、回馈用户的目的。

(4) 企业峰会：通过发起企业峰会，引起人们瞩目，树立企业形象。通过企业峰会，行业领导者可以强化领导者形象，而行业追随者可以建立与行业领导者平起平坐的形象。比如发起一个邀请行业前10大企业参加的峰会讨论行业市场走向，或如何应对入世后挑战的问题，给公众的感觉是你必是10大企业之一。

(5) 行业宣言：通过发起行业宣言，引起公众瞩目，树立美好形象。比如某原材料供应企业通过行业自律宣言强调自己是第一家发起行业质量保证的企业等。

(6) 意见领袖：通过某种方式，比如通过赞助行业协会、给某些领导型企业以优厚条件，或请业内专家当企业顾问等形式使对企业销售有影响力的组织或个人成为意见领袖。另外企业培养窗口用户的做法也应属于意见领袖。即通过给用户某些特殊待遇，使该用户成为该地区企业的仪器展示窗口，用户有义务接受其他用户的参观，并讲解仪器的优点。一般来说并不是所有用户都愿意让自己的竞争对手来参观，除非该仪器在这个行业中的使用不存在涉密内容。

(7) 顾问用户：公司聘请对企业发展有影响力的大用户为自己的顾问，借此树立以用户为中心的企业形象，拉近与用户的关系，同时得到必要的支持。如公司可以把自己的前十大用户聘请为自己的顾问用户，参与公司重大决策或产品研发等。比如由于产品是在顾问用户参与下开发的，那么必然比较适合顾问用户，同时由于产品也是顾问用户的"产品"，它们会常常主动帮着推销。

(8) 创造新闻：通过策划创造有利于企业与公司产品、人物的新闻。如某老总大锤砸几十万元的设备以强调企业重视质量等。这要求公关人员不仅要有创造新闻的技巧，而且要和新闻媒体建立良好的关系。

(9) 公众服务活动：通过做公益事业树立企业美好的形象，增强人们对公司的好感。如前几年新闻报道的老外学雷锋的事件，如GE公司的社区志愿者活动。

(10) 服务巡礼：通过服务巡礼，可以树立企业重视服务的形象。比如可在某一重点地区展开阳光服务月活动，比如免费维护，免费换机油等。

(11) 节日活动：中国传统节日和西方文化传入带来的洋节日，对于许多消费品企业是一个不可忽视的促销时机，工业企业也要重视这个传统节日。比如可以通过邮寄贺卡的方式表达问候，证明你心中有用户，比如利用春节期间走访用户，拜年送一些小礼物，表达对用户的感谢，或春节前一个月开展拜年服务月活动，使用户过个放心年。通过节日表达对用户的关心和友谊。

二、公共关系的决策过程

在考虑何时与如何运用公共关系时，企业必须建立营销目标，选择公关信息和公关媒体，执行公关计划，并评估公关效果。

（一）调查研究

调查研究也叫企业公共关系现状调研，目的是了解那些影响行业行为的公众的认知、观点、态度和行为，找出企业在公共关系方面存在的问题，从而为公关的方向确定提供依据。调查研究需要在确定调查方法的基础上收集相关信息并进行信息分析。

（二）制订计划

制订计划即为公共关系活动确定目标和计划。

(1) 确定目标。进行调查后,查明问题的前因后果,即可为公关计划确定目标。一般的目标有建立知名度、提高美誉度、激励经销商等。

(2) 制订公关计划。制订公关计划是确定实现目标的步骤。计划有长期与短期两种。一般计划有以下几项内容：背景、现状的概述；目标、主题的明确；项目与企业行为；媒体选择；预算。

（三）传播行动

没有传播行动,公共关系活动计划就是一张废纸。传播行动必须有公众参与,但不是所有的人都认为企业组织的传播行动由公众成为主体。

（四）效果评估

公关计划是否有效,是否需要做一些调整,是否达到既定计划目标,这些都要求及时对计划效果进行评估。评估方法一般有以下几种。

(1) 自我评价法。即由计划主持人与参与计划实施者凭借自己的感觉,对公关计划效果进行评估。此法受主观意志影响较大,但快捷、独特,深受企业管理层的青睐。

(2) 公众评价法。一般通过民意调查和态度测量等方法来得出对特定范围的公众认知、态度与行为进行的调查结果,经过综合后获得公关计划效果评估。这种评价法有一定的标准和科学方法,从而使结果较为真实。

(3) 媒体评价法。通过新闻媒体对企业的报道情况,作为判断公关计划效果好坏的评价标准。例如报道在篇幅上的大小,对企业成就上报道的多少以及媒体自身的重要性和发行量大小等。

(4) 专家评价法。聘请各方面的专家对企业公关活动前后的各方面情况做专门的调查研究后,做出客观的评价。

第四节 中国组织营销的促销战略

一、广告投放的现状与分析

（一）广告媒体的选择

通过问卷调查我们发现,被调查企业中有80%在销售其产品/服务时曾经使用过广告,而从未使用过任何形式的广告的企业只有20%。企业对于不同的广告媒体/载体的使用频度的具体情况见表10-7。

通过对表10-7的数据进行分析可以发现,我国产业企业比较经常使用的广告媒体包括：商业期刊、报纸以及行业名录。相对来说,这几种广告媒体对于特定产品的采购人员和采购影响者来讲具有比较高的可信度,而且订户中广告的目标受众也较为集中。但同时也存在一些问题,那就是竞争对手的广告也会同时出现,阅读者的注意力会因此被分散,特别是在商业期刊和行业名录中,这种现象尤其明显。而且对于那些不订阅商业期刊和行业名录的潜在客户而言,选择这些媒体投放广告毫无意义,潜在客户的覆盖率存在一定的限制。此外,再成功的广告也只能被读者中的少部分人接触到,因此广告的投放频度会对其实际效果产生直接影响。有研究表明,在月刊上的广告投放每年至少应有6次,周刊上的广告投放每年应不少于26次。在这方面,我国企业广告投放的频度相对偏低,广告的效果并不十分显著。再有,另一种被国外企业广泛使用的、具有相当大的选择性、灵活性以及个人针对性的广告媒体——邮递广告,在我国企业中的应用则相对偏少。因此,如何将各种广告媒体进行有效的组合,充分发挥其各自的优势仍有待进一步研究。

表10-7 企业对于不同广告媒介的使用频度

使用频度 广告媒介	5次或以上/年	4次/年	3次/年	2次/年	1次/年	从未使用
商业期刊	20.6	8.8	5.9	5.9	32.4	26.5
邮递广告	14.7	5.9	8.8	2.9	17.6	50
行业名录	2.9	14.7	5.9	17.6	23.5	35.3
综合性杂志	12.5	3.1	6.3	6.3	12.5	59.4
报纸	21.2	0	12.1	15.2	18.2	33.3
电视	6.3	0	6.3	18.8	18.8	50
广播	9.4	6.3	3.1	3.1	21.9	56.3
户外广告	6.3	3.1	6.3	6.3	25	53.1
互联网	12.8	5.9	0	5.9	20.6	55.9

(二)插页广告媒体选择时的重要质量标准

鉴于我国企业经常使用的广告媒体均为平面媒体,投放的广告为插页广告,因此选择媒体时的质量标准就具有重要的意义。我国企业选择插页广告的投放对象时认为重要的质量标准见表10-8。

表10-8 插页广告投放媒介选择时的重要质量标准

重要程度 质量标准	非常重要 5	4	3	2	不重要 1
发行量	60.9	13	4.3	8.7	13
受众的覆盖程度	33.3	42.9	4.8	4.8	14.3
杂志的编辑质量	9.5	38.1	14.3	23.8	14.3
产品的被垂询率	29.2	25	33.3	4.2	8.3
杂志读者的总数	39.1	13	26.1	17.4	4.3

表10-8中的数据显示,在选择插页广告的投放媒体时,我国企业重点考虑的质量标准主要集中于刊物的发行量以及读者总数,而对此刊物的编辑质量以及文章价值的关注则很少。一种刊物的发行量以及读者总数虽然可以反映目标受众的覆盖程度,但是此刊物的编辑质量以及是否有企业广告目标受众所感兴趣的文章则直接影响到读者的阅读态度和投入程度。一本编辑质量较差的刊物是不会被读者认真阅读的,而在这样的刊物上投放广告的效果并不会很好。即便其发行量很大,情况也是如此。因此,在参考发行量以及读者总数的基础上,针对企业广告目标受众的特点和具体需求,进一步加强对广告投放

媒介的编辑质量和文章价值的重视程度和评价方法,是我国企业在选择广告投放媒介时应重点考虑的问题之一。

二、我国电子邮件营销的现状

(一) 市场现状分析

据中国互联网络信息中心(CNNIC)的数据统计:在网民中最常使用的互联网服务中,电子邮件的比例高达95.07%,而且绝大部分用户拥有两个以上的电子邮件地址。E-mail已经成为互联网用户之间最主要的沟通方式。根据艾瑞咨询的统计,2010年中国个人电子邮箱用户规模达2.59亿户,邮箱用户占网民总数的比重为56.7%。

从CNNIC的调查数据可以看到:有31.31%的邮件用户愿意收到网络广告邮件来作为其选择物品或服务的参考;40.65%的用户持中立态度。看来只要是有价值的营销邮件,网民是可以接受的。

目前,企业对于互联网的应用主要是建立自己的网站,在互联网上进行企业形象和公司简介、产品销售方面的宣传,只有客户查询到公司的网站并点击进入,企业的信息才能被客户所知道,这种营销方式属于被动式的营销模式,不符合今天企业快速发展的需要。而基于电子邮件的主动式的营销模式却由于种种原因迟迟得不到发展。从目前的状况来看,我国由于互联网发展起步较晚,企业的网络营销的意识还不是很强,邮件营销没有得到足够的重视,所以发展相对比较缓慢。

随着我国企业上网数量的不断增加以及企业网络营销意识的不断加强,电子邮件直邮广告也开始逐渐受到重视。从客户的反馈时间上来看,电子邮件广告通常为三天,远远少于传统直邮广告三周至六周的时间,而且在发送成本上也要远远低于传统直邮广告。正是由于具有方便、快捷、成本低等特点,使用电子邮件广告的企业数量正逐步增加。调研问卷的结果显示:有38.5%的被调查企业曾经使用过电子邮件广告,但从未使用电子邮件广告的企业仍高达61.5%。

(二) 企业获得目标顾客邮件地址的主要途径

从表10-9中的数据可以看出,目前我国企业获得目标顾客邮件地址的主要途径为通过在本公司网站注册的客户资料以及通过销售人员、经销商等来源获得。通过这两种途径获取的目标顾客信息相对来说具有比较高的准确性和目标性,尤其是第一种方式,属于许可营销的范畴,因此具有极强的针对性和有效性。

表10-9 企业获得目标顾客邮件地址的主要途径

获得途径	所占比例/%
通过在公司网站注册的客户资料获得	35.7
通过销售人员、经销商等来源获得	28.6
通过贸易展示会/行业展会获得	10.7
通过行业名录中的信息获得	14.3
从第三方购买邮件地址列表	10.7

(三) 我国电子邮件营销存在的问题

企业营销方案是否成功的主要标志之一就是要看营销效果如何。现在很多企业纷纷采用电子邮件营销，由于具体的操作方式的不同而导致营销效果的不同，目前邮件营销存在的主要问题有：

(1) 缺乏电子邮件广告专业服务商。由于对专业服务商了解不多以及信任度不够等原因，一些企业即使计划投放电子邮件广告，也往往不知道应该如何选择服务商。因此许多企业宁可在效果不理想的情况下利用公司内部的邮件列表系统自行开展电子邮件营销，也不愿采用专业的服务。这时就要求企业花费时间、精力对相关资料进行分析、归类，而且要不断地修订、更新。

(2) 邮件占用空间太大。在带宽资源还不是很充足的今天，给用户发大容量的邮件是不明智的。邮件太大会占用大量下载时间，因此，含多媒体、声音、图像的邮件尽量少发。

(3) 缺乏专业人才。电子邮件广告需要专业化操作，即选择专业的人员、专业的服务商，同样是一封电子邮件广告，但由于广告格式、广告内容设计、邮件发送时间和发送方式等的细微差别，结果可能有很大不同。在调研中发现，很多企业在使用电子邮件广告时遇到的主要困难为缺乏专业人才。

(4) 滥发邮件。没有目标和定位，随便找一大堆电子邮件就发送企业的信息，短期内看不出对企业有什么影响，但由于没有目标的滥发，首先看不出企业邮件营销的效果；其次造成了由垃圾邮件给企业带来的名誉的损坏，同时也严重伤害了电子邮件广告的声誉。

三、组织间网络广告的现状

(一) 我国网络广告的整体情况

1997年3月，Chinabyte网站上出现了第一条商业性网络广告，标志着中国网络广告的诞生，虽然这条广告的形式现在看来非常单调，但对于互联网行业的发展却起到了至关重要的作用。2011年中国互联网调查显示：2010年中国网络广告营收总收入达256.6亿元，2012年将达461亿元，超越报纸(423.9亿元)成为中国市场第二大广告媒介。未来几年网络广告营收增长率将保持在30%以上，成为成长快速、实力强大的新媒体。

(二) 网民对网络广告的态度

艾瑞咨询推出的《2011—2012年网络广告调研受访用户行为研究报告》显示，在各类媒体中，用户对于网络广告态度最为友好。同时，网络广告在受访用户的消费过程中有着重要决策价值。2011年网络广告调研受访用户中，认为能从互联网广告获取有用信息的比例最高，为47.2%。用户对于各类媒体广告的态度差异并不太大。而分别有35.8%和34.1%的用户认为购物类网站和搜索引擎上的广告很多是有用的和其感兴趣的，高于其他类型网络服务的比例。50%的用户认为网络广告提供的信息对其进行选择有很大参考作用，而24%的用户表示网络广告经常能直接影响其消费决策。

(三) 我国组织间网络广告的投放情况

国家信息中心的调查显示,传统大型企业正在重视品牌、企业形象的树立。根据艾瑞市场咨询(iResearch)调查的资料显示,81%的 B2B 公司选择报刊杂志广告作为广告投放的主要形式,网络广告的选择率列在第三位,占到 44%。综合来看,报刊杂志广告、展览会和网络广告已经成为 B2B 公司品牌宣传的主要形式。

(四) 组织间网络广告的具体形式及内容

相对于其他产品而言,组织间的网络广告又具有其特殊的一面。调研结果表明,大多数企业会选择在本公司自己的网站以及与本行业相关的专业网站上投放产品/服务广告,而很少选择知名的门户网站投放广告(见表 10-10)。

表 10-10 企业投放网络广告的主要媒介

网络广告媒介 \ 使用频度	经常使用 5	4	3	2	很少使用 1
本公司自己的网站	50	—	—	6.3	43.8
比较著名的门户网站	8.3	16.7	16.7	8.3	50
与本行业相关的专业网站	33.3	13.3	40	6.7	6.7

企业网络广告的主要形式包括主页型(homepage)广告和按钮型(button)广告两种。主页型广告指将企业要发布的信息内容分门别类地制作成主页,放置在网络服务商的站点或者企业自己建立的站点上。这是组织市场网络广告最主要也是最基本的形式。在主页型广告可以详细地介绍企业的相关信息,如企业具体情况介绍、主要产品与技术、售后服务、联系方式等,从而使客户全面地了解企业以及企业的产品和服务。按钮型广告通常是一个链接着企业的主页或网站的企业标志(logo),浏览者点选此图标即可链接到企业的主页或网站,从而看到企业的详细信息。工业企业通常会选择在与本行业相关的专业网站上发布按钮型广告。

(五) 我国组织间网络广告存在的问题

网络广告的特点之一就是不受媒体的时间和版面的限制,内容可以非常详尽、丰富。但通过调研发现,我国组织市场中企业主页广告内容主要包括公司情况简介、产品性能介绍以及企业形象宣传(见表 10-11)。大多数企业的主页中仅仅包含公司简介、产品介绍以及联系方法三个选项,而且内容非常简单。丰富性差、内容过于单一是影响主页型广告效果的重要因素之一。过于简单的主页内容不仅无法给浏览者留下深刻的印象,而且无法提供足够的必要信息,网络广告的丰富性和互动性没有得到充分的发挥。如何充分发挥网络的优势,进一步丰富网络广告的内容,有效吸引客户的注意力,仍有待我国企业进一步研究。

表 10-11 网络广告的主要内容

	比例/%		比例/%
公司简介	36.2	产品性能介绍	31.9
企业形象宣传	23.4	新产品信息发布	8.5

四、销售促进情况

销售促进的方法很多,但鉴于组织间所销售产品的特点,诸如幻灯、电影等方式通常会在行业展示会上使用。目前我国企业进行销售促进的主要方式包括行业展示会、产品手册以及参观公司(见表10-12)。

表10-12 企业进行销售促进的主要方式

销售促进方式 \ 使用频度	经常使用 5	4	3	2	很少使用 1
行业展示会	31.3	9.4	25	15.6	18.8
产品手册	47.2	19.4	25	5.6	2.8
参观公司	25.8	19.4	16.1	16.1	22.6
技术研讨会	12.5	18.8	34.4	18.8	15.6
特制广告品	10.7	7.1	3.6	39.3	39.3

作为主要的销售促进方式之一,行业展示会以其特有的极高的顾客集中度和顾客凝聚力从而为多数企业所采用。企业参加行业展会的目的见表10-13。

表10-13的数据显示,我国企业参加行业展示会的目的主要是保持企业形象、推介新产品或服务以及保持与主办方的合作关系。

表10-13 企业参加行业展会的目的

参展目的 \ 重要程度	很重要 5	4	3	2	不重要 1
推介新产品或服务	51.7	34.5	6.9	6.9	0
竞争对手也参加了展会	14.3	0	35.7	28.6	21.4
保持企业形象	38.2	29.4	20.6	2.9	8.8
在展会上签订订单	32.3	19.4	25.8	6.5	16.1
保持与主办方的合作关系	42.4	6.1	18.2	27.3	6.1
发现潜在顾客	46.7	13.3	26.7	3.3	10
获取客户邮件列表	12.5	12.5	19.5	12.5	46.2

本章小结

广告在组织间营销中具有刺激派生需求、影响利益相关者和建立产品知名度、塑造公司形象等作用。组织营销的广告媒体选择应根据各种媒体的宣传特性进行甄别,这要求组织营销者了解每种媒体的优势和弱点。一般来讲,商业期刊、邮递广告、行业名录、网络等是常用的广告媒体。组织营销者要根据组织的宣传需要设定广告目标、确定广告预算,并针对营销目标编辑广告信息、选择广告媒体,为达到设定的广告目标还要在广告实施后评估广告效果以利于优化流程和战略。组织的销售促进既可以针对消费者进行,也可以针对中间商进行。组织营销者要熟悉各种销售促进工具的特性和使用流程,并利用贸易展览会、产品手册、技术研讨会等机会激发需求,发展同客户和利益关系者的关系。同时,也要使用好公共关系工具,正确执行公关决策过程。中国组织间营销的发展有自己的特征,了解本国促销的发展情况有利于我们立足本土实际开展促销活动,提高市场适应能力。

关键词

派生需求(derived demand)
直接邮递广告(direct mail advertising)
行业名录(business directory)
销售促进(sales promotion)
交易折扣(trade discount)
联合促销(joint promotion)
贸易展览会(trade shows)
意见领袖(opinion leader)

思考与讨论

1. 怎样选择组织间营销的广告媒体?
2. 组织市场的广告战略制定需要考虑哪些关键因素?
3. 针对中间商的促销工具有哪些?
4. 简述公共关系的决策过程。
5. 通过浏览行业新闻和网站,了解我国现阶段组织市场广告的发展有哪些特点。

综合案例分析

长城公司是上海一家生产推土机的工业品企业,其长期的销售收入都是靠来自自己的关系维护市场,最大的客户是政府事业单位机构。长城公司成立几年后,在吸收国外先进技术的基础上组建研发团队,自行研发了产品。与多数高价格推土机一样,这个行业虽然同类厂商数目并不是很多,但竞争也很激烈,业内当时已有像B单位这样的国内知名领头企业,凭借本土优势,以相对国际知名企业较低的价格,占有国内市场60%的市场份额,其他40%为国外几家国际大企业和国内其他小企业瓜分。

长城公司分析自己的产品特点,认为从技术先进角度讲,自己的产品应在国际知名品牌与国内领头企业之间,因此定价比国际品牌低,但高于国内同类产品。长城公司的目标是不依靠现有的客户资源,而是通过优质的服务和理想的产品性能价格比成为国内领头企业,因此长城公司欲达到目标必须战胜老牌企业B,同时由于这种定位,长城公司必然面临国际大企业的竞争。

当时的长城公司在整个行业几乎没有任何名气,在大家都在宣传自己的技术含量高、质量可靠,用户不知信谁好的情况下,作为不知名的新企业,如何使用户相信自己?如何打消用户对不知名企业的怀疑和忧虑,放心购买?如何在价格高于老牌企业的情况下去销售?如何快速提高企业知名度和美誉度,树立自己的企业地位?这是摆在长城公司面前的一系列难题。

开始的时候,当长城公司的推销人员拿着自己的产品样本到处推销时,发现人们并不相信销售人员所说的。用户总是自然地问起,你的东西听起来是不错,可是这么贵的东西,你让我们如何相信你呢?你的推土机我们很感兴趣,但为慎重起见,你能告诉我,哪些厂家用过你的产品吗?我们需要证实。

面对用户的疑惑,长城公司知道如果想要大家购买自己的产品,就必须让大家相信自己,而自己最迫切的问题是如何找到自己的第一个用户。最大的问题是用户对新产品迷惑不解,害怕新产品不可靠。这个时候,长城公司知道只有好的产品是不行的,重要的是要市场认可才行。

长城公司的领导者们开始静下心来思考市场问题。就在长城公司的领导者们苦苦思索的时候,长城公司的老总看到了农夫山泉矿泉水在中国的快速发展和品牌名气,于是开始研究并且参照农夫山泉矿泉水的营销模式去运营,砸下千万元模仿农夫山泉矿泉水的营销策略:①花了 600 万元在电视台做广告宣传;②花了 200 万元找了名人代言;③花了 100 万元赞助希望小学图书馆;④花了 300 万元做了户外平面广告;⑤开始实行促销策略,买五台推土机给予八折价,10 台以上面谈;⑥全国召开渠道商大会,并给予激励政策和补贴,无论是县城的,还是小镇上的,只要能帮忙销售,一律合作……

然而,半年过去了,长城公司砸下千万元宣传得到客户的反馈却是:①A 客户——对不起,我一个人决定不了这个项目,需要和我们项目组谈完才知道;②B 客户——代言人是很漂亮的小姑娘,但是她用过你们的推土机吗?没用过怎么知道它好呢?③C 客户——你们的价格本身在行业里是比较便宜的,但是现在买 5 台还打折,会不会是知道这批推土机质量不好而慌忙推销出去呢?④D 渠道商——俺们镇上目前没有什么工程,所以都不需要推土机。您看这个月的补贴什么时候到账呢?……于是,长城公司放弃农夫山泉矿泉水模式,重新维护老客户。公司老总思来想去,怎么也想不明白,为什么按照农夫山泉矿泉水的模式去操作,结果市场并没有想象中的好,反倒使自己的企业名声受到了影响。白白花了几千万元不说,而且底下的员工士气低落。最终长城公司不得不放弃了农夫山泉矿泉水的营销模式,用原来存在的关系重新维护客户,赚小钱儿去了。

资料来源:丁兴良. 工业品企业常犯的营销错误:长城公司的案例[OL]. http//www.cnbm.net.cn/article/ar508532544.html,2012-10-25.

问题与讨论

1. 根据以上的材料描述,你认为同样的促销策略为什么在农夫山泉和长城公司起到了完全相反的效果?

2. 如果你是老总,你打算怎样花掉这 1 000 万元经费来为长城公司开拓市场?

第十一章 组织间营销控制与绩效测量

 开篇案例

当两位营销经理面对完全相同的市场环境,可供投入市场营销战略的资源也相同时,他们的营销战略却会产生截然不同的效果。原因何在?一位营销经理可能密切监督和控制营销战略的绩效,而另一位营销经理则没有这样做。一位精明的营销企业会评估各个细分市场的营利性并考察营销组合各要素的效率与效果,以便能够发现问题、把握机遇,并且可以根据市场或竞争环境的要求改变营销战略。

资料来源:赫特 M D,斯潘 T W.组织间营销管理[M].侯丽敏,朱凌,甘毓琴,译.北京:中国人民大学出版社,2011.

 本章学习目标

1. 控制与评价的关系;
2. 营销控制在组织营销中的作用和地位;
3. 控制过程的组成;
4. 组织间营销控制的层次;
5. 评估营销绩效的具体方法。

第一节 控制与绩效测量的内容

企业间营销计划和战略制定是一个错综复杂的过程,为了应对不断变化的顾客、竞争者和供应商及其他相关的环境要素,就有必要在众多的功能和工作间进行协调。一个总的营销战略要求产品(或服务)、渠道、促销努力和价格之间的合理整合,市场营销管理者必须尽可能确定在他的总体营销战略中哪个因素是有效的,哪个是无效的。市场营销管理如此错综复杂,任何一位管理者都不能忽视营销要素间的相互作用及其结果。控制和评估并不是企业间营销所唯一拥有的,它是任何营销战略的必要元素之一。

一、组织营销控制的概念

控制和评估这两个词有时被用作同义词,其实,它们从管理的角度来讲是不同的,对它们各自的意义应该予以澄清。控制意味着保持方向和目标,特别在行动或程序正在执行中需要控制,当发现有背离目标的偏差时,就要通知负责产品或销售的管理者。例如,一个产品经理可能有这样一个目标:在一定的期限内(如五年)占据某个市场15%的份额。控制将用来监视实现整个目标的过程。而评估实际上更偏重于诊断,着重于从结果来看目标实现的好坏,所以,评估的目的是解释在控制过程中发现的差异。例如,当佳能美国公司向市场推广其 NP200 型桌面普通纸复印机时,它的目标是使其便携式普通纸复印机市场份额在五年内从 2.5% 增长到 10%。佳能管理层的控制将关注在这五年内从 2.5% 增长至 10% 的过程,以确保目标的实现和市场活动为实现目标发挥作用。另一方面,对于实际和预测销售量的差异,评估将发挥作用。如果市场份额在过去开始的三年中只增长了 0.5%,为什么市场表现落后于目标?可能是因为不尽如人意的产品或服务、无效的沟通、错误的渠道、客户需求变化、错误的市场选择,或是因为竞争者的战略。佳能的评估过程将试图指出造成这种差异的原因,然后采取正确的行动。

在实践中,控制和评估通常被认为是一种相互关联的过程,用于检查、估计和纠正在不同的市场行为中期望和现实表现之间的差异。这样看来,控制和评估可以看作一个同一的过程。

二、组织营销控制的内容

相互关联的控制和评估过程可用于营销的许多层次,这些层次从公司的整体战略或计划到广告、销售、市场研究等各个营销职能顺序排列,也可能包括外部组织的活动。

(一)整体营销计划和战略的控制与评估

整体营销战略包括市场机会、选择最佳市场、决定如何以最符合公司目标的方式服务于目标市场等。正如第六章中所述,战略制订是最基本的市场营销活动,所有其他如市场营销决策、程序和策略必须与其整体战略相一致。因此,对企业所选择的整体市场营销战略进行控制和评估成为一项顺理成章的管理职能。

整体营销战略或计划的控制和评估应该解决以下三个基本的问题。

1. 市场营销战略真的在被实施吗?

营销经理不能想当然认为他的战略正在被执行。一般来说,日常的战略计划活动的结果是一个时期战略计划,而日常活动如果与整个计划目标不一致,就不能说他的营销战略在被执行。

战略未被执行的原因可能很多:战略也许不够清晰或不容易理解;管理者也许没有很好地和那些渴望去执行的下层进行交流;各种各样活动的权责并没有被恰当地分配;下层人员没有可投入战略的资源,因此对强加于其身上的战略产生反感,等等。产业营销经理必须意识到他在控制和评估过程中的这些问题。

2. 战略计划执行情况如何?

一旦管理者决定实施既定战略,那么建立一套衡量战略的执行情况的标准就成为控制和评估必然的步骤。管理者必须明确执行的深度并同时注意协调各种各样的营销活动。

3. 在条件变化的情况下,战略还是那么有效吗?

这个问题不同于前两个。现在,营销管理者必须解释在供应商、客户和竞争者变化时,战略是怎样执行的。许多变化发生在战略的制定和实施过程当中,它可能导致战略的过时或是不能发挥作用。在产品、渠道、广告、销售和价格这些战略组成要素发生变化时,战略更新或保留有效的部分,就需要抉择。

总体战略的控制和评估是企业间营销管理者的首要责任之一。然而,事实上很多管理者将控制和评估任务交给了下属助理去做,但最终的责任仍然直接由营销管理者(经理)来承担。

(二)战略业务单位的控制和评估

波士顿咨询组织建议多重产品和多重市场的大公司应建立"战略业务单位"或"利润中心",然后再将它们看成独立实体而制定相应的独立战略。这样,各组合战略就可融入到整体战略当中,但彼此要独立进行评估。由于每个战略业务单位都有自己产品和服务的投资组合,因此它的控制与评估也以此为基础。

(三)具体营销计划的控制与评估

在一个整体营销战略和独立业务单位战略中,通常很容易建立一个程序来执行这些战略。营销程序应该是详细的、按时间排序的行动,它可用来指导和协调营销行为,最有效地满足市场需要和达到营销目标。营销程序包括了需执行的具体功能或任务,确定了执行的时间框架,也为每个行动定制了合理的预算,划分了相应的责任。

程序评估是这样的观念,它把各个阶段或方面看作是一个系统的组成部分,而不是割裂为不相关的个体,所有的组成部分应该用一种相互关联的、合作的观点来看待。如果一部分变化了(例如因为成本上升,价格提高),它的作用会在整体上表现出来,同样也会在其他方面表现出来(例如产品质量、渠道、分销、广告和销售等方面)。所以,应对程序进行相应的控制和评估。

一家工业企业会在一个整体营销战略内同时采纳一些计划步骤。例如佳能公司,特别为NP200桌面复印机开发了一个营销计划,与此同时,也为佳能复印机系列的其他产品开发了一些特别的计划。这些计划共同构成了整体战略,但它们必须被独立地控制和评估以期达到它们各自的预期目标。

计划控制和评估要求营销经理关注以下一些重要问题。

(1)每个计划步骤同公司的整体战略保持一致的情况如何?是否有一些与整体战略不协调?是否有一些计划同其他计划不一致甚至互相排斥?

(2)如何有效地对这些计划配置资源?是否有一些计划需要特别地关注和配置更多的资源,而其他的少一些呢?为保证每个计划的顺利完成,资金是否充足?

(3)每个计划的营销组合的效果、效率如何?如果每个计划被看作是一个系统,那么每个计划的营销组合应该基于成本和有效性来考察。

计划控制和评估可能是也可能不是营销经理的直接责任,但往往是他们的最终责任。例如,一个公司有生产经理、销售经理、计划经理,他们显然分别对各自的工作的控制和评估负责,然而,通常这些人也要向营销经理负责。因而后者对于计划的成功与失败负有最终的责任。

(四)营销职能的控制与评估

在整体战略中,具体计划和营销活动或职能是由具体部门执行的,例如销售、广告和市场研究等。这里对营销职能的控制和评估,就是看每个职能部门工作完成得如何,将战略转变为具体战术的情况如何。例如对产品战略,就要重点关注产品规格、等级、式样、服务以及售后担保等;在广告方面,主要应注意评估媒体;在销售方面,主要评估访问次数、订单数以及销售人员得到订单的平均规模。

表 11-1 列举的是用来评估某具体工业产品的一则广告策划的方法,对各个广告和媒体是根据其成本和刊播次数来进行评估的。每次广告的成本从最高的直接邮寄广告￥11.68 到最低的商业杂志广告￥2.20。要注意,不同广告形式可转化为实际销售的百分比有很大不同。

表 11-1　广告分析报告

媒体种类	广告成本/美元	广告刊播数	占总量的比例/%	广告费用/美元	影响观后购买的广告比例	能带来销售的有效广告比例
企业名录(1995年)	1 500.00	236	12.60	6.35	44	27
直接邮寄 1/95	2 300.00	197	10.50	11.68	17	67
直接邮寄 3/95	2 300.00	277	14.70	8.30	23	64
商业期刊 A 5/95	1 250.00	406	21.60	3.08	31	24
商业期刊 B 7/95	750.00	341	18.10	2.20	41	19
商业期刊 C 9/95	900.00	278	14.80	3.24	21	6
商业期刊 A 11/95	1 250.00	144	7.70	8.68	32	26
合　计	8 150.00	1 879	100.00	4.34		

表 11-1 所提供的这些数据可让广告部和营销部经理用来控制和评估过去的广告活动,从而进一步改善将来的广告活动。例如,在 11 月份商业期刊 A 做的广告引起的回应相对较差,这表明在年末做广告不如一年中的其他时间有效。同样,直接邮寄广告虽然贵些,但看起来最能够产生实际购买力。

具体营销职能控制和评估显然需要有针对性的标准,评估广告不能用那些评估分销和价格策略的标准。通常,职能标准是根据整体市场营销目标来表述的。

(五) 营销组织内部员工的控制和评估

公司营销组织的内部员工通常是为了完成某个短期成长目标而被分派一定的任务和责任,尤其是从广告经理、产品经理、销售经理到区域销售人员都要进行控制和评估。

对个人业绩的控制和评估是十分必要的。其中的主要原因是为了识别哪些有可能提高业绩,另外一个原因是为升职、加薪或调整工作等提供参考依据。但是,现实中许多产业营销经理并不愿意对下属进行控制和评估,这是不对的,控制和评估其实很有必要。

评定业绩的标准通常要参考员工目前的工作描述(他想做什么)和员工有可能要做的工作的描述,而这通常又被分为三种类型:

(1) 硬指标,即像销售额或收益率等具体的指标。

(2) 软指标,即员工的人品、个性、进取心、判断力和组织能力等不易用数字衡量的指标。

(3) 针对具体工作的指标。这种指标是由短期计划或目标决定的。例如,一个地区销售代表必须在一年内为制造商找到25个新的批发商,这就是一个指标。这种指标可能是硬指标,也可能是软指标,但不管怎样,肯定是为当前计划而不是从大局出发考虑而制订的。

(六) 海外营销组织的控制与评估

自从大量的产业营销企业发展海外组织起,对海外组织的控制与评估就变得非常必要。海外组织的代表包括厂商代表、批发商、销售代理、运输、仓储、电脑服务组织和广告代理等。但是他们又有许多不同之处,因此就会产生不同的评估标准。例如有的公司对于其代表的审核主要从三方面着手:

(1) 他们的销售能力及技术。
(2) 他们能否让交易更规范、更久远、更有利可图。
(3) 他们的人品、个性特征,比如良好的健康状况,没有个人问题、诚实大方、容易合作,可信、正直等。

上述这些指标就不适宜去评估批发商或者是广告代理,因为他们之间存在着许多不同之处。有的公司大量使用销售代表或分销商,那么这些公司将花费一定的时间来评估以上两者的绩效。

第二节 组织间营销控制的层次

控制过程具有通用性,原因在于它可用在营销分析的各个层次上。举例来说,从事企业市场营销的企业必须频繁评估其总体战略是否适当并具有实效。然而,了解营销战略中的每个要素是否与特定的市场有效结合也同等重要。此外,管理者还要评估某个战略组成部分中的资源配置状况,例如,比较直销与通过工业分销商销售的有效性。控制系统应该在这些情况中都发挥作用。

一、战略控制

战略控制是建立在对企业前进方向的综合评价的基础上的。战略控制关注的核心是确定战略是否在按照计划实施以及是否产生预期的效果。因为组织间营销环境千变万化,现有的产品/市场状况可能会失去发展潜力,而新产品/市场的竞争却带来了重要的机遇。菲利普·科特勒认为企业应该周期性地进行营销审计,即对组织营销实践给予全面、阶段性和系统性的评估,这种评估需详细分析市场环境和企业的内部营销活动。对环境的分析包括企业形象、客户特征、竞争活动制度约束条件以及经济发展动向。对这些信息的评估可以发现企业能够控制的威胁以及在未来可以利用的机遇。

对营销系统的内容评估要仔细检查营销目标、组织部署和贯彻实施。通过这种方式,管理者就能够认清形势,知道现有的产品是否可以投放到新市场中或者是否可以为现有的市场开发新产品。有规律地进行系统的营销审计是一个评估营销战略方向有价值的技术。

二、年度计划控制

在年度计划控制中,在计划中详细设定的目标是实际绩效的比较标准。销量、利润和市场份额是从事组织间营销的企业普遍使用的绩效标准。销售额分析是为了明确实际销售额与计划销售额不同的原因。当价格下降或供给不足或两种情况同时发生时,就有可能达不到预期的销售额。销售分析能识别出这些变量的影响,从而可以采取矫正措施。

市场份额分析是评价企业如何应对竞争。一家机床制造商的销售收入或许会增加10%,这表面上看起来令人高兴,然而,如果整个机械工具行业的总销售额上升了25%,对市场份额的分析就能显示出该企业相对于其竞争对手来说做得还远不够好。

最后,支出占销售收入的比例是对营销效率的分析。管理者在这方面所考虑的是开销过大或投资不足。往往都是将行业标准或企业过去的比例数据作为比较的参照标准。应对营销总支出以及每一个战略要素的花费相对于销售收入进行分析。

三、效率控制

效率控制检查的是资源在每个营销战略要素（例如销售队伍、广告）中的使用效率;效果控制评估的是战略是否达到了其目标。一个优良的控制系统能够提供连续的数据,在这些数据的基础上可以评估在某个营销战略要素中为了实现某个目标所分配的资源的使用效率。根据营销计划中的总体目标和具体目标,绩效评估的标准会由于企业及其所处的状态的不同而有所不同。

四、营利控制

营利控制的本质是描述一个企业在其业务的各个重要部分是在赚钱还是在赔钱。一个部分就是一个管理者出于控制的目的而使用的分析单位,它可以是客户的分类、不同的产品线、各个地区或是渠道结构。假设一家工业企业的业务围绕着三类客户：机床、飞机配件和电子产品的制造商,为了给这三类客户的营销分配资金,管理者必须考虑到每一类客户的利润贡献率及其预计潜能。因而,营利控制为将营销成本和收益同特定的业务部分联系起来提供了一套方法。

第三节 组织市场控制与绩效测量的方法

一、报告法

一种普通应用的控制和评估手段是报告。这些报告主要有进度报告、活动报告和信息报告。

（一）进度报告

进度报告一般比较短,它描述性地报告那些管理者所应该负责的复杂活动的完成过程。它们是那些按日期被处理过的重大事件。进度报告广泛地用于计划事件的控制。

（二）活动报告

管理者通常用活动报告来评价下级的行动业绩。最实用的活动报告就是产业销售人员的访问报告。这类访问报告内容包括电话号码、访问时间长度、拜访次数和所见到的人员等内容。将这些报告可以与其他销售人员做比较，来进行控制和评估。表 11-2 是一个典型的访问报告范例。通常一个地区所有的销售人员都应提供这样的报告，以便能给销售经理一定数量和质量信息，进而有效地控制和评估该地区的销售队伍。这种日常访问报告已经被认为是通用的"一站式"报告，成为销售经理的一种控制工具。

表 11-2　销售人员访问报告范例

销售人员姓名和号码＿＿＿＿＿＿＿＿＿＿＿＿＿＿＿＿＿＿＿＿＿

区号＿＿＿＿＿＿＿＿＿＿＿＿＿＿＿＿＿＿＿＿＿＿＿＿＿＿＿＿＿

日期＿＿＿＿＿＿＿＿＿＿＿＿＿＿＿＿＿＿＿＿＿＿＿＿＿＿＿＿＿

公司＿＿＿＿＿＿＿＿＿＿＿＿＿＿＿＿＿＿＿＿＿＿＿＿＿＿＿＿＿

地址＿＿＿＿＿＿＿＿＿＿＿＿＿＿＿＿＿＿＿＿＿＿＿＿＿＿＿＿＿

联系人＿＿＿＿＿＿＿＿＿＿＿＿＿＿＿＿＿＿＿＿＿＿＿＿＿＿＿＿

销售访问原因：　　　　　　　　　销售访问结果：

[　] 第一次访问/期望　　　　　　＿＿＿＿＿＿＿＿＿＿＿＿＿＿＿

[　] 广告宣传的结果　　　　　　　＿＿＿＿＿＿＿＿＿＿＿＿＿＿＿

[　] 顾客需要的信息　　　　　　　＿＿＿＿＿＿＿＿＿＿＿＿＿＿＿

[　] 销售介绍　　　　　　　　　　＿＿＿＿＿＿＿＿＿＿＿＿＿＿＿

[　] 建议/成本分析　　　　　　　 ＿＿＿＿＿＿＿＿＿＿＿＿＿＿＿

[　] 结束销售　　　　　　　　　　＿＿＿＿＿＿＿＿＿＿＿＿＿＿＿

[　] 前次销售的结果　　　　　　　＿＿＿＿＿＿＿＿＿＿＿＿＿＿＿

[　] 服务访问　　　　　　　　　　＿＿＿＿＿＿＿＿＿＿＿＿＿＿＿

下一步行动和回访日期：

＿＿＿＿＿＿＿＿＿＿＿＿＿＿＿＿＿＿＿＿＿＿＿＿＿＿＿＿＿＿＿＿

备注：

＿＿＿＿＿＿＿＿＿＿＿＿＿＿＿＿＿＿＿＿＿＿＿＿＿＿＿＿＿＿＿＿

＿＿＿＿＿＿＿＿＿＿＿＿＿＿＿＿＿＿＿＿＿＿＿＿＿＿＿＿＿＿＿＿

（三）信息报告

信息报告主要用于由下级向上级提供各种活动和环境的状况信息。例如，通常情况下，产业营销管理者要求其销售人员报告该地区的发展情况，这就形成了信息报告。产业营销管理者应谨慎使用这些报告来进行控制和评估，因为这种报告可能会报喜不报忧，有时报告的价值也因大量的书面工作而贬值。

二、预算表

预算表作为项目计划流程的一部分，是一种项目控制和经费估计的有用工具。作为一个营销部门的经理，对各式各样项目活动设立预算账户时，他必须提供能实施所有项目战略的活动资金,而这些资金就成为营销预算。当这些项目活动实施后,实际费用将会与预算表中的数字相比较,以此来达到控制的目的。一个典型的预算表通常包含一年的预算,而公司每个部门的年度预算通常会细分为季度、月份甚至星期,这也是为了控制的目的。正像计划控制一样,每个部门的预算水平将会成为费用的标准,当管理者将实际的预算表相比较时,两者的差异将会呈现出来。

例如,总额为1 000万元的营销预算最初分为两部分:850万元用于完成销售4 000万元的商品给现存的客户,而剩余的150万元则用于增加75位新的客户来完成1 000万元的销售额。这些资金的配置将通过营销活动项目和与之相关联的部分来进一步细分。例如,130万元用于完成对现有顾客的销售额,98万元用于直销,23万元用来做广告。借助这种预算表,管理者可以检验销售的结果并确定预算是否足够或超出。若通过增加新的客户来实现的销售额并没有达到1 000万元,则可能是因为花费在广告上面的钱没能形成很好的商标形象。

预算控制最适合于在一种预算控制表中,营销经理使用产业标准将实际和预算表费用相比较。例如,假设化学产品的广告预算占销售额的15%,那么这个公司是费用太高?太少?还是刚好?假设将销售额的2.5%用于推销费,是太高?太少?还是恰好?有一个产业标准可使企业作为控制的参考,表11-3~表11-5举例说明了各项与营销相关联的活动所花费用的平均百分比,这些活动包括研发、广告等。

表11-3 企业间营销研究与开发费用所占比例

工业品类别	销售份额所含研发成本/%	工业品类别	销售份额所含研发成本/%
钢铁	0.81	石、沙土、玻璃	0.98
非铁金属制品	0.52	化学用品	3.92
电子产品	8.77	纸浆	0.58
非电子产品	4.55	橡胶、塑料	2.95
汽车、卡车及零部件	2.99	石油	1.14
航空航天器材	21.98	纺织原料	0.25
金属产成品	0.52	其他产品	0.32
仪器	9.18	总计	3.04

表11-4 工业品市场上广告投入占销售额的比例

工业品种类	广告费用占销售额的比例/%	工业品种类	广告费用占销售额的比例/%
化工系列产品	1.3	发动机和汽轮机	1.2
工业有机化学品	1.4	建筑机械和设备	2.9
农用化学品	2.7	金属加工机械和设备	2.9
办公家具	1.3	电子通信设备	2.1
橡胶及各类塑料制品	1.5	电气工业设备	1.0
锅炉及炼钢设备	1.8	工业控制	0.7
金属罐及储运箱	3.6	机器人	3.4
加热和固定装置	2.1	工业测量仪器	1.8
金属板制品	0.8	电子测试仪器	1.3

表 11-5 工业品市场中用于销售人员的支出占销售额的比例

各类工业品	销售人员支出占销售的比例/%	各类工业品	销售人员支出占销售的比例/%
汽车零部件	3.6	轻金属结构	3.9
建筑材料	1.7	服装及织物	2.7
化学制品及石油	2.8	钢铁工业	2.0
计算机	5.9	重工业机床	2.7
容器、包装材料及纸张	1.2	轻工业机床	4.6
电气材料	2.2	办公及教育设备	3.3
电子仪器和设备	4.7	印刷及出版物	6.5
重金属结构	1.4	塑料及皮革制品	2.9

但营销经理也要注意,也不能将这些预算数字作为完全不可变的标准,因为在营销环境快速变化时这些标准会变得不适宜。

当销售总量超过预期值或者营销机会扩大时,需要在促销、研究、开发、分销等方面增加资金来扩大对未来的投资,而不是根据往年销售额确定预算总额。

采用工业预算标准作为控制和评估的标准并非没有风险。例如,销售经理采用销售额的 1.5% 作为化学产业广告预算标准,他同时还应该认识到:①这些指数随着时间的改变而改变;②这些支出因企业规模大小而异;③这些指数可能因化学产业中产品种类众多且不同而不同。

尽管存在缺点,预算作为控制和评估手段的应用在企业间营销中还普遍存在。

用于人员销售的支出包括:工资支出加上差旅费、住宿费、伙食费及娱乐费用。

三、营销审计

市场营销中最综合的控制和评估过程是营销审计。营销审计是一个公司或一个事业部为了确定问题、机会及如何提出一项改善公司营销绩效的行动计划而进行的综合性的、系统性的、独立性的和周期性的活动。

(1) 综合性。营销审计包括企业的全部主要营销活动,不只是少数有问题的活动。如果营销审计只包括销售人员或定价,或某种特别的营销活动,则可称作功能审计。虽然功能审计是有用的,但它们有时可能会使管理迷失方向,找不到问题的真正原因。例如,销售人员过多的调换,可能不是销售人员培训效果不好和报酬微薄的问题,而是公司产品不适应市场需求和促销不力的缘故。全面的营销审计对查找公司营销问题的真正原因通常是比较有效的。

(2) 系统性。营销审计包括一系列诊断步骤,例如诊断组织的营销环境、内部营销制度和具体的营销活动,随后在诊断的基础上制定校正行动计划,内容包括短期的与长期的建议,以提高组织的整体营销效果。

(3) 独立性。营销审计可以通过 6 种方式进行:自我审计;交叉审计;上级审计;公司审计;公司特别工作组审计;外界人士审计。自我审计是经理们使用核对清单评定自己经营的等级,这可能有用,但大多数专家认为,自我审计缺乏客观性与独立性。但总地来说,最好的审计多半来自富有经验的公司以外的顾客。他们具有必要的客观性与独立性,有许多行业的广泛经验,对本行业颇为熟悉,同时可以集中时间和注意力从事审计活动。

(4) 周期性。在多数公司中,营销审计只是在销售额降低、销售人员士气低落以及公司发生其他问题后才进行的。具有讽刺意味的是,公司之所以陷入困境,部分原因正是由于公司没有在经营顺利的时候检查营销工作。定期营销审计不仅有利于那些困难的公司,也有利于那些业务发展正常的公司。营销工作从来不会好到不能改进的地步,即使是最好的营销工作,还可做得更好。事实上,即使是最好的,也必须做得更好,因为营销工作能够连续几年保持成功的情况,即使有的话,也是极少数的。

(一)市场营销的审计程序

营销审计是以开会的形式开始的,由公司的高级职员与营销审计员共同研究,拟订有关审计的目标、涉及面、深度、资料来源、报告形式及期限等。要仔细制订一个关于会见谁、问什么问题、接触的时间与地点等的详细计划,以便使审计的时间与费用维持到最小限度。营销审计的最重要规则是:不要单方面依赖于公司主管人员的资料与意见,一定要会见顾客、经销商及公司以外的其他群体,但现在仍有不少公司,既不真正知道顾客与经销商对公司的看法,也不完全了解顾客的需要。

当资料收集阶段过去后,营销审计的一个很有价值的方面是,经理们通过这个过程来吸收、思考和树立开展营销活动所需要的新观念。

(二)营销审计的内容

营销审计包括对公司营销状况以下 6 个主要组成部分的考察。

1. 营销环境审计

分析主要宏观环境因素和公司工作环境中的关键因素(如市场、顾客、竞争者、配销商、经销商、供应商和营销服务性企业等)的发展趋势。具体主要包括宏观环境和工作环境两方面。

1) 宏观环境审计的内容

(1) 人口统计

① 哪些主要人口统计环境的发展趋势会对公司造成机会或威胁?

② 公司应采取什么行动对这些发展趋势做出反应?

(2) 经济

① 在收入、物价、储蓄及信贷方面有哪些发展变化会影响公司?

② 公司长期以来一直采取什么行动对这些发展趋势做出反应?

(3) 生态

① 对公司所需自然资源与能源的可得性与成本的展望。

② 对公司在防止污染及资源保护中的作用来说,公司关心的程度如何?采取了什么措施?

(4) 生产

① 在产品的生产技术及加工技术方面,发生了哪些主要变革?公司对这些技术的看

法怎样?

② 哪些主要的同类代用品可以代替该产品?

(5) 政治

① 有哪些影响营销战略与策略的法规刚出台?

② 应该注意国家省(市)以及本地的哪些行动?在控制污染、劳动就业、产品、安全、广告、价格管理等领域发生了哪些会影响本公司营销策略的事件?

(6) 文化

① 公众对公司以及对公司产品的态度如何?

② 在消费者和企业的行为方式与价值观方面发生了哪些与公司有关的变化?

2) 工作环境审计的内容

(1) 市场

① 市场规模、增长率、地区配销和利润方面发生了哪些变化?

② 有哪些主要的细分市场?目前及未来的市场大小特性如何?

(2) 顾客

① 现有和潜在顾客是怎样评价公司和公司的竞争者的信誉、产品质量、服务水平、销售人员与价格的?

② 不同的细分市场顾客是怎样做出购买决策的?

③ 顾客在目前和未来之需要及满足程序如何?

(3) 竞争

① 主要竞争者是谁?它们的目标、策略、优点和缺点、规模和市场占有率如何?

② 影响未来竞争和公司产品的代用品的趋势是什么?

(4) 配销与经销商

① 将产品售给顾客的主要贸易渠道有哪些?

② 不同贸易渠道的效率水平与发展潜力是什么?

(5) 供应商

① 用作生产的主要资源,其供应前景如何?

② 供应商之间的推销方式发生了哪些变化?

(6) 营销服务性企业与营销公司

① 运输业的供应及成本的展望。

② 仓储设施的供应及成本的展望。

③ 财政资源的供应及成本的展望。

④ 公司的委托广告公司和市场研究公司的效率如何?

(7) 公众

① 对公司来说,哪些公众代表了具体的机会或问题?

② 公司采取什么措施有效地与各类公众周旋?

2. 营销策略审计

主要是检查公司的营销目标和营销策略,以评估其适应现在的预期营销环境的程度。审计的具体内容包括:

(1) 企业使命

企业使命是不是用市场导向的语言来准确表述的？

(2) 营销目标与目的

① 公司的总目标及营销目标是不是化成为明确的目的并定量化陈述出来，以指导营销企划工作和对工作绩效的衡量？

② 营销目标是否与公司的竞争地位、资源及机会相称？

(3) 策略

① 管理部门能否为实现营销诸目标制订一个明确的策略？这个策略是否能令人信服？是否与产品生命周期、竞争者的策略以及经济状况相适应？

② 公司是否以最科学的根据来进行市场细分？是否有颇为正确的标准来评价各个细分市场，并选择最佳的细分市场？对每个目标细分市场是否勾画了准确的轮廓？

③ 公司是否为每个目标细分市场确定了合适的位置与营销组合？

④ 营销资源是否被合适地分配给营销组合中各个主要因素，即产品质量、服务、销售队伍、广告、促销以及配销？

⑤ 为实现营销目标而分配到的资源是否足够？还是过多？

3. 营销组织审计

评价营销组织在实施对预期的环境所必要的策略方面应具备的能力。主要内容有：

(1) 正式结构

① 对影响顾客满意程度的公司活动，营销主管人员有没有相应的责权？

② 各项营销活动是不是按照功能、产品、最终用户以及地区界限最理性地组织起来？

(2) 功能效率

① 营销部门与销售部门之间有无良好的沟通与工作关系？

② 产品管理组织是否有效地发挥作用？产品经理是否能规划利润水平？还是只能确定一点销售量？

③ 有没有任何群体在营销上需要较多的训练、激励、监督或评价？

(3) 相互关系

在营销部门与生产部门、研究开发部门、采购部门、财务部门、会计部门以及立法部门之间是否有需要注意的问题？

4. 营销系统审计

主要是检查公司分析、规划和控制系统的质量。

(1) 营销信息系统

① 营销信息系统是否能够提供有关市场发展变化的（如现在顾客、潜在顾客、批发商与经销商、竞争者、供应商以及各类公众等方面）精确、足够、及时的信息？

② 公司的决策制定是否能获得充分的营销调研信息资料？他们应用调研结果吗？

③ 公司是否使用最好的方法进行市场与销售预测？

(2) 营销企划系统

① 营销企划系统是否经过很好的构思并非常有效？

② 是否正确地进行了销售和市场潜量的预测？

③ 销售定额是否建立在恰当的基础上?
(3) 营销控制系统
① 控制程序是否能保证年度计划的实施?
② 管理部门是否定期分析各种产品、市场、地区和配销渠道的赢利能力?
③ 是否定期检查各项营销成本?
(4) 新产品开发系统
① 公司是否很好地进行了新产品构思、收集和筛选工作?
② 公司在投入新的设计之前是否进行了充分的理论研究和业务分析?
③ 在推出新产品前,公司是否对产品进行了充分的测试?

5. 营销赢利能力审计

考察不同营销实体的赢利能力和不同营销费用的成本效益。具体包括:
(1) 获利能力分析
① 公司的不同产品、市场、地区以及配销渠道的赢利能力如何?
② 公司是应进入、扩大、收缩或退出某一细分业务? 这将对短期或长期的利润会有什么影响?
(2) 成本效益分析
是否有些营销活动费用超支? 能否采取削减费用的措施?

6. 营销功能审计

评估营销组合的各个组成部分,即产品、价格、销售人员、广告、促销和宣传推广等。
(1) 产品
① 产品线的目标是什么? 这些目标是否正确? 当前的产品线是否适合这些目标? 产品线是应向上扩展或收缩,还是向下扩展或收缩? 还是两种方式都用?
② 哪些产品应该逐步剔除? 哪些产品应该增加?
③ 购买者对公司的和竞争者的产品质量、特色、式样、商标名称等的了解程度与态度怎样? 哪方面的产品策略需要改进?
(2) 价格
① 定价目标、政策、策略和程序如何? 在多大程度上按照成本、需求和竞争情况来定价? 顾客是否认为公司的产品价格与价值相当?
② 管理部门是否了解需求的价格弹性、经验曲线效应及竞争者的价格和定价政策? 价格政策与配销商、经销商、供应商的需求和政府指令相一致的程度如何?
(3) 配销
① 配销的目标与策略是什么? 有没有足够的市场覆盖范围和相应的服务? 配销商、经销商、厂商代表、经纪人和代理商等配销渠道的效率如何?
② 公司应否考虑改变经销渠道?
(4) 广告、促销与宣传推广
① 公司的广告目标是什么? 是否正确?
② 做广告花费的金额是否正当? 预算是怎样确定的?
③ 广告主题及其广告文稿的效果如何? 顾客与公众对广告的看法如何? 广告媒体

是否经过仔细挑选？

④ 公司内部广告工作人员是足够？

⑤ 促销预算是否合适？有没有充分而有效地运用促销工具，如样品、赠券、展览、销售竞赛等？

⑥ 宣传推广预算是否合适？公共关系的工作人员是否胜任、有无创造性？

(5) 销售人员

① 公司的销售人员的目标是什么？

② 销售队伍的规模是否足以实现公司的目标？

③ 销售人员是否按照正确的专业化原则即分地区、市场、产品等加以组织的？指导现场销售代表的销售经理是否足够，抑或过多？

④ 销售工资水平与结构是否具有充分的激励作用和保障作用？

⑤ 销售队伍是否士气高、能力强和竭尽努力？

⑥ 确定定额、评价工作成绩的程序是否恰当？

⑦ 公司的销售人员与竞争对手的销售人员相比有什么不同？

公司的整个营销审计内容经常与其市场营销计划的内容并行，因此，把营销审计作为营销计划的控制部分就顺理成章了。

组织营销人员对营销审计工具的使用是很难确定的。对市场营销经理人（包括产业用品和个人消费品）的一项调查研究发现，28％的公司曾作过至少一项营销审计。另一项对公司营销审计部门调查结果显示：在被研究的公司中，53％已经对其营销运营情况进行过某种形式的审计。由此可见，营销审计是所有控制和评估工具中最综合性的，其实施过程中的复杂程度和高费用降低了它们的使用力度。

四、差别分析

差别分析是收支分析的延伸，通过它能确定出影响实际收支与预期收支的因素。经理通过比较交易量、单价、利润收益和市场份额这些具体因素来找出存在差异的方面，然后通过对这些方面的深入分析确定造成偏差的原因，以便于在以后能采取措施来弥补这些差异。例如，通过比较预算开支与实际开支的数额，市场营销经理可区分哪些工作导致了该差额。如果实际总开支超过了总预算，则可能是预算时低估了服务支出及交际招待支出，具体的原因将被单独提出来并公布。这种差异分析有利于营销经理在将来能更有效地工作。

五、绩效评价

在许多产业营销企业中，每年都是由一个或几个上层管理者来评价其下属的营销人员业绩。营销部经理要评价他的下属，诸如生产部经理、销售部经理、广告部经理、调研部经理们的效绩。相应地，这些部门的经理又评估该部门职员的效绩。评价的方法有很多，其中以下三种是最普遍的。

（一）等级评定系统

该系统使用既定的尺度来衡量职员及其工作特点。比如说，上层管理者根据生产部经理的计划规定了一个"5分"尺度,1分表示很差,5分表示很好。任何能评估职员效绩的因素都可以进行这样的量化,组合起来就得到了对员工的综合评价。但该系统存在的主要问题就是评定人的主观性。许多公司通过增加评定人员的方式来减少主观性的影响。还有一些公司则通过采用所谓的固定行为量化法,设计计量表时详细明确地规定工作职位给多少分。

(二)自由评估

另一种个体行为评估方式是自由评估,即由调查人员将结果直接描述或写下来。这种方式一般比较适于工作职能发生了急剧变化,或者行为的特殊衡量尺度不易确定等情况。这里有两个主要问题需要解决:①需要花费调查者大量的时间;②过多地取决于调查者的写作技巧——一个调查者拙劣的写作可能会无意中使下级的评定受到破坏。

(三)目标管理

还有一种普遍的绩效评估工具是目标管理。在此过程中,雇员和管理者在一定时期内,在雇员目标上达成一致。雇员既要投入到自己的目标建立中,而且又进一步产生了动力,因为雇员至少承担了一部分树立目标的责任。在这一过程中,对不同的雇员会使用不同的评价标准进行评价。这一个性化的方法要求有非常周密的计划和时间安排。

六、营销成本分析

企业想获得成功的销售,就必须付出代价。这种代价在营销方面即为营销成本。我们不能不问所付出代价大小,就决定所获销售是否有利。而销货净额分析不能告诉我们有关各销售区域、产品线、顾客或推销员对企业利润数字是各销售单位不同获利情形相互抵消的净结果,其中不免有隐藏性亏损或过低的获利率,影响企业利润目标的达成。因此,应依据营销成本分析来解决这些问题。

营销成本分析有下列几种类型。

(一)分类账科目分析

就分类账中所列各种营销费用科目数值,分别比较各年的增减趋势,计算所占销售额比例,与同业相同科目所占销售额的比例相比较,并计算各科目间的比率。

(二)营销功能成本分析

将分类账所列科目的成本转换为功能分类。如何划分企业的营销功能因企业而异,并无一定标准可循,通常是根据企业营销活动的内容而定。例如:间接销售费用;直接销售费用;广告及促销费用;仓储费用;运输及销货费用;赊销及收账费用;订单处理及开制发票费用;营销管理费用。

功能分配一经决定之后,各分类账的营销科目费用即可按活动性质归入所属功能,计算其功能成本。

(三)市场单位营销成本分析

企业所投下的营销成本也应依各种市场单位分类,分析其分配状况,然后与销售分析所获资料合并研究,即可获知各种市场单位对于企业利润的贡献情形。

市场单位的划分,可依销售地区、销售类别、顾客类型或订单大小等标准来归纳计算营销成本,并予以分析。但如何分摊各种营销功能成本于各市场单位,是一项复杂的工作。

营销成本中有直接成本也有间接成本,但分类并非固定,而是随着所用的市场单位分类而定。直接成本分摊通常不成问题,而间接成本如何分摊于各市场单位并不是易事,通常需有一个分摊的基础或依据。

由于不可能将所有间接营销成本公平分摊于各市场单位,因此有人主张不必强行分摊。因此全部予以分摊者称为净利法。仅就可分摊部分予以分摊者称为毛利贡献法。实际上两种方法各有其功用。

本章小结

控制和评估通常被认为是一种相互关联的过程,用于检查、估计和纠正在不同的市场行为中期望和现实表现之间的差异。

组织营销控制的内容包括:整体营销计划和战略的控制与评估、战略业务单位的控制和评估、具体营销计划的控制与评估、营销职能的控制与评估、营销组织内部员工的控制和评估等。

控制过程具有通用性,原因在于它可用在营销分析的各个层次上。组织间营销控制的层次包括:战略控制、年度计划控制、效率控制以及营利控制等。

组织市场控制与绩效测量的方法包括:报告法、预算表、营销审计、差别分析、绩效评价、营销成本分析等。

 关键词

营销控制(marketing control)
营销审计(marketing audit)
绩效评价(performance evaluation)
营销成本分析(marketing cost analysis)

思考与讨论

1. 营销控制与营销评估有何区别和联系?
2. 组织营销控制包括哪些内容?
3. 组织营销控制包括哪些方法?
4. 营销审计有何特点?
5. 营销成本分析包括哪些类型?

综合案例分析

作业成本(ABC)分析使管理者可以清楚地了解他们的活动对利润产生最大化影响的地方在哪里。ABC系统使Kanthal公司能够根据客户的规模重新审视其营利性。

Kanthal公司是一家电热线制造商。它采用了作业成本核算来分析其客户的营利性,并且发现著名的80-20法则(80%的销售收入来自20%的客户)确实需要改变了。事实上是一个20-225法则在起作用。20%的客户带来了225%的利润。中间70%的客户在收支平衡点上下浮动,而Kaplan公司从10%的客户那里损失了125%的利润。

带来最大损失的客户是那些销售量很大的客户。这一发现最初使管理者大吃一惊,但其意义很快就被领悟到了。你不可能在一个小客户身上损失大量的金钱。规模大但却不具营利性的客户要求较低的价格、频繁运送小批量、大量的销售和技术资源以及产品更新换代。新提示出的经济原理使管理者改变了同客户做生意的方式,通过价格变动,尽量缩小订单规模和信息技术,将客户变成了自己的利润贡献大户。

资料来源:迈克尔·赫特,托马斯·斯潘.企业营销管理[M].第7版.北京:中信出版社,2003:431.

问题与讨论

1. 传统的80-20法则在Kanthal公司的经营中是否有效?为什么?
2. 该公司是否应该更多地关注小客户?

第十二章 组织间营销关系管理

 **开篇案例**

下列的一系列事件反映了美国汽车行业供应商和客户的不合作关系如何影响新样式汽车发展的每一个阶段。

1. 研究与产品开发部门的工程师经过长期的研究,设计出来一个最终的结果(没有与供应商讨论产品的实用性)。

2. 把设计送交现有的供应商,以短期合同形式(避免与特定的供应商关系过于密切)商定质量标准、数量及价格。

3. 供应商为了争取合同,出价很低,尽管会需要一些内部成本和资本投资。因为供应商确信以后可以通过设备闲置、通货膨胀、上游产品价格上涨为由,或是通过合同的续签得到补偿。

4. 购买者很清楚供应商在做什么,就自行估计成本——由于供应商掌握机密数据,这一过程常常受阻。

5. 在样品制造和生产管理阶段,由于最初没有很好地与供应商合作,供应商之间缺乏合作(甚至内部各部门之间也缺乏合作),出现了很多问题,进一步恶化了供应商和购买者之间的关系。

6. 制造过程开始后,降低成本的压力会促使购买者寻找新的供应商,现有的供应商之间就会产生怀疑和不稳定性。它们会要求补偿最初的内部成本,必要的话还会通过提高向购买者提供的其他产品的价格来获得补偿。

7. 高层管理人员的常规性变动没有考虑生产中的实际问题,而且这种变动会影响生产人员的情绪。这又会进一步影响采购人员,具体体现在与供应商的谈判中。

8. 供应商力图缩减成本,就会产生质量问题。再设计的成本未必能与设计计划完全融合,但购买者不能干预供应的生产过程。双方为了调整和废料的责任问题发生争执,关系进一步恶化。

9. 对新产品的需求增加,或是到新市场上推出产品,致使产量出现经常性波动。成本的压力又不允许厂商储存太多产品,所以供应商只能根据变动的需求供应产品。额外的运输成本,对质量标准的约束进一步增加⋯⋯

资料来源:威尔逊 D.组织营销[M].万晓,汤小华,译.北京:机械工业出版社,2002.

 本章学习目标

1. 评估顾客价值的方法;
2. 组织市场买卖双方关系模式;

3. 制定有效的关系营销战略的步骤；
4. 战略联盟的理论基础；
5. 成功管理战略联盟的关键决定因素；
6. 识别、获得、维持组织顾客；
7. 组织的社会责任。

第一节　识别组织市场中有价值的客户

一、测量客户获利能力的重要性

普布利柳斯·西鲁斯在公元1世纪曾说："任何事物的价值，都等于购买者愿意为之支付的东西。"尽管这句名言有些古老，但实际上对于组织市场的管理者来说，评估当前或潜在的市场供给物对现有或潜在顾客的价值，仍然是一项很有挑战性的任务。最初看起来，以货币方式评估价值是一项如此艰巨的任务，以至于组织市场上的大多数企业甚至都没有尝试过这种方法。然而，在顾客价值评估方面有卓越表现的一小部分具有革新精神的企业却发现：所做的价值评估越多，价值评估工作就变得越容易。而且，如此行事的企业数量正在不断增长。也就是说，通过经验和学习，不少企业都开发了这种组织间营销能力。同时，这些企业也一致发现：价值评估为它们提供了更多的市场知识，而这种市场知识能够转化为优异的市场绩效。

二、客户获利能力测评及管理

（一）价值评估方法

价值评估（value assessment）是以货币形式对某些当前的或者潜在的市场供应物或其组成要素的价值进行估计的过程。组织市场管理者可以使用许多不同方法来进行价值评估。而且，这些方法彼此之间的差异很大，具体表现在是根据顾客对价值的感知进行评估，还是根据供应商对供应物及其价值的功能或性能进行评估（也就是搜集实证数据）。

1. 内部工程评估

利用这种方法，供应商企业内部的科学家或工程师对某一产品进行实验室测试，以便获得有关价值评估的结果。这种方法的应用，主要依赖于对顾客使用系统的详细了解。例如，如果供应商的产品是顾客产品的一个零部件，那么供应商需要详细地了解顾客的生产流程以及供应商的市场供应物对制造那些产品所发生的全部成本的影响。为了进行价值评估，供应商企业通常会对来自实验室测试的结果做出一些一般化的假设，以便使实验室的测试结果与顾客对某种产品的实际使用尽可能地一致起来。

2. 实地使用价值评估

利用这种方法，供应商企业的相关员工（或者它们的咨询顾问）进行访谈，并且通常是从顾客企业那里搜集数据，与现有的或者次优的替代品供应物进行比较，获悉与供应商市场供应物的使用相关的所有利益与成本要素的综合评价表。在做出明确假设的基础上，对这些要素进行货币化的处理，以便对供应商企业的市场供应物在该项应用中的总体价值进行估计。与内部工程评估相反，实施使用价值评估往往需要顾客企业大力合作并积极地参与，只有这样，才能获得对顾客价值的估计。

在实地使用价值评估中，供应商企业有时会制作流程示意图，以便确定已经发掘出与特定供应物相关的所有收益和成本因素。格兰杰咨询服务公司是工业供应分销商 WW 格兰杰公司的一家子公司，它就使用流程示意图来研究顾客在获得维护、修理和运行项目（MRO）中所承担的全部成本。在无数参与顾客价值的评估中，格兰杰咨询服务公司列出存货补给、无计划采购等流程，以及"下订单"、MRO 信用卡支付等子流程。格兰杰咨询服务公司使用"张贴笔记"，在一张大纸上绘制出一个流程中的活动作业图。在图上，箭头代表职能领域，方框里是有关流程的详细步骤。同时，格兰杰咨询服务公司也获得了实施每一个步骤的时间估计以及实施这一步骤的个体的全部补充成本。在准确地描述了这样的流程后，格兰杰咨询服务公司把这些数据转化为电子数据表软件，以集中的方式绘制流程并计算相应的成本。有了这种知识，WW 格兰杰公司就能够向客户展示：自己的分销系统是如何通过减少紧急购买的数量以及降低现有货物的每次采购成本来降低顾客的全部获得成本的。

3. 间接的调查问题

实地调查研究的参与者对他们的公司而言担当着信息情报员的角色，并对"当前正在使用的市场供应物中的一个或者多个变化对企业经营的某些方面有何影响"这一问题进行解答。从这些问题中，特别是在某些方面与已有的知识相结合，供应商企业的分析师就能够以货币的形式估计出市场供应物中每种变化的价值。这种方法使供应商企业能够弥补自己在理解顾客企业使用系统方面的知识积累，而顾客企业的使用系统与供应商企业的市场供应物密切相关。需要注意的是，这种方法有一个关键假设，那就是：对供应商的市场供应物的某种变化可能对自己的使用系统所产生的影响，顾客企业有着十分正确的感知评价。

4. 小组访谈的价值评估

运用小组访谈这一方法时，研究人员向参与者展示潜在的市场供应物或者产品概念，然后问及这些供应物或者概念对参与者所在的企业有何价值。这是一种定性的方法，是为了对参与者的感知和反应获得更好的理解。通过这种做法，研究分析人员也能够获得对价值的评估。尽管供应商企业也可能对产业咨询顾问或权威人士感兴趣，但小组访谈的参与者却主要是客户企业中产品知识相当渊博的个体。其中，客户企业是指研究的市场供应物的目标顾客。

有一家通信公司运用小组访谈方法来进行价值评估，对许多高级智能网络（AINET）服务的价值进行评估，如单号码接通服务。单号码接通服务是由中央办公室交换机提供的，用来寻找拨叫者希望联系的某个个体。在此过程中，拨叫者尝试着按照不同电话号码的顺序联系到该个体，而上述电话号码顺序是该个体先前设定的。单号码接通服务业提供语言邮件的选择服务（电话接听者拥有在拨叫者不知道已经接通的情况下把拨叫者转到语音邮件的选择功能）。作为最初的目标细分市场，该公司对"巡回者"——X 代的专业人士进行了多轮小组访谈，他们中有些人的名片上有 6 个电话号码。

在每一轮小组访谈的开始,协调人使用一个特别制作的模型来展示单号码接通服务,然后协调人让小组访谈的参与者写下他们对这一服务的第一印象,以及他们每个月愿意为这项服务支付多少钱。接下来,参与者就这一服务进行讨论,如他们最有可能如何使用这项服务等。在大约 1 个小时讨论的总结中,协调人让参与者使用 10 分值量表写下自己对这项服务的兴趣以及他们每个月愿意为这项服务支付多少钱。

尽管该企业对开始和结束时都给出实际的货币数量很感兴趣,但它们更感兴趣的是具体数量之间所存在的差异模式。有一种模式值得关注,即从最初数量到最终数量的下降,这预示着参与者刚开始对这项服务很感兴趣,但是经过一段时间的考虑,发现该项服务实际上几乎没有给他提供什么价值。假设具体的数量足够大,以至于使这项服务有利可图的话,那么最初数量和最终数量之间没有明显变化,这也许是最好的一种模式。此外,还存在着最后一种模式,即从最初数量到最终数量有着明显的增加,这预示着当参与者考虑了这项服务之后,他们逐渐意识到该服务对自己具有更大的价值。这种模式意味着,在把使用服务的价值交付给潜在顾客的过程中,组织间营销沟通扮演着关键角色。

5. 联合分析

联合分析是统计上所使用的一组方法之一,利用该方法可把研究参与者对潜在市场供应物的判断转化为参与者对该供应物的构成属性和这些属性的不同水平的价值估计。我们把考虑的范围限制在最经常使用的联合分析方法上——基于普通最小二乘法的全轮廓法。在实地进行的个人访谈或结合电话研究的方法中,往往要求参与者评估一系列的潜在市场供应物。在一般情况下,每一种供应物出现在一张不同的卡片上,在这张卡片上也列出了供应商正在研究的一组属性,同时还有供应物所拥有的每种属性的具体水平。例如,二氧化钛是一种白色的颜料,是涂料的主要组成部分,在对二氧化钛进行的联合分析中,供应商研究了四种属性:散发性、光泽、着色力和价格。例如散发性的属性有两个水平,要求在 10 分钟和 30 分钟内在考尔斯(Cowles)告诉扩散器中达到 7Hegman 优良单位。供应商所研究的不同属性的水平,在一系列供应物中系统地发生变化。

参与者为每种供应物提供一种购买偏好等级。然后研究分析人员使用普通最小二乘法进行回归分析,把等级分解成为每种属性在每个水平上的得分值。每一个属性得分值的范围,在某种程度上表明了该属性本身的相关价值(一种估计)。在设计中,价格作为一个属性应该包含在内。这样,分值就能够以货币的形式进行度量了。

6. 标杆管理

在实地的研究调查中,研究人员会给参与者提供对有关市场供应物的描述,特别是当前的行业标准,它充当着标杆供应物(benchmark offering)。然后,研究人员会进一步询问参与者,他们所在的企业愿意在标杆供应物的基础上为增加或提高的某种属性或特征多支付多少钱。类似地,研究人员也可以询问参与者,他们所在的企业愿意在标杆供应物的基础上为某种属性或特性水平的降低少支付多少钱。标杆管理方法避免了使用联合分析的一些局限性,如所提供的价值评估的广度和方法上的要求过于苛刻等,所花费的成本一般较低,而且使用方便。

7. 成分组合法

成分组合法有时也称自明方法(self-explicated approach)。研究人员往往要求参与者直接表达他们对一系列属性及选定的属性水平所设定的价值。例如,在市场供应物的所有其他属性都相同的情况下(保持稳定),研究人员要求参与者以每单位挪威克朗的形式为某一特殊属性的三个不同水平(每一个水平)设定价值。每一种属性都进行了这样的评估之后,就可以把不同属性水平的给定价值加总起来,从而估计出不同的市场供应物对参与者所在的企业而言所具有的价值。尽管成分组合法有使用相对简单的优势,但它也确实有一些潜在的缺点。例如,我们发现,把各成分的属性水平价值加起来的总和,往往高于企业实际上把特定的供应物作为一个整体所进行的估价。

然而,市场营销中的一些研究也发现,对参与者如何产生估计施加一些限制或约束的自明方法,为实际的选择提供了令人吃惊的良好预测。在搜集参与者的感知时,这种方法主要包括三个步骤。首先,参与者指出那些完全不能接受的属性水平,即他们将会拒绝包含那个属性水平的所有潜在供应物,而不管那个供应物的其他属性水平如何有吸引力。其次,对剩余的水平,参与者分别用10分和0分来指明每一个属性水平是最喜欢的,还是最不喜欢的。然后,在这个范围之内,为每一个属性的其他水平给出一个价值。最后,若从不喜欢的属性水平变化到喜欢的属性水变化的幅度越大,则表明参与者很看重该属性,即该属性是最有价值的,标为10分。以此类推,再根据这一属性水平的评价给出其他属性的价值,从0分到10分不等。

8. 重要性评估

在实地研究调查中,参与者得到某个市场供应物的一系列属性,然后要求他们按照对所在企业的重要性对它们进行评估。同时,研究人员也可能要求他们按照供应商企业在每一属性上的性能对这些企业进行评估。把供应商在每一属性上的性能等级乘以那个属性的重要性,然后把基于不同属性所得到的乘积相加,就获得了对每一个供应商所提供的市场供应物的相关价值的竞争对手分析。作为顾客价值评估的一种方法,重要性评估的一个明显缺陷是:它没有以货币的形式提供市场供应物或其他组成要素的价值评估。而且,重要性评估也没有提供以下的价值评估,即一种属性性能的变化相对于另外一种属性性能的变化对顾客企业的相对价值的影响。

(二) 客户价值管理

客户价值管理是一种勇于进取的实践方法。就其本身来说,主要有两个基本目标:一是把优异的价值交付给目标细分市场及顾客企业;二是获得与所交付的价值相当的公平回报。

客户价值管理依赖于顾客价值评估,以便获得对顾客需求和偏好的理解,并且从货币形式的角度来看是否值得去满足这些需求或偏好。在没有任何正式的顾客价值评估的情况下,虽然企业也许能够完成第一个目标,但它们是不可能完成第二个目标的——获得与所交付的价值相当的公平回报,供应商必须展示并证明它们提供给顾客的价值,特别是相对于那些可供顾客选择的次优替代品的价值。

在客户价值管理中,一项基本的任务是建立顾客价值模型,即相对于次优替代品供应物而言,以货币形式对当前的或潜在的市场供应物对目标顾客的价值进行估计——这个估计是由数据所驱动的。一些供应商已经建立了所谓的"顾客价值模型",但这些模型的共同特点是轻数据、重假设。很显然,顾客企业往往对这类模型表示怀疑,声称它们没有准确地反映自己的业务。比较而言,顾客价值管理强调的是建立重数据而轻假设的顾客价值模型。无论在什么情况下,只要有可能,供应商就应该搜集数据以尽可能地减少假设的数量,并确保所做的假设都是有理有据的。

下面将讨论顾客价值管理的流程,这一流程包括5个阶段:①把业务问题转化为项目;②顾客价值研讨;③顾客价值研究;④构造业务变革案例;⑤价值实现与获取。

1. 把业务问题转化为项目

在最初的阶段,高层管理者需要认真考虑某项业务所面临的重要问题。此时,对顾客价值了解得越多,将会使他们越有可能做出更有利可图的决策。在实践中,管理人员常常利用顾客价值管理来为各类管理决策提供信息或指导。例如,要进行哪些潜在的产品开发和改进,要提供哪些延伸服务、程序和系统,并作为标准供应物的一部分或者成为收费的增值选择项目,制定定价战略及策略,要瞄准哪个目标市场等。由于顾客价值管理需要花费时间和金钱,而时间已成为一种更稀缺的资源,所以顾客价值管理应该用于对业务单位至关重要的业务问题上。

为了对顾客价值管理及其潜力获得更广泛的经验和理解,我们劝说几家企业参与一个前期试验项目,在项目中解决3～5个业务问题。根据每一个问题界定一个项目,并就项目的范围、成功的内涵和团队的组成做出决策。其中,上述团队将会完成顾客价值研究以解决特定问题。

2. 顾客价值研讨

所有团队成员聚在一起,参加一场有关顾客价值的研讨。这类研讨一般持续2天或者3天。在此期间,团队获得所需的知识来建立顾客价值模型,计划并推出自己的项目。在研讨期间,团队成员常常会利用一两个为这一目的而编写的案例研究,练习如何建立顾客价值模型。在分组讨论会上,每个团队成员都开始为自己的项目界定价值要素,确定市场供应物的次优替代品,决定邀请哪些顾客参与顾客价值研究,并制订实施该项目的工作计划。在每一个分组讨论会上,都会提供辅导支持,以便强化参会者所学到的概念,解决这些团队不可避免的或意料之外的问题。

3. 顾客价值研究

每一个团队所进行的顾客价值研究都按照以下三个步骤进行:①获得最初顾客的合作;②搜集数据;③分析数据。

在邀请任何现有顾客或者潜在顾客参与研究之前,研究团队需要先完成一些任务。首先,它必须确定在每一个"子细分市场"上,最希望成为研究参与者的现有顾客或者潜在顾客是谁。虽然要寻找的研究参与者的数量取决于特定的细分市场,但研究团队通常都在每一个子细分市场上寻找6～8个顾客来参与。

接下来,研究团队需要考虑团队应该会见顾客企业中的哪些管理者。研究团队可能会与本企业的特定销售人员取得联系,因为后者对该研究团队希望纳入研究中来的每个顾客承担责任。此时,研究团队会向销售人员解释研究的目的并获得他们的支持,然后由销售人员来提供将被邀请参加最初会议的顾客姓名和联系方式。

在进行研究的过程中,只要有可能,研究团队就应该去搜集数据,而不是仅仅依据顾客的主观感知与评价。如果顾客自愿生成或搜集数据,研究团队则应该查明所使用的数据搜集或生成方法。而且,只要有可能,研究团队就应该主动与顾客一起工作,以便生成或搜集这些数据。

在完成数据的搜集工作之后,研究团队就开始分析这些数据,估计构成差异点或者争议点的每一种价值要素的货币价值。同时,研究团队也会计算价值要素的均值和方差(或者标准差)。然后,会对两个处于研究之中的"子细分市场"进行比较,以便了解每一个价值要素的估计在两者之间存在着什么变化。接下来,团队会把这些价值要素的货币估计整合到价值概要——顾客价值模型中。

为了更深入地理解所获得的结果,研究团队还要利用有关每个价值要素的方差信息进行敏感性分析。同时,它也要考虑什么特征可能驱动价值变动,分析这种变化是否可以确保一种新的细分方法。此外,也要识别出哪些顾客是最有吸引力的潜在顾客。

最后,研究团队要考虑价值代理(value placeholder),即那些很难进行测量或者测量代价很高的价值要素。根据顾客的感知评价,从定性的角度看,每个价值要素的价值是什么?如何得到替代指标的估计?如果除了顾客感知之外,再没有其他资源可供使用,顾客头脑中对每个价值要素的价值判断是很关键的。哪些看起来似乎有理有据的?

4. 构造业务变革案例

根据研究团队从研究中所获得的价值知识,可以为企业的差异化行动提供什么建议呢?相关的业务变革案例应该考虑以下问题。

(1) 在顾客价值研究的基础上,研究团队建议企业采取什么具体行动呢?

(2) 在实施所建议的业务变革的过程中,将需要什么资源呢?

(3) 在实施业务变革的过程中,需要具体关心什么呢?

(4) 在成功实施变革的过程中,有哪些里程碑可以表示所取得的进展呢?

(5) 如果相关的业务变革案例得到批准,会对营利性产生什么影响呢?

把这些业务变革案例提交给特定的高层管理者即充当项目发起人的高层管理者。同时,也可能在需要时提交给业务单位的高层领导。这些业务变革案例应该被视作一种潜在投入:如果高层管理者提供必需的资源,那么该业务单位就会实现事前所阐明的结果,特别是实现所估计的利润增长。

5. 价值实现与获取

在把业务变革案例提交给高层管理人员之后一段时间,是实现业务案例所识别的价值——利润增长的关键时期。研究团队可能需要搜集额外数据,以便提炼或者拓展提交给高层管理人员的顾客价值模型。团队成员可能需要继续工作,制定必需的行动方案,特别是考虑和解决实施中可能遇到的问题。同时,需要创造基于价值的销售工具,并就如何使用这些工具进行培训,以便向销售人员提供如何使用这些基于价值的销售工具的实际经验。此外,可能还需要在绩效评价和报酬方面进行变革,以便提供必要的支持。当然,还需要运用一种反馈方法,以便获悉顾客实际所得的价值,并与承诺向顾客提供的价值进行比较。最后,也需要设计一个系统,以便追踪实际所实现的利润增长。

第二节 组织市场客户关系管理

一、客户关系管理与客户忠诚

在新千年瞬息万变、不确定性增强的情况下,组织间的营销关系日益复杂,关系营销被认为是掌握这种关系的基础。20世纪70年代,北欧的诺丁学派(Nordic School)和IMP(industrial marketing and purchasing,工业营销与采购组)产业营销学派提出了以建立、维护、促进、改善、调整"关系"为核心,对传统的营销观念进行革新的理论,这便是关系营销的前身。20世纪80年代中期,美国市场学者芭芭拉·杰克逊(B. Jackson,1985)正式提出关系营销(relationship marketing),杰克逊在产业领域提出的概念认为,关系营销就是指获得、建立和维护与产业用户的关系,至此关系营销得到了更大的发展,在企业界得到了较为广泛的应用,在理论上也得到了更深入的探讨。20世纪80年代后期,市场营销学界开始对传统市场营销理论的实际效用提出质疑,尤其是当营销理论应用于国际性的产业和服务市场领域时更是如此。一种主要的观点是,传统的市场营销模式是建立在市场营销混合作用和交换概念的基础之上的,这种短期交易的着眼点不适合工业和服务领域的营销,对后者而言,与客户建立长期关系是企业成功的关键(Hennig-Thurau et al,2002)。

Morgan和Hunt(1994)将关系营销定义为"意在建立、发展和维持成功的交易关系而采取的所有营销措施"。Grönroos(1996)认为,关系营销就是找出和建立、维持和增进与顾客和其他利益相关者的关系,以便所有涉及各方的目标都能达到。这是通过相互交换和实现承诺而完成的。总之,关系营销的目的是通过建立、发展、维持与老顾客的关系即获取忠诚的顾客从而获取长期财务绩效以及可持续竞争优势。因此,关系营销的一项重要研究议题就是建立客户忠诚,一方面研究客户忠诚的含义,另一方面研究建立客户忠诚的路径方法。

(一)客户忠诚的含义

在营销实践中,客户忠诚被定义为顾客购买行为的连续性。它是指客户对企业产品或服务的依赖和认可、坚持长期购买和使用该企业产品或服务所表现出的在思想和情感上的一种高度信任和忠诚的程度,是客户对企业产品在长期竞争中所表现出的优势的综合评价。

客户忠诚度指顾客忠诚的程度,是一个量化概念。客户忠诚度是指由于质量、价格、服务等诸多因素的影响,使顾客对某一企业的产品或服务产生感情,形成偏爱并长期重复购买该企业产品或服务的程度。

(二)客户忠诚的战略意义

随着市场竞争的日益加剧,客户忠诚已成为影响企业长期利润高低的决定性因素。以客户忠诚为标志的市场份额,比以客户多少来衡量的市场份额更有意义,企业管理者应将营销管理的重点转向提高客户忠诚度方面来,以使企业在激烈的竞争中获得关键性的竞争优势。

(1) 客户忠诚使企业获得更高的长期赢利能力。

① 客户忠诚有利于企业巩固现有市场。高客户忠诚的企业对竞争对手来说意味着较高的进入壁垒,同时要吸引原有顾客,竞争对手必须投入大量的资金,这种努力通常要经历一个延续阶段,并且伴有特殊风险。这往往会使竞争对手望而却步,从而有效地保护了现有市场。

② 客户忠诚有利于降低营销成本。对待忠诚客户,企业只需经常关心老客户的利益与需求,在售后服务等环节上做得更加出色就可留住忠诚客户,既无须投入巨大的初始成本,又可节约大量的交易成本和沟通成本,同时忠诚顾客的口碑效应带来高效的、低成本的营销效果。

(2) 客户忠诚使企业在竞争中得到更好的保护。

① 客户不会立即选择新服务。客户之所以忠诚一个企业,不仅因为该企业能提供客户所需要的产品,更重要的是企业能通过优质服务为客户提供更多的附加价值。

② 客户不会很快转向低价格产品,正如忠诚客户愿意额外付出一样,他们同样不大可能仅仅因为低价格的诱惑而转向新的企业。不过,当价格相差很大时,客户也不会永远保持对企业的忠诚。

(三) 客户忠诚的驱动因素

1. 顾客满意

菲利普·科特勒认为,顾客满意是指一个人通过对一个产品的可感知效果与他的期望值相比较后,所形成的愉悦或失望的感觉状态。亨利·阿塞尔也认为,当商品的实际消费效果达到消费者的预期时,就导致了满意,否则,会导致顾客不满意。

从上面的定义可以看出,满意水平是可感知效果和期望值之间的差异函数。如果效果低于期望,顾客就会不满意;如果可感知效果与期望相匹配,顾客就满意;如果可感知效果超过期望,顾客就会高度满意、高兴或欣喜。

客户满意与忠诚之间并非线性关系,但满意对于忠诚具有积极的正面影响。一般来说,满意的顾客会比较忠诚,不满意的顾客不仅情感不忠诚而且行为上也不会忠诚。

2. 转换成本

客户忠诚还与转换壁垒高度相关。"转换成本"(switching cost)最早是由迈克尔·波特在1980年提出,指的是当顾客从一个产品或服务的提供者转向另一个提供者时所产生的一次性成本。这种成本不仅仅是经济上的,也是时间、精力和情感上的,它是构成企业竞争壁垒的重要因素。如果顾客从一个企业转向另一个企业,可能会损失大量的时间、精力、金钱和关系,那么即使他们对企业的服务不是完全满意,也会三思而行。

企业要想提高组织客户的转换成本,首先应该考虑如果自己的顾客转投竞争对手,将会在程序、财政和情感三方面有哪些损失进行仔细的评估。然后通过提高顾客的转换成本,来增加顾客转换的难度和代价。有的企业通过宣传产品、服务的特殊性,让顾客意识到他们的转换成本很高。例如,公司可以向顾客宣传其产品和服务的复杂性和学习过程很长,让他们感知到程序转换成本很高,因此不愿意轻易更改服务提供商。同样,通过宣传企业自身的特殊性和不可替代性,为消费者提供一整套适合他们的不同功能产品和服务,来增加顾客对他们的依赖性,有效抵挡其他企业忠诚计划的诱惑。

为组织顾客提供更加人性化、定制化的产品,与客户建立情感层面的一对一的关系,也将大大增加消费者的程序和情感成本。如 IBM 强调没有人因为购买 IBM 而遭到解雇。比起程序和财政转换成本来说,情感转换成本更加难以被竞争对手模仿。

3. 客户感知价值

客户感知价值也是客户忠诚的重要驱动因素。客户感知价值(customer perceived value,CPV)就是顾客所能感知到的利益与其在获取产品或服务时所付出的成本进行权衡后对产品或服务效用的总体评价。客户感知价值体现的是客户对供应商提供的产品或服务所具有价值的主观认知,而区别于产品和服务的客观价值。

作为理性购买者,组织客户在交易中的目的在于利益最大化,选择为自身带来更大感知价值的产品或服务。这意味着销售者必须在总顾客价值和总顾客成本之间做出估算,并考虑其与竞争对手的差别,以确定自己的产品如何销售。如果销售者在顾客感知价值上没有优势,则应该在努力增加总顾客价值的同时,减少总顾客成本。

二、组织营销中客户关系的类型

一个从事企业市场营销的企业或许同通用电气的关系开始于成为它的一个供应商(许多中的一个),接下来成为通用电气所优先考虑的供应商(少数中的一个),最终或许就成了它的战略合作伙伴(某些特殊商品的唯一供应商)。组织顾客与供应商之间可能形成的几种营销关系类型如图 12-1 所示。其两端是纯交易关系和纯合作关系。每一个营销关系的核心都是各方做出一定付出后换取更高价值的交易过程。

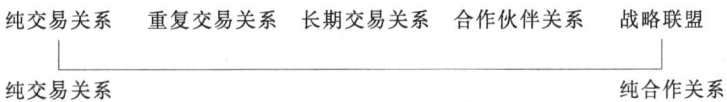

图 12-1 组织顾客与供应商之间的买卖关系类型

资料来源:郭毅,侯丽敏.组织间营销[M].北京:电子工业出版社,2011.

(一)纯交易关系

费雷德里克·韦伯斯特认为纯交易关系是买卖双方之间的一次性交易关系,买卖双方在交易之前和交易之后没有相互联系。交易价格则建立在市场竞争的基础上,而这一价格包含了全部用于双方做出交易决定的必要信息。但需要指出的是,在组织市场中,组织顾客与供应商之间的纯交易关系比较少见。

(二)重复交易关系

对于某些零部件、原材料等产品的重复交易(repeated transactions),在一定程度上反映了供应商营销人员在增加产品的奇异性,培养顾客的偏好及忠诚等方面获得了成功。同时,也意味着买卖双方之间重复交易关系的建立。当富有意义的、紧密的重复交易关系存在时,组织顾客和供应商之间可能发展成为长期交易关系。

(三)长期交易关系

这种交易类型一般包括长期契约的约束,买卖双方之间的合作较纯交易关系和重复交易关系更为紧密，相互之间更为信任。近十年来，随着市场竞争的加剧，汽车、电信、计算机、办公设备等行业的组织顾客和供应商之间更趋向于建立长期交易关系（long-term relationships）以获得竞争优势。

（四）合作伙伴关系

组织顾客如果重视与供应商建立合作伙伴关系，就会削减供应商的数量，对某些产品的采购依赖于一个或几个供应商，供应商必须提供完全符合组织需要的产品，同时保证运送的及时准确性。在这种类型下，价格并不是由市场因素决定的，而是建立在买卖双方有关产品的质量、运送、技术支持等多方面协商基础之上。合作伙伴关系的特征还包括供应商一般会介入组织顾客的新产品开发过程并与之交流有关信息。

有学者研究认为，在组织顾客和供应商之间传统弓形联结的关系中，采购人员（采购经理）和销售人员在交易过程中扮演着角色。对于长期交易关系和合作伙伴关系来说，买卖双方之间的界限相对要透明得多。图12-1中表明的正是在这种买卖关系类型下，组织顾客和供应商为了提高效率和效益、共同创造新的价值而相互交流信息的情景。

（五）战略联盟

在某些情况下，组织顾客与供应商之间的合作伙伴关系会进一步发展成为战略联盟关系。与其他各种关系类型相比，战略联盟的目的是获取某些长期的、战略性的目标。

战略联盟是指由两个或两个以上有着共同战略利益和对等经营实力的企业，为达到共同拥有市场、共同使用资源等战略目标，通过各种协议、契约而结成的优势互补或优势相长、风险共担、生产要素水平式双向或多向流动的一种松散的合作模式。一些战略联盟的建立是为了保证组织顾客所需的原材料和零部件的供给，如丰田汽车与其零部件供应商之间的联盟；也有一些战略联盟是为了开发新产品，进入某一特定市场或者开发共有技术。无论何种类型的战略联盟，都需要资本和管理资源的投入以确保加强联盟双方竞争地位这一战略目标的实现。

在关系发展的两个端点之间是一种交易意义较大的交易，在这种交易中，销售公司的重心转移到如何吸引并保持客户上。这类营销商要实现该目标，就要全面了解客户的需求和不断变化的要求，并据此调整完善自己提供的产品或服务，并且不断地激励客户将其大部分采购集中于自己。例如，戴尔公司为重要的组织客户设计了一个专用网页，这些客户组织中的员工都能通过这个网页获取许多信息和技术支持服务。

一般性交易包括诸如包装材料或清洁服务等，为了获得最佳的合约条件，在这种交易中经常采用竞标的方式。这种交易只是纯粹进行合同的签订、履行等交涉，极少甚至完全没有情感上的交流以保持将来的合作关系。相比之下，像半导体测试仪器这样规格定制的高科技产品就适合于组织间的合作性交易。纯粹交易的核心是进行谈判协商以及保持有一段距离的关系，而合作性交易侧重于共同处理问题以及将双方的交易过程整合为一体的多方面的联系。信任和承诺为合作性交易奠定了基础。关系承诺带给合作伙伴一个信念，持续的关系重要到值得付出最大的努力以维持它，相应地，当一方信赖其伙伴的诚实和可靠时，信任就建立起来了。

三、建立客户关系管理战略

建立客户关系战略需要利用 CRM(customer relationship management,客户关系管理)获取顾客数据,将之转变成有价值的信息,然后在公司传播,以此来支持企业从获取顾客到维持顾客的战略过程,参见表12-1。这种由 CRM 系统支持的、精心设计和执行的顾客战略,才能为公司带来经济回报。

表 12-1　建立顾客关系管理战略

获取正确的顾客	构造正确的价值定位	确定最合适的交易过程	激励员工	学会维持顾客
CRM 的优先考虑事项				
• 确定企业最有价值的顾客； • 计算企业提供的产品和服务在顾客采购总量中所占的份额	• 判断企业顾客现在和未来所需的产品或服务； • 评估竞争对手现在和未来提供的产品或服务； • 确定企业应该提供的新产品或服务	• 研究为顾客提供产品或服务的最佳方法； • 决定为完成顾客战略而必须发展的服务能力和需要投资的技术	• 确定企业员工发展顾客关系所需的工具； • 通过企业培训和为员工构建合适的职业道路,从而赢得员工忠诚	• 明白为什么顾客更换供应商,了解怎样使他们回心转意； • 明确竞争对手赢得公司高端顾客的战略
CRM 技术的作用				
• 分析顾客收入和成本数据以明确现在和未来的高端顾客； • 使营销面向高端顾客	• 从顾客交易中获得相关产品和服务的数据； • 建立新的分销渠道； • 建立新的定价模型	• 加快交易过程； • 为接触顾客的员工提供更有效的信息； • 更有效地管理企业物流和供应链	• 将员工激励和绩效评估结合起来； • 在企业内向员工传播有关顾客服务的知识	• 跟踪顾客流失状况和顾客维持状况； • 跟踪顾客服务满意度

资料来源：郭毅,侯丽敏.组织间营销[M].北京：电子工业出版社,2011.

从事组织营销的企业通常拥有一系列的客户,它们涵盖了各种客户行为。一些客户强调低价战略以及纯粹的交易关系,而另一些客户则很重视大量的服务并期望一种更具有合作性的关系。事实上,一些客户处于以上两者的中间,并且它们代表了那些很有可能被有效升级为能为双方创造更多价值的客户。为了发展反应快速且能够创造效益的关系营销战略,必须对如下方面给予关注。

1. 获取关系数据

准确的客户信息为成功的关系营销战略提供了基础。公司的数据库要发挥作用,就要提供一些客户的历史资料,明确主要的决策制定者,将过去在所有生产线上进行的采购都列出来,并整理客户的需求和潜能的资料。为了获取客户的数据资料并将其转换成能够指导战略的有价值的信息,营销企业都纷纷采用像甲骨文公司和 Siebel 系统公司等头号生产商所设计的客户关系管理软件。从事组织营销的企业也可以应用许多其他基于网络的客户管理工具。

2. 选择客户

选择客户需要了解清楚客户的需求,紧紧抓住由于服务不同群体的客户而带来的成本,并准确地预测未来潜在的商机。如何定义不同客户的价值关系着对目标客户的选择。根据安德森和奈若斯的定义,价值是指客户公司在支付了产品的价格后得到的经济、技术、服务以及社会利益。通过评估自己给不同客户群体所创造的价值,营销企业能够为目标客户做出充分的准备并决定怎样为特殊客户提供附加价值。

客户选择的过程也应该考虑营利的可能性。由于产品对它们的经营来说至关重要,一些客户对支持性服务赋予很高的价值(如技术指导和培训),同时,也愿意为这种服务付出报酬。另一些客户则不认同这种服务的价值,而在做出产品选择时对价格非常敏感。因此,在进行客户选择时必须非常明确销售者能满足客户的哪些要求以及对其他客户交易带来了哪些影响。否则,销售者就会由于给无利可图的客户提供了过多的服务且浪费了一些可能分配到其他客户群的资源而承担风险。

3. 针对特定客户要求开发产品

为了开发设计符合特定客户要求的产品,从事组织营销的企业接下来需要分析买方-卖方关系的本质,这种关系需要能体现所处行业的特点。一个行业中的竞争厂家所追求的策略都是能进入一个工作关系的行业宽带范围中。营销企业要么尽力利用一系列不同的关系营销战略扩大某一范围,要么就是将注意力集中到某一个战略上,其关系的范围也就比行业带宽狭窄许多。

在提高中实现突破。在另一端,合作性供给是以增值的产品的形式表现出来的,这时的产品中包括了客户公司所重视的那些特性。增加的特性包括经过协调的成本缩减、技术支持、送货时间保证和联合广告发布。由于合作性的努力旨在为交易双方带来价值或减少成本,因此应给予这种合作性供给一定的佣金。

从事企业间营销的企业能够通过建立一系列的服务供给,并通过这些服务为组织客户或独立客户提供解决方案,从而赢得竞争力。首先,新开设的服务要包括在一类市场中所有客户所重视的最基本数量的服务。微软公司将其称为"无条件的解决方案"。其次,要开发一些可供选择的服务,它能通过节约成本或提高客户的经营绩效而为客户增加价值。要满足特殊用户的要求,可供选择的服务可以以"客户打包服务"的形式出现,其中包括能为关系带来增值的关键服务。

[例 12-1]　　　　　　　　**Baxter 公司的灵活服务**

　　Baxter International 提供了灵活的服务以满足其医院客户的要求。对于那些在一张订单接一张订单的基础上同 Baxter 做生意的一般性交易关系客户,核心服务的提供需要受到重视。然而,一套详尽的服务能为 Baxter 的战略重点带来战略性客户,即那些与该公司之间保持长期关系而做出合作性承诺的客户。由于这些服务设计的初衷就是帮助医院客户提高效率和经济绩效,因而为医院增加了价值。

资料来源:佚名.使成功企业走向失败的 IT 基础设施[OL]. http://oxford.icxo.com/htmlnews/2005/04/12/579706.htm,2005-12-05.

4. 实施关系营销战略

销售队伍在组织市场中起着核心关系管理的作用。技术服务和客户服务人员在购买组织内也起着重要且显而易见的实施战略的作用。成功的关系战略的形成需要通过有效的组织和部署人员销售力量,并同相关部门紧密协调配合,如后勤部门和技术服务部门。有些公司将销售部门划分为若干个单位,各单位负责为不同的客户服务,如纯粹交易客户或战略性客户。例如,摩托罗拉半导体集团公司的销售部门是由三个单位组成的:一支战略市场销售队伍,它专对60家伙伴关系客户负责;一支地区性销售队伍,其负责的对象为成千上万购买摩托罗拉产品的交易型客户;一支分销队伍,它为满足公司产品的分销商的需求而服务。

5. 评估关系营销战略成效

因为可能无法实现对客户的预期,一些建立关系的努力将会成为一场徒劳,例如从事组织营销的企业采用的是旨在建立关系的方式对待客户而对方的回应只是一般的生意往来,这会经常发生。通过将客户需求同与完善服务相关的成本分离开来,市场营销企业就更有能力为特定客户的要求提供适当的产品。

一个关系的目的就是要实现采购方和销售方共同利益的最大化。这表明了对关系成果进行正确的评价的必要性。例如,摩托罗拉销售主管们为了确立共同目标而与他们的伙伴客户紧密合作。一个适当的时期之后,不符合这些目标的伙伴关系会被降级,并会从战略市场销售队伍的服务对象变为地区销售队伍的客户。

四、客户关系管理实现成功的关键因素

具体到客户关系管理(CRM)的实现,应该关注如下7个方面。

(1)高层领导的支持。这个高层领导一般是销售副总、营销副总或总经理,他是项目的支持者,主要作用体现在三个方面。首先,他为CRM设定明确的目标。其次,他是一个推动者,向CRM项目提供为达到设定目标所需的时间、财力和其他资源。最后,他确保企业上下认识到这样一个工程对企业的重要性。在项目出现问题时,他激励员工解决这个问题而不是打退堂鼓。

(2)要专注于流程。成功的项目小组应该把注意力放在流程上,而不是过分关注于技术。要认识到,技术只是促进因素,本身不是解决方案。因此,好的项目小组开展工作后的第一件事就是花费时间去研究现有的营销、销售和服务策略,并找出改进方法。

(3)技术的灵活运用。在那些成功的CRM项目中,技术的选择总是与要改善的特定问题紧密相关。如果销售管理部门想减少新销售员熟悉业务所需的时间,这个企业应该选择营销百科全书功能。选择的标准应该是,根据业务流程中存在的问题来选择合适的技术,而不是调整流程来适应技术要求。

(4)组织良好的团队。CRM的实施队伍应该在四个方面有较强的能力。首先是业务流程重组的能力。其次是对系统进行客户化和集成化的能力,特别对那些打算支持移动用户的企业更是如此。再次是对IT部门的要求,如网络大小的合理设计、对用户桌面工具的提供和支持、数据同步化策略等。最后,实施小组要具有改变管理方式的技能,并提供桌面帮助。这两点对于帮助用户适应和接受新的业务流程是很重要的。

(5) 极大地重视人的因素。很多情况下，企业并不是没有认识到人的重要性，而是对如何做不甚明了。我们可以尝试如下几个简单易行的方法。方法之一是，请企业未来的 CRM 用户参观实实在在的客户关系管理系统，了解这个系统到底能为 CRM 用户带来什么。方法之二是，在 CRM 项目的各个阶段（需求调查、解决方案的选择、目标流程的设计等），都争取最终用户的参与，使得这个项目成为用户负责的项目。方法之三是在实施的过程中，千方百计地从用户的角度出发，为用户创造方便。

(6) 分步实现。通过流程分析，可以识别业务流程重组的一些可以着手的领域，但要确定实施优先级，每次只解决几个最重要的问题，而不是毕其功于一役。

(7) 系统的整合。系统各个部分的集成对 CRM 的成功很重要。CRM 的效率和有效性的获得有一个过程，它们依次是：终端用户效率的提高、终端用户有效性的提高、团队有效性的提高、企业有效性的提高、企业间有效性的提高。

五、维护客户的方法

(1) 必须建立一个能"动"起来的客户资料库。企业不可能记住每个客户的细节，所以建立客户资料库或档案是必须的。利用客户档案提供全程服务有助于维持现有客户。档案不应只是纸上的几列数据，它应是客户具体形象的象征，也是销售人员的商机所在。在客户的特殊日子如生日、母亲节等给予他一个意外的惊喜也可能获得意外的收获。

(2) 开展公关活动，与客户共同组织参观、联谊活动，如经常邀请一些重要客户到企业来，主动询问他们使用产品或服务的情况，在客户遇到问题时及时给出指导性意见，或就目前相关产品的现状及发展趋势进行讨论，拉近与客户的距离。

(3) 提供个性化的产品或服务。在组织营销过程中，为客户提供量身定制的产品或服务有助于提升顾客的价值感知。在组织营销领域，买卖之间长期的、紧密的关系可能是由于购买惯性或转移成本，也可能是出自于客户企业的品牌满意。为客户带来财务或客源收益是维系企业间"交易关系"的基础性因素，而管理价值作为驱动组织间"超越交易关系"的因素而起到"催化剂"的作用。管理价值之所以能够有助于提升品牌满意度，与供应商主动的关系专用性投资行为有关。关系专用性投资实际上是企业对关系的一种承诺。这种投资只对特定对方拥有价值，因此更容易让采购商感觉到供应商的善意和诚意，进而对其品牌感到满意。

(4) 经常联络或回访客户，也是增进客户关系的有效途径。除了发送短信之外，对一些 VIP 客户或有潜力的用户，要有规律地每隔一段时间打电话问候，咨询他们使用产品所遇到的各种问题，并提供专业的解决方案；对于比较重要的客户，要上门拜访、交流，并带上一些有纪念意义的小礼品，关键时机要宴请重要的客户；及时在客户资料库中添加客户尤其是大客户的特殊偏好、方案诉求、问题解决情况以及习惯等。回访客户时，供应商企业人员应注意如下方面：了解客户使用产品的情况；了解客户近期有无新的需求以便发现新的销售机会；向客户宣传、推介新产品，创造再销售。

六、我国组织营销中的客户关系

众所周知，中国社会是一个极其典型的注重人情和人际关系的伦理型社会，中国人在生活中处处讲关系、讲人情、讲面子，在中国的人际交往中，处处都存在着关系的痕迹。同样，在组织营销活动中，关系也发生着微妙的作用。在制定采购决策的过程中，企业开始关注思考关系管理问题，供应商企业也往往借助"关系"达成自己的任务目标。

随着中国的改革开放和市场经济的发展，中国社会既存在西方社会所谓的普遍意义上的组织关系，也存在着中国独特文化背景下的特殊关系。这些独特的关系包括：人情、面子、私人关系和人际关系的工具性。

人情交往是中国人际关系独有的文化特征。"人情"是维系人际关系最重要的纽带，也是中国人进行人际往来的主要手段，同时，还是可以互换的资源。有人之情感、送人情、礼尚往来的感情等三类。

中国人很重视面子，将其视为人生价值的一种外在体现。分开来讲，"脸"是个体为了迎合某一社会圈认同的形象，经过印象整饰后所表现出的认同性的心理行为，而"面子"是这一业已形成的心理及其行为在他人心目中产生的序列地位，也就是心理地位。

私人关系是指行为者之间的血缘、亲缘关系或包括同乡、朋友、同学等在内的"象征性"亲缘关系。是基于五缘形成的关系，即亲缘、地缘、神缘、业缘和物缘。

工具性关系是相对于情感性关系来说的，它是指个人在生活中和家庭外与其他人建立的为了达到他所冀翼的目标而建立的社会关系。具体地说，个人和他人建立工具性关系时，不过是以这种关系作为达到其他目标的一种手段或一种工具，因此，这种关系是短暂而不稳定的。

第三节　合作伙伴关系管理：营销战略联盟

"优秀公司缘于坚固的防范"这一传统思想正在逐渐被一种新的理念所取代，这种新的理念就是：组织通过与其他组织建立紧密的联结而延伸其组织边界，营销战略联盟正在那些具有领导地位的组织的战略中扮演着日益重要的角色。

一、营销战略联盟的类型及利益

战略联盟通常指由两个或多个公司投入互补的资源和能力以获得共同的目标的正式的长期联结。

战略联盟形成的驱动力一般在于一个组织期望通过与一些具有互补资源的组织的联结而提升自身的核心竞争力，并以此扩大组织的产品销路及其辐射的市场区域。

战略联盟可以为其成员带来很多方面的利益：①进入市场或获取技术；②以联合进行生产、研究开发以及营销活动的方式获得规模效益；③如果战略合作伙伴在很多国家建立了分销渠道，就能够确保新产品迅速进入市场；④对于一个在世界各地自行建立分销渠道、运输网络、制造工厂的组织来说所面临的风险是极高的，而且也需要投入相当多的时间和精力，战略联盟能够减少组织的风险，同时又能实现组织目标。总之，战略联盟能够有助于减轻联盟各方经营的不确定性，并增强合作各方的市场地位。

虽然战略联盟能为企业带来诸多的利益，但并不是所有的企业都能够成为战略联盟的合作方。莱蒙克等学者(2003)的研究表明对于一个供应商来讲，要与组织类顾客达成战略联盟,需要具备以下几个条件。

(1) 业务联系通过个人而不是组织层面建立的。
(2) 供应商能够提供定制化产品。
(3) 供应商对制造商的新产品开发有贡献。
(4) 存在规范、活跃的关系管理。
(5) 供应商与制造商距离较近,便于沟通及配货。

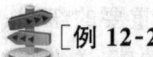[例 12-2]　　　　　　　　美国通用电气公司的战略联盟

美国通用电气公司已经建立了 100 多个战略联盟伙伴关系,并且在其经营目标中提出要建立更多的战略伙伴关系:

要在全球产品市场中占据第一或第二的地位,就需要参与到世界的每一主要市场中去。这要求有许多不同的参与形式,如为了进入市场而交换技术,通过市场准入的交易来获得技术,互换市场准入,这种"双赢"成为了一种生活方式。

美国通用电气公司的首席执行官杰克·韦尔奇指出战略联盟是全球竞争这个游戏的一个大家:要在全球的竞争中获得胜利,认为你能够完全凭借自己的力量征服世界是没有吸引力的方式。

资料来源:郭毅,侯丽敏.组织间营销[M].北京:电子工业出版社,2011.

二、营销战略联盟的相关理论

(一) 组织学习理论的解释

该理论一反传统竞争优势的分析思路,从组织学习的角度出发,强调企业学习能力与动态竞争优势的紧密相关性。它把企业视为一个学习型组织,可以通过内部的"干中学"、"用中学"以及外部的"从相互作用中学习"、"产业间外溢"等基本的学习途径,不断提高,从而达到增强企业竞争优势,改善企业整体经营效率的目标。鉴于企业知识的多样性和复杂性以及在创新过程中重要性的不同,该理论引入知识的两个维度:编码化知识和经验性知识。编码化知识是指那些显性的、已成体系并可用正规系统的语言传播的知识。因此这种知识可以通过书本、技术规范、设计和机器附带的材料获得。相反,经验性知识是隐含的,深植于企业文化或人的大脑和身体中,很难系统地编辑和交流,只能通过某一特定情景中的行动、承诺和涉及程度来表达,并且也只能通过观察、模仿和实践经验才能获得。组织学习理论认为,战略联盟是组织学习的一种重要方式,其核心在于学习联盟伙伴的经验性知识。由于企业在技术创新中持久的竞争优势更多的是建立在企业拥有的经验性知识基础之上,而经验性知识存在于组织程序与文化中,其转移是一个复杂的学习过程。联盟则是解决经验性知识转移的有效途径。通过缔结战略联盟,创造一个便于知识分享、移动的宽松环境,采取人员交流、技术分享、访问参观联盟伙伴的设施,增强联盟各方的联系频率等办法,可以使经验性知识有效地移植到联盟各方,进而扩充乃至更新企业的核心能力,真正达到企业间合作的目的。以组织学习为本质的企业合作动机并不是以资源互补为中心,而是以获取企业核心能力为重要内容;以学习为中心建立的战略联盟不是被动地适应环境,而是主动去创造环境,因而极具生命力;同时,围绕以知识的不断

创新为基础建立的战略联盟,能够适时地调整企业间的关系,促进不同价值观、知识和异文化在企业中的融合,使之成为企业革新的重要推动力。因此,通过学习过程来积累企业知识资产是企业选择合作而不是市场交易的一个重要原因。

(二) 资源(RBV)基础理论的解释

基于资源的战略管理理论兴起于1989年,以维纳菲尔特、格兰特、巴尔奈等人为代表。该理论在探索企业竞争优势的形成机制中没有局限在具体的产品——市场层面上,而是聚焦于企业所拥有的一组资源,并试图用这些资源的构成和性质解释竞争中频繁出现的优胜劣汰现象。格兰特等人把企业资源分为财务资源、物化资源、技术资源、创新资源、商誉资源、人力资源和组织资源。除了资金和原材料等属于对所有企业有着同等意义的同质资源外,其他资源因含有活性因素如知识、经验、技能、判断力、适应力等使每一种资源都富于变化而呈现千差万别的形态,基本上属于异质性资源。正是这些资源形态各异的异质性资源造就了企业持久的竞争优势,也正是这种异质性为企业"独占"某些资源提供了可能,从而造成了其他企业所难以模仿的资源位障碍。然而异质性资源的动态性和维系持久竞争优势的要求使得企业必须不断利用外部渠道,扩充企业所需的稀缺资源。战略联盟正是实现这一目标的有效途径。国际企业通过与具有互补性资源的公司建立伙伴关系,可以充分利用企业组织外部的"共享"要素,发挥各自异质技术优势和管理经验,有效克服资源位障碍,从而形成一种新的国际竞争优势和新的利益源泉。这种经济性来自竞争中的合作和矛盾的协调;来自合作之后资源再配置效率的提高;来自高新技术的加速发展和联合应用;来自新市场的快速形成和先行优势。

(三) 战略缺口假说解释

由于20世纪90年代以来,国际竞争环境的深刻变化对公司的绩效目标造成了巨大压力。因而,当国际企业审视竞争环境并评价自身竞争力和资源时,经常发现在竞争环境客观要求它们取得的绩效目标与它们依靠自身资源和能力所能达到的目标之间存在一个缺口,这个缺口被称为战略缺口。根据这个发现,泰吉(Tyebjee)和奥斯兰(Osland)提出了战略缺口假说。他们认为,国际企业战略联盟的发展是其对国际经济、技术及竞争环境变化的一种战略反应,是国际总体竞争环境变化的产物。战略缺口在不同程度上限制了国际企业走一切依靠自身资源和能力自我发展的道路,在客观上要求它们走合作的道路。因此,战略缺口是推动国际企业在全球竞争中结成战略联盟的重要动力。企业的战略缺口越大,参与战略联盟的动力就越强烈。

战略缺口假说认为,通过合作,实现战略联盟的各方国际企业可以在以下方面增强在全球市场中的竞争力。

(1) 聚集更多的技术创新资源,分摊技术创新的巨额投资和潜在风险。

(2) 通过联合研究与开发,国际企业可以相互交流在不同领域、不同产品生产及不同行业的技术知识,适应当前科技发展的融合趋势。

(3) 借助联合力量协调和建立新产品或生产工艺的世界统一标准。

(4) 通过联盟实现经营范围的多样化和经营地区的扩张,以利用规模经济和范围经济。

(5) 以战略联盟维系或增强已有的竞争地位。

(6) 增强国际企业经营与组织结构的灵活性和对不确定环境变化的反应能力。

(7) 通过战略联盟互相学习彼此的管理体系和管理经验。

(四) 价值链的理论解释

企业是一个综合设计、生产、销售、运送和管理等活动的集合体,其创造价值的过程可分解为一系列互不相同但又相互关联的增值活动,总和即构成"价值系统"。其中每一项经营管理活动就是这一"价值系统"中的"价值链"。企业的价值系统具体包括供应商价值链、生产单位价值链、销售渠道价值链和买方价值链等。

价值链由两种价值活动构成,即基本活动和辅助活动。基本增值活动是指一般意义上的生产经营环节,包括物料储运、生产加工、成品储运、市场营销和售后服务等。这些活动与产品的实体流转直接相关。辅助性增值活动包括管理基础工作、人力资源管理、科技管理和采购管理等。"价值链"各环节之间的相互联系、相互影响,一个环节的运行质量直接影响到其他环节的成本和效益。各环节对其他环节的影响程度与其在价值链上的位置有很大的关系。依照产品实体在价值链各环节的流转程序,企业的价值活动可分为"上游环节"和"下游环节"两大类。企业的基本价值活动中,原材料供应、产品开发、生产运行可被称为"上游环节";成品储运、市场营销和售后服务可被称为"下游环节"。上游环节价值活动的中心是产品生产,与产品的技术特性紧密相关;下游环节的中心是满足顾客,与市场紧密相连。价值链各环节所要求的生产要素各不相同。产品开发环节要求具有受过高等教育、具有专业技术和首创精神的科技人员,宽松自由的组织环境以及鼓励创新、提倡独立思考的企业文化。产品的装配环节则需要大批普通工人和严格的劳动纪律、全面的质量管理和成本控制。任何企业都只能在"价值链"的某些环节上拥有优势,而不可能拥有全部的优势。在某些价值增值环节上,本企业拥有优势,在其余的环节上,其他企业可能拥有优势。为达到"双赢"的协同效应,彼此在各自的关键成功因素——价值链的优势环节上展开合作,可以求得整体收益的最大化,这是企业建立战略联盟的原动力。

(五) 网络理论的解释

网络理论认为,具有网络型组织的企业,对于增强企业组织的活力和形成企业之间的价值连锁起着很大的作用。网络理论并不要求形成严格的层级结构,而是将组织的各部分松散地结合起来。这有利于保持组织的灵活性,能够较好地适应市场因产品和技术周期缩短、竞争激烈所导致的动态发展要求。网络结构在协作群体企业的共同防御和相互配合中发挥重要作用。网络组织既有利于提高各成员企业的自律性,又有利于在相互协调、共同运作的基础上促进彼此的交流,从而不断提高企业对环境、技术和市场急剧变化的适应能力。

战略联盟是连接市场与企业的中介,发挥着"组织化市场"的功能,因而较好地体现了信息化时代把市场竞争和组织管理关联一体、综合运作的要求。传统的市场机制往往根据竞争者之间相互关系分配资源,而传统的组织则是根据企业组织管理的目标来配置资源,两者都不能使资源的获取成本降至最低。而战略联盟能发挥乘数效应,通过对联盟内资源进行有效组织,实现要素的共享,从而保证从投入到产出全过程的"节约"。当这种多主体和多组织相结合的联盟形式跨越行业界限时,联盟的出现有可能改变竞争的性质,产生更为复杂而难以预见的多行业综合竞争,这意味着企业必须从工业化时代的预测系统走向网络化时代的学习系统。战略联盟作为企业间的网络化系统,其最大着眼点是在经营活动中积极地利用外部规模经济。当企业内不能充分利用已积累的经验、技术和人才,或者缺乏这些资源时,可以通过建立战略联盟实现企业间的资源共享,相互弥补资源的不足,以避免对已有资源的浪费和在可获得资源方面的重复建设。战略联盟的建立,使企业对资源的使用界限扩大了,一方面可提高本企业资源的使用效率,减少埋没成本。另一方面又可节约企业在可获得资源方面的新的投入,降低转置成本,从而降低企业的进入和退出壁垒,提高企业战略调整的灵活性。

三、营销战略联盟成功的决定因素

成功的战略联盟通过建立合作关系而非交易关系使联盟成员共同获取利益。坎特强调:战略联盟不需要由正式系统来控制,而是通过人际关系的交流和内部基础结构所构成的紧密网络来加强。

(一) 发展战略联盟的共同理解

AT&T——美国特快专递联盟,专门为组织市场提供共有品牌的信用及电话卡业务,为了加强联盟内经理人员之间的人际联系,联盟成员之间需要经常展开重要的沟通与交流。信息的流动、决策的做出以及冲突的解决正是通过这些沟通与交流得以实现。

一个战略联盟成功运作的基础就在于联盟成员的工作关系跨越了组织边界,而且在联盟成员的工作关系中,建立在信任和共同目标基础上的心理契约代替了正式的联盟合约。心理契约由联盟成员关于彼此权利和义务的不成文的、一致的期望及设想所组成。通过增进工作的开放性和柔性,联盟的人际纽带能够促进联盟进一步更快地做出决策,迅速地解决突发事件,加强学习能力以及出现更进一步的联合行动的可能性等。

(二) 联盟成员之间的联系方式整合

那些擅长战略联盟管理的公司采用一种弹性的方式,使其联盟随着情势的改变而发展。这些公司往往在联盟关系中投入大量的资源和关注,并整合组织以确保成员之间最佳的联系和交流方式的实现。坎特提出了成功的战略联盟需要以下五种层次的整合。

(1) 战略整合:战略整合能够保证高层经理人员之间的经常接触以界定总体目标或者讨论每一成员所发生的变化。

(2) 战术整合:战术整合使中层管理人员共同商讨采取联合行动、交流信息或者分析组织或系统的变化以加强成员间的联系。

(3) 操作整合:操作整合为那些执行日常工作的经理人提供了必要的信息、资源及人力资源。

(4) 人际关系整合:人际关系整合建造了组织成员之间相互认知、共同学习和创造新价值的基础。

(5) 文化整合:文化整合需要具体参与联盟的人员具有交流技巧和文化意识以缩短联盟成员之间的差距。

尽管很多问题的存在困扰着战略联盟，但那些能够与战略伙伴维持良好合作关系的组织能够在全球市场上获得竞争优势。人们将更多地看到一个战略联盟成功而不是一个企业的成功。

四、营销战略联盟面临的挑战

尽管战略联盟具有很多优点，但很多战略联盟的实际运作并不如预期的理想，有的甚至面临着解散的风险。其原因就在于战略联盟为其成员所带来的竞争优势依赖于成员的共同努力，或者说，战略联盟管理面临着特殊的挑战。

（一）联盟协议的谈判

联盟协议为合作领域提供了一个大致的纲要，由于这个纲要不能够涵盖所有的方面，所以在联盟关系开始运作时便会产生各种各样的问题。一般来说，联盟协议由高层经理进行纲要性的协商，最终的细节和日常的联盟管理则由中层管理人员负责。在具体的执行过程中，双方经理就某些细节问题的分歧可能导致联盟战略难以实施。在联盟的问题得到解决之前，漫长而艰巨的谈判会在成员之间制造紧张的气氛。而且那些高科技公司中具体负责领导联盟团队的营销经理往往被排除在谈判之外，是导致联盟成员冲突的另一个重要原因。

（二）核心资源的保护

很多公司加入多边联盟，这为彼此的关系管理增加了难度和压力。事实上，有些合作伙伴可能是竞争对手或者与公司的竞争对手结成了联盟关系。组织市场的营销人员会发现要在信任合作和维护公司的战略利益与战略资源之间保持平衡时非常困难。就像一位联盟管理人员所描述的那样：我们公司参与了6个战略联盟，有的则不能参与。因此我们需要与不同的联盟体保持不同层次的信息交流，清楚地分辨哪些可以、哪些不可以透露给合作伙伴是很难的一件事情，而稍微的一点闪失就可能导致组织巨大的损失。

（三）制度和组织结构的联结

一个战略联盟的基本思想便是通过企业之间的核心竞争力的联结来创造更多的价值。有些时候，联盟的运作并不顺利，原因之一就在于合作伙伴不相容的制度和组织结构延迟了决策的做出，产生了效率低下以及破坏了联盟的人际关系。正如一位管理者所解释的：我们的联盟小组被各家联盟公司授权制定决策，甚至那些涉及重要资源的决策，在伙伴公司里，这些决策往往要经过高层主管的层层审核，而且是沿着渠道的先后顺序进行的。

第四节　组织营销与社会可持续发展

一、社会可持续发展关注的问题

企业对社会是否应承担比满足顾客需求并从中挣钱更多的责任，这一问题长期以来备受关注。一种极端意见是攻击和厌恶企业；另一种极端意见则认为，企业没有义务为社会福利做出贡献；中庸的意见则相信，企业应该对社会有所回报。

2004年，根据加拿大的法学教授乔·巴肯(Joel Bakan)撰写的书籍《解构公司：对利润和权力的病态追逐》(*The Corporation: the Pathological Pursuit of Profit and Power*)为基础改编的纪录片《公司》引起极大的关注。影片中从19世纪美国最高法院决定赋予公司"人"的地位开始，进而人格化公司，探讨"他"应该成为什么类型的"人"。乔·巴肯通过应用《精神错乱者诊断和统计手册》来判断企业个性，断定许多企业因为缺乏积极的道德或社会义务而呈现"病态"。这一病理学式的臆想始终贯穿整部影片，但是并没有真正厘清公司实体的基本特征。这一影片措辞激烈且感情化，主要迎合那些投身反全球化和其他社会抗议运动的年轻人，但缺乏对当代社会和经济生活的透彻理解和批判。由于许多概念被混淆了，这一作品被视为落后和反动的。他们最终推荐的只是"创可贴"似的解决之道，通常请命于国家调控。

如今，攻击跨国公司及其品牌为"恃强凌弱"的反全球化的抗议者已算不得什么新现象了。一位反对"恃强凌弱"者就好比一位呼吁世界和平的选美佳丽。两者都不会被严肃对待，他们的愿望也不大可能很快地实现。公司之所以存在，不是为了世界变得更好，而是为了向我们提供能使生活更加舒适所需要的产品或服务，并通过这一过程挣钱。如果我们想从这些公司中看到更多的社会意识，必须由员工、顾客和利益相关者去激发企业产生这一需求，而这正是品牌权益的来源。

那些持中间态度的人认为，今天的公司身处经过处理的、随处可见的数码世界，公司除了表现好以外别无选择。对拥有积极的全球声誉的渴望，是促使它们这样做的最强烈动机。为了保护其品牌声誉，企业必须认识到自己的成功需要全面营销以推广产品(或服务)，包括承担更多的社会责任。

社会责任力求通过促进更多负责任的企业行为、创新和协调，创造一个公平和可持续发展的世界。企业声誉和企业公民行为常常影响其海外经营能力，或者影响消费者的购买行为。根据《2001年公司社会责任监察》(*2001 Corporate Social Responsibility Monitor*)，42%的北美消费者承认自己已经通过不购买缺乏社会责任感的公司的产品来惩罚它们。

以积极响应多种利益相关者需求的方式做生意的公司，具有战略业务优势。当一个公司能够用强烈吸引顾客和员工的事件来使自己被公众认识时，其企业形象就得到了强化。凭借这种有利的形象识别，企业可以在员工和顾客中间建立强大的忠诚度，并在市场上为自己赢得有利的地位。

企业需要关注的负责任(或者可持续)领域至少有6个方面，也就是说，企业至少有6种途径表现自己的社会责任：

(1) 事业促销，通过增加社会知名度和持续贡献来支持某种事业。

(2) 与事业相关的市场营销，把事业捐赠与公司的业绩(最典型的是与产品销售量)联系起来。

(3) 公司社会营销，致力于能够促进积极的行为改变的运动。

(4) 社区志愿活动，指员工和零售商或者特许伙伴利用自己的时间支持某项事业。

(5) 公司慈善事业，指捐款、提供基金或公司服务、赠送实物资源等方式的贡献。

（6）具有社会责任的企业经营行为，指谨慎的企业行为和有利于改善环境和社区福利的投资。

企业及其中间商富有社会责任感的行为，反映了企业如何理解这样一种事实，即自己是社会和经济世界不可分割的一部分。这正是公司管理者为什么需要将社会责任带入公司的根本原因，也是为什么需要将企业品牌转变为公民品牌的原因。

[例 12-3]　　　　OD（Office Depot）公司的社会责任感

通过和长期产能过剩的小型企业合作，OD 办公不但为它们提供了工作机会，而且实现了造福社会的目的。马斯特制造公司就是这样一家小型企业，主要生产座椅脚轮和坐垫，这家公司坚持招聘本地员工的做法也让 OD 办公很受启发。受其影响，OD 办公大力为少数族裔群体提供工作机会，形成了鲜明的企业特色。通过和产能过剩企业的合作，OD 办公成功实现了竞争优势，消费者对其产品的需求也日益增加。更重要的是，利用本地招聘的方式，企业很好地抵消了海外生产品牌对自己的冲击。

资料来源：佚名. OD（office Depot）公司的社会责任感[OL]. http://www.wobocn.com/ViewNe...aspx? id=1495,2011-07-28.

二、组织营销应适应可持续发展的要求

组织顾客作为生产性（或者中间性）产品的消费者，也应该考虑自身的"适度消费"问题。在传统的生活和生产方式下，节俭是社会所倡导的一种美德。在生产主导型社会中，节俭有利于缓解物资紧缺不能很好地满足无限需求的矛盾。随着全社会生产效率的提高，为中间性产品的消费或者原材料的使用集约化提供了可能。企业可以通过有限的投入获得最大化的产出。在这种情况下，B2B 企业往往会从一个极端走向另一个极端，即从过分消耗（消费）走向过度节俭。从经济的角度来看，资源总是有限的，过度消耗不利于人类社会可持续发展。从社会伦理道德的角度来看，浪费之风一旦在社会中蔓延，使国家的消费水平超过收入水平，那么社会就会动荡，国家将十分危险。因此，在市场经济条件下，我们不倡导过度消耗。与此同时，我们也不提倡过度节俭，在企业间中间性产品的生产过程中，"守财奴式"的过分节俭为购买企业的下一步生产带来了无尽的隐患。企业由于采购的产品质量不达标，会导致终端产品无法被市场认可，造成极大的社会资源浪费。因此，在组织营销领域，由于其特殊性——中间产品消费，应该倡导适度的节俭与适度消费并重的可持续消费观念。

B2B 生产（或者称工业生产）与可持续发展联系非常紧密，这集中体现在人与自然的关系上。人与自然之间本应是一种相互依存的有机统一体，自然作为人类社会的载体，人类社会的发展一刻也离不开自然界。随着人类工业文明的发展，科学技术和社会生产力的进步使人类改造和征服自然的能力大大地提高了，但是这个工业文明时代的经济增长方式和人类满足物质欲望的生活方式，往往不是推动人与自然的和谐发展而是以牺牲生态环境作为代价的。与消费领域对环境的影响相比，生产领域对环境的影响具有明显的集中性，企业的生产和消费行为对于环境的影响是显性的。因此人们往往把人类生存环境不断恶化的原因仅仅归结为追求利润最大化的生产方式和生产行为，比如水质恶化与

工业废水的排放是有很大的关系;臭氧层被破坏,这与企业制造使用氟利昂制冷的冰箱、空调直接有关。因此,组织营销需要考虑获取商业利益最大化与最小化牺牲环境利益、满足现实市场需求与未来市场诉求之间的关系。

同时,应该在组织间生产和消费过程中倡导守法与道德理念的建立。全球正在进入信息时代、知识经济时代,知识存量在经济增长上发挥着越来越巨大的作用,知识正朝着物化、产业化的趋势发展,尤其是以计算机软件为代表的新的支柱产业的出现,更加证明了这一点。这也使人们对知识产权保护的认识提高到了一个新的水平。假冒名牌、他人专利,非法复制、改编软件向公众发行等行为在法律上被认定为是侵权行为,但在现实中由于消费需求的客观存在以及法律监管的不到位,这些现象非常普遍,造成了知识产权所有者的经济损失。组织客户也需要深思这些不道德的企业行为,为创造更加公平、和谐的组织间关系做出努力。应该提倡互利互惠的企业间交易道德。市场经济条件下利益机制的存在有其合理性和重要性。组织顾客在自利的驱动下进行生产和消费,就是一种满足自身各种欲望的个人行为,这是符合市场趋利的原则的。然而,在市场经济的活动中,如果不对市场原则加以制约,人的自利行为最终会导致损人不利己的结果。对这种自利的组织行为的制约在法律所提供的活动界限内,我们主张以诚信互利的道德观念在人内心中确立行为标准。尤其在今天诚信经营已经成为一种重要的商业标准,以诚信作为道德约束,才能维护市场的秩序。

本章小结

对于组织市场的管理者来说,评估当前或潜在的市场供给物对现有或潜在顾客的价值,仍然是一项很有挑战性的任务。价值评估是以货币形式对某些当前的或者潜在的市场供应物或其组成要素的价值进行估计的过程。评估方法包括:内部工程评估、实地使用价值评估、间接的调查问题、小组访谈的价值评估、联合分析、标杆管理、成分组合法、重要性评估等。

客户价值管理是一种勇于进取的实践方法。就其本身来说,主要有两个基本目标:一是把优异的价值交付给目标细分市场及顾客企业。二是获得与所交付的价值相当的公平回报。客户价值管理的流程包括五个阶段:①把业务问题转化为项目;②顾客价值研讨;③顾客价值研究;④构造业务变革案例;⑤价值实现与获取。

在营销实践中,客户忠诚被定义为顾客购买行为的连续性。它是指客户对企业产品或服务的依赖和认可、坚持长期购买和使用该企业产品或服务所表现出的在思想和情感上的一种高度信任和忠诚的程度,是客户对企业产品在长期竞争中所表现出的优势的综合评价。客户忠诚使企业获得更高的长期赢利能力,也可以使企业在竞争中得到更好的保护。客户忠诚的驱动因素:①顾客满意;②转换成本;③客户感知价值。

组织营销中客户关系的类型包括:纯交易关系、重复交易关系、长期交易关系、合作伙伴关系以及战略联盟等。

为了发展反应快速且能够创造效益的关系营销战略,必须对如下方面给予关注:①获取关系数据;②选择客户;③针对特定客户要求开发产品;④实施关系营销战略;

⑤评估关系营销战略成效。

维护客户可以通过如下方法实现。首先,建立一个能"动"起来的客户资料库;其次,开展公关活动;再次,提供个性化的产品或服务;最后,经常联络或回访客户。

战略联盟通常指由两个或多个公司投入互补的资源和能力以获得共同的目标的正式的长期联结。战略联盟可以为其成员带来很多方面的利益:①进入市场或获取技术;②以联合进行生产、研究开发以及营销活动的方式获得规模效益;③如果战略合作伙伴在很多国家建立了分销渠道,就能够确保新产品迅速进入市场;④对于一个在世界各地自行建立分销渠道、运输网络、制造工厂的组织来说所面临的风险是极高的,而且也需要投入相当多的时间和精力,战略联盟能够减少组织的风险,同时又能实现组织目标。

营销战略联盟成功的决定因素包括:发展战略联盟的共同理解;联盟成员之间的联系方式整合。营销战略联盟面临的挑战包括:联盟协议的谈判;核心资源的保护;制度和组织结构的联结。

企业需要关注的负责任(或者可持续)领域至少有6个方面,也就是说,企业至少有6种途径表现自己的社会责任:事业促销,通过增加社会知名度和持续贡献来支持某种事业。与事业相关的市场营销,把事业捐赠与公司的业绩(最典型的是与产品销售量)联系起来。公司社会营销,致力于能够促进积极的行为改变的运动。社区志愿活动,指员工和零售商或者特许伙伴利用自己的时间支持某项事业。公司慈善事业,指捐款、提供基金或公司服务、赠送实物资源等方式的贡献。具有社会责任的企业经营行为是指谨慎的企业行为和有利于改善环境和社区福利的投资。

关键词

关系营销(relationship marketing)
价值评估(value assessment)
客户忠诚(customer loyalty)
重复交易关系(repeated transactions)
长期交易关系(long-term relationships)
合作伙伴关系(buyer-seller relationships)
客户关系管理(customer relationship management)
战略联盟(strategic alliance)
社会责任(social responsibility)

思考与讨论

1. 客户获利能力的评价方法包括哪些?
2. 客户价值管理的流程包括哪些?
3. 请比较关系营销与传统营销的差别。
4. 客户忠诚的驱动因素包括哪些?

5. 组织间的关系类型包括哪些?
6. 企业之间为何要构建战略联盟?
7. 营销战略联盟成功的决定因素包括哪些?
8. 战略联盟可以为其成员带来哪些方面的利益?
9. 如何成功地进行关系管理?
10. 企业需要关注的负责任领域包括哪些方面?

综合案例分析

营销中的个体和销售定位经常会面临一些道德上的问题和困境。下面所述的场景是一些营销人员在大学毕业后第一年的工作中所面临的真实场景。每看一种场景,你应该决定你要采取什么行动。

场景1:我现在正在卖一系列的压缩设备给客户,标准的销售情况是要显示这些产品是同类产品中最好的。当然,我也知道,这不是真的。然而,这些机器占了我一系列机器的40%,如果每个月不能至少卖8.5万美元的话,那么我就不能成功地完成我的定额。其实我也知道所有的销售人员都说他们的是最好的。

场景2:我的区域销售经理经常饮酒过量,而且带着满身的酒气和我一起做销售。这样的行为当然不会提高我在客户或者公司里的职业名气。我决定不说什么,因为这位区域销售经理会给我写评语,这对我在第一份销售活动中的成败影响很大。

场景3:一个大政府机构的采购员提供给你关于你的竞争对手出价的信息。你知道这是不可靠的,但是他是你的一个好朋友而且没有人可能发现。而且你的资金有限并且急需一个委托。

场景4:一个工业客户支出我们的润滑剂的标价比我们对手的高出5%。他表示如果我能够将价钱降低7.5%,他将取消他和对手的订单并从我这里购买,那就意味着我个人可以获得1400美元的佣金。我同意了。

资料来源:迈克尔·赫特,托马斯·斯潘.企业营销管理[M].第7版.北京:中信出版社,2003.

问题与讨论

1. 根据场景1,你会采取同样的销售方式吗?
2. 根据场景2,你会将这位销售经理的事情向上级管理人员报告吗?
3. 根据场景3,你会接受他提供的信息吗?
4. 根据场景4,你会如何去做呢?

参 考 文 献

[1] 李桂华.企业间营销理论与实务[M].北京:清华大学出版社,2005.
[2] 郭毅,侯丽敏.组织间营销[M].北京:电子工业出版社,2011.
[3] 沈玉良.企业营销[M].上海:复旦大学出版社,2004.
[4] 雷·赖特.组织间营销[M].胡左浩,杨志林,等,译.北京:中国人民大学出版社,2006.
[5] 赫特 M D,斯潘 T W.组织间营销管理[M].侯丽敏,朱凌,甘毓琴,译.北京:中国人民大学出版社,2011.
[6] 威尔逊 D.组织营销[M].万晓,汤小华,译.北京:机械工业出版社,2002.
[7] 兰根 V K,夏皮罗 B P,莫里亚蒂 R T.组织营销[M].李新春,译.大连:东北财经大学出版社,2000.
[8] 李桂华,卢宏亮,刘峰.我国企业的购买决策"谁"说的算——对 Webster-Wind 模型的修正及检验[J].中国软科学,2010(7).
[9] 李桂华,姚唐,王淑翠.影响企业购买行为因素的概念化模型及其分析[J].现代财经,2007(10).
[10] 李桂华.我国企业间营销产品战略实证分析[J].现代财经,2005(9).
[11] 李桂华.产业服务市场细分研究[J].天津师范大学学报(社会科学版),2006(6).
[12] 卢宏亮.转型经济背景下 B2B 品牌资产的来源路径、作用机理及绩效结果[D].天津:南开大学,2012.
[13] 汪涛.组织市场营销[M].北京:清华大学出版社,2004.
[14] 罗子明.品牌形象的构成及其测量[J].北京工商大学学报(社会科学版),2001(4).
[15] 李桂华,卢宏亮.供应商品牌溢出价值、品牌关系质量与采购商重复购买意向:基于采购商视角[J].南开管理评论,2010(4).
[16] 李桂华,卢宏亮,刘海燕.人际关系对企业购买意向影响的实证研究——基于中国的文化背景[J].山西财经大学学报,2010(4).
[17] 李桂华,卢宏亮,李剑文.中国式信任与企业购买决策——基于普遍信任与特殊信任的二维视角[J].软科学,2001(1).
[18] 菲利普·科特勒,弗沃德.B2B 品牌管理[M].楼尊,译.上海:格致出版社,2008.
[19] 陈英毅.企业间营销关系:关系、互动和价值[M].上海:上海财经大学出版社,2006.
[20] 克里斯·菲尔,卡伦·菲尔.B2B 营销——关系、系统与传播[M].李孟涛,等,译.大连:东北财经大学出版社,2007.
[21] 阿瑟·斯加利,威廉·伍兹.B2B 交易场——电子商务第三次浪潮[M].刘薇,译.北京:现代出版社,2000.
[22] 杨坚争,等.经济全球化中的电子商务[M].上海:上海社会科学院出版社,2000.
[23] 李琪.网络营销[M].长春:长春出版社,1999.
[24] 李桂华.营销管理[M].上海:上海交通大学出版社,2010.
[25] 菲利普·科特勒,等.市场营销管理(亚洲版)[M].郭国庆,等,译.北京:中国人民大学出版社,1998.
[26] 张丹.工业品市场常见促销工具[OL].http://www.china-imsc.com/yanjiu info 377 360.html,2002-08-14.
[27] 钱慧敏.工业用品的推销[J].销售与市场,1996(1).
[28] 张勇,黎志成.工业用品营销的市场开发[J].销售与市场,1999(3).
[29] 黄宇芳.SP:销售促进系列谈[J].销售与市场,1996(1).
[30] 安德森,纳罗斯.组织市场管理:理解、创造和传递价值[M].北京:北京大学出版社,2007.
[31] Robert J-Dolan,David Glen Mick. Marketing Strategy[M]. Harvard Business School Publishing

Corporation,2002.

[32] Edward G Brierty,Robert W. Eckles,Robert R. Reeder. Business Marketing[M]. Prentice Hall. 1997.

[33] James G Kimball. Inter wipes out surfing the net, few master online PR wave[J]. Business Marketing,1995(12).

[34] Nancy N-Carter, Timothy M-Stearns, Paul D-Reynolds. New venture strategies: Theory development with an empirical base[J]. Strategic Management Journal,1994(5).

[35] Ramaswany,Venkatran, Hubert Gatignon, David J-Reibstein. Competitive marketing behavior in industrial markets [J]. Journal of Marketing,1994(58).

[36] Alfred R-Oxenfeldt. How to use market share measurement [J]. Harvard Business Review,1969(47).

[37] Cooper,Robin,W-Bruce Chew. Control tomorrow's costs through today's designs[J]. Harvard Business Rewiew,1996(7).

[38] Durand, Thomas. Economy of scope, added value chain and cost dynamics: A tentative optimization model[J]. International Journal of Production Economics,1993(29).

[39] Jackson,Barbara0Bund. Build customer relationships that last [J]. Harvard Business Review,1985(11,12).

[40] Hennig-Thurau, Thorsten, Kevin P-Gwinner, Dwayne D-Gremler. Understanding relationship marketing outcomes[J]. Journal of Service Research,2002(3).

[41] Grönroos. Christian relationship marketing: strategic and tactical implications [J]. Management Decision,1996(3).

[42] Hague P,Jackson P. The power of industrial brands: an effective route to competitive advantage [M]. London: McGraw-Hill,1994.

[43] Mudambi S M,Doyle P,Wong V. An exploration of branding in industrial markets[J]. Industrial Marketing Management,1997 (5).

教师服务

感谢您选用清华大学出版社的教材！为了更好地服务教学，我们为授课教师提供本书的教学辅助资源，以及本学科重点教材信息。请您扫码获取。

▶ 教辅获取

本书教辅资源，授课教师扫码获取

▶ 样书赠送

市场营销类重点教材，教师扫码获取样书

清华大学出版社

E-mail: tupfuwu@163.com
电话: 010-83470332 / 83470142
地址: 北京市海淀区双清路学研大厦 B 座 509

网址: http://www.tup.com.cn/
传真: 8610-83470107
邮编: 100084